世界旅遊文化與觀光

楊明賢◎著

——世界遺產、節慶、飲食與人文歷史

Tourism and Global Culture

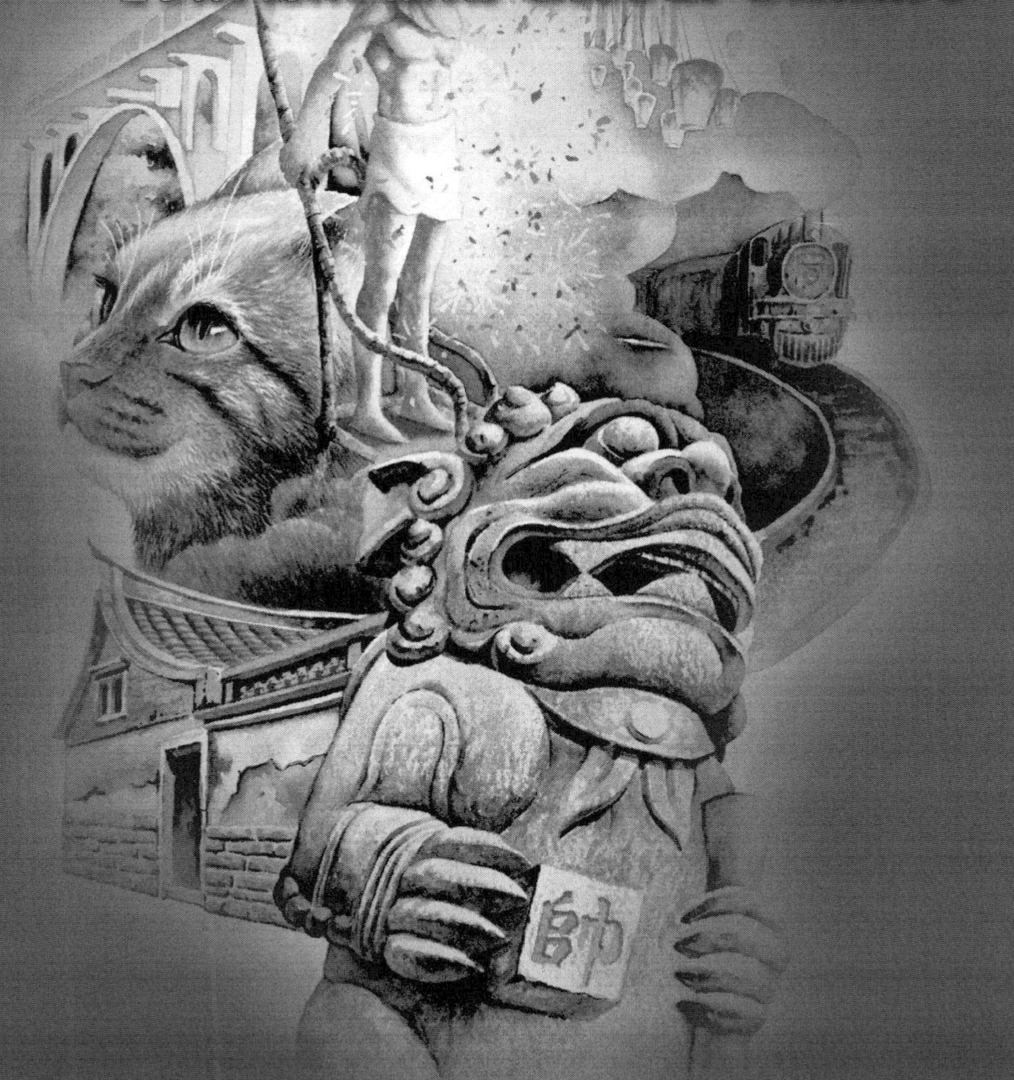

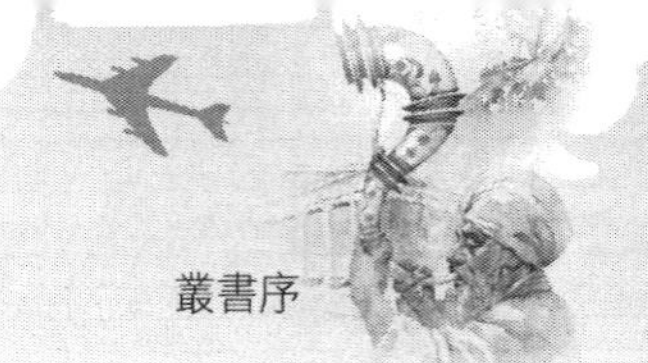

叢書序

觀光事業是一門新興的綜合性服務事業，隨著社會型態的改變、各國國民所得普遍提高、商務交往日益頻繁，以及交通工具快捷舒適，觀光旅行已蔚為風氣，觀光事業遂成為國際貿易中最大的產業之一。

觀光事業不僅可以增加一國的「無形輸出」，以平衡國際收支與繁榮社會經濟，更可促進國際文化交流，增進國民外交，促進國際間的瞭解與合作。是以觀光具有政治、經濟、文化教育與社會等各方面為目標的功能，從政治觀點可以開展國民外交，增進國際友誼；從經濟觀點可以爭取外匯收入，加速經濟繁榮；從社會觀點可以增加就業機會，促進均衡發展；從教育觀點可以增強國民健康，充實學識知能。

觀光事業既是一種服務業，也是一種感官享受的事業，因此觀光設施與人員服務是否能滿足需求，乃成為推展觀光成敗之重要關鍵。惟觀光事業既是以提供服務為主的企業，則有賴大量服務人力之投入。但良好的服務應具備良好的人力素質，良好的人力素質則需要良好的教育與訓練。因此觀光事業對於人力的需求非常殷切，對於人才的教育與訓練，尤應予以最大的重視。

觀光事業是一門涉及層面甚為寬廣的學科，在其廣泛的研究對象中，包括人（如旅客與從業人員）在空間（如自然、人文環境與設施）從事觀光旅遊行為（如活動類型）所衍生之各種情狀（如產業、交通工具使用與法令）等，其相互為用與相輔相成之關係（包含衣、食、住、行、育、樂）皆為本學科之範疇。因此，與觀光直接有關的行業可包括旅館、餐廳、旅行社、導遊、遊覽車業、遊樂業、手工藝品，以及金融等相關產業，因此，人才的需求是多方面的，其中除一般性的管理服務人才（如會計、出納等）可由一般性的教育機構供應外，其他需要具備專門知

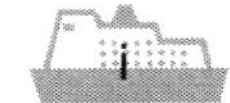

識與技能的專才，則有賴專業的教育和訓練。

然而，人才的訓練與培育非朝夕可蹴，必須根據需要，作長期而有計畫的培養，方能適應觀光事業的發展；展望國內外觀光事業，由於交通工具的改進、運輸能量的擴大、國際交往的頻繁，無論國際觀光或國民旅遊，都必然會更迅速地成長，因此今後觀光各行業對於人才的需求自然更為殷切，觀光人才之教育與訓練當愈形重要。

近年來，觀光學中文著作雖日增，但所涉及的範圍卻仍嫌不足，實難以滿足學界、業者及讀者的需要。個人從事觀光學研究與教育者，平常與產業界言及觀光學用書時，均有難以滿足之憾。基於此一體認，遂萌生編輯一套完整觀光叢書的理念。適得揚智文化事業有此共識，積極支持推行此一計畫，最後乃決定長期編輯一系列的觀光學書籍，並定名為「揚智觀光叢書」。依照編輯構想。這套叢書的編輯方針應走在觀光事業的尖端，作為觀光界前導的指標，並應能確實反應觀光事業的真正需求，以作為國人認識觀光事業的指引，同時要能綜合學術與實際操作的功能，滿足觀光科系學生的學習需要，並可提供業界實務操作及訓練之參考。因此本叢書將有以下幾項特點：

1.叢書所涉及的內容範圍儘量廣闊，舉凡觀光行政與法規、自然和人文觀光資源的開發與保育、旅館與餐飲經營管理實務、旅行業經營，以及導遊和領隊的訓練等各種與觀光事業相關課程，都在選輯之列。
2.各書所採取的理論觀點儘量多元化，不論其立論的學說派別，只要是屬於觀光事業學的範疇，都將兼容並蓄。
3.各書所討論的內容，有偏重於理論者，有偏重於實用者，而以後者居多。
4.各書之寫作性質不一，有屬於創作者，有屬於實用者，也有屬於授權翻譯者。

5.各書之難度與深度不同，有的可用作大專院校觀光科系的教科書，有的可作為相關專業人員的參考書，也有的可供一般社會大眾閱讀。

6.這套叢書的編輯是長期性的，將隨社會上的實際需要，繼續加入新的書籍。

身為這套叢書的編者，謹在此感謝產、官、學界所有前輩先進長期以來的支持與愛護，同時更要感謝本叢書中各書的著者，若非各位著者的奉獻與合作，本叢書當難以順利完成，內容也必非如此充實。同時，也要感謝揚智文化事業執事諸君的支持與工作人員的辛勞，才使本叢書能順利地問世。

李銘輝 謹識

於文化大學觀光事業研究所

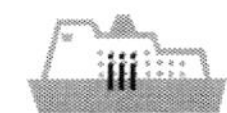

作者序

光陰飛逝，距離《旅遊文化》的出版業已經過五年。期間，承蒙許多產官學界前輩的指導，以及部分教授在教學過程中意見的反映，對於拙著在內容與配合課程安排上，提供了改善與修正的意見。在《旅遊文化》原始資料收集上，共收錄及編撰了三十五萬餘字，最後在和揚智出版社縝密的討論後，將章節分成十二章共二十五萬餘字而出版。雖然當時許多豐富的內容受限於字數而無法呈現，但在出版後老師們的教學過程中，發現目前許多學校在相關課程的安排為二學分，每週僅有二個小時的授課時間，部分章節必須加以調整或略過，實感遺憾。因此，在仔細考量與安排下，在原有旅遊文化的架構下與觀光旅遊實務接觸的層面，作更深入的結合與部分的調整，以世界遺產、飲食以及東西方人文歷史為核心，同時加入在旅遊活動中最具魅力、也最能展現地方特色的節慶活動，編撰成本書——《世界旅遊文化與觀光——世界遺產、節慶、飲食與人文歷史》。

在整理過程中，節慶活動章節部分，藉由網路資訊以及實際的參與，呈現各項節慶的意義與內涵；國家地理雜誌對於各宗教禮儀與節慶的介紹，以及前後數度帶領同學前往各地海外參訪研習，收集當地的文宣資料，也從許多位資深領隊的口中瞭解並學習到各種節慶活動的背景資料和實際的影響。國內部分則參與平溪天燈節活動的執行，除瞭解大型活動主辦的繁複外，也深刻體認到傳統活動的創新以及和環保間的衝突。文化體現在生活各層面，而地方特色所帶來的更是觀光旅遊活動最吸引遊客之處，希冀本書的出版，除對於相關教學課程有所助益外，也期待對於旅遊愛好者或是領隊導遊從業人員有參考之處。

最後，感謝李銘輝恩師的指導，以及這段時間無論在教學、研究過

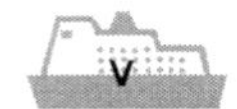

程中曾給予我協助過的各國家公園、國家風景區、環保署、客委會、原民單位的朋友，以及景文科大的老師和同學們；更感謝五年來參加過的凱旋、雄獅以及長汎旅行社的各位領隊前輩，讓個人在東西文化方面吸收了更深層的內涵，尤其是凱旋旅行社項國棟董事長與蘇浩明經理，還有時報旅行社陳嘉隆顧問更是個人在旅遊業接觸啟蒙的恩師，謝謝大學同學盧懿書在《旅遊文化》出版後給予許多指正。感謝揚智出版社葉總經理基於對旅遊文化理念的傳承理念出版本書，尤其范湘渝編輯和高明偉經理不斷的督促、溝通和協助，始能讓本書出版。尚請各位先進，不吝賜教。

楊明賢 於天母

104.11.27

目 錄

叢書序 i

作者序 iii

Chapter 1 旅遊文化概述 1

第一節 旅遊文化的定義與發展 2

第二節 旅遊文化的內容與意義 8

第三節 旅遊文化的類型 11

第四節 旅遊文化的特徵 16

Chapter 2 世界文明 19

第一節 世界文明的起源 20

第二節 世界各地文明的起源與發展 23

Chapter 3 世界遺產與資源 59

第一節 世界遺產 60

第二節 世界奇景 77

Chapter 4 節慶觀光 87

第一節 節慶活動的重要性 88

第二節 節慶活動的定義與分類 90

第三節 東方節慶活動 95

第四節 西方節慶活動 119

Chapter 5 世界飲食文化特色 141

第一節 飲料 143

第二節 中國的餐飲文化特色 152

第三節 亞洲的餐飲文化特色 166

第四節 西方的餐飲文化特色 176

Chapter 6 世界建築與旅遊文化觀光 189

第一節 建築概論 190

第二節 東方建築與文化觀光 195

第三節 西方建築與文化觀光 230

第四節 宗教建築與文化觀光 275

Chapter 7 人文歷史文化之旅——東方篇 289

第一節 音樂 290

第二節 舞蹈 306

第三節 戲劇 318

第四節 繪畫 328

Chapter 8 人文歷史文化之旅——西方篇 339

第一節 音樂 340

第二節 舞蹈 355

第三節 戲劇 363

第四節 繪畫 368

Chapter 9 旅遊文化的未來 381

第一節 東西文化的交流 382

第二節 旅遊文化的衝擊 384

第三節 文化旅遊的發展 387

參考書目 391

Chapter 1

旅遊文化概述

■旅遊文化的定義與發展
■旅遊文化的內容與意義
■旅遊文化的類型
■旅遊文化的特徵

觀光旅遊業被認為是21世紀發展最迅速的產業，為具有高文化價值與綜合經濟效益的產業。旅遊同時也是傳遞文化的過程，文化則是旅遊的核心。觀光旅遊作為一種自由、主動、積極的文化活動，為一種心靈層次的體驗與收獲；**旅遊文化**作為全新的文化型態，揭示了旅遊活動在本質上是一種文化活動，是人們為接觸各國家或民族文化上的差異性所從事的學習之旅。因此，旅遊文化主要探討旅遊區域在文化上呈現的特殊性與獨特性，為一研究旅遊活動的現象、本質及規律的學科；而文化觀光在此背景下，也象徵成為觀光旅遊的主流。

第一節　旅遊文化的定義與發展

由於「文化」涉及的範圍廣泛，因此直到目前為止，出現許多針對「文化」一詞所下的定義。最早將「文化」下明確定義的，首推英國人類學家愛德華．貝納．泰勒（Edward Burnett Tylor, 1832-1917）於1871年出版的《原始文化》（*Primitive Culture*）一書，並指出：「從人類學的觀點來看，文化或文明是一個複雜的整體，它包括知識、信仰、藝術、倫理道德、法律、風俗，和作為一個社會成員透過學習而獲得的任何其他能力與習慣。」美國文化人類學家克羅伯（A. L. Kroeber）和克拉克洪（C. Kluckhohn）就「文化」一詞，在其1952年所著的《文化：一個概念定義的考評》（*Culture: A Critical Review of Concepts and Definitions*）一書中，列出了超過一百多種文化定義。這兩位學者在經過分析評估後，最後針對「文化」一詞下了一個綜合定義：「文化存在於各種內隱的和外顯的模式之中，借助符號的運用得以學習與傳播，並構成人類群體的特殊成就，這些成就包括他們製造物品的各種具體式樣；文化的基本要素是傳統思想觀念和價值，其中尤以價值觀最為重要。」從上述的「文化」定義論述中，可以發現其中都有個共通點，即是在這些論述中都點出「文化」與人類生活息息相關，它可以只是一件人類創作結晶的藝術品，也可以是一個整體的總稱，其中包含有知識、信仰、宗教、道德及價值等。

文化大致可以劃分為三種層級：(1)規範文化（Culture Norms），指的是特定社會的文化，其中包含適用於整個社會的標準、規則以及習俗；(2)團體文化（Group Culture），指的是一個特定團體的文化，且同樣有適用於特定社會中某個團體的標準、規則及習俗；(3)個人文化（Individual Culture），指個人所建立的標準、規則以及習慣。**文化差異性**（Cultural Differences），指的是每種文化都有其特殊性，藉由相對照後所發現的不同之處，這些特殊性即由所謂的**文化特徵**（Cultural Specificity）所組成，因而使得與其他文化間有了差異性。

若以文化的角度進行分析，下列十項特徵足可構成各地不同的文化差異性：

1.民族性（National Character）：一國家內絕大部分人民所擁有的同樣性格。
2.感知（Perception）：由於每種文化所著重的焦點不同，導致會用各種不同的方式看待這世界。
3.時間經驗（Experience of Time）：每種文化對於時間觀念不盡相同，如臺灣人較喜歡回憶過往，而美國人相對上則較注重於眼前以及未來的時間。
4.空間經驗（Spatial Experience）：如臺灣人與陌生人接觸時，習慣保持距離，而熱情的拉丁美洲人則是習慣擁抱人。
5.思惟（Thinking）：西方人較注重邏輯且為直線式思考，而東方人則反之。
6.語言（Language）：語言是文化的載體，各個不同的文化藉由語言來呈現其特色。

7.非語言溝通（Nonverbal Communication）：每種文化對於同一表情、動作或手勢等都有不同的解讀。

8.價值取向（Value Orientation）：價值的取向會影響某個文化對於某種事物的評價，例如守時的觀念，有些文化認為守時是一種禮貌，但有些文化則不這麼認為。

9.行為模式（Behavior Pattern）：每種文化的風俗習慣、規則或是禁忌都可歸類於行為模式中。

10.社會團體與關係（Social Group and Relationship）：東方社會較注重團體，西方社會則強調個人。

文化具有民族性和地域性分布的空間特徵與時代特徵；不同民族、地域和時代的人們所創造的文化具有不同的類型和特點，從而形成了不同的民族文化、民俗風情文化與歷史文化。

旅遊作為社會文化活動，是人類所特有的一種生活方式；是由旅遊者、旅遊資源和旅遊業所組合而成。事實上，旅遊活動原本就帶有自由性、開放性和探索性等的文化內容色彩。旅遊活動自人類文明發展以來，即為人類社會生活的一項重要活動，如中國古代帝王巡遊天下、文人遊歷山水和高僧雲遊四海，及西方中世紀旅行家的商務之旅、現代探險家的環球旅行等等，都與旅遊活動密切相關。

文化與旅遊關係緊密，不可分割。文化是旅遊資源的基本內涵，也是旅遊產品的根本屬性。旅遊作為一種特殊的遊歷方式，主要在於滿足遊客高層次的精神需求和文化享受，同時也揭示了旅遊活動本質上是一種文化活動。

一、旅遊文化的定義

旅遊文化（Travel and Culture）是研究旅遊活動過程中文化的現象、本質

文化與旅遊密切相關，人類文明的發展歷史進程更是文化之旅的瑰寶。

及其規律的學科。旅遊文化既有旅遊的綜合性，又有文化的延續性，是旅遊與文化的一種深度層次的結合，也是旅遊活動中所創造的專門文化，是旅遊業的核心。旅遊文化的內容十分廣泛，凡是人們在旅遊活動體會自然與社會發展過程中所形成的價值觀念、行為模式、物質成果、精神成果和社會關係的總和，都可歸納入旅遊文化的範疇。旅遊文化的形成是旅遊活動發展的結果，是旅遊者、旅遊資源和旅遊介體相互作用的結果。

按照旅遊的基本要素，旅遊文化可劃分為三部分：

1.旅遊主體：即與旅遊者的思想概念、心理特徵、行為方式有關的文化。旅遊者是旅遊活動的主體，而旅遊主體在文化中具有核心

地位。

2.旅遊客體：與旅遊資源有密切關係，是作為旅遊對象的文化事務與現象，包括人文景觀文化、自然景觀文化、旅遊宗教文化、民俗文化、旅遊藝術文化、聚落文化、建築文化、園林文化等。旅遊客體亦即旅遊資源，是旅遊活動的物質基礎。

3.旅遊介體：在旅遊活動中聯繫旅遊主體與客體，擔任中介作用的文化介體（即旅遊業），包括旅遊企業文化、旅遊商品文化、旅遊服務文化、旅遊管理文化、旅遊文化教育、旅遊導遊文化、旅遊政策和法規等。

由文獻中可以發現，旅遊文化所探討的內容主要包括：旅遊心理學、旅遊社會學、旅遊哲學、旅遊美學等領域。旅遊文化的研究，較多集中在如何吸引大量的旅遊者、如何實現令旅遊者滿意的企業管理與服務、如何提高經濟效益、如何提升旅遊產品的文化品味等方面。

導覽解說人員是最典型的旅遊介體。

二、旅遊文化的發展

1970年代開始，人們對旅遊文化概念有了認識，並開始將文化旅遊作為一個特殊的旅遊產品進行開發。隨著聯合國教科文組織於1972年通過「保護世界文化和自然遺產公約」，世界遺產委員會於1978年公布了首批共十二項的世界遺產，世界旅遊自此進入了一個多元化發展的階段。

世界遺產以其獨特的魅力為國際旅遊業提供新的契機。世界遺產旅遊作為永續發展的一種旅遊形式，不僅滿足了人們尋幽訪古和感受自然的渴望，還促進了全球性的文化交流。在全世界掀起了一股世界遺產旅遊熱，也讓文化旅遊逐步成為旅遊中的焦點。

世界遺產，指具有獨特價值的文化與自然遺產，是大自然和人類留下的遺產，也是全人類的共同財富。世界遺產分為自然遺產、文化遺

具有獨特建築藝術文化價值的艾菲爾鐵塔，不僅是法國的文化象徵之一，也是巴黎的地標，更是世界上最多人付費參觀的名勝古蹟。

產、混合遺產和文化景觀遺產；此外，還包括非物質文化遺產。

1992年12月召開的聯合國教科文組織世界遺產委員會第十六屆會議，提出將「文化景觀」納入《世界遺產名錄》。自此，「自然與人類的共同作品」的文化景觀，開始成為世人關注的焦點，並促進了旅遊文化的發展。

21世紀是一個國際化、本土化、生態化、科技化和市場化的時代。文化蘊藏着巨大的經濟潛能，也成為人類生存發展的精神支柱。在這樣的時代背景下，全球旅遊呈現出多樣化、多中心化的發展趨勢。旅遊文化在旅遊產業中將起到愈來愈重要的作用。

第二節　旅遊文化的內容與意義

旅遊文化是旅遊與文化的一種深層次結合，是一門新興學科，是旅遊業實現永續發展的原動力。其作為全新的文化形態，揭示了旅遊活動本質上是一種文化活動，是從文化方面研究人類旅遊活動發展規律的學科。

一、旅遊文化的內容

依據北京大學孫克勤教授所編之《世界旅遊文化》一書中，旅遊文化的研究內容可分為下列三個部分：（孫克勤，2007）

1.精神文化：指旅遊者的思想概念、行為模式、審美標準、文化素質、生活方式、消費水準等。

2.物質文化：指具有一定空間和一定形態的文化物質實體，如聚落、建築物、宮殿、園林、廟宇、考古遺址、橋樑、造像、碑刻、雕塑等人文和自然景觀。

3.非物質文化：指人類世代相承的各種傳統文化表現形式和文化空間。其形式包括語言、文學、音樂、舞蹈、遊戲、民俗、節慶、禮儀、手工藝、建築藝術及其他藝術。

旅遊文化的研究內容，實際上就是以旅遊主體、旅遊客體、旅遊介體之間的相互關係作為基礎進行的研究，其內涵十分豐富，延伸也相當廣泛，研究範圍既涉及旅遊者自身的文化素質、興趣愛好、行為方式、思想信仰等旅遊主體文化領域；也涉及人文景觀文化和自然景觀文化的旅遊客體文化領域；同時也涉及旅遊業的企業文化、管理文化、教育文化、服務文化、商品文化、導遊文化、政策法規等旅遊介體文化。

旅遊文化是一門綜合性學科，涉及多種相關知識體系和多種學科方法的應用。旅遊文化研究需借助文化學、歷史學、民俗學、心理學、地理學等其他學科中所使用的方法，主要包括：理論分析法、實地調查法、文獻考證法、比較研究法和統計學方法。

二、旅遊文化的意義

無論是人文旅遊資源還是自然旅遊資源，吸引旅遊者的動機必須具有獨特的民族或地方文化內涵，滿足人們對史學、文學、藝術、美學等方面的不同需求。旅遊文化是一個地區旅遊業保持自身特色的決定性因素，具有地域性、民族性、時代性等特點。

旅遊的本質屬性所賦予的文化內涵，可具體表現在：

1.旅遊是人們學習和求知的廣闊天地：旅遊資源是旅遊活動中觀光的對象，蘊藏著博大精深的精神文化內涵，可以成為人們認識和學習的對象，又可以提高人們對自然和社會的學識水準。

2.旅遊促進了科學考察、學術交流與文化往來：現代旅遊的興起和

旅遊是一種自由、積極的活動，現代人多數嚮往陽光、大海與沙灘的休閒度假活動。（圖為法國尼斯海岸）

發展，促進國家和地區之間的文化與科技的交流，推動文化和科技前進；另一方面也加深世界各國人民的友好往來，增進彼此間的友誼。

3.旅遊是一種自由、主動、積極的文化活動：旅遊是一種高層次的愉悅的精神享受。過去，西方旅遊者喜歡到熱帶海濱去休閒度假。“3S”——陽光（Sun）、大海（Sea）、沙灘（Sand）作為最具吸引力的旅遊目的地，隨著生態旅遊的開展、遊客環境意識的增加，旅遊熱點也從“3S”轉向“3N”，即到「大自然」（Nature）中，去緬懷人類曾經與自然和諧相處的「懷舊」（Nostalgia）情結，使自己在融入自然的過程中進入「涅槃」（Nirvana，佛教中超越一切煩惱的境界）——這一最高的精神境界。

4.旅遊是藝術的享受和審美意識的昇華：旅遊是一種精神生活，這種精神生活是透過美感享受而獲得的。因此，從這一角度來看，旅遊是一種審美活動。旅遊可以培養旅遊者的審美情趣、增強旅遊者的審美意識、豐富旅遊者的審美經歷，以不斷提高旅遊者審美水平。從文化旅遊中，人們可以汲取經驗、增長知識、豐富生活。透過對構成歷史遺跡要素，如歷史聚落、古人類遺址、考古遺址、古典園林、古建築、石刻石碑等的觀賞，可以瞭解一個民族的文化，得到美的享受。

第三節　旅遊文化的類型

旅遊文化是探索旅遊資源中文化的相關主題，從另外的層面來看，以文化項目作為旅遊目的或主題者，則可將之視為文化旅遊或者是文化觀光。Richards（2002）曾提及，文化旅遊是一個難以去定義的觀念，部分的原因來自於它的範圍太大，不僅如此，光是"Culture"一詞就有很多可能的意義。因此解釋"Cultural and Heritage Tourism"時宜將兩者同時納入並賦予意涵。實務上，有些旅遊參觀的內涵確實需結合文化與遺產兩方面，才有參觀的價值。在旅遊研究上，"Heritage Tourism"一般聯想為古蹟旅遊，"Cultural Tourism"則為文化旅遊；如硬要區分兩者的差別，前者一般指有形標的物體，如廟宇、宮廷、古建築物、歷史街道；後者則較偏重於文化現象的體驗，例如原住民藝術、慶典、舞蹈、音樂。以下僅就文化觀光型態作區分：

一、遺產型文化旅遊

遺產型觀光旅遊隨著教育與文化素養的提昇，已逐漸受到重視。文化遺產經營管理比起一般觀光管理更為複雜，主要是因其涉及到古蹟保存

與維修的層面。**遺產型文化旅遊**相當重視文化資產的保存維護與造訪人次流量的控制，避免遺跡因大量觀光人潮而毀損；因此從參與者的行為來看，文化旅遊比起一般性的觀光旅遊多了文化資產維護與保存的概念，當然民間團體與非政府組織角色的介入，更突顯了社區居民在此所扮演的角色比重。

在所有文化旅遊型態中，以遺產型文化旅遊最具代表性，舉凡所有類型的文化旅遊都脫離不了遺產旅遊的型態。此即因為遺產是人類發展文明中所創造出來的活動內容總稱：無論是思想、教育、社會、經濟、宗教等等，均為文化的一環。同時，所具體展現的可見文化即以建築為主，無論是早期歷史發展所遺留下來的世界重大遺產或建築物，包括萬里長城、金字塔、馬丘比丘遺址、萬神殿、東西方重要的宗教建築等；或者近代在世界各區域因其地理環境或特殊時代背景、人物所創造或興建的聚落、社區、建築等等，均是文化觀光中最重要的角色。也因此世界各國無

文化旅遊型態中以遺產型文化旅遊最具代表性。
（圖為埃及金字塔古遺蹟）

不以擁有普世價值的文化遺產為榮，同時也將其列為重要的旅遊資源，所呈現的項目則包含了建築物遺址、建築群、據點以及城鎮等等。

二、事件型文化旅遊

事件型文化旅遊，主要是指人們為某一特定的文化議題或目的所從事的旅遊活動。例如參加文化節慶，此類型可以在短時間內帶來大量的觀光流量與成果。世界上各大主要的節慶活動，均有其深遠的歷史背景以及特殊重要的意義，目前所包含的內容中主要可分為：民俗節慶活動、宗教節慶活動以及原住民節慶活動。

所有事件型文化旅遊必有其特殊的歷史情節，或者是整合地區性的觀光資源加以發展。例如威尼斯每年進行的面具嘉年華會、亞維儂的藝術

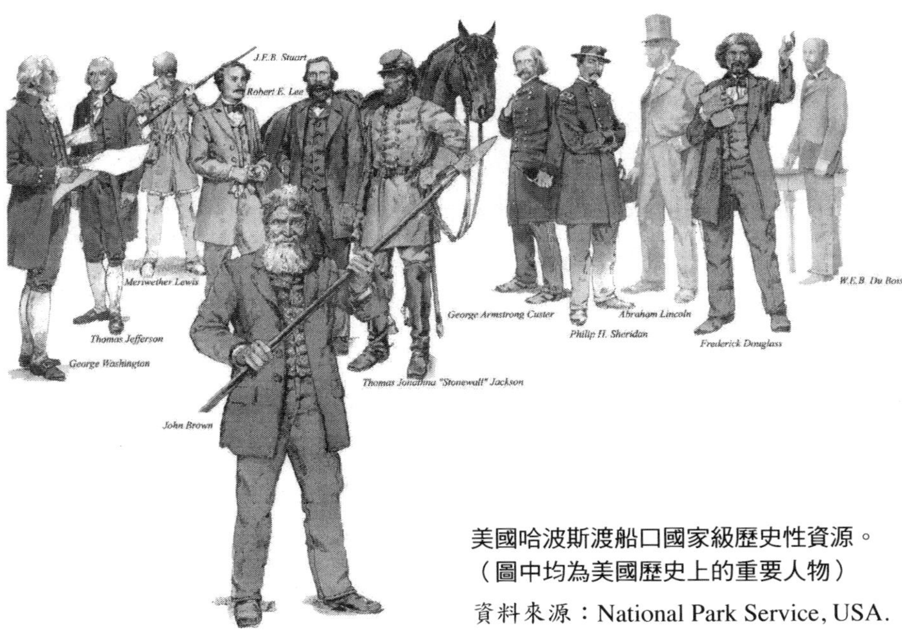

美國哈波斯渡船口國家級歷史性資源。
（圖中均為美國歷史上的重要人物）
資料來源：National Park Service, USA.

節，西方宗教中最重要的感恩節、耶誕節、復活節等節慶，不僅呈現出宗教意義也造就了旅遊的意涵。而歷史的史蹟在文化旅遊中也扮演重要角色，例如美國在其國家公園系統分類中，歷史性資源即包括了國家史蹟區、國家紀念物、國家軍勳公園、國家戰役公園、國家戰役遺蹟、國家戰場及國家公墓等等，其中最主要的即是在美國歷史上各種戰役所留下的紀念，在旅遊的發展上，除展現歷史事件的原貌外，也以角色扮演或歷史劇等解說導覽方式來重現原事件，以達觀光與教育的目標。

三、學習型文化旅遊

學習型文化旅遊，通常指那些從事表演藝術與視覺藝術等活動的旅遊。例如文化展演空間，如博物館、美術館、主題館等兼具娛樂、美學與教育性質。從事此類活動的旅遊者通常都期待在參與過程中得到成長，或對某件事物有更深入的認識與瞭解，具有強烈主動學習的意涵，透過觀摩其他文化的優點從中學習成長。

全球著名的博物館與展覽館有許多在建築本身即具備文化遺產的價值，無論是倫敦的大英博物館、法國巴黎的羅浮宮、凡爾賽宮、美國的大都會博物館、中國與臺灣的故宮博物館，不僅僅是世界文物珍藏所在，在建築上也極具普世價值。從巴黎的三大博物館可以瞭解不同時期的藝術珍藏，羅浮宮呈現的不僅是歐洲西方的文物，更包括法國在最強盛時期從世界各國所掠奪的文物，包括埃及和中國等；奧塞美術館展示的則是18世紀開始以印象派為主的藝術作品；龐畢度藝術中心以新世紀藝術創作為主；同時，世界上著名的歌劇院本身在建築風格上也具有獨創的風格與價值，例如澳洲雪梨歌劇院、米蘭歌劇院及巴黎歌劇院等。

四、宗教型文化旅遊

宗教型文化旅遊，主要是指參觀宗教聖地參與宗教儀式的旅遊活動，是最古老的旅遊型態。教徒為了宗教上的寄託與滿足，不惜千里跋涉前往宗教聖地；一般而言，此類旅遊市場並無法從信教人士中尋求擴展，因為宗教信仰的市場變動不大，唯一能擴充的是以宗教慶典為主的觀光，但是此類型的文化旅遊，又與事件型觀光有部分重疊之處，這是因為許多事件型旅遊的緣起都是從宗教信仰中得到啟發或延伸。

世界上著名的宗教聖地往往也是遊客最多的地區，或許有許多人會將從事宗教活動與觀光旅遊進行切割，但不可否認，宗教旅遊是世界上最重要的觀光旅遊活動之一。無論是梵諦岡（Vatican）、耶路撒冷、麥加、拉薩每年均湧進數千萬或數億的信徒，而中國宗教信仰中的佛教四大名山、道教四大名山也都吸引無數的信眾參訪；同時，各宗教信仰的中心，無論是基督教、天主教的教堂、伊斯蘭教的清真寺、佛教的寺廟

宗教型文化旅遊是最古老的旅遊型態，也是最重要的觀光旅遊活動之一。（圖為佛羅倫斯聖母百花教堂）

等，不僅有宗教上的象徵意義，更有建築上不凡的遺產價值，故宗教文化旅遊亦脫離不了遺產文化旅遊。世界上最著名的宗教建築，包括：梵諦岡的聖彼得教堂與廣場、威尼斯聖馬可大教堂、米蘭大教堂、德國的科隆大教堂；西班牙伊斯蘭教的哥多華大清真寺、印度泰姬瑪哈陵、西班牙格瑞那達阿罕布拉宮（Alhambra）、土耳其的藍色清真寺；代表印度教與佛教建築藝術的桑奇佛塔（Sanchi）、吳哥遺址、婆羅浮屠以及泰國的蘇可泰（Sukhothai）古城等均為代表各宗教最重要的建築。

第四節　旅遊文化的特徵

文化具有民族性和地域性分布的空間特徵和時代性特徵，不同民族、地域和時代的人們所創造的文化各有特點，從而形成不同的民族文化、民俗風情文化和歷史文化。旅遊文化具有一般文化形態所有的共同屬性，而作為一種有別於其他文化型態，旅遊文化又有其自身的內涵特質，如旅遊文化具有明顯的地域性、民族性和時代性特徵。

一、旅遊文化的地域性

文化的地域性也就是文化的地域差異性，或稱文化的地方性。不僅表現在東西方文化之間，不同的國家具有不同的文化背景、風土人情與生活習俗，就是在一個國家內部，也有文化差異存在。

地域性是地理環境在空間上表現出的差別。因此，地理環境在空間分布上的差異，必然導致旅遊資源在空間上的差異，使具有明顯的區域性特徵。如從世界範圍看，中國是傳統的東方文化代表，美國以現代文化為代表，法、德、義等歐洲國家則代表了多元文化。

文化因民族性與地域性等的差異，形成了不同的民俗風情特色。
（圖為北歐少女的傳統服飾）

二、旅遊文化的民族性

文化的民族性是指具有共同語言、共同地域、共同經濟生活，以及表現於共同文化上共同素質的人。每個民族都生活在特定的自然和社會環境中，不同的環境造就了不同的生產和生活方式，形成不同的語言、文字、藝術、道德、風俗習慣及物質成果等，構成不同的民族文化。文化的民族性影響著人類行為活動的各個層面，也對旅遊活動產生直接誘因。

三、旅遊文化的時代性

文化除了是在特定的空間中產生和發展起來的，也是在特定的時間內創造與生長的。在不同的社會歷史發展階段，文化的內容和功能是有所差異的。人類文化進化的不同層次，是構成世界文明多樣性的原因之一；同時，文化的時代性也是旅遊活動產生和發展的原因。隨著時代的變遷，傳統文化與現代文化之間的相互碰撞和融合，也會打破舊有的文化傳統，進而形成新的文化類型。

不同的環境造就了不同的民族，也產生了不同的生活方式。
（圖為麗江東巴法師）

Chapter 2

世界文明

■世界文明的起源

■世界各地文明的起源與發展

人類文明的發展是不斷延續呈現。就時間而言，或可劃分為古代、近代、現代等不同的階段；就空間而言，除簡化為東方與西方外，在每個區域中，又因時空的交錯，綻放出各種璀璨的次文明或文化。當然，文化與文明的產生有其時空背景，更受到自然環境與地理區位種種條件的限制與影響。而現今對於古代歷史文明的考證，在有文字記載的地區可從遺留的文獻中加以瞭解與探討，而在文字發明以前或者是文字已遺失的地區，則僅能藉由考古的遺跡與發現加以推論，其真偽性則值得商榷。本章中先略述文明的起源，並依照區域概述世界各地主要的古文明起源。

第一節　世界文明的起源

關於文明的起源，眾說紛紜，目前為世人普遍接受的條件為人類開始有定居的行為，聚落的產生，而漸漸形成團體及群居的型態，當中最關鍵的條件即為農業的產生。就地理條件因素而言，世界最早的古文明，一般均以美索不達米亞、印度、埃及和中國為四大古文明發源地。隨著人類的遷徙及文明的演進，亦創造出各地的文明。對於人類究竟於何時且透過何種途徑取得農耕技術，又在何種情況下開始定居生活，有不同的說法；其中一種主張是受自然環境的變化所致。

根據美國考古學家布雷德伍德（Braidwood）自1948年開始，於現今伊拉克東北部的薩克洛斯山附近丘陵地帶的耶莫遺跡發現，在此地有一座寬九十公尺、深一百四十公尺、面積約一・三公頃的聚落。據推測在此聚落約有一百五十人，同時所挖掘出來的陶製品與石器，可以確認耶莫人的生存年代為陶器文化時代至使用陶器的新石器時代。在此遺跡最重要的發現為碳化的小麥種子與大麥種子。在人類採集時代，麥類種子應屬野生，自生自滅，然而被發現的種子與野生的構造不同，因此可見

耶莫人也開始播撒麥種並栽培。此一發現亦讓原先認為西元前4500年左右尼羅河附近發現最古老的農耕聚落遺跡，足以再往前推論二千多年。同時，耶莫遺跡中也發現了羊的骨頭，且骨頭較野生的羊為小；由此亦可推論羊在此時可能已家畜化，且成為食用的動物。當時除了美索不達米亞外，東從伊朗的高原地帶，西至黎巴嫩的海岸地帶，其自然環境皆與耶莫地區相同，也誕生類似農耕的聚落，而聚落間的交流發展與融合，也就形成了古代的文明。

一、農業的起源

農業包括作物的栽培和動物的飼養，我國著名的地理學家張鏡湖博士認為，就農業的興起，其發展可以分為三個階段：（張鏡湖，1987）

1.動植物最初的馴化階段：遠古人民常馴化植物，但未能妥善養育，而且規模極小。

2.原始農業階段：此階段耕作和畜養已略具規模，考古的遺物足以證明，除了植物的殘株種子和動物的遺骸外，還有農具、器物和農田房舍的建築等。

3.農業經濟階段：這個階段人類正式進入農業經濟的社會，至少有一半以上的糧食，取之於農產品，此時採集與漁獵已退居次要地位。

作物可以分為**種子作物**和**綠體栽培作物**兩大類，深受氣候的長短所影響（如潮溼或乾旱）。穀物屬於種子作物，綠體栽培作物則用植物的枝幹或根莖來繁殖。由於耕種方便，故人類最初以綠體栽培作物的種植最為可能，且有些根莖作物因沒有固定的收穫期，可以留在田間，隨時取食，一來減少貯存的問題，二來野獸不易取食根莖作物。

蘇俄植物學家瓦維洛夫（Nikolai Ivanovich Vavilov, 1887-1943）認

穀物屬於種子作物，營養好、產量高，為農業經濟社會的主要產物。

為，作物品種最繁雜的區域即為該作物的起源地。瓦維洛夫共收集了六百六十餘種食用植物的品種，發現亞洲南緯二十到四十五度之間，是最重要的食用植物起源地，共有四百多種，並確認了八個作物起源中心：(1)中國；(2)印度；(3)中亞；(4)近東；(5)地中海；(6)阿比亞尼亞；(7)墨西哥與中美洲；(8)南美洲。每一個中心有三十八到一百六十三種土生作物。土生作物的區域，供給了農業起源的必須條件，但非充分條件，亦即作物種類雖多，但未必就是理想的農業起源或發展地。

二、農業的發展

就全世界各地農業的發展可歸納如下：

1.近東：近東為舊大陸最重要之農業起源地。約在西元前7500年，即有大麥、小麥、牛、羊、豆類和亞麻。南歐、北非和印度，都是承襲近東的農業，一脈相傳。中國的大麥、小麥和羊，也來自於近東。

2.中國：中國有兩個中心：一在黃土高原，即「仰韶文化」；一在杭州灣附近，以「河姆渡文化」為代表；兩者都可以推溯到西元前5,000餘年。黃土高原的農業，最初以黃米、小米和豬為主要食物，這種組合的生產力不及近東。後來自近東引入小麥和羊，又增加了大豆，食物營養的水準大為提高。河姆渡是世界稻米最古老的起源地。

3.東南亞：東南亞現有的新石器時代遺物，不足以證實該區穀物農業的興起早於西元前4,000年。在稻米廣泛種植之前，東南亞有薏苡（一年生的草本植物），但並不是一個重要的穀物。最早的原始農業以芋頭和薯芋兩種根莖作物為主，是一個無核心的農業起源地區。

4.新大陸：新大陸最早的作物馴化和近東約略同時。中美洲最先有的穀物是小米和玉米，但生產力極低。新石器時代中美洲沒有家畜，故經過了五千年才從原始農業進入到農業經濟階段。祕魯則為一獨立中心，早期農作物很貧乏，後來從中美洲引入玉米。安第斯山高地之的的喀喀湖（Lake Titicaca）海拔三千八百公尺，約四分之一個臺灣大小，有一個次要的農業起源地，以馬鈴薯為主。亞馬遜河是一個以木薯為主的沒有核心的農業起源地。

第二節　世界各地文明的起源與發展

一、中東地區

(一)美索不達米亞平原——由農業到城市

隨著農業灌溉的成功與農業技術的發展，西元前2,400年左右，在美索不達米亞地區一公頃麥田的收穫量約為二千五百公升，由於產量實在太豐盛，猶太人便稱美索不達米亞平原為「伊甸園」。從蘇美人圓柱印章所雕刻的播種方法，可知蘇美人利用牛犁田、播種，已經擁有高度的農耕技術。當時蘇美人將犁鋤綁在牛身上，且安裝了像漏斗的工具，當犁鋤挖一條溝時，漏斗中的種子就會依一定比例自動掉下來。有了這個方法，便能讓種子平均栽植，使單位面積收穫量增加不少。

灌溉農業主要產物為大麥、小麥等穀物，在資源缺乏的南美索不達米亞地區，這些穀物也成為重要的出口商品。蘇美人經常拿剩餘的農產品與其他地區的人進行交易，累積了財富，政治、經濟結構就隨之應運而生，加上各部族之間為了爭奪農地、水路，爭鬥愈來愈激烈，便有了新的社會體制誕生。人類最古老的都市文明，便是誕生在美索不達米亞最南部的「蘇美文明」。

西元前6000年前期，哈蘇那文化在美索不達米亞平原開始萌芽，後來演變為薩馬拉文化、哈拉夫文化；最後，這些文化都被烏拜德文化所吸收，這個文化就稱為「烏拜德文化」（la Culture d'Obeid），開始了灌溉農耕生活，並且製造石器、陶器、銅器等。西元前3500年左右，承襲自烏拜德文化的烏魯克文化形成。西元前3100年左右，從烏魯克遺跡挖掘出世界上最古老、刻有圖繪文字的泥板，文字的發明是烏魯克文化最偉大的事蹟。在文字誕生前後，以烏魯克為首，各村落逐漸呈現出都市化的樣貌。不久之後，王權在都市地區誕生，並且建造了大型神殿。其後各都市國家爭戰不休，一直到由北方興起的阿卡德王朝統一了美索不達米亞南部。

阿卡德王朝到了第五代遭受異族入侵，國力開始衰微，雖然並未因此滅亡，但王朝威權已經喪失，各都市國家又紛紛竄起，進入亂世時代。之後在約西元前2113年再由烏爾納姆（Ur-Nammu）建立的烏爾第三王朝，統一了美索不達米亞南部諸城邦，建立起了強大的集權王朝。在《蘇美爾王表》上，「天賦王權」第三次轉移到了烏爾城，因此後世稱為「烏爾第三王朝」，而烏爾第三王朝最為後世所熟知的是國王烏爾納姆所頒布的世界上最古老的法典——《烏爾納姆法典》（*Code of Ur-Nammu*）。

烏爾王朝持續了一百多年的和平，其後美索不達米亞再度陷入戰亂時代，一直到西元前1790年左右，巴比倫的漢摩拉比國王登場，才再度統一了美索不達米亞南部地區。

(二)美索不達米亞文明——帝國的建立與發展

美索不達米亞（Mesopotamia）是古希臘對兩河流域的稱謂，意為「（兩條）河流之間的地方」，這兩條河指的是幼發拉底河和底格里斯河，在兩河之間也就是美索不達米亞平原上所產生和發展的古文明，史上稱為「兩河文明」或是「美索不達米亞文明」，它大體的存在時間是從公元前6000年到公元前2世紀（前200年至前101年），可說是人類最早的文明。

如前所述，美索不達米亞因地處平原缺少天然屏障，在這幾千年的歷史中，先後歷經了蘇美人、阿卡德人、阿摩利人、亞述人、埃蘭人、喀西特人、胡里特人、迦勒底人等民族入侵乃至融合，文化上經歷了史前的歐貝德、早期的烏魯克、蘇美和阿卡德時代，乃至後來文化瑰麗的古巴比倫帝國和龐大的亞述帝國。

巴比倫王國於西元前1894年左右竄起，始祖為蘇姆—阿布姆（Sumu-Abum），他利用兩河從事貿易活動，並利用周邊肥沃平原區發展農業，並將巴比倫建設為首都。在蘇姆—阿希姆之後繼承王位的歷代國王不斷地擴建巴比倫，蓋了城牆、城廓、神殿。當時的美索不達米亞各城市國家各有守護之神，成為當地人民的信仰對象。到了第六代國王漢摩拉比執政時，統一了美索不達米亞地區的信仰對象，將巴比倫城的守護神馬爾杜克神（Marduk）視為美索不達米亞的主神。漢摩拉比認為，宗教也是一種統治策略；將巴比倫城守護神定位在眾神的頂端，大家便公認巴比倫城就是美索不達米亞世界的頂端，於是環繞巴比倫城外的城牆更加堅固了，神殿也愈蓋愈大，所有建築物都改建得非常豪華壯觀。在漢摩拉比盛世期間，巴比倫的發展更為快速，儼然已經成為美索不達米亞地區的政治與宗教中心；於是各種行業的工匠師傅、商人、學者都來到了巴比倫城，神話、文學、天文學、美術等各種文化都在此興盛，並且開花結果。

在漢摩拉比王登基五年後，古巴比倫王國相繼征服了烏魯克和伊辛，也打了無數戰役，最後整個美索不達米亞南方的城邦都受其統治。漢摩拉比王還有個萬世留名的偉大事蹟，那就是編纂了《漢摩拉比法典》。這部以「以眼還眼、以牙還牙」為中心思想的法典，共訂立了二百八十二項法條，含括了行政、司法各項層面，可以說是劃時代的法典。因為有了這部法典，讓古巴比倫王國成為支配美索不達米亞地區的強大帝國。

西元前1595年左右，巴比倫王國第一王朝遭遇小亞細亞的帝國——赫梯（Hittie）王國（又稱西臺帝國）的侵略，因而滅亡。於此同時，位於美索不達米亞北部的米坦尼王國（Mitanni）開始崛起，不斷擴張勢力，除了控制東鄰大國亞述以外，其版圖範圍從現在的敘利亞一直到北美索不達米亞地區均含括在內。西元前1350年左右，米坦尼王國也因赫梯的侵略，變成赫梯王國的屬國，一直到經過二十年後，亞述國才取得獨立，再度成為大國。

取代亞述國成為霸主的新巴比倫王國，也是不斷地擴張領土。繼承那帕波拉薩爾王而成為國王的尼布甲尼撒（Nebuchadnezzar），還以巴別塔為模型，建造了金字型神塔和空中花園，讓首都巴比倫處於繁榮顛峰期。新巴比倫王國最為興盛時期的版圖超越亞述王國，甚至還到達了現在的沙烏地阿拉伯。

美索不達米亞這瑰麗絢爛的古文明，除了蘇美人於公元前3200年左右發明的楔形文字（因外形有些像釘子或楔子而得名）之外，尚有藏有二・四萬塊泥板書的亞述巴尼拔圖書館，以及前述的《漢摩拉比法典》，還有重達三十多噸的人面帶翼神獸守衛的亞述君王宮殿、用琉璃磚裝飾的新巴比倫城，和傳說中的巴別塔和巴比倫空中花園；此外，古巴比倫人關於三角代數的運算，以及新巴比倫人對日蝕和月蝕的準確預測等等，這些成就都為世界遺產乃至旅遊文化留下了豐沛的資產，也為後世的戲劇、藝術、歷史留下了迷人的色彩。

到了西元前539年左右，波斯王居魯士大帝（Cyrus II the Great）成功征服新巴比倫王國，後來的美索不達米亞地方，還有東方世界波斯帝國興起。

(三)波斯帝國

西元前6世紀波斯帝國居魯士二世為阿契美尼德王朝歷史揭開序幕，領土西至地中海，東至印度河流域。西元前539年，居魯士二世殲滅新巴比倫王國，統一原美索不達米亞地區。西元前529年，居魯士死後，繼承王位的岡比西斯二世遠征埃及，四年後成功征服埃及，三年後祭司高馬達叛變。西元前522年，王族之一的大流士一世打倒高馬達，登上王位。大流士一世遠征東方與西方，在位的時間是波斯帝國版圖最大的時期。

大流士一世確立了中央集權體制，以行政管理能力和建築計畫聞名，被稱為大流士大帝。西元前486年，大流士一世在波希戰爭結束之前，與世長辭。繼位的薛西斯一世執政時代，爆發了薩拉米斯海戰（Battle of Salamis），結果大敗，遠征計畫以失敗收場。後來，阿爾塔薛西斯一世與雅典締結和平條約。

後來繼承王位的阿爾塔薛西斯三世遭到暗殺，他的兒子也同樣遭暗殺身亡，基於以上的情勢，西元前336年時只好從旁系血親中選出繼承人，大流士三世因而得以繼位。繼位的大流士三世雖擊退了巴戈阿斯，復興王朝，卻在即位後的第六年，也就是西元前330年，遭來自馬其頓的年輕英雄亞歷山大征服了波斯帝國。

二、歐洲地區

(一)歐陸

距今四萬年前左右，被稱為現代人祖先的「現生人類」出現於歐洲地區，在存在時間比現生人類還早的尼安德塔人絕種後，現生人類仍繼續發展，而且人數也愈來愈多。現生人類以能阻擋風雨的洞窟為生活據點，製作剝片石器或尖頭器，組成小團體，過著狩獵及採集生活。從遺跡可發現鉤狀魚叉及專門用來縫合動物皮革的骨角器；此外，這個時期也是人類開始創造美術的時代。遺留於法國拉斯科洞窟（Lascaux Cave）或西班牙阿爾塔米拉洞窟（Altamira Cave）的壁畫，為世界上最古老的藝術。

學者認為，現生人將洞窟壁畫視為一種狩獵儀式。人們發現以動物骨頭或石頭製成的女性人像，這些女性人像，是為了祈求豐饒多產而製作。大約一萬年前，冰河期結束，溫暖時代來臨。冰原融化形成草原，人類可居住的範圍更加擴大，也由於狩獵技術進化，開發出了似弓的狩獵工具。然而，因為人口突然暴增，加上狩獵行為對自然界造成巨大的影響，草食動物減少，人口也因此大幅減少。

後來，從西亞地區傳入小麥或大麥，人們開始過著農耕生活。從原來的狩獵及採集生活轉型為定居生活，同時也開始畜養山羊、牛、豬等家畜，形成小型的社會。透過群集的社會生活模式，訊息可傳達至遠方；而透過以物易物的模式，物資開始流通。之後，隨著尋找可耕的農地，人們遷移至歐洲各地。另一方面，北歐地區雖然因為氣候嚴峻，無法從事農業，但卻擁有豐富的野生動植物食物來源，而發展出不同於地中海地區農業文化的另一種文化類型。

位於地中海中的各島嶼原本孤立於海上，未曾受到大陸發展影響，也由於航海技術的發達，成功地引進了新文化，成為海洋交易路線的中繼點，於是成為多樣化文化的中樞。隨著經濟活動的熱絡，社會形態不斷改變的地中海世界也邁入下一個新時代，人類首次親手製作的金屬青銅器，掀起文明大潮流，同時席捲整個歐洲。克里特文明、邁錫尼文明、希臘文明陸續開花結果，成為歐洲世界的基礎。

(二)愛琴海

愛琴海連結了歐亞地區。西元前3000年左右，分布於愛琴海上的島嶼誕生了與石器文化截然不同的青銅器文化（金器與石器混合的文化），以愛琴海中心點基克拉澤斯群島命名，稱為基克拉澤斯文化。同樣地，在希臘本土也出現了赫拉迪克初期文化，後來在克里特島則誕生了克里特文化，這些文化相互影響而緩慢發展。此時，在愛琴海東邊的小亞細亞特洛伊也出現了最早的聚落。所謂「愛琴海文明」，就是這些文化及其所發展出來的文明總稱，位置就在於地中海東部的愛琴海島、希臘半島及小亞細亞西部，因圍繞愛琴海域而得名。

西元前2000年左右，赫拉迪克初期文化和基克拉澤斯文化神秘地消失了，原因至今未明。不過，有人說是被希臘人的祖先愛奧尼亞人（Ioniens）滅亡了。很幸運地，克里特島未受波及，開始於中北部建造以諾薩斯宮殿為首的各種宮殿，克里特文明於焉產生。克里特文明的誕生地就是愛琴海海上的克里特島，時間為西元前20世紀至西元前15世紀左右。

克里特人是擅長海上貿易活動的海洋民族，個性開放，他們並沒有在宮殿四周築起城牆，而且遺留的壁畫或壺繪作品都極具寫實性，可說是栩栩如生。在克里特文明蓬勃發展的同時，在伯羅奔尼撒半島的邁錫尼，來自北方的亞該亞人（Achaeans）也開始建立國家。起初，亞該亞人似乎受到了克里特文明的影響，到了西元前16世紀時，便發展出「邁錫尼文明」國家群。後來，邁錫尼文明的勢力在克里特文明之上，最後並消滅了克里特文明。亞該亞人被認為是屬於印歐語系的「希臘人」族群的第一波移民。

西元前1700年左右，以希臘本土伯羅奔尼撒半島為據點的邁錫尼文明開始發展，並於西元前1500年侵略克里特文明根據地——克里特島，將繁榮了五百年之久的諾薩斯宮殿當成統治克里特島的據點，最後將各地的宮殿破壞殆盡，諾薩斯宮殿就在西元前1400年左右被徹底毀壞。經過不斷征戰，邁錫尼文明的勢力愈來愈龐大，其後也走上了衰亡的歷史。西元前1200年左右，邁錫尼文明各城市與八百年前神秘消失的文化一樣，留下重重謎雲。邁錫尼文明滅亡了，愛琴海地區的發展也衰退了，正式迎接「黑暗時代」來臨。直到西元前750年左右，雅典和斯巴達等城邦國家興起，這個地區才又有了文明的萌芽。

(三)希臘

從希臘歷史的角度來說，古希臘文明可分為四個時期：(1)史前時期（Prehistory Period），約3000至1100 B.C.；(2)神話時期（Mythology Period），約1100至500 B.C.；(3)古典時期（Classical Period），約500至429 B.C.；(4)希臘化時期（Hellenistic Period），約330至30 B.C.。古希臘在西元前700年是一個擁有眾多小國，一個支離破碎的地區，分布於山川河谷流域的平原和沿海及島嶼之上。兩個最發達的城邦國家是斯巴達和雅典，但它們的發展走向了不同的道路。在伯羅奔尼撒半島的南部，斯巴達以其訓練有素的軍隊占領了一個又一個城市，並使所有非斯巴達人淪為奴隸。

雅典原為阿提卡崎嶇岩石上的一個城堡，以「衛城」而富盛名。典型的城市成群地圍繞在一個山崗或高岩，山頂原是天然的要塞，同時容易

建築工事，防禦敵人，故山頂或城堡最初即為城市。由於居留地擴大，分布到山岡周圍很遠的地方，於是將中央高處冠以建築的地方稱為衛城，原意是「城頂」、「城市最高處」。

當時城邦制是希臘的理想時代，雅典正是一個理想的城邦。在一個城邦之內，所有的公民都能會見而且習於相識，都能參加市民和宗教的典禮，也都能出席公共的劇場，讚賞神廟和公共建築物，並以高度的熱忱愛護他們的城市。當然，從今天的角度看，雅典的民主並不夠完善，因為只有男性的自由公民可以行使這個權利，婦女不具備參與公眾言論的能力，只能待在家，與奴隸及外來的陌生人一樣，被排除在民主政治之外。

希臘藝術也是城邦文明獨特的產物。由於神廟成為城邦文化，非宗教和宗教的核心，藝術和建築在神廟上得到最高度的表現。這些神廟是受人尊崇的男女保護神的住處，如雅典衛城的聖地巴特農神廟，就是為雅典娜女神所建造的。希臘諸城邦在抵抗了巴比倫和亞述諸古文明的繼承者——波斯帝國的侵略之後，展開了輝煌的發展。

神廟是希臘文明的獨特產物，也是希臘藝術與建築的極致表現。

(四)亞歷山大帝國

西元前334年，年輕的馬其頓國王亞歷山大率領軍隊遠征波斯，一路征服了小亞細亞、敘利亞、埃及、美索不達米亞等國，並繼續朝東行；於西元前330年占領了波斯帝國的首都波塞波里斯，併吞了波斯帝國，最後到了印度。可以說當時地球上大部分的領土都在亞歷山大的掌控之中，也因為這場遠征，讓希臘與波斯文化融合，產生了希臘化文化。

遠征之旅結束後，亞歷山大在西元前323年以三十二歲之齡與世長辭。死後其將領們分割了這個龐大帝國。這些被稱為「繼承者」的將領們個個野心勃勃，彼此爭奪霸權，自立為王，自此東方世界陷入了一片混亂局面。

西元前305年，埃及的托勒密王朝建立。托勒密一世索特爾（Ptolemaios I, Sorer，西元前304至285年在位），利用當地人尊敬法老王的心理，讓自己成為了法老王，建立了托勒密王朝。在托勒密的統治下，埃及恢復了往日的繁榮景象。知名的亞歷山大圖書館就是托勒密國王建造的。一直到西元3世紀末，這座建築仍完好無損，它的古希臘文獻圖書館裏藏有約二十萬卷文字資料。

相對於托勒密，擁有廣大中東領土的將領塞琉克斯，以敘利亞為據點，打造了塞琉克斯王朝，並朝東方遠征，不斷地擴張領土，建設了安提約基亞等眾多城市。不過，亞歷山大繼承人所建立的王朝，最後都被凱撒大帝所建立的王國——羅馬所滅。

(五)羅馬帝國

在神話裏，據傳羅馬城是在西元前735年，由兩個被一隻母狼哺乳養大的孿生兄弟羅慕洛和勒莫所創造的。羅馬曾是一個小城邦、一個小王國，一連七代的羅馬城邦由國王統治，稱為羅馬的王政時代，後來貴族們推翻了最後一任國王的暴政，建立起羅馬共和，傳統王政時代結束於西元

前509年，羅馬自此成為一個共和國。

羅馬變成一座石砌城市的重要因素，是伊特拉斯坎人的教導。在西元前6世紀之後的期間，羅馬人受到伊特拉斯坎人的影響極深，羅馬人從那裏學到了書寫。為了增強羅馬的軍事力量，最重要的是學得了希臘的方陣，同時從伊特拉斯坎人那裏，他們學得了用希臘的甲冑、盔、矛和盾來裝備他們的步兵，並且用密集隊形作戰。

約西元前510年，羅馬人推翻了殘暴的國王。選擇了一個城市政府，以兩名執政官為首。執政官的任期僅有一年，兩人中任何一位沒有另一人的同意都不能單獨決策。這一時期的羅馬是個貴族共和國，只有貴族才能在元老院裏得到席位，或擔任最高級的政府職位、或在公共禮拜裏當祭司、或是解釋法律，至於貴族的身分則是父傳子。

自從第一次布匿戰爭（前264至前241年）開始，羅馬軍團在西西里島看到了希臘化城市的大理石廟宇和雕像、繪畫、劇場。不久，希臘劇場被譯成拉丁文，在羅馬搬演著。第二次布匿戰爭中，錫臘庫札、卡普亞和塔蘭托都因協助漢尼拔而受到懲罰和劫掠；而羅馬自這些城市運走了許多財物和希臘藝術品。

藉著強大的軍隊，羅馬成為義大利半島的第一大城，統治地域不斷擴大，到了西元前270年，羅馬城幾乎統治了整個義大利半島，人口達三百萬。從羅馬共和時期開始，一連串的積極向外擴張，經過三次布匿戰爭，逐漸建立起帝國的基礎。

西元前27年（前帝國時期），元老院賜給凱撒繼承人屋大維「奧古斯都」的稱號，成為羅馬帝國的第一代皇帝。奧古斯都在位的羅馬帝國初期，皇帝依舊相當尊重共和制時代所留下來的元老院；然而，當權力逐漸集中，皇帝統治體制也就正式確立。

西元9年，條頓堡戰役（Battle of Teutoburg）中，羅馬敗給日耳曼人，萊茵河以南地區成為羅馬的最北邊境領土。所謂的「羅馬和平時代」正式到來。西元68年發生叛亂事件，逼得尼祿皇帝自殺身亡，帝位爭奪戰爆發。翌年，維斯帕先（Vespasian）即位，為穩定局勢，首先平定了從尼祿時代即叛變的猶太屬地，並下令於羅馬市建造「圓形競技場」。西元96年即位的涅爾瓦（Nerva），與後來的四位皇帝被稱為「五賢帝」，而五賢帝時代為羅馬帝國的全盛期。

五賢帝之一的圖拉真（Trajan）立下顯赫的戰功，羅馬帝國版圖在他的統治下達到極盛。圖拉真舉行大規模遠征行動，吞併了達西亞（Dacia）、美索不達米亞地區及部分亞述地區。羅馬當時統治了整個地中海世界成為大帝國，其規模之大無人能比。之後繼位的哈德良則縮小擴張得太快的統治區域，建立哈德良長城，阻止日耳曼民族入侵，力求安定。

到了西元306年的君士坦丁大帝時期，他於西元313年發布米蘭敕令，承認飽受壓迫的基督教，是第一位皈依基督宗教的羅馬皇帝。西元330年，君士坦丁大帝在拜占庭建立新皇宮，人們將此地稱作君士坦丁堡，因此君士坦丁被認為是拜占庭帝國的創立者。到了狄奧多西一世（Theodosius I）時代，全面禁止信奉其他宗教，只能信奉基督教。狄奧多西一世死後，擴張的廣大帝國領土分裂為東、西羅馬帝國。大約在西元4世紀時，統治整個地中海世界的羅馬帝國終於走向滅亡。後來，因芬族入侵，日耳曼民族大遷徙，導致西羅馬帝國式微。西元476年皇帝羅路斯退位後，西羅馬帝國正式滅亡。東羅馬帝國改名為拜占庭帝國，正式進入中世紀時代。

(六)日耳曼民族

日耳曼人是一些語言、文化和習俗相近的民族（部落社會）的總稱，這些民族生活在歐洲北部和中部。「日耳曼」這個詞的來源和意義至今無法定論，西元前51年，凱撒在他的《高盧戰記》中使用了日耳曼人這個名稱，他將所有萊茵河以東的民族統稱為日耳曼人，在此之前羅馬人將

歐洲西部的民族稱為凱爾特人，而歐洲東部的民族被稱為斯基泰人，也是此時羅馬人才認識到日耳曼人並非凱爾特人，而是一個獨立的民族群。

凱爾特人及日耳曼人的祖先，於西元前20世紀至西元前15世紀左右，遷移到歐洲大陸西北方定居。在此之前，他們已經開始在歐洲大陸擴張領土，擊退原住民，最後終於占領整個歐洲，成為居住地。大遷移的結果，凱爾特民族統治歐洲中部到西部地區；日耳曼民族則與原住民相處融洽，在北歐地區扎根。

到了西元前8世紀，凱爾特人創造了哈爾斯塔特文化，擁有位於奧地利北部哈爾斯塔特的大規模岩鹽山，並將生產的岩鹽透過「鹽道」，出口到貝魯特沿岸地區和地中海地區，從事貿易行為。對古凱爾特文化來說，從西元前8世紀到西元前5世紀這個時代可說是黃金時代，發展出藝術、宗教等多樣化的文化。

與此同時期，凱爾特人也擁有著強大的軍事能力，以義大利地方為首，開始侵略希臘、馬其頓等地區。西元前390年，凱爾特部族之一的塞農族（Senones）聯合各部族的凱爾特人，一起進攻羅馬。花了七個月時間，凱爾特人終於成功占領羅馬。羅馬以黃金為籌碼換取自由，凱爾特人接受了這個請求，從羅馬退兵。被凱爾特人蹂躪過的羅馬，在西元前58年左右，由凱撒率領羅馬軍隊給予凱爾特人狠狠一擊，讓凱爾特人幾乎面臨滅亡絕境，這場戰爭讓羅馬幾乎統治了所有的凱爾特部族。後來在古凱爾特時代發展出高盧羅馬文化（Gallo Roma Culture）。

另一方面，日耳曼人從西元1世紀左右開始拓展勢力，他們在森林地帶建造了五十戶人家，形成一個聚落，開始了農耕生活。一直到西元4世紀末期，當羅馬因內亂而國力衰微時，日耳曼部族趁機攻擊羅馬軍隊，搶回歐洲權霸。從此以後，日耳曼人就到處成立國家，整個歐洲地區也從古代時期轉移到中世紀時期。

三、歐亞大陸

(一)印度

印度古文明大約於公元前2500至公元前1500年左右，在印度近阿富汗的印度河地區發展。古印度人自稱為「波羅多國」，活動範圍在印度河一帶，印度河梵文叫「信度」，波斯人稱此地為「欣度」，希臘史家希羅多德（Herodotus, 484-430 B.C.）將印度河流域稱作「印度斯」（Indus），一直沿用至今。

目前已知的最古老的印度文明是公元前第3世紀的印度河流域文明，通常以其代表遺址所在地哈拉帕（在西旁遮普）命名，稱為哈拉帕文化。哈拉帕文化是一個分布範圍非常廣大的文明，在時間上大致與古代兩河流域文化及古埃及文化同時。這一文化在達到相當發達和成熟的情況下，因不明原因而衰落以至最終徹底消失。取代哈拉帕文化的是由西北方進入印度的雅利安人帶來的新文化體系，這一文化（有時以其聖典的名字稱為「吠陀文化」）是古典印度文化的起源。

早期吠陀時代的歷史幾乎完全無從考查；梨俱吠陀描述這一時期雅利安人的主要活動是祭祀、遷徙和對土著居民進行征服。雅利安人在這時的主要祭祀對象是代表自然力量的因陀羅、阿耆尼諸神。在吠陀時代晚期，雅利安人的文化相較以前有了很大發展；他們從早期主要居住的旁遮普移入恆河流域地區。當時，崇拜梵天、毗濕奴、濕婆三大神的婆羅門教代替了敬奉自然神靈的早期吠陀信仰，這種宗教的一個顯著特點是抬高祭司階層（婆羅門）的地位。

史學上將雅利安人開始遷移至印度地區的西元前1500年左右，至紀錄各國歷史的佛教經典興盛期的西元前600年左右的這段時間，稱為「吠陀時代」。吠陀時代再以西元前1000年左右為界，分為前期與後期。西元前1000年左右，進入了後期吠陀時代，雅利安人的勢力已經深入東方的恆

形如印度人臍帶的恆河——印度之母。

河流域。此時，雅利安人開始過著以農耕為主的定居生活，不再四處遷移。由於雅利安人農作物生產量大幅提升，豐衣足食後，也開始建立國家，樹立王權。同時，將人民分為婆羅門、剎帝利、吠舍、首陀羅等四個階級的種姓制度正式形成。到了西元前600年左右，於印度恆河中下游地區出現了好幾個國家；此時的印度猶如中國的春秋戰國時代。關於這些國家的歷史，也都被記錄在佛教經典裏，並被稱為「十六大國」。隨著時間的流逝，十六大國之中有幾個國家以強國之姿崛起：恆河下游的摩揭陀國（Magadha）及跋耆國（Vajji）、印度西部的阿槃提國（Avanti）、恆河中游北部的憍薩羅國，合稱為「四大國」。

摩揭陀國的首都王舍城（Rajagrha）、憍薩羅國的首都舍衛城（Sravasti）都是釋迦牟尼佛曾經造訪過的城市，在佛典中占有極為重要的地位。這些遺跡至今依舊存在，也為後人所景仰。西元前317年左右，統治摩揭陀國的難陀（Nanda）王朝被擊垮，孔雀王朝取而代之。孔雀王朝建國之王旃陀羅笈多（Chandragupta）遠征印度河流域與德干高原地區，迅速地擴充版圖；後來，孔雀王朝成為統治整個印亞大陸的巨大帝國。孔雀王朝的勢力不斷擴張，第三代阿育王執政時，邁入了全盛期；除了印度最南方，整個印亞大陸都是孔雀王朝統治的範圍。阿育王皈依佛教，對於護持與宣揚佛教不遺餘力。阿育王往生後，孔雀王朝面臨分裂，國力開始式微，於西元前180年左右終告滅亡。孔雀王朝瓦解後，巽加（Shunga）王朝、甘華（Kanva）王朝相繼出現，依舊以華氏城為首都，卻再也無法恢復孔雀王朝時的風光。

西元1世紀左右，大夏貴霜王朝成立。貴霜王朝創建者是來自中國北部的遊牧民族——大月氏人，在《後漢書》等中國史書中，都能找到關於貴霜王朝的紀錄。後來，貴霜王朝開始侵略印度，全盛期版圖遠至恆河流域；在同一時期，印度原住民——安達羅族（Andhras）於中印度地區建立了薩塔瓦哈納（Satavahana）王朝，與貴霜王朝相抗衡。西元3世紀中期以後，貴霜王朝遭波斯帝國薩珊王朝擊敗，勢力也開始衰微。

風之宮（Hawa Mahal）使用紅色和粉色砂岩砌築，位於齋浦爾（Jaipur）商業中心的主幹道上，興建於1799年，從街外看是一棟名副其實的「屏風樓」，也是齋浦爾市內最具代表性的建築物之一。

西元320年，與孔雀王朝開國者旃陀羅笈同名的旃陀羅笈多一世征服印度北部，創立笈多王朝。第三代國王旃陀羅笈多二世在位時，國勢到達顛峰期。取代薩塔瓦哈納王朝，於印度中部崛起的伐卡塔卡（Vakataka）王朝也深受笈多王朝的影響。此時，印度教與佛教美術都有長足的發展，完成《摩訶婆羅多》、《羅摩衍那》兩大史詩巨著，印度古典文化正式迎接黃金期的到來。

西元5世紀後期開始，中亞游牧民族嚈噠族入侵笈多王朝，導致笈多王朝勢力開始衰微，之後於西元6世紀中期完全滅亡。笈多王朝滅亡後，除了達羅毗荼（Harsha Vardhana）於北印度建立只有一代歷史的帝國外，很長一段時期，印度北部都處於群雄割據的局面。西元10世紀後，回教勢力崛起，才結束這個混亂的時代。

(二)中國

中國是世界上文明發達最早的國家之一，是一有近四千年歷史文字可考的民族。中國文化的起源與分布，早期均認為起源於黃淮平原，為單一文化起源；然而隨後經過考古的挖掘，中國在古文明時期即已產生了不同的文化起源，包括長江中下游的河姆渡文化與四川的三星文化等等，進而形成多元文化起源說。發現於雲南元謀距今一百七十萬年前的猿人化石——「元謀人」（學名為「元謀直立人」，Homo Erectus Yuanmouensis）是中國境內已知最早的原始人類；另外，在距今六十萬年前，北京周口店一帶的「北京人」，不只能直立行走，也能製造並使用簡單的工具，還知道如何用火；距今一萬年前後的新石器時代遺址，遍布中國各地。在距今六、七千年的浙江餘姚河姆渡和陝西西安半坡遺址，發現了人工栽培的稻穀和粟粒及農耕工具。

從文物中發現的中國最古老的王朝夏朝始於西元前2070年，中心地區在今河南省西部和山西南部一帶，其勢力和影響已達黃河南北。繼夏

而興起的商、西周進一步發展了奴隸制度，之後是王室勢力衰微，諸侯爭霸的春秋戰國時期，這一時期被認為是由奴隸社會向封建社會過渡的階段。

春秋戰國時期思想學術空前活躍，出現對後世產生深遠影響的著名哲學家老子、孔子、孟子和軍事學家孫武等人物。西元前221年，秦始皇嬴政結束了長達二百五十多年諸侯紛爭的戰國時期，建立了中國歷史上第一個統一的、中央集權的多民族封建國家——秦，並自稱始皇帝。秦始皇統一了文字、度量衡、貨幣，建立了郡縣制度，並在中國北部修建了綿延五千公里的長城，並於生前就開始修築龐大的墳墓。

西元前206年，劉邦建立了強大的漢王朝。漢代的農業、手工業、商業都有極大發展，人口達到五千萬人。漢武帝劉徹在位期間（西元前140至前87年）是漢王朝最為強盛的時期，他使中央政權實際控制的地方，從中原擴展到了西域（今新疆及中亞一帶），並派使臣張騫兩次出使西域，打開了從長安（今陝西西安）經新疆、中亞直抵地中海東岸的道路，被稱為「絲綢之路」，中國絢麗的絲織品經此源源西運。隨著東西交往的密切，佛教也於西元1世紀時傳入中國。

漢之後，經歷了三國、晉、南北朝、隋等朝代，李淵於西元618年建立了唐朝。李淵的兒子唐太宗李世民（西元626至649年在位）實行一系列開明的政策，把中國封建時期的繁榮昌盛推向了頂峰：有發達的農業、手工業和商業，紡織、染色、陶瓷、冶煉、造船等技術也都有進一步的發展，全國水陸交通縱橫交錯。

唐亡後，經歷了五代十國戰亂頻繁的時期。西元960年，後周大將趙匡胤建立了宋朝（西元960至1279年）。宋朝曾先後有北宋、南宋，南宋時政權南遷，將北方先進的經濟、文化推廣到南方，促進了該區域的經濟開發。宋代天文、科技以及印刷術均居世界前列，畢昇發明的活字印刷，堪稱人類印刷史上的一大革命。

西元1206年，成吉思汗建立蒙古汗國。其孫子忽必烈於1271年入主中原，建立元朝（西元1271至1368年），定都大都（今北京）。忽必烈結束了長達數百年的多政權並立的局面，實現了包括今新疆、西藏及雲南地區在內的大統一。造紙、印刷術、指南針、火藥是中國古代科技的「四大發明」，至宋元時期相繼傳到世界各地，對世界文明做出了巨大貢獻。

西元1368年，明太祖朱元璋在南京建立了明朝（西元1368至1644年）。其子朱棣於西元1402年即位後，開始大規模營建北京城池和宮殿，並於西元1421年正式遷都北京。西元1405至1433年，他派太監鄭和率領龐大的船隊進行了七次規模巨大的海上遠航，途經東南亞各國、印度洋、波斯灣、馬爾地夫群島，最遠到達非洲東海岸的索馬利亞和肯亞，是哥倫布時代以前世界上規模最大、航程最遠的海上探險。

明朝後期，中國東北部的滿族迅速崛起，於西元1644年建立清朝

崇聖寺三塔是建築在崇聖寺東面的三座古塔，為南詔、大理國（位於中國雲南周邊地區，起於五代，滅於元世祖手裏）皇家寺院，中間最高的一座與崇聖寺大門構成景區的中軸線。

（西元1644至1911年），定都北京。清朝最著名的皇帝康熙（西元1661至1722年在位）遏止了沙俄的入侵。並加強對西藏的管轄，制定了由中央政府決定西藏領袖的規章制度。在其統治下，中國疆土面積超過一千一百萬平方公里。

19世紀初，清王朝迅速衰敗。英國在這一時期向中國大量輸入鴉片，清政府力圖查禁鴉片。英國為保護鴉片貿易，於西元1840年對中國發動侵略戰爭，清政府最後與英國政府簽訂了喪權辱國的「南京條約」。鴉片戰爭之後，英、美、法、俄、日等國家不斷強迫清政府簽訂各種不平等條約。自此，中國逐漸淪為半殖民地、半封建社會。西元1911年孫中山領導的辛亥革命，推翻了清王朝近二百七十年的統治，同時也結束了延續二千多年的封建君主制，建立了中華民國。

(三)日本

日本陸地早期與中國大陸連接，但隨著氣候逐年暖化的關係，使得海平面上升，在一萬二千年前成為現在的島國地形。這時候，繩文時代開始萌芽。之前的舊石器時代到繩文時代之間，文化發展的最大特徵就是繩文陶器的發明與使用。這些繩文陶器可以當烹飪工具，讓吃的食物種類變多，營養水平也跟著提升。

西元前5世紀左右，稻耕從中國大陸，經由朝鮮半島傳播到日本，生產經濟時代也因此應運而生。陶器厚度變薄，演變為裝飾較少的彌生陶器。彌生時代的特徵除了種稻外，還使用金屬器具。鐵器取代了石器，並製成農具，農耕技術有更先進的發展。

西元3世紀後半期，以西日本為根據地蓋了很多古墳。在大和地方（現今奈良縣）出現了大和王權，統治廣大區域，政治勢力正式成形。被稱為「盟主」的大王與各地方豪族聯合統治國家，採取聯合政權體制，後來才開始與朝鮮各國往來頻繁。到了西元5世紀，日本與中國南宋締結外交關係；約有一世紀的時間，日本都會派遣使者到南宋謁見南宋皇帝。西元5世紀後半期開始，大和王權的各豪族互相爭權，導致戰爭不斷。尤其是蘇我氏和物部氏，為了西元538年（另有一派主張是西元552年）傳至日本的佛教問題，彼此激烈對峙。崇佛派的蘇我氏聯合廄戶王（後來的聖德太子）一起消滅了物部氏，獲勝的蘇我氏成為大王，掌握權力。聖德太子認為以天皇為主的中央集權國家是理想的政治體制，並以圓融的手法治理國家。

聖德太子駕崩後，蘇我氏滅掉太子一族，想自立為天皇，獨掌政權。但中大兄皇太子與藤原鎌倉聯手，起兵叛變，殺死蘇我入鹿，新政權於焉開始，這就是所謂的「大化革新」。後來，中大兄皇太子遷都後近江大津宮，西元668年即位，稱號為天智天皇，登基後兩年病逝。後繼者也就是天智天皇的兒子大友皇太子，與天智天皇的胞弟大海人皇太子爭奪皇位，發生戰爭，史稱「壬申之亂」，是日本古代史上規模最大的內戰。

西元690年，持統天皇登基建立了日本史上第一個計畫型城市，於飛鳥地區北側建造了藤原京，西元694年遷都藤原京。後來的首都，如平城京、平安京等城市的建築樣式，都彷照藤原京。自西元710年（和銅三年）定都平城京至784年（延曆三年）遷都長岡京，共計七十四年，稱為奈良時代，是日本律令制社會的繁榮鼎盛時期，在政治經濟制度、階級關係、文化以及對外關係等方面都有所表現。

以平安京（京都）為都城的歷史時代，始於西元794年（延曆十三年）桓武天皇遷都平安京，終於西元1185年（文治元年）鎌倉幕府成立，歷經四百年。接下來的中世紀日本是一個權門體制的時代。鎌倉幕府時代分為三個時期：前期（西元794至967年）為律令制鬆懈但繼續運用時期；中期（西元968至1068年）為攝關政治確立與全盛時期；後期（西元1069至1190年）為院政與平氏政權時期。之後開始了以鎌倉為全國政治中心的武家政權時代，始於西元1185年（文治元年）鎌倉幕府成立，終於西元1333年（正慶二年，元弘三年）幕府滅亡，歷經一百四十九年。

其後的日本展開了由新天皇光明天皇策封的足利尊氏北朝，與持著天皇象徵的三神器退往大和（今奈良縣）的吉野，是為南朝，史書稱為「一天二帝南北京」的南北朝時代（西元1334至1568年）。接下來的室町時代（西元1333至1568年）則是日本史中世紀時代的一個劃分。

足利氏原是上野豪族，而且是鐮倉幕府將軍源賴朝的同族，足利尊氏在京都的室町開設幕府，是為室町幕府，而南北朝的統一是第三代將軍足利義滿進行的，他統一了以後，在第八代將軍足利義政在位的時候，因繼承權問題爆發了應仁之亂，自此幕府的權威日下。原本受幕府策封於各地的守護大名，有的漸漸被守護代（副官）、家臣、國人篡奪政權，有的可以保持政權至戰國時代。從應仁之亂開始至足利幕府滅亡，人稱戰國時代。

足利義滿（1358年9月25日至1408年5月31日）建立了金閣寺（鹿苑寺），為室町時代北山文化的代表作。

天正元年（西元1573年），織田信長滅了足利幕府後逐漸成為全國最強大的軍事首領，並開始積極拓展統治版圖，直到天正十年（西元1582年）消滅甲斐大名武田氏為止，已幾乎完全控制近畿地方與東海地方，並將勢力延伸至中國地方、甲信越地方、四國地方以及北陸地方。同年，部將明智光秀發動本能寺之變，織田信長失蹤（或說死去），嫡長子織田信忠敗給明智光秀後自殺，整個織田氏頓時陷入混亂。

西元1584年，羽柴秀吉與東海地方大名德川家康爆發會戰，雙方經過一番對峙後進行和解並結為同盟；同年，大坂城完工，羽柴秀吉以此為根據地，開始進行統一全國的計畫。經歷四次的大規模討伐後，西元1590年，接受天皇賜姓豐臣的秀吉完成全國大致上的統一，使日本進入百年來首見的和平時期，全國的實際政治中心也轉移到大坂城的豐臣氏手上。西元1598年，豐臣秀吉去世，全國再度陷入混亂。西元1600年，不滿的大名在文官石田三成與大名毛利輝元的號召下起兵討伐德川家康，雙方在關原之戰中交手，結果德川家康大獲全勝，成為全國實際的統治者。西元1603年，天皇下旨封其為征夷大將軍，至此進入江戶時代。

江戶時代中葉，幕府財政陷入困境，德川吉宗實行享保改革暫時恢復了財政，但不久又再度惡化，在這之後的寬政改革、天保改革等企圖改善，始終未能解決根本問題。到了末期（時稱幕末），被歐美各國逼迫開放門戶，經由培里簽下了日美神奈川條約（日米和親條約）等不平等條約，鎖國崩裂。隨著開國尊王攘夷的思想強烈，成為半內亂狀態後幕府的權威弱化，終於最後德川慶喜實行大政奉還，將政權歸還給朝廷。

經過王政復古大號令及戊辰戰爭（西元1868至1869年明治新政府擊敗江戶幕府的內戰）後，擁戴朝廷的諸藩，成立了明治大日本帝國政府。新政府積極引入歐美各種制度及廢藩置縣等等，這些各項改革被稱為明治維新。一方面，新政府確立國家制度，如設立帝國議會及制定大日本帝國憲法；一方面，又以培植產業及加強軍力（富國強兵）為國策推

進，急速地發展成近代國家。此外，日本又在甲午戰爭及日俄戰爭中取得勝利，成為列強其中的一角。

明治天皇於西元1912年駕崩，子嘉仁繼位，改元大正，是為大正時代。大正元年，因為陸軍倒閣而引起了第一次護憲運動，開始出現政黨政治。西元1921年，大正天皇因病而由太子裕仁攝政，數年後發生關東大地震，以及在國際會議中節節敗退，使日本日漸艱難。權貴與政黨不斷抗爭，發生了第二次護憲運動，實行了全民普選（西元1925年）。

四、非洲－古埃及

埃及是東北非洲人口最多的國家，其地理位置地跨亞、非兩洲，伊斯蘭教為其國教；埃及也是世界文明古國之一，「古王國時期」是金字塔建造數目最多的時代，可以說是古埃及金字塔時代的象徵代表。西元前3100年左右，下埃及與上埃及統一，開啟了早期王朝的時代。在這個時期，發明了象形文字，並將首都定於孟斐斯（Memphis）。西元前2686年左右，第三王朝的第一代法老王左塞（Zozoeser）建造了埃及第一座金字塔。這段期時，王朝的基礎已經趨於穩固。併用太陰及太陽歷法，能夠正確預測尼羅河的洪水氾濫周期。此外，官僚組織化已經確立並實施，連地方官員制度都有規則可循；同時也整頓徵稅制度，確立中央集權體制。當時的金字塔稱為階梯金字塔，乃是以舊有的長方形石槨〔稱為瑪斯塔巴（Mastaba）〕墳墓為基底，再用石頭堆高成為階梯狀。石槨墳墓採用的建材是日曬磚瓦，而階梯金字塔的建材是削切完整的石灰岩石。西元前2613年，進入第四王朝時代，王朝的勢力更龐大了；同時，金字塔形狀也從階梯形演化為表面平坦的四角錐形。

第一代法老王斯奈夫魯王的兒子古夫王建造了當今世界最大的金字塔（又稱胡夫大金字塔）。在古夫王時代，只信仰太陽神的風氣更盛，所

埃及古王國時期的文化瑰麗、壯闊，還帶有濃濃的神秘色彩。

以將位於北側的金字塔入口遷移到東側。在這個時代，卡夫拉王、門卡烏拉王所建造的金字塔，與古夫王的金字塔並稱為吉薩三大金字塔，這段時期可以說是古王國時代最興盛的時候。

西元前2494年左右，古王國時代只信仰太陽神的觀念更是強烈了，各法老王除了建造金字塔外，也蓋太陽神殿；這期間也開始於金字塔內部刻上象形文字，即所謂的「金字塔文」（Pyramid Texts）。埃及從西元前1565年左右興起的第十八王朝到第二十王朝，一直到開始衰微的西元前1070年左右的這段時間，是史上的新王國時代，也是古埃及時代最繁榮的時期。

接著而來的為「中王國時代」，中王國時代的經濟、文藝活動特別蓬勃發展，將第一中間時期失落的埃及榮耀重新找回。中王國時代的國王因企圖復興古王國時代的古典文化，模仿先王競相爭建金字塔，後來又於穀倉地帶法尤姆濕地地區整頓灌溉設備與開挖運河，並致力於西奈半島的銅礦山挖掘工作，此外，於教育內容的文學中注入埃及文學的特色，誕生了「智慧文學」，許多豐富多彩的文學作品也陸續問世。到了西元前18世紀，也就是第十二王朝末期時，王權開始衰微，這時候位於南方的努比亞擺脫了埃及的統治；接下來的第十三王朝時代，每位國王的在位期間都不長，王位更迭速度頻繁。

第十三至十七王朝的混沌時代，也就是第二中間時期的開始。在第二中間時期，異族西克索人（Hyksos）利用下埃及的亞華里斯作為據點，建立自己的王朝，對於整個埃及造成極大的影響。後來，以底比斯為中心的埃及王朝勢力再度興起，最後由第十八王朝的第一代法老王雅赫摩斯一世（Ahmose I）驅逐了西克索人。雅赫摩斯一世再度統一埃及，讓埃及進入「新王國時代」，迎接前所未有的繁榮時代。

接下來，古埃及進入了第十八王朝時代，而第十八王朝的歷代法老王們，經常進行軍事遠征行動。圖特摩斯一世（Thutmose I）認為，遠征行動能夠成功，全要歸功於阿蒙神的庇祐，因此將阿蒙神移駕到卡奈克神殿（The Amun Temple of Karnak，又稱「阿蒙大神殿」）內膜拜。從

浮雕和壁畫是埃及陵墓裝飾中不可缺少的組成部分。

此以後，移駕阿蒙神到卡奈納克神殿就變成了一種習俗；從這個時候開始，阿蒙神官的勢力逐漸壯大。此外圖特摩斯一世還建造了知名的「帝王谷」，歷代眾多法老王都在此地長眠。

圖特摩斯三世征服了古代世界中最大的商業城米吉多，後來不停地遠征敘利亞、巴勒斯坦等地，統治的領土規模是古埃及歷代中最大的。北達敘利亞的幼發拉底河，南到努比亞（Nubia）的內陸地區，到處都有埃及的殖民地，可說是埃及最強盛的時期。阿蒙霍特普一世對於宗教並不是非常熱中，故自他開始阿蒙神的信仰忠誠度終於出現了動搖。西元前1360年左右，阿蒙霍特普四世終於排拒了阿蒙神，改奉阿頓神為唯一神祇，並進行宗教改革。不過，信仰阿蒙神的風俗已經滲入民心，埃及人民根本不接受阿蒙霍特普四世的命令，於是對他日漸產生不信任感。圖坦卡門法老王想平定這樣混亂的局面，但是年紀輕輕的他卻離奇身亡了，再加上周邊鄰國致力於擴充軍備，讓埃及備感威脅。

卡奈克神廟是埃及中王國及新王國時期首都底比斯最重要的神殿，是太陽神—阿蒙神的崇拜中心，古埃及最大的神廟所在地。

為了重振埃及的威望，拉美西斯二世不停地與當時最強大的敵國敘利亞的赫梯（西臺）帝國發生戰爭，最後兩國簽定和約，平和落幕。拉美西斯二世想恢復往日榮景，因此大力推動各地的建設。他將這些建設事業視為公共事業，動員所有的人民參與這項工程，於是景氣變得非常活絡，人民也過著富裕的生活。可是，當偉大的拉美西斯二世往生後，埃及勢力再度衰微，之後活躍於北非到西亞地區的「海上民族」成功地入侵埃及。後來，埃及雖然擊退了「海上民族」，但是王權已經式微，第二十王朝結束時，也是新王國時代落幕之時。

五、美洲地區

(一)印加文化

南美洲大陸文化萌芽期要回溯到西元前4000年前，此時秘魯海岸地區開始有植物栽培工作，然而亦有學者主張早在西元前6000年前，南美洲地區就已經開始農業栽植工作了。到了西元前3500年左右，現在的厄瓜多海岸地區產生了陶器文明。從陶器作品的形狀複雜度、鮮豔色調來看，這個文化並不是南美地區獨自產生的文化，應該是中美洲地區的前代文化流傳到此，才誕生如此高文明的陶器文化。在西元前1000年左右，卡拉爾（Caral）遺址就開始大規模的神殿建築工作。這段期間被稱為查文文化（Chavin），範圍涵蓋目前整個秘魯地區，奇特的石像雕刻、採用堆石法建造的雄偉建築物都已經出現了。這些遺跡的代表就是秘魯北部高原地帶查文德萬塔爾（Chavin de Huantar）古蹟。很多研究學者都主張，查文文化也是繼承了從中美洲流傳過來的技術而誕生的文明，不過它的建築充滿獨創性，屬於當地自創文化的可能性也很高。

查文文化興盛的時間長達一千年，之後就進入戰國時代，而各自發展出獨特的地方文化。包括以地上神秘繪圖與幾何圖而聞名的納斯卡文

印加帝國隨著西班牙人於1533年入侵庫斯科而滅亡，然而秘魯人仍保有相當豐富的印加文化遺產，圖為考古文化工作的一景。

化，以及擁有精細複雜架構能力，留下許多栩栩如生的壺製品的莫奇卡文化等等，每個地方都誕生了獨具特色的文化。到了西元7世紀，瓦里王國統一了秘魯地區，建立統一的國家。瓦里王國以秘魯中部的城市為首都，也命名為瓦里，並以此為根據地發展出新興勢力。

從分裂期到瓦里王國統一的期間，開始畜養美洲駝羊，同時以活人當供品的生祭儀式、木乃伊製造等習俗都已經誕生了。有學者認為，目前分布在安地斯山區各地的梯田就是在當時創始的。另一方面，在目前的玻利維亞地區，從西元4世紀開始，蒂亞瓦納科文化（Tihuanaco）已在此誕生、興盛。蒂亞瓦納科文化一直到13世紀才開始衰亡，不過卻以的的喀喀湖南岸的「太陽之門」為主，留下了眾多的神殿遺跡。西元8至9世紀，瓦里王國開始走向衰亡之路，國家再度陷入分裂，遂由帕查卡馬克（Pachacamac）、西坎、查卡、石穆王國併吞其他國家，統一秘魯。在奇穆王國時代，大規模的灌溉農業與金銀鑄工業非常發達，王國版圖南北長達一千二百公里。

(二)馬雅文化

馬雅文明以中美洲、瓜地馬拉共和國為中心，勢力範圍遍及墨西哥猶加敦半島、貝里斯、薩爾瓦多共和國等地，其歷史恐怕要追溯到三千二百年前。當時位於墨西哥灣沿岸地區，也就是中美洲最古老的文明——奧爾梅克（Olmec）文明興盛之時。它是馬雅文明的先驅，建立於西元前1200年左右。當時採農耕定居生活的馬雅人受奧爾梅克文明影響，開始建造大規模的聚落。西元前1000年左右，後來成為馬雅文明中心都市的蒂卡爾也開始有人居住。

剛開始，馬雅深受奧爾梅克文明的影響，但隨著自己的聚落、社會逐漸成形以後，就開始建造屬於自我風格的墓地或公共建築物，到了西元前400年左右還發明了文字。馬雅因人口數不斷地增加而更為發展，從聚落成長為城邦國家。當時在太平洋沿岸有卡米納柳尤（Kaminal Juyú）等城市興起。到了西元前350年左右，馬雅低地地區也有米拉多（El Mirador）等都市崛起。就在這個時候，他們創造了屬於自己的曆法——馬雅曆，並開始使用。

到了西元250年左右，文明中心從卡米納柳尤等太平洋沿岸地區遷移到馬雅低地地區，然後馬雅文明就在這裏開花繁盛。而各地的城邦國家都自立為王，彼此為了爭奪霸權而戰，戰爭狀況或王朝歷史就被記錄於石碑祭壇上。後來，位於現在瓜地馬拉北方的蒂卡爾取得城邦國家霸權，成為最強盛的國家。之後其人口在最盛期多達十萬人。但蒂卡爾與鄰近都市卡拉克穆爾發生戰爭，不幸戰敗，導致國勢衰微，在那段期間，其他城市快速發展，馬雅低地地區又形成群雄割據的時代。而位於墨西哥和瓜地馬拉國境附近的雅修奇蘭、瓜地馬拉中北部的塞伊巴爾、宏都拉斯的科潘等，各地的都市人口急速增加，相繼建造巨型的金字塔。那時候，馬雅文明正處於顛峰期，現在所遺留的遺址，幾乎都是那時候建造的。

西元700年左右，處於繁華盛世的馬雅低地地區的城市竟神祕地突然凋零了。各城市不再建造新建築物，所有已經蓋好的建物都荒廢了，也不再記載曆法或王朝歷史。馬雅低地的城市衰亡後，文明中心遷移到猶加敦半島北部，出現了奇琴伊察、馬雅潘等城市，瓜地馬拉高地也有瓦沙屯（Uaxactun）城市崛起。但是，這時候已經深受墨西哥高原興盛的托爾特克明（Tolteca）影響，馬雅文明無法再恢復往日鼎盛時期的風光。到了1519年開始，因被西班牙人征服，寫下悠久歷史的馬雅文明終於落幕。

(三)印第安文化

冰河期中期，水位下降，歐亞大陸東端與北美大陸西端出現一塊名為白令陸橋的陸地，因此人們可以到毫無人煙的北美大陸地區開墾、居住，這些先驅們一直到西元前1000年才點燃文明之火。在俄亥俄州地方誕生了阿登納文化（Adena Culture），他們開始在此建造被稱為山塚（Mounds）的墳墓。山塚中間呈圓形，四周是四方形圍繞；將遺體擺在中間，上面再堆土，堆成圓錐形或角錐狀。從這些墳墓遺跡中，除了找到遺骸外，還發現雲母製首飾、石製雕刻導管、刻有文字圖案的護身符等陪葬品。

到了西元前300年左右，受到阿登納文化的影響，從俄亥俄州到伊利諾州一帶，霍普韋爾文化（Hopewell Culture）開始繁榮興盛。霍普韋爾文化的山塚規模比阿登納文化大，埋葬處理的遺骸數目也變多。此外，在陪葬品中發現墨西哥灣貝殼、懷俄明州（Wyoming）的天然玻璃、在蘇必略湖（Superior Lake）採集的天然銅等等，這表示當時的人已經到處旅行，並與各地方的人進行貿易往來。霍普韋爾文化後來也延續了很久，直到西元700年左右才開始式微。繼承霍普韋爾文化，以流經美國東區的密西西比河為據點，密西西比文化開始拓展實力。這時候，為了阻止敵人入侵，出現建有宗教建築物和防禦柵欄的巨型聚落。代表作就是伊利諾州聖路易斯郊外的克霍基亞山塚遺跡。

西元1200年左右，密西西比文化達到最盛期，這個聚落的人口多達二至三萬，並蓋了東西長二百公尺、南北三百公尺的巨大山塚，其上還蓋了神殿及酋長的家；後來，密西西比文化還影響到北美東南區域。在「五月花號」抵達美國以前，也就是西元1600年左右，密西西比文化開始衰退。另一方面，西元700年左右開始，在北美南部的新墨西哥州附近，受到中美城市文化影響的普韋布洛文化興起。這時候，在斷崖挖洞，使用日曬泥磚蓋了很多的集體住宅。蓋於斷崖的住屋群中，以梅紗維德遺跡及使用砂岩建造的普韋布洛波尼托遺跡最為有名。

除了以上較具代表性的文化外，在北美大陸這片腹地廣大的地區，也有各式各樣的文化開花結果。在西元15世紀時，這裏共聚集了五百個部族，多達二百種語言。不過，當哥倫布「發現新大陸」，西歐各國在此開闢殖民地以後，被稱為「印第安人」的原住民從此走向悲慘的歷史。

六、澳洲大陸

澳洲原住民擁有屬於自己的藝術文化，傳承自遠古時代，歷史悠久；如他們在洞窟內創造屬於他們的壁畫年代，而這壁畫洞窟遠比法國拉斯科洞窟內的壁畫還要久遠。即便到了現在，澳洲各地仍依舊保留了眾多訴說著歷史足跡的壁畫洞窟遺作。這些作品有的年代甚至比拉斯科壁畫或阿爾塔米拉壁畫還久遠，須追溯至兩萬年前；他們之間有個關鍵性的差異存在：經過了兩萬多年，歐洲壁畫文化已經消失了，也沒有人研究其意義或傳承這項技術，澳洲原住民卻仍承襲了這項文化技術，世代流傳。除了在岩石壁面上作畫，也於樹皮作畫。他們所創造的美術文化，被統稱為「澳洲原住民藝術」（Aboriginal Art）。

位於澳洲大陸北端之北領地（Northern Territory）的阿納姆地半島

（Arnhem Land Peninsuls）中部，有座卡卡度國家公園（Kakadu National Park），是澳洲境內規模最大的國家公園。占地約為二萬平方公里，腹地廣大，約有一千五百種植物、二百八十種鳥類棲息，目前已被登錄為世界遺產。

澳洲原住民於洞窟內所畫的題材種類繁多，包括他們的獵物鴯鶓（Emu）、袋鼠等動物，以及人類、神祇、神話中的生物等等；其中最獨特的圖騰，當屬「虹蛇」，是澳洲各地神話中都會出現的巨蛇生物，傳說中牠掌管了生之所需的水源。在澳洲原住民歷史的「夢幻時代」（Dream Time）——神話時代裏，認為虹蛇誕生出各種生物，為了讓身體能夠四處移動，因而創造了山脈與溪谷。而卡卡度國家公園被列為世界遺產，理由不只是優美的自然環境而已，澳洲原住民在公園境內留下了超過一千件以上的壁畫作品，才是讓它入選的最大原因。

"Kakadu"這個詞的語源，係來自居住於此地的一支澳洲原住民「嘎古都族」（Gagudju）。居住於卡卡度國家公園洞窟群的歷史起源相當早，其中一個洞窟甚至發現了四萬年前狀似石斧的石器，這個石器應該是早期的作品，可說是世界上最古老的石器。此外，卡卡度國家公園的洞窟壁畫風格相當獨特，主要使用紅色、黃色、白色、黑色等四種顏色。他們將礦石或砂岩磨碎，製成紅色或黃色顏料，石灰石或燒過的貝殼則為白色顏料的原料，木炭或含錳的礦石，就是黑色顏料的原料；他們更從動物身上抽出油脂，利用這些油脂或水溶解顏料粉末，再使用樹枝、鳥類羽毛、動物骨頭作為畫筆，於岩面刷塗上色。

除了澳洲地區，很難在世界其他地區找到具有如此獨特風格的壁畫作品，其中以公園東部努朗吉岩地（Nourlangie Rock）洞窟內的壁畫作品為代表作。西北部西領地（Western Territory）的金伯利（Kimberley）地區，就是留有眾多獨特風格的洞窟壁畫作品的地區之一。金伯利地區可說是澳洲最後的祕境，岩山險峻、溪谷林立，也因為這個地區的自然環境嚴苛，才能阻止白人入侵，讓澳洲原住民文化得以平安留存下來。

金伯利地區洞窟壁畫作品的最大特色就是許多壁畫都有名為「萬吉娜」（夢幻時代的生物）的圖騰出現，大多數的壁畫，都將萬吉娜畫成人類的模樣，身高最高可達七公尺，臉部膚色相當白皙，擁有一雙黝黑的大眼睛、鼻子，但是沒有嘴巴。臉龐四周使用紅色顏料畫出光環，其胸部有許多黑色橢圓形記號。根據當地的神話傳說，萬吉娜來自海洋與天空，她在創造了風景後卻被吸進岩石表面。

居住在金伯利地區的澳洲原住民，會舉行名為「烏南」（Hunan/Wunan）的傳統宗教儀式；在儀式中，他們使用顏料為岩面上的萬吉娜像重新上色，並相信此舉能讓大家過著豐饒富裕的生活。總而言之，對他們而言，萬吉娜不僅是壁畫人物，更是信仰的對象。

七、太平洋島嶼

大約在五萬年前，人類首度登陸大洋洲這塊土地。當時的海平面高度比現在低，亞洲大陸與菲律賓、印尼地區連成一片，叫做巽他大陸（Sundaland）。澳洲與巴布亞新幾內亞一帶也連成一片，稱為胡薩爾大陸。當時，巽他大陸與胡薩爾大陸相連，居住於胡薩爾大陸的人們中，有人用木頭與竹子組裝成竹筏，然後乘坐竹筏來到鄰近的美拉尼西亞定居。這些人是用石器的狩獵採集民族，歷經好幾個世紀在此地緩慢地發展。

西元前3600年左右，被稱為拉庇泰人的蒙古人種（Mongoloid）由東南亞渡海而來，抵達了大洋洲地區。他們飼養狗、豬、雞等家畜，以玉米、山藥為主食，這些食物都是他們從亞洲帶到大洋洲。後來，拉庇泰人再乘坐浮架獨木舟（Outrigger），憑著他們優異的航海技術，從美拉尼西亞渡海到北方的密克羅尼西亞，很快地人口就擴散到密克羅尼西亞。西元前850年左右，再度遷徙到東方的波里尼西亞，於是拉庇泰人遍布大洋洲

整個地區，其所形成的大範圍交易網路，就成為促使拉庇泰人快速發展的重要因素。這個交易網路的範圍達二千至三千公里，利用這個交易網路將物資運送到新的殖民島，並且從事黑曜石、糧食等交易活動。

隨著時代的演進，在大洋洲地區也建立了王權統治體系，擁有豐富物資的島就成為行政中心。相對地，在物資缺乏的島嶼地區，便透過交易活動互相彌補不足，每座島嶼的人民過著分工互助的生活。在拉庇泰人進出大洋洲的同一時期，查莫洛人（Chamorro）的祖先也從菲律賓、印尼遷移到密克羅尼西亞居住，大洋洲於是成為少數民族混居的地區。另一方面，拉庇泰人與在初期就成為活動地區的密克羅尼西亞當地原住民們通婚、混血，不斷演化，並且開始製造以繪文陶器為主的各類型陶器，讓密克羅尼西亞成為擁有多樣化文化的地區。而在波里尼西亞地區的各個島嶼，形成以首長為中心的社會體系。

16世紀時，計畫挑戰航行世界一周計畫的麥哲倫「發現」大洋洲。由於大洋洲沒有黃金與辛香料，所以對歐洲人來說，大洋洲並不是重要之地。直到18世紀時，因詹姆士．庫克的太平洋探索之旅，才將大洋洲冠上「南國樂園」之名，介紹給歐洲人民；於是，有許多的歐洲貿易商人與傳教士紛紛來到了大洋洲。由於改信基督教與殖民地化的關係，大洋洲的各島進入了近代文明。

Chapter

3

世界遺產與資源

■ 世界遺產

■ 世界奇景

第一節　世界遺產

世界遺產的觀念是1972年以來，由聯合國教科文組織通過「世界文化與自然遺產保護公約」，建立了明確的規範和機制，凝聚締約國力量，藉以保護人類共同的遺產。目前各國提出申請並經由「世界遺產委員會」審議通過的總計有一千三百零一處各類型世界遺產。藉由列入「世界遺產」的方式，不僅可喚起國際間或當地居民對「環境」的重視與瞭解，更可藉由締約國經費和技術的支援，幫助各國維護境內的人類遺產。

根據聯合國相關的規定，申請列為世界遺產據點的地方，除了本身就自然或人文方面的資源具備特殊或獨特的價值與意義外，政府單位是否透過法律或慣例，建立保護及經營管理機制，以及當地民眾的認知程度等等，亦為考量的項目。

一、世界遺產的定義與分類

(一)世界遺產的定義

世界遺產的定義，主要係指在地球或人類演進過程中，具有世界顯著價值的資產，須由全球關注並加以保護的資產。保護的範圍涵蓋了「文化遺產」、「自然遺產」或兼具兩者的「複合遺產」。截至2015年11月止，「保護世界文化和自然遺產公約」的締約國已達一百八十五個國家與地區，共有一千三百零一處世界遺產地（World Heritage Sites）分布在一百六十三個國家中。依其類型可分為文化遺產八百零二項、自然遺產一百九十七項及兼具兩者特性之複合遺產三十二項，以及2001年所增加的「口述與無形人類遺產」（根據UNESCO2003年非物質文化遺產公約，自2009年起獨立成為非物質文化遺產名錄）類別。

由於國際化的影響，許多傳統的文化也面臨失傳的危機，鑑於此類遺產較不易保存，因此2003年10月，教科文組織通過了保護非物質文化遺產公約，確認了**非物質文化遺產**的新概念來取代人類口述與無形遺產，並設置了人類非物質文化遺產代表作名錄。（UNESCO, 2003）教科文組織每兩年評選人類口述與無形遺產，其為具有特殊價值的文化活動及口頭文化表述形式，包括語言、故事、音樂、遊戲、舞蹈和風俗等，至2015年11月為止，聯合國教科文組織公告了三百九十一項「人類口述與無形遺產代表作」，例如中國古琴、崑曲、新疆木卡姆藝術、日本能劇、摩洛哥說書人、樂師及弄蛇人的文化場域、西西里島提線木偶劇等等。

(二)世界遺產的分類

1.文化遺產：

(1)紀念物遺址：從歷史、藝術或科學的立場而言，具世界顯著價值的建築、雕刻或繪畫紀念物，或具有考古學要素者。

閩越王城遺址（城村漢城遺址）位於中國福建省武夷山市興田鎮城村，為世界文化和自然遺產的複合型遺產。

(2)建築群：從歷史、藝術或科學立場而言，具有世界顯著價值的建築，無論單獨的或連續的建築物，其具備與地景同質區域的價值。

(3)據點：人為或結合人與自然的作品，包括具歷史、美學、民族學等世界顯著的價值。

(4)城鎮：目前已無人類居住的城鎮、歷史城鎮（目前仍有人居住）、20世紀後發展的新城鎮。

2.自然遺產：

(1)地質地形：自然界中地形或地質構造的演進，從美學或科學的觀點其具有顯著的世界價值。

(2)生態物種：有關受威脅物種（包括動物與植物）棲息地，從科學或保育的觀點其具有顯著的世界價值。

(3)自然美景：自然的地點或獨特的區域，其從科學、保育、自然美學的觀點具有顯著的世界價值。

3.複合遺產：兼具文化與自然遺產價值。

二、世界遺產的條件與評估準則

世界遺產地的設立，主要係由各締約國針對國內相關之自然文化資源先行進行評估，再依一定程序向世界遺產委員會提出申請，在推薦地區或國家提出申請後，相關的審議任務，世界遺產委員會分就不同的範圍委請專業組織執行。例如：自然遺產的部分由IUCN國際自然保育聯盟執行；文化遺產部分由ICOMOS國際文化紀念物與歷史場所委員會執行；最後由此兩個團體提交報告至世界遺產委員會進行最後的評估，而結果則可能接受並列於提列名單之內，或者加以拒絕並提請修正。

對於世界遺產所定立的設立標準有一般性的標準與分類的標準，茲分述如下。

(一)一般性的標準

一般性的原則，包括下列幾點：

1.推薦的名單或地區必須是從國際觀點而言，具備顯著世界價值。
2.推薦的地區與名單必須提供相關的文件，包括地圖、幻燈片或相關的研究報告等。
3.對於推薦地區必須制訂相關的法令或保護計畫，並確實執行。
4.推薦的地區要和鄰近或相同資源的地區做評估比較。
5.必須取得當地居民全力支持，同時亦須有NGO團體的參與。
6.範圍的劃設上必須有緩衝區設置，以確切提供完整精確保護範圍。

(二)文化遺產評估準則

1.表現人類創造力的經典之作。
2.在某時期或某文化圈裏，影響建築、技術、紀念性藝術、城鎮規劃或景觀設計的發展，展現人類價值的重大交流。
3.作為獨特的證據，呈現一種現存或已消失的文化傳統或文明。
4.某類型建築物、建築技術或景觀的卓越典範，足以展現人類歷史重要階段。
5.傳統人類聚落或土地利用方式的特殊範例，足以代表單一或多種文化，特別是易受不可抗力危害之文化。
6.與具傑出普世性價值的事件或生活習慣、思想、信仰、藝術或文學作品，直接或間接相關。

聯合國教科文組織同時也將文化遺產的維護保存納入考量，並規定下列二個要件均須具備：

1.在設計、材料、技術或環境／文化景觀上，具獨有的特徵與要素，

麗江的大研古城有著近八百年的歷史，是中國以整座古城申報世界文化遺產獲得成功的兩座古城之一（另一座為山西平遙古城）。

符合「真實性」條件。

2.透過適當的法律或慣例，建立保護及經營管理機制，確保被提名的文化資產或文化地景受到保存維護；同時對於未來觀光的規劃與管理，也要一併考量。

(三)自然遺產評估準則

在自然遺產評估的指標中，列入名錄者須經世界遺產委員會通過符合下列相關的條件或因子，並具有顯著的世界價值：

1.含括的類型：

條件A　在地球形成的過程階段中，地形地貌或地質的發展變化有顯著的代表性。

條件B　陸上或海洋動植物生態系方面，在演替的過程中具有顯著代表。

條件C　具有特殊的自然美景或重要的美學地點。

條件D　重要著名受威脅的生物棲息地。

2.同時也符合下列各種情況的完整性：

(1)條件A必須包括全部或大多數主要的內在相關或獨立因素間的互動或相關性。例如：在「冰期」中須含括雪地、冰河切割地形、沉澱物或移植等。

①條件A，須具備研訂管理計畫。

②條件A，須研訂長期的保護法立法，包括區域、物種、棲息地等；同時劃設緩衝區，避免或降低衝擊。

③條件A中，必須是世界生物多樣保護組織界定的生物多樣性重要區域。

(2)條件B含括長期保護生態系或生物多樣性的區域，必須是有效的範圍或包括必須的條件。例如在熱帶雨林中，須包括相當數量在海平面上的物種，或者其地形、土壤的演變等。

(3)條件C含括著名的美學價值，也包括維持其美學必要的區域。例如瀑布的美景須包括鄰近相關的河流等。

(4)條件D須包括考量於多樣性和生態系中維持動、植物多樣性的棲息地。例如島嶼地形生態系須包括維持地區性物種的棲息地，而棲地的範圍必須大到足以維持一定數量的物種，並確保其保育。

三、世界遺產的發展與課題

2002年第三十屆公約會員國大會中，世界遺產委員會檢討全球策略和目標後，依據世界遺產Budapest宣言，提出了四項總目標“4Cs”來總結未來的挑戰，分別是：

1.信實度（Credibility）：確保能夠設置具代表性的自然和文化類型的遺產地。
2.保育（Conservation）：推動有效的保育措施。
3.增能（Capacity-building）：提升經營管理水準技術。
4.溝通（Communication）：告知大眾世界遺產成就。

聯合國教科文組織世界遺產中心主任Francesco Bandarin於2007年指出，當前推動世界遺產公約的挑戰包括：改進世界遺產名錄的均衡性、使世界遺產監測過程更有效率、確保世界遺產地的保育、移除世界遺產瀕危名單中的遺產地、解決日益增加的國際協助需求問題、加強培訓和研究，以及推廣世界遺產的資訊等七大項。

四、代表性的世界遺產

(一)歐洲

1.倫敦塔：位於英國倫敦的泰晤士河北岸，由威廉一世（1027-1087）建造，主要是用來防衛和控制倫敦城，是英國羅馬風格流行時期的一座城堡建築。現在的倫敦塔為著名的英國珍寶館，陳列著英國中世紀國王的王冠、珠寶和歷代的兵器、甲冑等。
2.斯特拉斯堡（Strasbourg）：位於法國下萊茵省省會斯特拉斯堡市區內，是以伊爾河的一座島嶼為基點拓展而成的著名建築。這裏一直是中世紀歐洲社會重要的文化中心。斯特拉斯堡與許多重要的歷史事件和歷史人物有關。如1972年4月24日，法國的詩人、音樂家德．李爾在此譜寫了一首萊茵軍隊讚歌《馬賽曲》，此曲後來被定為法國的國歌。

3.維爾茨堡：位於德國巴伐利亞州下法蘭克尼亞區的維爾茨堡市，其花園是德國最大、最宏偉的巴洛克式王宮之一。巴洛克式建築圍成正方形宮殿廣場，花園巧妙利用了宮殿周圍的地形，布局精美別緻，至今仍保留原來的造石路面，是德國屈指可數的幾座保存完好的宮廷廣場之一。

4.古埃爾公園、古埃爾宮和米大拉大廈：這三座建築均位於西班牙巴塞隆納省的巴塞隆納市內，為安東尼奧．高第的典型作品，這三個作品講究建築與雕塑、大自然、空間、色彩和光線的配合，從觀念上擺脫了傳統的約束，展示出極端的個性特徵。安東尼奧．高第（Antonio Gaudi, 1852-1926）為西班牙傑出的建築師，被譽為天才建築師，為一極具個性化的現代建築藝術家，這三個作品是影響深遠的世界性傑作。

古埃爾公園（Park Güell）建於1910至1914年，公園的道路、出入口和大廣場等公共部分均由高第設計建造，也是高第作品裏最充滿歡樂的建築物，如童話世界般的薑餅屋、馬賽克小怪獸等等。

5.埃皮道拉遺址：位於希臘伯羅奔尼撒半島阿爾戈利斯行政區納夫普利亞省，是古希臘埃皮道拉斯城邦政治與文化的中心，對歐洲文化和現代文明的發展具有重要的影響。遺址中的埃皮道拉斯劇場為希臘古典時期晚期的露天劇場代表性建築之一，其中心有一圓形的表演區，稱為「歌壇」，這種圓形表演區為古希臘劇場建築共有的特徵。

(二)亞洲

1.默哈巴利布勒姆古蹟：位於印度東南部的泰米爾納德邦，建於公元7世紀帕那瓦王朝時期。其中有眾多的寺廟和石窟聖殿，還有巨型的露天浮雕，「恒河降世」是其中的代表作。遺址中還有著名的河濱寺，寺裏保存有幾千幅有關濕婆升天的雕塑。

2.塔克西拉考古遺址：位於巴基斯坦塔克西拉城，為印度文化古城，先後受到波斯、古希臘和中亞的影響。塔克西拉考古遺址中有薩拉卡拉、比爾、瑟卡和瑟蘇克四個歷史上相繼存在的居民，從中可以看到各種文化交融之中所形成的生活型態軌跡。

3.伊斯坦布爾歷史區：位於土耳其伊斯坦布爾省，曾先後為東羅馬、拜占廷和鄂圖曼三大帝國的首都，因位於亞洲和歐洲兩個大陸的交接處，聯繫有歐亞大陸的政治、宗教、藝術史上的重大事件，有四大地區極具歷史與文化的參考價值：考古公園、蘇萊曼尼耶區、澤雷克區和城牆區。

4.耶路撒冷：猶太教、基督教和伊斯蘭教共同聖地，位於巴勒斯坦中部猶他亞山區之巔。舉凡《新約》、《舊約》中提及的人名、事件和有關地名，在耶路撒冷都有教堂或殿宇與之對應。耶路撒冷有許多著名的建築，如「哭牆」，為猶太人信仰和團結的象徵物。

(三)美洲

1.伊瓜蘇國家公園：位於阿根廷朱希奧內斯省及巴西的巴拉那州，地跨兩國邊境。因瀑布落差八十公尺、寬二千七百公尺，分成眾多激流，產生出巨大的蒸氣雲團，周圍的亞熱帶溼潤原始森林中生長了二千餘種的維管植物，有獏、美洲豹等本地特有動物棲息。

2.查文．德胡安塔爾古蹟區：坐落於秘魯安卡什省。在公元前1500年至前300年，這裏曾出現了查文．德胡安塔爾文化，是前哥倫布時期美洲最著名的地區之一，也是南美洲地區最早的文明先河。

3.恐龍公園：坐落於加拿大艾伯塔省臨近卡爾加里的雷德迪爾峽谷中，此地有豐富的化石層與奇特的崎嶇地帶和罕見的沿河生態環境，成為聞名於世的三大自然景觀。公園裏有許多保存完好的恐龍化石。

4.黃石國家公園：位於美國西部，面積達九千平方公里，橫貫懷俄明州、蒙大拿州和愛華達州，以豐富多樣的間歇泉、溫泉、礦泉沉澱

有著寶石般瑰麗奪目色彩的美西黃石國家公園，被譽為「世界瑰寶、地球之眼」，是世界第一座國家公園。

物和火山氣體著稱於世。黃石公園因黃石河貫流其間而出名，不僅有豐富的地貌景觀，動、植物資源也極其豐富。

(四)非洲

1.努比亞遺址：位於埃及東南部，這裏的古建築體現了埃及幾千年宗教建築的成果。努比亞地區最雄偉的建築是阿布辛貝雙神殿，皆建於公元前8世紀，是在岩石上鑿成的建築，其鑿雕工程採用了大膽獨特的工藝。首先，岩石被慢慢切割成大石塊，再把它們移至高地，最後依靠人工懸崖組合成各種建築物。

2.迦太基古城遺址：坐落在突尼斯北部丘陵起伏的三角半島上，是昔日迦太基帝國的首都，其東北部是一片大型的墓地，東南部是一座古羅馬式的廣場，而艾斯曼神廟則雄踞半島最高處。迦太基曾是第一所基督教拉丁文學院的誕生地，許多著名的基督教衛道士都曾來此生活過。

3.達德拉爾特．阿卡庫斯石窟：位於利比亞與阿爾及利亞接壤的邊境地區。這裏保存有數以千計的雕刻和石窟畫，分別為12,000年前至1世紀期間的不同藝術傑作，展示著一萬多年的人類文明演進史。這裏大部分的石窟畫作品是以非洲大型的草原哺乳動物為主要對象，也因此石窟畫成為非洲文明悠久歷史的最佳見證。

(五)大洋洲

1.大堡礁：位於澳大利亞東北部大陸棚上，在昆士蘭州東海岸的對面。大堡礁區共有四百多種珊瑚、四千種軟體動物和一千五百種魚類資源，也是儒艮和龜類的棲息地。

2.海灣地帶國家公園：位於紐西蘭南島西南角，坐落在太平洋板塊和澳大利亞印度洋板塊交界處的高山斷層上。公園裏有三分之二為森林，園內共有二十多種稀有或瀕臨絕跡的植物。這裏土生土長的陸地哺乳動物僅有蝙蝠一種，其他陸地動物有很多是從其他地區所引進。

五、中國的世界遺產

中國於1985年加入世界遺產公約以來，中國聯合國教科文組織全國委員會秘書處即展開積極作業，有計畫地向世界遺產委員會申請和推廣具有突出價值的遺產（陶佛，2001），截至2015年共有四十八項，其中文化遺產有三十四處、自然遺產有十處、複合遺產四處，含跨國項目一項；至於無形文化遺產則有三十七項（見**表3-1**）。

爾後中國陸續申報的有：雲居寺塔及石經（北京房山）、銅錄山古銅礦遺址（湖北省黃石市大冶縣）、北京古觀象台（北京建國門）、永樂宮（山西芮縣）、盧溝橋（北京豐台）、西安碑林西安古城牆漢長安古城遺址（西安）、北海公園（北京西城區）、漢大明宮遺址（西安）、安濟橋（河北趙縣）、開元寺塔（河北定州）、神農架自然保護區絲綢之路（中國）、獨樂寺（天津薊縣）、杭州西湖良渚遺址（浙江餘杭）、佛光寺（山西五台縣）、路南石林（雲南路南）、牛河梁遺址（遼寧朝陽市）、程陽永濟橋（廣西三江，即風雨橋）、佛宮寺釋迦塔（山西應縣，即「木塔」）、江南水鄉城鎮（蘇州周莊、同里）、丁村民宅（山西襄汾縣）、桂林灕江（廣西）、元上都遺址（內蒙古錫林郭勒盟正藍旗閃電河）等等。

六、臺灣世界遺產潛力點

2002年初，行政院文化建設委員會徵詢國內外專家、縣市政府與地方文史工作室提報與推薦臺灣具「世界遺產」潛力點名單，並召開評選

表3-1　中國的世界遺產（1985-2015）

文化遺產	地點	獲選時間	文化遺產	地點	獲選時間
長城	北京	1987	北京故宮	北京	1987
周口店北京猿人遺址	北京	1987	秦始皇陵及兵馬俑坑	陝西省臨潼縣	1987
敦煌莫高窟	甘肅省	1987	武當山古建築群	湖北省丹江口市	1994
承德避暑山莊及其周圍寺廟	承德市	1994	西藏布達拉宮、大昭寺、達賴夏宮羅布林卡列寺	西藏拉薩	1994 2001
孔府、孔廟、孔林	山東省曲阜市	1994	廬山風景名勝區	江西省北部	1996
平遙古城	山西省	1997	蘇州古典園林	江蘇省蘇州市	1997
麗江古城	雲南西北麗江市	1997	北京天壇	北京	1998
北京頤和園	北京	1998	安徽宏村與西遞	安徽省黟縣	2000
大足石刻	北山、南山、寶頂山、石門山、石篆山	2000	都江堰－青城山	四川省	2001
明代皇家陵寢（顯陵） 清代皇家陵寢（東陵、西陵）	顯陵位於湖北省鍾祥，東西陵位於河北省境內	2001	雲岡石窟	山西省大同	2001
明代孝陵、清代十三陵	孝零位於南京市十三陵位於河北省昌平縣	2003	龍門石窟	河南省洛陽城南	2001
高句麗王城、王陵及貴族墓葬	吉林省集安市和遼寧省桓仁縣	2004	澳門歷史城區	澳門	2005
殷墟	河南安陽	2006	廣東開平碉樓與村落	廣東開平	2007
福建土樓	福建省南靖縣、永定縣等地	2008	五台山	山西省	2009
登封歷史建築群	河南登封	2010	杭州西湖文化景觀	浙江杭州	2011
元上都遺址	內蒙古正藍旗	2012	紅河哈尼梯田文化景觀	雲南紅河	2013
大運河	北京、天津、河北、河南、山東、安徽、江蘇、浙江	2014	絲綢之路 長安－天山廊道路網	河南、陝西、甘肅、新疆	2014
			土司遺址	湖南永順、湖北咸豐、貴州遵義	2015

（續）表3-1　中國的世界遺產（1985-2015）

自然遺產	地點	獲選時間	自然遺產	地點	獲選時間
武陵源風景名勝區	湖北省張家界市	1992	黃龍風景名勝區	四川阿壩藏族羌族自治州松潘縣	1992
九寨溝風景名勝區	四川省北部南坪縣	1992	三江並流（金沙江、怒江、瀾滄江）	雲南省西北迪慶藏族自治州、怒江傈傈族自治州與麗江地區	2003
四川大熊貓棲息地	四川臥龍山四姑娘山夾金山脈	2006	中國南方喀斯特地形	雲南石林 貴州荔波 重慶武隆	2007
三清山	江西上饒市	2008			
新疆天山	新疆阿克蘇 伊犂、巴音郭楞、昌吉	2013			
中國丹霞	福建泰寧、湖南新寧、廣東仁化、江西貴溪、浙江江山、貴州赤水翼水	2010	澄江化石地	雲南 澂江	2012
複合遺產	**地點**	**獲選時間**	**複合遺產**	**地點**	**獲選時間**
泰山風景名勝區	山東省中部	1987	黃山風景名勝區	安徽省南部黃山市	1990
峨眉山樂山大佛	四川省峨眉市、樂山市	1996	武夷山風景區	福建省及江西省	1999
人類口述及無形遺產					
崑曲、新疆維吾爾木卡姆藝術、古琴、蒙古族長調民歌、中國傳統桑蠶絲織技藝、南管、南京雲錦織造技藝、宣紙傳統製作技藝、侗族大歌、粵劇、格薩(斯)爾、龍泉青瓷傳統燒制技藝、熱貢藝術、藏戲、瑪納斯、花兒、西安鼓樂、中國朝鮮族農樂舞、中國書法、中國篆刻、中國剪紙、中國傳統木結構營造技藝、端午節、媽祖信俗、中國雕版印刷技藝、呼麥、中國針炙、京劇、中國皮影戲、珠算等等。					

資料來源：整理自中國大陸世界遺產網站（2015）。

會，選出十一處具「世界遺產」價值的潛力點，10月邀請國際古蹟保存協會副主席西村幸夫、日本景觀建築學會會長Sugio Shintaro以及澳洲文化資產保存建築師Bruce Pettman等學者，來臺探勘，經由文建會邀集的專家學者評估後，分為三個類別：（中華民國文化臺灣發展協會編，2003；全國法規資料庫，2006；文化部文化資產局，2013）

1.第一類別：有顯著及特殊價值、文獻及其他輔助設備達到準備完善的程度，以及目前正面臨如開發或觀光壓力等危機並急需關注的地點，如棲蘭山檜木林、太魯閣國家公園、卑南史前文化遺址、阿里山森林鐵路。
2.第二類別：其餘第一類並未包含的潛力點，如陽明山國家公園、澎湖玄武岩、金門、淡水紅毛城及其周邊歷史環境、金瓜石、苗栗三義臺鐵舊山線、蘭嶼達悟族聚落及自然景觀等。
3.第三類別：指未被涵蓋於此次十一處的潛力點，但可能擁有相同價值之建議名單，如玉山、美濃竹門水力發電廠。

以下將國內具潛力的十三處之重要資源特色略述如後：

1.太魯閣峽谷：太魯閣係以立霧溪切割大理石形成的高深峽谷名聞遐邇，其U型的峽谷地形見證了臺灣形成過程中，地殼上升和河流下切最清晰有力的證據。太魯閣亦是全球造山運動的初期型態，除了地形的價值外，無論就物種的特殊性或臺灣族群輪替的歷史，亦是相當重要區域。
2.阿里山森林鐵路：阿里山森林鐵道和印度大吉嶺喜馬拉雅鐵路、秘魯安地斯山中央鐵路並稱世界三大高山鐵路。阿里山鐵路為克服峻峭的山勢，展現出人類智慧與技術的結合。而沿途，隨著海拔高度，可以見到林相隨海拔高度而有所變化，也為臺灣林業留下見證。

3.卑南遺址：為臺灣地區面積最大、保存最完整的史前文化遺址。卑南遺址於1980年因南迴鐵路開挖而發現，經數十年的搶救挖掘，推估範圍將達九十公頃。遺址範圍所呈現的為距今五千至二千年前，聚集在當地原居住民的生活方式、傳統信仰等；尤其石板棺的發現，其中的文物出土更呈現出豐富的考古價值。

4.棲蘭檜木林：檜木是千萬年前冰河孑遺，也是世界地史變遷和古裸子植物（維管束植物，以其胚珠裸露，因沒有由子房形成的果實所包被而稱之）演化的有力證據。目前全世界檜木僅存七種，臺灣是唯一檜木林的亞熱帶地區，日本殖民時代及光復早期，由於深入山林開闢，林場成為當時重要財政來源，檜木林幾乎砍伐殆盡。所幸棲蘭山區地處偏遠，保留相當大面積的原始林，此範圍內亦是臺灣植物多元物種的基因庫。

5.金門：金門地區在歷史上占有相當重要的戰略地位，亦是臺灣與大陸間重要的交通要道。金門除地理位置外，大量閩南傳統的宗族聚落和民居建築，甚至僑民所建洋樓建築，相較於大陸閩南地區，堪稱「閩南建築文化基因庫」。其自然資源，則為候鳥重要之過境棲息地；另外，亦有罕見的文昌魚、鱟及歐亞水獺。

6.澎湖玄武岩：澎湖群島除花嶼外，皆由玄武岩構成，其中錠鉤嶼、雞善嶼及小白沙嶼為自然保護區。澎湖群島的產生可追溯自一千六百萬年前，在地殼拉張過程中火山熔岩緩慢噴發凝結形成；雖然世界上許多地區均有玄武岩島嶼，但數量仍以澎湖群島最多，更於2014年6月8日公告成立澎湖南方四島國家公園。而澎湖的人文活動，更展現出先民融合母文化和自然環境的調適。

7.蘭嶼：蘭嶼是臺灣唯一的熱帶雨林島嶼，島上的達悟人保存了全臺灣最完整的原住民文化，其獨特的傳統產業、生活方式，展現出與自然的融合及傳統的信仰文化。地質上，蘭嶼是古老的火山島，擁有火山和海階堆積地景，孕育豐富的野生動植物，為重要的生態研究寶庫。而人類學上，蘭嶼與東南亞其他島嶼的關係，亦是值得探討的方向。

8.淡水紅毛城：淡水紅毛城是海權時代西方勢力的遺跡，同時也象徵海洋臺灣的重要性。紅毛城早期為原住民和漢人在此築山寨，西班牙人先後二次打造城堡型態，而歷經荷蘭、英國的多次修建，始成現在的情景。鄰近散落著融合中國傳統的西式建築。其優勢所在，尚包括當地居民的支持。

9.大屯火山群：二百八十萬年前，板塊的撞擊造成激烈的火山運動，而灼熱的岩漿和碎屑堆積造就臺北盆地一系列錐狀火山。火山雖已平息，但豐富的地質資源：噴氣孔、硫磺、溫泉形成當地特殊的自然地景。另外，歷代的人為活動也改變了當地的風貌，目前為大臺北都會區重要的綠地。

10.金瓜石與九份：臺灣東北角金瓜石、九份二處蘊藏全臺95%的金礦，發展出輝煌的百年礦業史。兩地不僅牽動著20世紀前半葉的東亞經濟，礦物的多樣性、礦脈的分布、礦化的過程更塑造出天然的地質教室。而早期開挖階段所遺留下來的遺跡，也成為當地產業發展的歷史見證。

11.舊山線鐵道：從苗栗三義到臺中后里，全長二十三公里的舊山線鐵路，途經四座鐵橋、九座隧道，擁有鐵道最陡、最彎、海拔最高火車站、最長鐵橋等多項臺灣第一。而沿山開鑿的山線，還見證了北臺灣產業的變遷，舊山線之美調和了歷史、藝術、科技和周遭的自然景觀。

12.玉山：玉山為東亞第一高峰，不僅是重要的崇山峻嶺，也是臺灣最重要的集水區；而玉山國家公園範圍內，海拔高差三千六百公尺，蘊育了五種森林群系，亦是喜馬拉雅山系植被的南界，同時保存了臺灣許多珍稀物種。其原始自然的地景中，也含括臺灣不同時期對山林開發的見證，富有人文意涵，堪稱臺灣地標。

13.竹子門發電廠：位於高雄縣美濃鎮，興建於民國前3年（1908年），原名「竹子門發電所」，主要功用為開發南隆平原、解決美濃地區灌溉及民生用水、供應高屏地區電力的需求所設立的水力發電廠。竹子門發電廠採巴洛克式建築，為臺灣第一代發電廠。廠內四部「阿公級」的發電機以及古樸典雅的巴洛克式廠房已有近百年歷史，民國81年被政府列為三級古蹟。

第二節　世界奇景

觀光旅遊活動是人們離開工作與居住的場所，選取迎合其需要的目的地做短暫的停留，並從事相關的活動。隨著目的地的差異，對所接觸到的空間現象，舉凡人文景觀與各種自然現象等皆會隨時間變化、空間之差異而呈現不同的風貌。也由於各個國家或地區在地理基本條件上的區域差異吸引著來自各地的觀光客。

在世界著名的旅遊據點或景點中，個人的認知與差異很大；從各國首都或者是世界古文明國家、現代科技先進國家等，往往因為旅遊需求的不同而呈現出截然不同的結果。例如對於宗教朝聖者而言，宗教的發源地自然成為信徒夢寐以求的目的地；對於藝術建築的喜好者，當然無法錯過世界著名的博物館，以及各地代表性的建築物；而對於自然生態的崇尚者，原始叢林或者是山野海洋才是他們的目標；因而有「世界上有一生必去六十處景點」、世界《四十個天堂——此生不可錯過的美景》、《四十個驚奇之旅——此生不可錯過的遊歷》等書的出版。然而，最具影響力且為世界各國觀光客奉為旅遊目的指南的則是由聯合國教科文組織所公布的「世界遺產名錄」。只要被列為世界遺產，無論是自然遺產、文化遺產或者是複合遺產，其均代表該據點具有世界顯著價值，且具有相當的吸引力，足以吸引觀光客前往旅遊。

一、世界舊七大奇景

古希臘歷史學家希羅多德（公元前484-425年）與亞歷山大博物館的卡里馬卡斯（公元前305-240年）曾經列出舊七大奇蹟，原作已遺失。目前除埃及吉薩金字塔外，均已毀損，僅能憑部分文獻加以瞭解舊貌，現今所知名單編製於中世紀，多來自希臘著作。包括：

1. 埃及亞歷山大港燈塔（Lighthouse of Alexandria）：建於公元前3世紀，為托勒密埃及時期亞歷山大城港口外法羅斯島上的一座燈塔，也是世界上第一座燈塔，建於公元前280年左右。自建成後，歷經了一千六百年後毀於地震。
2. 土耳其阿提米斯神殿（Temple of Artemis）：建於公元前550年。阿提米斯神殿是一處龐大的大理石建築，從興建到完工據稱費時長達一百二十年時間，但在西元262年，哥特人將其毀於戰火之中。
3. 希臘奧林匹亞的宙斯神像（Statue of Zeus）：宙斯神像立於公元前435年，為希臘古典時代最負盛名的雕刻家菲狄亞斯（Pheidias）所創作，也是這位雕塑家最著名的作品。菲狄亞斯為創作這座雕像歷時整整八年，惜毀於5世紀時的一次地震。
4. 羅德斯島巨像（Colossus of Rhodes）：建於公元前292至280年。羅德斯島位於愛琴海東部，接近小亞細亞西岸，為愛琴海上的著名島嶼。公元前292年，馬其頓人侵入，羅馬人奮起抵抗並終獲勝利，於是用戰爭中繳獲的武器鎔鑄成這座太陽神像，但這座神像後來也毀於地震。

5.伊拉克巴比倫空中花園（Hanging Gardens of Babylon）：約建於公元前600年。巴比倫城位於兩河流域的西岸，即現今伊拉克巴格達城的南面。空中花園是公元前7世紀後期，國王尼布甲尼撒二世（新巴比倫的國王）為安慰他的愛妃阿米蒂斯的思鄉之情而修建。20世紀初，法國考古學家在巴比倫古城的廢墟中發掘出一處遺址，確信這就是「空中花園」的所在地。

6.土耳其哈利卡納蘇斯陵寢（Mausoleum of Halicarnassus）：建於公元前351年，是一座具有金字塔頂的東方風格的神廟式建築物。卡納蘇斯是希臘城邦加利亞的國王，此陵墓是他生前下令興建的。公元前7世紀，陵墓毀於地震。近代的考古發掘，又重現了一些歷史遺跡。

7.埃及胡夫大金字塔（Pyramids of Egypt）：建於公元前2650至公元前2500年。胡夫大金字塔是古埃及最高大的金字塔，塔高一百四十六公尺、塔基邊長二百三十公尺，整個塔身由平均二・五噸重、大約二百三十萬塊的巨石砌成。胡夫大金字塔以其外形龐大雄偉、內部構造複雜精細而聞名於世。

二、新世界七大奇景

瑞士探險家韋柏在2001年創辦「世界新七大奇景基金」，致力喚醒世人注意全球人造和天然美景遭受破壞的危機。「世界新大七奇景」是歷來規模最大的全球票選活動，而且新七大奇景票選追求公平，首度揚棄歐洲中心的立場，將全球奇景一視同仁，訴諸世界票決。最初的候選者有近兩百個，2006年初縮減為二十一個；雖然最後經由網路投票選出新世界七大奇景，然而在過程中，由於各國政府或民間強力介入，加上人口多寡的差異以及網路普及程度，均嚴重影響最後的結果，例如巴西的公車票上印了一排宣傳文字，呼籲民眾參與，印度歌手推出曲子為泰姬瑪哈陵拉票；另外，票選不限一人一票，可能有人重複出手。柬埔寨人則認為，他們網路化程度較低，會影響吳哥窟得票。部分人士則認為這是件嚴肅的事情，不宜付諸民眾票選。而聯合國教科文組織（UNESCO）經過科學評估，將全球八百五十一處人工和自然景物列入「世界遺產表」，拒絕支持世界新七大奇景票選。本章先將被列為二十一處的候選名單列如**表3-2**於後，並簡單介紹為人所熟知的新世界七大奇景的背景資料。

(一)中國萬里長城

萬里長城橫亙在中國大陸的北方，穿越茫茫無際的草原，翻越巍巍高聳的群山，向東奔騰入海，綿延一萬二千七百多公里。其修築的年代從戰國時期到明朝為止，近二千年來歷代均有修建，現存的遺址以明朝修築時為主。在秦朝，始皇帝以原有燕、趙、秦所建的城牆為基礎修築，漢朝時則以防禦北方匈奴的入侵為主，唐宋元年間對於長城並無大幅修建；直

秦始皇嬴政統一了中國的歷史，修建了綿延五千公里的長城。

表3-2　世界新七大奇景決選名單

1	紐約自由女神	高四十六公尺，是法國為慶祝美國獨立一百周年送給美國的禮物
2	英國巨石陣	每塊巨石重約五十噸，歷時約一千四百年才完成
3	巴黎鐵塔	法國首都的地標，曾是全球最高建築
4	德國福森新天鵝堡	迪斯耐樂園城堡便是參考其外形而建
5	俄羅斯克里姆林宮和紅場	俄國沙皇官邸
6	中國萬里長城	建於秦代，為全球最大人造工程
7	日本京都清水寺	京都最古老寺院，占地十三萬平方公尺
8	澳洲雪梨歌劇院	容納七千人，歷時十七年才完工
9	柬埔寨吳哥窟遺址	占地三百一十平方公里，有「雕刻出來的王城」美譽
10	土耳其聖索菲亞大教堂	拜占庭帝國最鼎盛時期之作
11	埃及金字塔	古代七大奇景，迄今尚存約一百一十座（列「世界榮譽奇景」，不用投票）
12	印度泰姬瑪哈陵	動用二萬名工匠花了二十二年建造成的大型陵墓
13	約旦佩特拉古城	隱藏在阿拉伯谷東側的一條狹窄峽谷內，古城建築幾乎全從岩石中雕鑿而成
14	羅馬競技場	高四層樓，每層樓風格各異，可容納五萬名觀眾
15	西班牙格拉納達阿罕布拉宮	中世紀王宮，占地十三公頃
16	希臘雅典衛城	順應地勢而建，由山門、巴特農神殿等四座建築物組成
17	馬里約巴克圖遺址	曾是阿拉伯經濟和文化中心，是當時全球最富裕城市之一
18	巴西里約熱內盧基督像	位於山頂，高達三十八公尺
19	智利復活島巨像	島上有六百座巨型石造雕像，最高者達九公尺
20	秘魯馬丘比丘遺址	由印加王朝修建的「雲中之城」，於1911年重見於世
21	墨西哥奇琴伊察金字塔	羽蛇神庫庫爾坎梯型金字塔有九層，共三百五十多級樓梯

資料來源：《聯合報》國際新聞組。

至明朝因受蒙古族及女真族的威脅，故大興土木，以磚包砌長的夯土牆體，並在明王朝的二百年間不斷修築。

長城在中國歷史上，除軍事價值外，在文化上亦影響整個族群文化間的消長與融合；長城在1987年被聯合國教科文組織列為世界文化遺產。

(二)約旦佩特拉古城

佩特拉是約旦著名古城遺址，位於約旦境內南部，離首都安曼南方二百五十公里，位於馬安（Maan）西北、哈嫩（Harun）山麓。古代曾為重要的商路中心，北連敘利亞，西接以色列，南下阿拉伯半島，東通兩河流域，是古代歐亞非的交通要塞。佩特拉古城建在隱藏的山谷之中，大部分的建築物都是在天然巨大、粉紅色的沙岩壁所鑿雕建造而成，在陽光下閃耀出玫瑰紅、赭紅、海藍的結晶體共同反射出的斑斕色彩，故有玫瑰紅城（Rose Red City）之美譽。

佩特拉古城內的宮殿、廟宇和墓塚等建築，融合了希臘人和亞述人大而剛強的藝術風格，加上阿拉伯的游牧民族納巴提人本身的文化特色，形成了別具一格的建築藝術，使古城得到全世界的關注和保護。1982年佩特拉古城被列入世界文化遺產名單。

(三)巴西里約熱內盧耶穌救世主雕像

里約熱內盧耶穌救世主雕像原是為了紀念巴西獨立運動而建，現已成為南美洲地區的精神指標。這座雕像位於巴西里約熱內盧市的科爾科瓦杜山頂，山高七百一十公尺。基督像身高三十公尺，站立在八公尺的基座上，基座同時也是一座能夠容納一百五十人的禮拜堂。基督像總重一千一百四十五噸，張開的雙臂橫向總長二十八公尺。基督像由法國紀念碑雕刻家保羅．蘭多斯基設計，當地的工程師海托．達．席爾瓦．科斯卡監督建設，製作共花費了五年時間，於1931年建成，工程期間還特別興建了公路和一線鐵路，將材料運送到七百一十公尺高的科爾科瓦杜山頂。耶穌救世主雕像是里約熱內盧最高的景點，每年吸引一百八十萬遊客到訪。

(四)秘魯馬丘比丘

馬丘比丘遺址坐落於秘魯境內，高二千四百公尺的安地斯山巔，占地三百二十五平方公里，其南北兩側分別有馬丘比丘和瓦那比丘山為屏障。根據考古學家的研判，大約興建於15到16世紀，遺址內存留完整的神廟、祭壇、貴族宅第、民宅與梯田，是當時印加人舉行宗教祭典的聖城，也是神學和天文學的研究中心。

這座規模宏大的古城，卻在短短八十年後遭廢棄，許多建築甚至還未完工，但令人遺憾的是，印加帝國並無文字將這段歷史記載下來，馬丘比丘一直到1911年才被美國考古學家賓漢發現。1983年，聯合國教科文組織將馬丘比丘列為歷史與自然雙重遺產。

(五)墨西哥奇琴伊察金字塔

位於墨西哥東南部猶加敦半島，在墨西哥灣與加勒比海之間，包括猶加敦、康培（Campaech）、寬塔娜魯（Quintana Roo）三個州，位在墨西哥灣和加勒比海間，北部是雨量稀少的灌木區，南部是多雨叢林地帶。

由於地理位置以及叢林阻斷交通，讓猶加敦半島猶如孤立區域，使得馬雅文化能夠在此落地生根，成為目前墨西哥古文明最豐富的區域。奇琴伊察在後古典時期的馬雅文明裏，是座住著五萬人的大城市，位置在猶加敦半島的叢林裏，是幢長方形建築物，門口還立有四根大柱子，在14世紀後漸漸遭遺棄。奇琴伊察金字塔混合了馬雅與托爾鐵克藝術，大約興建於5世紀，這個梯型金字塔總共有三百六十五級階梯，代表一年三百六十五天；除了金字塔之外，還有一座天文觀測站和戰士神殿。

(六)義大利古羅馬圓形競技場

羅馬圓形競技場是古羅馬時期最大的圓形角鬥場，建於公元72至82年間，現僅存遺跡。整個建築體規模，長軸直徑一百八十八公尺，短軸直徑一百五十六公尺；內部表演臺則直徑為七十八與四十六公尺。從外觀來看，其建築結構可分為四層，第一、二、三層是由拱所構成的拱列，第四層則是開了一些小方窗的頂樓。在拱門與拱門之間有裝飾性的半壁柱，其中的柱式，由低而高的樓層依序是：多利克式（Doric Order）、愛奧尼克式（Ionic Order）及柯林斯式（Corinthian Order）三種希臘柱式。

從視覺均衡的美感上來說，多利克式最穩重、強壯，置於下方，而柯林斯式最輕盈、花俏，故置於上方；另一方面而言，這也象徵著羅馬人對希臘文化的嚮往與吸收。在拱門的上方有兩個深長的褶襉交錯著，形成蜂窩般的天穹狀網絡；而牆壁則是以光亮的白色大理石所築成，搭配用灰

競技場是古羅馬舉行人獸表演的地方，參加的角鬥士要與一隻牲畜搏鬥直到一方死亡為止，故又稱為「羅馬鬥獸場」；當然，也有人與人之間的搏鬥。

泥粉飾過的天花板；最上層是五十公尺高的實牆，每層的八十個拱形成了八十個開口，最上面兩層則有八十個窗洞。整個鬥獸場最多可容納五萬人，這種入場的設計即使是今天的大型體育場依然沿用。

(七)印度泰姬瑪哈陵

泰姬瑪哈陵（Taj Mahal）為印度蒙兀兒帝國第五代國王沙迦罕為其愛妃孟塔茲．瑪哈所建的陵墓；瑪哈產下她第十四個孩子的時候去世；這座白色的大理石建築，外表會隨時間的改變散發出各種光澤，再加上動人的愛情傳說，是印度參訪遊客最多的歷史建築，每年吸引遊客近三百萬人。泰姬瑪哈陵的正門為典型的回教建築式樣，由紅砂岩築成，上面飾有白色的圖案和花紋。正門頂端及前後各有十一個白色的小圓頂，每個圓頂象徵一年，代表泰姬瑪哈陵的建造期間。正門後方是一座典型的蒙兀兒式花園，中央闢有水道和噴泉，盡頭為陵墓主體。這座白色的大理石建築正中有一座大型的圓頂，四角分別豎立著高聳的尖塔。陵墓的正面和窗戶四周都飾以優美的回教可蘭經文，這些文字呈上寬下窄型式，讓人們由下往上仰視時達到視覺平衡。在陵墓內並無燈光，僅有微弱的燭光閃曳；置中的石棺為空棺，沙賈汗王和皇后真正的靈寢在地下的土窖中。

Chapter 4

節慶觀光

- 節慶活動的重要性
- 節慶活動的定義與分類
- 東方節慶活動
- 西方節慶活動

世界觀光組織預測2020年全球觀光人口將達到十五億人次，是前所未有的高峰。結合文化與觀光，透過各式的地方節慶活動帶動文化觀光的模式，已成為國際上觀光產業主要的發展趨勢之一。由於各國皆發現觀光節慶活動是近年來成長最快速的觀光項目，不論是在數量、規模及參與人數等多方面都急遽成長，更在全球各個地區持續不斷擴張，儼然成為當前世界各地最受注目與歡迎的觀光潮流。本章將就節慶觀光的重要性、定義與分類，以及摘列東西方重要的節慶活動，分成四節加以說明。

第一節　節慶活動的重要性

節慶活動一直是人類文明時代中極為重要的發展現象，無分地域文化。在今日，節慶活動一改往日只是一項節日或民族慶典單一形式，成為民眾觀光休閒旅遊的一環，舉辦的模式也不斷增加其深度與廣度，讓每場節慶活動都能表現出長期文化累積與淬鍊後的智慧結晶。

節慶活動已成為一種標榜可以將觀光的負面衝擊降到最低，培養目的地居民與訪客的良性互動，維護自然與社會環境，並可以自身為吸引焦點，成為新形象塑造者，或帶動其他建設與發展之催化劑的特殊節慶活動（Special Events and Festival）（Cunningham, 1995）。Frisby及Getz（1989）亦指出，節慶活動可以讓觀光客回味傳統生活，並結合當地歷史文化，為當地帶來正面的印象及實質的經濟利益，在經過時空及環境轉變下，為相關單位視為觀光及行銷的發展策略，也成為許多國家藉以保存或發揚民俗文化、藝術及相關人文資源的方法。

舉辦地方節慶活動另一個很重要的原因是加強對地方的察覺或意象，形象與節慶的連結帶動地方解釋特殊節慶與觀光間的關係，這種以「節慶形象帶動地方」的行銷方式，在世界許多城市中成為人文與

地方節慶活動的舉辦可以帶動地方觀光，獲得實質的經濟利益。

自然的特色表徵。

Jun及Lee（2008）提出類似觀點，認為節慶活動可以代表城市的品牌，並且是個有利的行銷工具，幾乎在每個城市都可以發現節慶活動的蹤跡，增加地方的觀光吸引力且可形塑都市意象，例如愛丁堡節慶象徵蘇格蘭是個藝術殿堂（Prentice & Andersen, 2003）。臺灣近年來亦有許多縣市政府為了有效發展地方特色觀光，除了利用結合豐富的人文自然景觀資源，並透過當地居民與專家積極參與，充分利用其地方文化背景，造就不少以觀光休閒、戶外遊憩為主的地方新興節慶，而各地方城鄉無不相繼舉辦各項地方新興節慶活動，如墾丁風鈴季、阿美族豐年祭、澎湖海上花火節、貢寮國際海洋音樂祭等等。這些各式各樣的節慶活動，在活動期間除了能吸引各地觀光客到來，為當地創造大量的觀光收入，同時也可創造地方的就業機會（Getz, 1991; Watt, 1998）。

由此可見，節慶活動正在我們的生活及文化當中扮演著重要角色，隨著人們收入和休閒時間的增加，各種大眾節慶、活動及娛樂也因應而生。政府為了建構全民共同意識、促進經濟發展，不遺餘力地支持各種活動，企業界則從市場策略及形象提升等觀點出發，投入活動的贊助或舉辦，同時也帶來自然環境、經濟與社會等層面的衝擊，唯節慶活動乃是一種不需仰賴自然資源與土地開發的觀光，對整體社會文化、自然環境的負面衝擊較諸其他開發原始自然觀光資源的破壞程度來得少的觀光活動，對地方政府來說有其一定的益處。

節慶活動在觀光發展下重新賦予時代新的意涵，成為觀光發展重要的行銷策略、發展趨勢及最重要型態，更在相關單位的重視下，經轉換運用以增加觀光目的地吸引力、活化觀光景點，成為地方行銷及社區發展催化劑。

第二節　節慶活動的定義與分類

一、節慶活動的定義

Getz（1991）認為，「節慶是在一個例行的活動之外，於組織運作及經營贊助配合下所形成的，一種一次性的或經常性發生的特殊活動。」節慶活動應具有下列一些重要特徵：

1.須對大眾公開。
2.目的是為針對某一個特定主題的慶祝或展覽活動。
3.每一年或數年舉行一次。
4.為事先訂好開始與結束日期的特殊活動。
5.本身並不必備硬體建築設施或結構。
6.其活動設計有可能含括幾項不同的活動內容。

7.所有的活動都在同一地點舉行。

韋氏詞典對節慶所下的定義為：「選擇一個適當的日子作為慶祝的節日」，對活動事件的定義則為：「一種社會的場合，或一種活動」。國內外學者對節慶活動各有不同的說法，且對於節慶活動一詞的定義仍未有統一的看法。

節慶活動與特殊事件通常被視為一體，且具有週期、公共、參與、傳承、紀念、儀式、多元等特性。節慶活動亦屬於公開性質，為一具有明確或是特殊主題的活動，可以提供民眾特殊體驗的慶祝感受。節慶活動的定義目前仍眾說紛紜；總體來說，節慶活動是在一特定活動期間，為了特殊目的而舉辦的活動，是公開開放給遊客參觀、經過特殊的活動規劃與設計後，讓參與者得以產生特殊的體驗與感受。

節慶或節慶活動並非現代的產物，早在古埃及、希臘及羅馬時代就已風行。在古埃及時期，每年會舉辦數次大型的節慶活動，供民眾參加，節慶可以說是當時重要的休閒活動之一。目前歐美各國雖然對節慶活動的研究有持續增加，但對於「節慶」的定義範圍至今卻仍未有明確的定論；學術研究亦未加以明確區隔，但基本上皆各有其共通性與特殊性。一般認為，節慶活動普遍具有下列幾項特徵：提供休閒、文化或與社會接觸、有主題或為慶祝某事件、公開的活動、沒有永久固定的建築結構、地點多在同一區域範圍、定期舉行、需要資金支援等。以下介紹國內外學者對於節慶的看法。

(一)國外學者

1.Williams（1997）認為，節慶活動是一個有主題的，由大眾共同慶祝的一項活動，且大多數的節慶活動能創造社區本身的獨特性，提升當地居民參與及榮譽感等目的的活動。

2.Jackson（1997）認為，節慶是一個特別的、非自發的，而且經過周詳規劃設計所帶給人們的快樂與分享，也可以是產品、服務、思想、資訊、群體等具特殊事件與主張的活動。它蘊涵豐富的多樣性，同時也需仰賴贊助者的贊助。

3.Watt（1998）認為，於特定時間舉辦經過規劃的活動來達到特殊目的，活動通常具有特定儀式、典禮來滿足特殊需求。

4.McDonnell、Allen及O'Toole（1999）認為，節慶被塑造成用來描述特別的儀式、表現、成果或慶典，並有計畫的被創造用來記錄特殊時刻，達到社會、文化的合作目標與目的。

5.McDonnell、Allen、Harris及O'Toole（2004）認為，節慶就像是日常生活的基準一樣，人們很早以前就發現，要在他們生活中將重要的事件做記號，像是季節的改變、月亮的圓缺、生死循環，和每年春天萬物重生的時刻做記錄，並在重要時刻慶祝。

6.Picard及Robinson（2006）認為，節慶讓許多歷史被再次探索、注入新的活力、改造，並反映在無數的社會、政治、人口和經濟上。（轉引自羅旭壯，2014）

(二)國內學者

1.陳柏州、簡如邠（2004）說明，節慶是人們隨著季節、時間和物候轉移（生物的週期現象或其與季節氣候的關係），開展為特定主題的風俗、紀念意義的社會活動，也是一個民族因應時地環境所代代相傳、歲歲相因，長久累積下來的智慧與生活情趣。

2.葉碧華（1999）認為，「節慶活動通常包括：不以營利為目的、屬於短期的文化活動、大都屬於帶有文化性質的地域性特殊活動、為了達到建立地區形象，並且完成傳統文化保存的目的而興辦的活動。」它具有不可確定性的魅力，成為主要或附屬的觀光活動、感受群眾熱鬧的氣氛、調節季節性觀光效應等特質。

3.游瑛妙（1999）認為，現今的節慶活動必須同時具備產品展售、民俗活動參與、文化學習、休閒娛樂及社區發展等多重功能。

4.李明宗（2002）在其《當代臺灣節慶活動的形貌——休閒社會學詮釋觀點的提擬》的論文報告中，綜合各家學者的看法認為：節慶具有週期性、公共性、參與性、傳承性、紀念性、儀式性、多元性等，而且最重要的是，節慶時人們係處於「時間外的時間」，與日常生活之時空結構完全不同，故亦具逆轉性與超越性等本質。另外，有些新興節慶活動受現代社會世俗文化與觀光發展的影響，雖在活動型態上與傳統民俗節慶有某種程度的類似，但究其起源或功能又與傳統民俗節慶頗不相同，例如宜蘭國際童玩節、新竹采田福地文藝季等。

5.張德慶（2004）認為，節慶活動為一在特定時間為了特殊目的所舉辦的特殊活動，經過特殊規劃與設計，呈現特殊主題與情境，讓參與者有特殊的感受與體驗。

6.陳勁甫、何宜澤（2005）則綜合多位學者的觀點，將節慶定義為：(1)公開舉辦、廣泛參與；(2)日期有一定的時間及限制；(3)地點較為固定；(4)活動意義具有多樣性；(5)可促進相關產業的發展；(6)活動內容有其主題性。

7.許芳瑜（2007）則綜合國內外學者的觀點，定義節慶活動為：為了特殊目的在特定時間所舉辦的公開活動，並經過詳細的規劃設計，讓參與者擁有特殊體驗。

綜上所述，雖已有國內外學者提出自己的看法，但對於節慶的定義仍未有明確定論，但主要係指在某一固定時間範圍內（短期、一年或多年），於固定展演地點所舉辦，擁有明確主題、對外公開之相關文化藝術表演、慶祝或特殊活動。其籌辦活動中最重要的是參與者概念，因為各方參與者對該節慶活動的評價與認知，與活動之成敗習習相關。

二、節慶活動的分類

節慶活動的分類一般有兩種分法：(1)以節慶規模大小，也就是以參與者旅行距離及其規模所做的分類，詳細分類如**表4-1**所示；(2)以節慶的性質作為分類標準，其詳細分法如**表4-2**所示。

表4-1　依節慶規模之大小分類

節慶的分類	參觀者旅行經驗	實例
國際性的	其顯著性是世界性的，吸引的觀眾則來自於世界各地	奧林匹克運動會
全國性的活動	活動的舉行吸引來自全國各地民眾，但也吸引部分國際人士參加	臺北燈會、宜蘭國際童玩節
區域性的活動	活動的舉行以國內某個行政區域（如省、州）的居民為主要對象，同時也包含鄰近區域的居民	美國各州的州博覽會
地方性的	以地方縣市居民為主要吸引對象，但同時也吸引少數其他外縣市居民	明尼蘇達州的文藝復興節、墨爾本的時裝節、新竹義民節
社區性的	以鄉鎮或社區居民為主要服務及參與對象	白河鎮的蓮花節
都會性的活動	活動的舉辦以吸引一個都市的居民為對象	臺北文藝季

資料來源：黃章展（2004）。《民眾參與節慶活動需求之研究》。臺中：大甲媽祖國際學術研討會會後實錄，臺中市文化局，頁1-2-5。

表4-2 依節慶之性質分類

分類	本體特徵	實例
宗教祭祀	朝聖、進香、祈福、出巡、遶境、舉行祭祀典禮、信仰、心靈寄託	基隆中元祭 大甲媽祖文化節 東港王船祭 高雄內門宋江陣文化季
文化	包括藝術、民俗、手工藝、歷史、保存傳統、形象塑造、提升知名度	宜蘭國際童玩藝術節 墾丁風鈴季 臺北燈會 臺南鹽水蜂炮 臺灣花卉博覽會
商業	銷售、販賣、推廣、吸引人潮	麻豆文旦節 古坑咖啡節 東港黑鮪魚觀光季 北投國際溫泉嘉年華
運動	各式運動、包括競賽或非競賽性活動、職業競賽、業餘競賽	高雄世運會 臺北聽障奧運會 世界棒球錦標賽

資料來源：同表4-1，頁1-2-5。

第三節　東方節慶活動

一、中國的傳統節慶

(一)春節

1.放鞭炮：俗諺云：「爆竹一聲除舊歲」，意指爆竹一響，代表了舊年已經過去了，新年降臨了。相傳過年時鳴放爆竹，是為了嚇走吃人的年獸，保護全家人的安全。

2.迎財神：大年初一午夜，鐘聲敲過十二響之後，大人們會穿戴整齊，將祭品擺上供桌，舉行「開門」儀式。大門一開，就燃香放炮以迎接財神進門；並在院子裏擺著一盆閃著熊熊火光的木炭火，據說是代表聚寶盆。這是祈求新的一年，財運亨通，事事如意。

(二)元宵節

1月15是「元宵節」，又叫「上元節」。《歲時雜記》說，這是沿道教陳規。道教稱1月15日為「上元節」、7月15日為「中元節」、10月15日為「下元節」合稱「三元」。

1月15日是新的一年中第一個月圓之夜，古代把夜稱宵，所以「上元節」又叫「元宵節」。到了正月十五夜裏，天邊一輪明月高懸，地上萬點燈火通明，人們乘著新年後的餘興，披著早春稍帶寒意的輕柔晚風，踏月觀燈，猜起燈謎，正是最好的時節，而有了「一年明月打頭圓」之諺。因此，「元宵節」是中國人相當獨具風采的一個傳統節日，所以只要有華人

元宵節當天都會舉辦許多活動，「放天燈」往往成為親子間的最佳活動。（圖為臺北燈會）

的地方都會有元宵節的節慶活動舉辦，大部分地區的習俗也都差不多，例如香港和臺灣也都有各自的特點。

魏晉時，元宵又增添了燈節祭門戶、祀蠶神、迎紫姑的風俗。到了隋唐，中國社會結束了四百年來的大動亂，天下統一，社會經濟恢復，相繼出現了「貞觀之治」、「開元盛世」，使漢代形成的元宵節大放異彩。唐代的宵禁雖嚴，但是元宵節前後幾日內，卻特許馳禁，放三夜花燈，而有了「放夜」這個名稱。從王公貴族到平民百姓無不走出坊門，夜遊觀賞爭奇鬥豔的各式花燈，車水馬龍，熱鬧非凡。

一般來說，元宵節當天都會舉辦許多活動（如臺北燈會），像是猜燈謎、弄珠龍（也就是花燈、提燈遊行）、弄獅子（舞獅）、拜祭財神等等。

(三)端午節

端午節是春秋戰國時代秦國的國君想要以通婚的名義，陷害楚國的大王，當時的大臣屈原極力反對，不敵一些大臣進獻讒言，致楚王將屈原流放到邊境。後來楚王在秦國被殺，屈原聽到這個消息後十分難過，跳入汨羅江自殺，當地的百姓感念屈原的忠義，就用竹葉包著糯米，也就是後來演變而成的粽子，百姓將飯糰投進江中給魚吃，希望魚不要去吃屈原的軀體。粽子是由糯米、豬肉、蛋黃、花生、鹹蛋等內餡做成的飯糰，再用竹葉包起來放入蒸籠裏蒸出來的食物。

端午節另一重要的活動就是「划龍舟」。原為一祭水神的儀式，主要是為了消災祈福，後有鄉民撐船尋找屈原的身軀，時至今日，龍舟競賽已成為端午節最受歡迎的民俗活動。（陳金田譯，1994）

龍舟是把木舟雕刻成龍的形狀再塗上顏色所製成，需經過「開光」儀式才可使用，因此每年農曆5月1日，都會請地方首長祭拜水仙尊王，並提筆在龍舟的龍眼上點眼睛，此即稱為「開光」。5月5日龍舟下水前，還要敲鑼打鼓，抬龍舟到河岸，沿路都有民眾燒香禮拜及放鞭炮，巡行後龍舟便入水比賽。競賽一開始船上的選手會在隆隆的鼓聲中，以劃一的動作奮力往前划，河道終點處插有錦標，看哪一隊最先奪得錦標即為優勝隊伍，這精彩刺激的比賽，比的是選手的體力、耐力，更重要是團隊合作的默契度，每一年的龍舟賽事往往會吸引許多民眾在岸邊觀賞，為選手加油。（黃金財，2000）

(四)重陽節

相傳古代有位名叫桓景的人，跟著費長房學習修仙之術，一天費長房警告桓景：「9月9日，你家會有大災難，你要趕緊告訴家人，請他們縫製布囊袋，裏面裝著茱萸，繫在手臂上，並且爬到高山上，在山上飲菊花酒，才可避開這場大災難。」桓景聽從費長房的話，在農歷9月9日舉家登山，到了傍晚回到家裏的時候，發現所飼養的雞、狗、羊等家禽家畜，皆已暴斃而亡。費長房知道後說：「這些都是替死鬼呀！」後來人們於重九日登高、飲菊花酒，配掛茱萸等習俗，就是因此而來。（殷登國，1993）

中國人的重陽節習俗包括有：(1)登高：除了登高以外，人們有的也會同時進行掃墓；(2)配掛茱萸：據說茱萸的葉子有治霍亂的功效，而根則可以殺蟲；(3)飲菊花酒：據說菊花有除熱、解毒的功效，更有人認為飲菊花酒可以延年益壽。這些都是重陽節時民間的風俗民情。（陳亞南編著，1991）。

二、蒙古部族的傳統節慶

農業社會蒙古部族的主要節目，除了農曆過年、元宵節、掃墓節、端午節、中元節、中秋節、重陽節等節日與內地相同外，另有祭鄂博、過小年這兩種節日是內地所無的；草原社會蒙胞的節日，只有過小年、過大年，和祭鄂博等三種。

(一)過小年

古時，蒙古社會格外崇敬火神，認為火神是幸福和財富的象徵。因此，把「三天」稱作「日火」、「三十天」稱作「月火」、「三百六十天」稱作「年火」。流傳延續，逐漸形成一種習俗。每年的陰曆臘月二十三日，是送火神上天的「年火」之日，要在這天傍晚時分祭灶，在灶神龕前燒香上供。

蒙古農業社會的標準祭灶方式是：在一種特製的祭灶器內，點燃木材。把各種奶食品、乾果、麥芽糖、黃油、燒酒等等供品，先後逐一的投入烈火內燒化。全家人這天的晚餐，是專吃「肉粥」。

草原社會的祭灶方式，只限於燒香上供，全家是吃團員飯而不是吃肉粥，團聚歡樂的氣氛相當濃厚。

(二)過大年

陰曆正月過大年（也就是過春節，也有稱奶酪節）的年俗，農業社會蒙胞與內地相接近，草原社會則不同。一般言之，一近臘月就著手準備過年了，像做新衣、買新鞋，以及殺豬宰羊等等；臘月十五一過，就開始互送年禮；臘月二十三過小年之後，家家戶戶掃房子，把氈屋內外打掃得乾乾淨淨，更換新氈子，有些地方，也和農業社會一樣，張貼春聯，懸掛燈籠。

過大年最歡樂的幾天是從除夕到大年初五。除夕夜首先要做的是：一家人正服聚會一堂，最先由兒女向父母扣拜辭歲，之後由弟弟妹妹依次向哥哥姊姊辭歲。在接近吃年夜飯的時刻（約莫是在午夜前後），一開始先由晚輩向長輩敬酒祝福。這一餐是過大年時最豐盛的一次，因為既要多吃多喝，還要吃畢時剩多多，意在全家永遠團圓、生活甜蜜幸福。是夜，房屋內外燈火輝煌。此時馬頭琴伴奏的悠揚歌聲，此起彼落，家家徹夜不眠，通宵達旦。

在大年初一時會請喇嘛念經，或全家扶老攜幼到寺廟去討吉祥。朝廟，首先要繞行廟外三、五圈，甚至數十圈，然後進廟拜佛，祈求保佑。拜年，通常是過了初五，從初五到初十這五、六天裏，青年男女不約而同騎上早已調好的駿馬，帶上禮品和哈達，三、五成群的逐家向親友拜年。在習慣上，拜年的親友必然受到熱情歡迎和酒食接待，但只飲酒而不用餐。

每年正月初五這一天，是各寺廟最熱鬧的時刻，在佛事當中，大喇嘛戴著法帽，至少要誦經一日，也有舉行跳神的。跳神時，有數十位喇嘛，頭戴各種神的面具，諸如天王、菩薩、牛頭、馬面等等，身穿奇異的彩服，在寺廟大廳或廣場上跳舞，另有喇嘛、鼓樂及號角等專用的樂器伴奏。

(三)祭鄂博（敖包）

祭鄂博（敖包）是蒙古社會很隆重的祭祀之一。每年農曆6月15日或7月13日舉行，這種祭祀是由兩個以上的部落聯合舉行。

鄂博，是蒙古語“Nobo”的音釋，有「堆」的意思，即木、石、土堆。至於鄂博到底是用什麼堆成的？史書記載不一，有說是用土堆成的，有說是用石堆成的，因而也就有人將敖包稱之為堆子，也有的說是依天然條件而定，在石頭和土多的地方用石或土來堆，在樹多的地方用木來堆。總之，實際上凡是建築在山崗或沙丘頂上的鄂博，都是用大石塊或用灰色磚瓦砌成的，大者高達二、三丈；凡是搭在沙地上的，多半是柳木建成。由於蒙古社會尊崇鄂博之深，就可以了解是基於宗教習俗，也就是基於對山神、水神，或廟神的崇敬而來，也就是鄂博的起源。

鄂博，在蒙古社會比比皆是，其形狀一律是圓形尖頂。最著名的鄂博是位於錫林郭勒盟貝子廟的鄂博，建立在額爾敦陶力蓋山上。一處鄂博的大小和數目各地不等，有的是單獨的一個鄂博，有的由數個乃至十數個

蒙古社會的敖包史書記載不一，也有稱之為堆子，因為有說是用土堆成的，但也有說是用石堆成的。

鄂博群組成。鄂博群當中，有七個鄂博並列，以正中間最大為主體，兩旁各陪襯三個較小的鄂博；有的是一個大鄂博居中，東、南、西、北各陪襯三個較小的鄂博，是由十三個鄂博組成的鄂博群。而貝子廟鄂博，就是由十三個大小鄂博所組成的。

屬於信仰性質的鄂博，多建在寺廟附近，上面塑有佛像，刻有經文，立有旗竿。祭祀時，往往要在鄂博附近搭蓋許多臨時帳棚，帳內掛有佛畫，並供奉牛羊肉、菓子，以及香、燭等。

三、西藏的傳統節慶

生活在雪域的西藏人，最喜愛過節慶，也最善於過節慶。以下簡略摘要藏民們從新年到歲末的一整年裏的重要節慶活動：（劉福謙等編著，1990）

1.新年：藏曆1月1日（約陽曆2月中），為藏族新年，是一年中最重要的節日，一連五天，不論僧俗、男女老少，都會熱烈慶祝。他們在除夕晚上，準備充足的糧食，將室內打掃整潔，在桌上還放些糕點、酥油、一盆青稞苗，預祝豐收。在年初一當天，他們穿著整齊的新衣，向長者祝賀說：「扎西德勒」（吉祥如意）、「洛薩爾桑」（新年好）！這天，一般是閉門歡聚，或到附近寺廟朝佛，年初二才互相拜訪，年輕人還聚在街頭上唱歌跳舞。

2.跑馬盛會：藏曆1月24至26日（陽曆3月初），拉薩郊外，人山人海，因這三天舉行賽馬、射箭比賽和跳神、驅鬼儀式。

3.薩噶達瓦節：藏曆4月15日（陽曆5月底），紀念釋迦牟尼的誕辰和圓寂。當天，人人念經，而布達拉宮更提早開放，供教徒前往朝拜。有些教徒前往朝拜完畢，便到公園架起帳幕，鋪上地毯，舉行野餐，唱歌跳舞，預祝即將到來的豐收。

4.曬大佛：藏曆4月15日或6月6日，為曬大佛的日子。當天動員上百的僧人，將一幅長、寬數十丈的佛像畫，拿出來放在高地上張掛，晾曬一天。屆時藏民都前來瞻仰，朝拜這罕見的大佛像。但要視乎當天的天氣才決定是否抬這佛像畫出來曬。

5.雪頓節：藏曆7月1日（陽曆8月中）起，一連五天，藏族人民舉行雪頓節。藏語「雪頓」意為吃酸奶的日子，因為這季節宜於做酸奶。這時拉薩公園雲集各地不同風格的藏劇團，藏民在公園架起帳幕、飲酒、吃酸奶、唱歌，或觀藏戲，非常熱鬧。

6.沐浴節：藏曆7月1日（約陽曆9月初），天上會出現一顆明亮的山鼠星，一連七天之後便隱沒，這是沐浴節開始和結束的標誌。在沐浴節的七天裏，不論男女老幼，甚至年輕婦女，都會到河邊洗澡和洗衣服，這是因為西藏天氣冬長夏短，只有夏末秋初的河水才比較暖和清澈，過了這段時間，河水便變會得冷而混濁。黃昏，在拉薩河畔，常可看見當地人洗完澡就在岸上的大石上喝酒、唱歌，一直到深夜才回家。

7.望果節：藏曆7月底（約陽曆9月中），是祈求豐收的節日。舉行儀式沒有固定時間，一般是在農民收割之前。屆時藏族人民穿著整齊的服飾，結隊騎馬，在田間巡遊，同時還舉行藏戲、賽馬、射箭等活動慶祝，一連三天，讓大家盡情歡慶，然後便要迎接即將來臨的收割。

8.燃燈節：藏曆10月25日（約陽曆12月初），為紀念黃教始祖宗喀巴圓寂的日子。這天，西藏不論大小的寺廟，教徒都來燃燈祈福，故稱「燃燈節」。這天晚上，每戶差不多都有燃著燈，放在窗欞上，追悼宗喀巴大師的圓寂。

9.驅鬼節：藏曆12月29日（約陽曆2月初），布達拉宮舉行盛大的跳舞節，各地寺廟亦有舉行，因新年即將來臨，要將鬼怪消滅。夜晚，各家點燈燒香，驅鬼滅災，祈求萬事如意。

四、西南民族的傳統節慶

(一)瑤族盤王節

瑤族是個喜愛節慶的民族，「一年十二個月，月月都過節」這句民諺，是瑤族節慶活動多的寫照。

在月月都過的眾多節日中，盤王節是最隆重、最盛大的節日。瑤族的盤王節，又叫還盤王願、跳盤王，是瑤族人民祭祀祖先的節日。通常會以鑼鈸鼓鬧場，著侗裝，不畫臉譜，鬧場娛祖，是瑤族的千年古俗，極富濃厚民族色彩。

盤王節在瑤族的傳說中是瑤族始祖誕生的日子；當然，根據瑤族居住地與支系的不同，也會有不同的傳說。內地瑤族認為「密洛陀」是

瑤祖，更以《密洛陀》神話古歌流傳於廣西都安、巴馬等地瑤族的聚居區；傳說中，在一個雷雨的白晝，有兩座人形大山同時崩裂，走出了男人種布洛西和女人種密洛陀，兩人結成夫妻，生下三個兒女，分別繁衍出漢族、壯族和瑤族。密洛陀告訴瑤族兒孫，她的生日是5月29日，她要兒女們在這天為她敲銅鼓鬧場，祝壽補糧。因此，內地一些瑤族支系在每年的5月29日會舉行歡慶，敲銅鼓鬧場娛祖，並稱這個節日為達努節——是一個不忘祖先的節日。

至於雲南西雙版納猛臘縣瑤區的瑤族，民間的傳說則是古代有個評王與高王為爭天下你攻我打，許多年不分勝負。評王為戰勝高王，重金懸賞人們斬殺高王，並願意將如花似玉的三公主許配給獲得高王首級的英雄。有個叫盤瓠的人揭榜迎戰高王；經過浴血奮戰，終於打敗了高王，將其斬於馬下。評王將三公主許配盤瓠為妻，封盤瓠為王，授位於南京會稽山十寶殿。盤王與三公主生下六男六女，繁衍了瑤族十二姓。

瑤族兒孫為紀念始祖，於盤王誕生的10月16日這天舉行慶祝，唱盤王歌，跳盤王舞，給盤王鬧場祝壽。盤王節，是西雙版納地區的藍靛瑤、頂板瑤共同舉慶的節日。節日來臨之時，舉行慶典儀式，以村社為單位開展歌舞表演和射弩、踩高蹺等體育競賽活動。瑤族群眾跳傳統的盤王舞，唱盤王歌，做頂竿表演。省內外瑤族代表團和州內各民族代表也來參加節日活動，增進瞭解，促進友誼與團結。

(二)傣族潑水節

「桑勘比邁」，是傣語，意為傣曆新年。由於傣族群眾在歡度新年佳節時，要舉行別具特色的潑水活動，相互潑水祝福，因此其他民族便稱這個節日為「潑水節」。

傣曆新年佳節，多數在傣曆的6月下旬，少數年份在7月初，傳統的過節時間，一般是三天（有時為四天）。第一天稱為「麥」相當於陰曆的除夕，各戶要打掃衛生，準備過年的食物用品，吃年飯。第二天稱為「腦」，是個多餘的日子，不計算在舊年內，也不計算在新年內，稱為空日，傳說這天就是捧瑪點達拉乍（管理農時的天女）的頭顱腐爛之日；這天通常要舉行潑水活動，紀念為民除害的天女，以聖潔之水消災免難，互祝平安幸福。第三天叫「麥帕雅晚瑪」，據說就是帕雅晚的英靈帶著新曆返回人間之日，人們習慣將這一天稱為日子之王來臨。按照古俗，這天要「趕擺」（過好盛大節日或集會活動的意思），放高升（類似古代火箭的燃放），劃龍船慶祝新年的來臨。（北京青年旅行社——一起去旅行吧，2014）

傣曆新年（潑水節），是西雙版納傣族最隆重的節日。節日來臨之前，家家要縫新衣，買新傘，備辦節日盛裝。每個村寨都要製作高升、禮花、裝飾龍舟，開展划船訓練，青年人還要排練節目，作歌舞表演。節日來臨，要殺豬宰牛做年糕，準備豐盛的年飯，宴請親朋好友。節日氣氛十分熱烈，活動內容既豐富又富有民族特點。吸引無數海內外遊人到此領略傣族獨具特色的民族風情。

五、臺灣的節慶活動

臺灣的宗教信仰融合了佛教與道教，因此百姓所供奉的神明華誕也成為日常生活中相當重要的節慶活動。尤其大甲鎮瀾宮每年在媽祖聖誕時的遶境活動，更是延伸作為國際性的「大甲媽祖國際藝術節」，茲將佛教神明華誕日期羅列如下：

日期表	佛、菩薩華誕
農曆正月初一日	彌勒菩薩聖誕
農曆正月初六日	定光古佛聖誕
農曆二月初八日	釋迦佛出家日

農曆二月十五日	釋迦佛涅槃日
農曆二月十九日	觀世音菩薩聖誕
農曆二月廿一日	普賢菩薩聖誕
農曆三月十六日	準提菩薩聖誕
農曆四月初四日	文殊菩薩聖誕
農曆四月初八日	釋迦佛聖誕
農曆四月廿八日	藥王菩薩聖誕
農曆五月十三日	伽藍菩薩聖誕
農曆六月初三日	護法韋馱菩薩聖誕
農曆六月十九日	觀世音菩薩成道日
農曆七月十三日	大勢至菩薩聖誕
農曆七月廿四日	龍樹菩薩聖誕
農曆七月三十日	地藏王菩薩聖誕
農曆八月廿二日	燃燈古佛聖誕
農曆九月十九日	觀世音菩薩出家日
農曆九月三十日	藥師佛聖誕
農曆十月初五日	達摩祖師聖誕
農曆十一月十七日	阿彌陀佛聖誕
農曆十二月初八日	釋迦佛成道日
農曆十二月廿九日	華嚴菩薩聖誕

資料來源：聖源香舖提供（2014）。

(一)燒王船

東港王船祭典由轄境七角頭輪流主辦：下中街、安海街、頂中街、下頭角、頂頭角、埔仔角和崙仔頂，從請王、迎王到送王，各有不同職司。東港王船祭典的完整儀式分：請王、迎王、敬王和送王四大階段，前後八天；但是造船則在一年半前即已完成，船身全長四十幾米，是臺灣地區王船最大者，每科年皆由東港本地王船會承造：（全球華文網路教育中心，2014）

1.請王：為第一天的活動，於鎮海里海灘舉行，中午過後行之，迎請十二瘟王中的五位，稱千歲爺，主帥稱「大千歲」，皆以令牌（王令）象徵，先由道長開光，再由扛轎的頭筆，下海迎王上岸「報姓」。請王後返廟，在廟前「過火」，以潔淨神人和器物。儀畢入廟安座，此後每天早晚「祀王」。

2.迎王：第二天至第五天的活動，也就是「遶境」，由五位千歲爺主巡，首日北區，次日南區。

3.敬王：第六天的活動，在王府和王船廠進行法會，接受各神職人員及善男信女膜拜和添載。

4.送王：第七天和第八天的活動，即和瘟祭船、遷船遶境。先是第七天下午「遷船」，遶境迎請王船巡東港街境，帶有收瘟之意；「和瘟押煞」是第七天晚上最重要儀式，請眾瘟神疫鬼登船，所謂的「押煞」是把不從者以法術強制押上船，最後祭拜祈求瘟疫煞氣遠離民間，也就是所謂的「和瘟祭船」，由道士團「演」出及宴王，以山珍海味宴送諸王，如此進行至深夜；最後才是午夜的送王，恭送王爺和王船至鎮海海邊舉行，俟準備就緒火化時，已是天將亮之時。

(二)豎燈腳

頭城搶孤是宜蘭傳統7月時最盛大的祭典，雖不似基隆的中元祭源於當初族群械鬥的斑駁血淚背景，卻是宜蘭開拓史的縮影，反映當時移民墾殖辛酸的一頁，更有著先人對鬼神敬畏的卑憫之情。

大量漢人移墾進入宜蘭，要回溯至1796年清嘉慶元年開路的吳沙，之後的道光、咸豐年間更有一批批自唐山前來打天下的先民，搭著風帆船，面對不可測的汪洋與未來，船行途中，往往因病死於船上，由於打天下的先民自顧不暇，這些屍骨往往棄留在宜蘭沿海沙灘，使得至今海濱仍存留相當多的有應公廟，就是後人將這些無主骨骸集中奉祀的廟祠。

幸運上岸的先民，還得要面對無數生番的殺虐以及疾病侵擾而骨埋異鄉，目前在頭城開成寺，即有吳沙的長生祿位，一旁還有集中當年墾殖先民骨骸的開蘭先賢牌位，同享人間眾人香火。當年，頭城有船運便利的烏石港，往來漳泉等各地貿易的風帆船皆在烏石港進出，扼守了整個蘭陽平原的經濟命脈。

頭城搶孤的起源無法考據，只有當地耆老相傳，是由烏石港碼頭工人發起，主要禱祭超渡客死海上、岸上的無主孤魂，同時祈求行船平安，因而選定民間信仰的農曆7月進行中元普渡，在大月三十日，小月二十九日的7月最後一天舉行搶孤。百年餘來，頭城的搶孤，皆在奉祀吳沙長生祿位的開成寺前廣場舉行，是每年地方的盛事。地方人士先推派頭家、爐主等燈首的執事人員組織，在搶孤活動前，更需進行三朝清醮，請道士在三天法事期間誦完《梁皇寶懺》經十卷，搶孤前一夜，還必須放水燈，邀請水府冥界的好兄弟前來領受。（陳柏洲、簡如邠，2004）

六、日本的傳統節慶

日本各地的傳統節慶非常多，其中女兒節與男兒節最為大家熟知，同時每個地方都有相當具特色的活動，尤其在古都京都更是每年都有相當吸引觀光客的節慶活動，茲分成兒童節日、日本的三大祭，以及京都三大祭和其他特色祭典略述如下：

(一)兒童節日

1.女兒節：是日本女孩子的節日，又稱人偶節、上巳（じょうし/じょうみ）、雛祭（雛祭り）。屬於「五節句」之一的「桃之節句」（桃の節句）本來在農曆的3月3日，明治維新後改為西曆3月3日。父母會為女兒設置階梯狀的陳列臺，由上至下，擺放穿著和服的娃

娃，這種娃娃在日本稱為雛人形。而男孩節則定於端午節。女兒節當天雖然不是日本國定假日，但家中的成員大都儘量聚在一起祝福女孩子健康平安的長大成人。

2.男孩節：在日語中「菖蒲」和「尚武」是諧音，因此日本端午節漸漸演變成為男孩子的節日。每年陽曆5月5日端午節的這一天、日本的兒童日（男孩節），是日本法定的公眾假期；這一天日本有男孩子的家庭要掛鯉魚旗，豎鯉魚旗是希望孩子像鯉魚那樣健康成長，有中國「鯉魚躍龍門」的意思。日本的鯉魚旗從下面往上看，浮現在藍天下的鯉魚乍看下很像在水中健壯地游著。這是中國端午節沒有的習慣，這一天日人會食用日本粽和柏餅。

(二)日本三大祭

日本的三大祭（包括京都的葵祭）有：(1)7月25日大阪的天神祭；(2)8月2日至7日的青森花燈祭；(3)5月15日的葵祭：

1.大阪天神祭：7月25日的大阪天神祭是天滿宮的祭典，神輿的出行於堂島川之上，並舉行豪華的「神幸式」，式典中整條河都是迎神的人偶船、鼓樂船、照明船、伴唱樂隊等，將河中裝扮得熱鬧非凡。

2.青森花燈祭：8月2日至7日的花燈祭（也有人認為德島縣的阿波踊祭與青森的Nabuta祭都是日本代表性之「祭」）在青森市和弘前市舉辦。抬著天型紙偶人、紙魚、紙鳥獸，或是乘著車，隨著笛子、大鼓的伴奏喊著「來歐、來歐」的吆喝聲，在繁華的市中心遊行。晚上則用紙人、紙魚，並於內部點燈做照明用，營造出夢幻般的氣氛。從6日晚上到7日黎明，這些隊伍也在海上列隊遊行，可說是青森地區夏季的風情詩之一。此外，日本青森的睡魔祭——驅逐睡魔的儀式，為期七天的會期，會有大型的ねぶた（佞武多）夜間遊行，也就是睡魔巨燈，因為要嚇走睡魔，造型通常都很震撼。

3.京都葵祭：是日本京都每年舉行一次的節慶，也是京都三大祭之一，本來稱為賀茂祭，後來由於祭典隊伍皆用葵花與葵葉裝飾而更名。

(三)京都三大祭

■葵祭

5月15日的葵祭在賀茂上下二神社舉行，是京都歷史最悠久的祭典之一。西元6世紀中葉，由於長期的風災、水災及稻米收穫不良，日本天皇派遣「卜部伊吉若日子」為特使，前往下鴨和上賀茂兩神社祭拜天神，以祈禱天下太平、五穀豐穰，這就是葵祭的起源。

葵祭以遊行作為慶祝方式，當天參加遊行的民眾頭上必須別著蜀葵，並穿上平安時代的貴族服飾，從京都皇居沿路遊行至下鴨神社與上賀茂神社。在葵祭前的5月10日開始，將由「齋王」——奉命主持神社的未婚公主於御手洗河舉行齋戒儀式。5月12日下鴨神社也會舉行一項「御陰祭」，以迎接前來參加葵祭的神明。15日當天觀賞葵祭遊行隊伍的民眾，按照傳統都會以一把「風流傘」來遮陽，「風流傘」是在觀看遊行或從事戶外活動時使用的一種長柄陽傘。

■祇園祭

八坂神社的祭典，起源於西元9世紀末，當時是為了祈求驅散瘟疫而舉辦。祇園祭在7月17至24日舉行，在16日的晚上街道兩旁的屋簷上會懸掛著神燈、青簾，且舖墊飾花並豎起屏風，增添祭典的色彩。

其實，祇園祭的第一波高潮出現在7月10日下午四點半開始的「提燈迎神」大會，遊行隊伍從「八阪神社」出發，經過「四條通」、河原町通，直到四條大橋，然後汲取鴨川的「神水」清淨神輿，開始準備迎神。聽說在這個過程當中，如果沐浴神水的話，可以保身避邪。

第二波高潮是7月14、15、16日，長達三天的「宵山祭」。這個祭典可以說是祇園祭的最高潮，大大小小的花車、神輿紛紛出駕遊行。宵山祭結束之後，下一個高潮是7月17日的「山牟巡行」和「神幸祭」。7月24日是「花傘巡行」及「還幸祭」。於「八阪神社」獻舞，隨著三座神輿的出駕，神靈於晚上十點回歸「八阪神社」；隨後漸入尾聲，直至7月31日的「疫神社夏越祭」為止。

■時代祭

10月22日京都會在平安神宮舉行「時代祭」。這一天，遊行中展示「京都」定都後千餘年來流傳下來的風俗、習慣等，依時代變遷的順序，以遊行隊伍的方式再重現日本歷史，就如同觀賞一幅美麗的畫卷般。（魏裕梅，1994）

(四)其他特色祭典

1.元月15日青島神社裸祭：每年2月（大約是農曆的1月13日）在稻澤市國府宮神社會舉行被稱為「天下奇祭」的裸祭，慶典在嚴寒的冬季舉行，所有與祭者皆僅身著丁字褲，藉著潑水的儀式來將厄運除去，該祭典起源於奈良時代。

2.4月8日花祭：日本花道始祖嵯峨天皇會在每年春天舉辦「觀櫻之宴」，而形成日本的花見與花宴傳統，最奢華的花見排場，出現在一統天下的豐臣秀吉時代，當時結束戰國紛亂的豐臣秀吉，在京都醍醐寺舉行盛大的花見大會，他在預知死期不遠的情形下，藉著滿山櫻花奮力綻放、急遽散去的精彩，比喻自己的豐功偉業，也符合日本人對櫻花、生命的看法與期待。為了紀念這場空前絕後的花見大會，醍醐寺至今在每年4月的第二個星期日，舉行「太閤花見行列」，重現當年的盛況。

3.4月上旬御柱祭：是每六年才會舉行一次的祭典，也是信州非常雄壯的大祭典。祭典會從山上砍伐下大樹後，在諏訪大社上社與下社的社殿四周舉行立大樹的活動；另外還有活動是爬滿人的大樹從小山丘上滾下來的情景。

4.6月9日至16日山王祭：是江戶三大祭之一。在東京都千代田區永田町日枝神社舉行。與「神田祭」同為江戶（現在東京）的兩大祭典。後來這個祭典逐漸豪華、講究，增加了主辦者的負擔。為了減輕負擔，自1615年起，雙方商定兩大祭典隔年舉行，這兩大祭有天下祭或御用祭之稱，以前一般大眾不可以進入江戶城中，但是隨著「山車」（類似花車）的遊行隊伍則可以進入城內，在每年還是依照這個傳統隔年舉辦此活動。

七、韓國的傳統節慶

韓國各地有許多文化節慶活動，這些文化慶典活動在不同月份舉行，表現出大韓民族熱愛歌舞、熱情奔放。下面介紹其中的三個節慶。（韓國觀光公社，2014）

(一)珍島靈燈祭

舉行地點在全羅南道珍島郡，舉行時間約是7月20至22日；由於韓國春夏兩季，即4月份和7月份時，珍島海域就會發生罕見的大自然奇景，在大海的水中露出海底，形成一條長長的走道，其景觀類似聖經中描述的「摩西奇蹟」，故又稱「摩西奇景」。每當此現象發生時，居民們便舉行各種儀式，大肆祭拜，以祈求家人平安、漁穫豐富，這就是所謂的「靈燈祭」；除了祭祀活動外，還有「神秘的海路」以體驗海上遊行活動。

(二)青瓷文化祭

舉行地點在全羅南道康津郡，時間約是9月2日至7日；活動內容有青瓷窯祈願祭、青瓷村美食祝祭、實驗劇、茶文化巡禮、民俗遊戲活動、別神祭等，並安排青瓷製作活動讓遊客親手製造。

(三)傳統酒與糕餅節

3月30日，是韓國糕餅節的開鑼日子。韓國人認為，糕點可傳遞欣喜之情，不同時節如春節、中秋節、生日、孩子的百日、周歲、結婚、祭祀等都製作糕餅祈求平安；因而，傳統酒及糕餅已成為韓國人生活不可或缺的部分。（韓國觀光公社，2014）

韓國傳統酒和糕餅節，會展示韓國各種傳統名酒及糕餅之材料：如糯米、小米、高粱、梨、以大麥磨成粉後發酵而成的踩酒麴等釀酒原料、花煎糕（在圓型薄米粉餅上貼花瓣裝飾，如杜鵑花）、工具、製作過程、歷史及喝酒禮儀等。另外，韓國人吃糕餅，不是一味的乾啃，而是佐以甘醇的傳統酒。釀酒屬獨門秘方，所以每個地域、家庭釀出來的酒也各有風味，但總的來說，還是離不開果酒、藥酒、清酒、燒酒和米酒等五大類別。

慶州糕餅節節慶的會場往往扮演著傳統試飲場和酒類交流地，可品嚐多達三十多種的各地酒產，如慶州校洞的法酒、忠清南道韓山的素穀酒、慶尚北道安東的安東燒酒、全羅北道全州的梨薑酒等及地道糕餅等等，讓遊客不用四處跑，也可嚐盡朝鮮美酒。尤其是校洞的法酒，甘香醇郁，喝後齒頰留香，是遊客的必買之選。除了糕酒的風俗故事，會場還展示了製造工具、禮節桌的布置，以及赴宴的各式韓服。數十種的節氣糕餅、韓餅，皆有十分詳細的介紹，更有專人示範整餅，令人大開眼界，遊客更可親自體驗韓國傳統文化，如打年糕、切粘糕、猜酒名、擲骰子、蹺

蹺板等活動，透過這些活動，更深入認識韓國傳統文化及習俗。（韓國觀光公社，2014）

八、印度的傳統節慶

在印度，一年之中幾乎每一天都有某個角落正在舉行節慶慶典。印度主要有六個宗教的無數大小神祗、聖者、先知與長老等，每一個都必須祭奉、崇拜、酬謝，甚至就連只是追憶都可以演變成一個慶典。印度的節日實在太多了，官方認可的節慶假日每年就有一百二十多個，多數的節日不僅與宗教有關，更有著神話般的色彩，相當具特色的文化活動。

印度人舉行節慶，除了向神祇表達內心的崇敬與奉獻外，主要也是為了促進親朋好友之間的感情交流。以下謹就印度部分傳統節慶作介紹：（王瑤琴等著，2000；國家地理雜誌，2014）

1.好利節（Holi）：又稱色彩節或灑紅節，3月初月圓後的非特定日，印度全國會進入慶祝好利節的瘋狂氣氛中。好利節是個古老的傳統，更是一場色彩的慶典，不僅代表冬季結束，也頌讚正義戰勝邪惡；人們在這天蜂擁至街上，慶祝者會點燃篝火，男女老少彼此塗抹葛拉（Gulal，彩色粉末）或與相逢的人互相潑灑有色水，吃糖果，並隨著傳統民俗音樂跳舞。

2.穆哈蘭節（Muharram）：穆哈蘭節並不具有慶祝意味，而是在悼念遭到謀殺的先知之孫——依曼．胡塞（Imam Hussain）而舉行的。雖然有著哀傷的意味，紀念遊行本身則多采多姿而富戲劇性。不同信仰的民眾們都爭相一睹具有三百〇九年歷史的Tazia（陵墓的複製品）。這個精雕細琢、色彩鮮明的Tazias是以竹子與紙張複製這位殉道者的墓碑，並以金箔與雲母石裝飾，上方還有一個隨微風轉動的圓頂。人們舉著塔日阿荷斯與胡塞因的綠色阿蘭

（Alam），也就是綠色旗幟，穿梭於市區街道。

3.甘尼許（Ganesha Chaturth）：象頭人身的神祇「甘尼許」，是印度教的信運之神。每年8月至9月之間，印度各地都會舉行甘尼許節慶，其中最熱鬧的是印度西部的孟買。為了迎接這項節慶的到來，每個印度教家庭都會開始準備鮮花、油燈、甜食等供品。慶典期間，必須在祭典上供奉一座陶土製的象頭神像，除了在祭司的指導下進行普迦儀式外，每天都要虔誠地誦經祭祀。到了慶典第十天，信徒再度舉行祭拜儀式後，將神像帶到附近的河流浸浴，讓陶土神像溶入水中，代表神祇返回天庭。

4.九月節（Navrati）：九月節慶典為期九天，慶典期間人們把女神當成超凡母親來供奉。每日朝拜女神圖像，並陳述女神的卡莎士（Kathas，亦即故事）。在古吉拉特，婦女們圍著一盞陶燈，輕移蓮步，並以有節奏的擊掌跳著加巴舞（Garba）。而在南方，少女們則圍繞著一隻頂上裝飾著椰子，象徵女神的水罐輕歌曼舞。九月節結束後，女神像會被抬到河邊，並且沉浸入水中。

5.達瑟拉節（Dasara）：達瑟拉在九月節以後的第十天舉行，是為了慶祝羅摩（Rama）所舉辦的慶典。在印度史詩《羅摩耶那》（*Ramayana*）中，羅摩是毘濕奴的化身之一。羅摩有一位美麗的妻子叫做西坦（Sita），曾經被惡魔羅瓦納擄走，為了營救西坦，羅摩向猴神哈努曼、神鷹葛魯達求援，最後戰勝了羅瓦納，順利救回西坦。

6.排燈節（Diwali-Festival of Lights）：印度慶典一年中最重要的是迪瓦力（Diwali），又稱第帕瓦力（Deepavali），中文叫作排燈節、萬燈節、光明節或屠妖節，原意是光明的慶典，是在達瑟拉慶典二十九天後舉行，作為羅摩故事的延續。它是用來紀念一位英雄國王為了實踐他父親輕率的諾言，而自願放逐後重歸故里的事蹟。慶典裏閃爍的油燈（Divas），後來為蠟燭或是燈泡所取代，點燃於家家戶戶中，象徵著精神黑暗面的提昇，鞭炮則在嘈雜與輝煌中燃放。排燈節對於貿易商與作生意的人更是別具意義，有舊帳本結束，新生意上門的寓意；排燈節的慶典對於嶄新的開始有整體性的強調。

九、中東節慶

(一)伊斯蘭教

伊斯蘭國度嚴守穆罕默德之遺訓，回歷9月為齋月。每年齋月，回教徒實行禁食一個月，自破曉至日落不飲、不食、不吸煙。日落時鳴炮始可進食。齋期約為三十日，以見新月為準，用鳴炮方式宣告全國。齋期終了稱開齋節，即回歷10月1日。是日清晨，全城教徒齊赴郊區廣場舉行會禮，禮畢親友互相賀節，假期由五天至三週不等，與非回教國家之新年相似。

開齋節後七十日為犧牲節，又名忠孝節，即回歷12月10日左右，亦為回教的大節日。因為回教規定每人一生在可能範圍內，必須至麥加朝覲一次。朝覲之日期為回歷每年的12月8日至12日。這五天內回教徒們會聚居帳蓬，共同生活禮拜祈禱，履行宗教功課，場面雄偉，為任何其他宗教所不及。伊斯蘭教國度完全沉浸在宗教世界中，無論婚喪喜慶、食衣住行，全都必須遵守教規，全國節日也只有宗教節日。

另外，伊斯蘭國度全年的節日尚有元旦（回曆1月1日）、阿舒拉日、聖紀、承霄夜、拜拉特夜、入齋、蓋德爾夜、開齋節、朝覲、古爾邦節，所有這些節日全部與宗教有關係。其中聖紀、開齋節和古爾邦節是回教三大節日：(1)聖紀主要是紀念穆罕默德誕生；(2)古爾邦節則是為了紀念先知易卜拉欣執行真主的命令，向安拉獻祭自己的兒子一事，含有「犧牲」、「獻身」的意思；(3)開齋節則是每年齋月最後一天看月，見月後的次日即是開齋節；例如沙國每年在此節日，宰殺牧畜，舉行會禮，作為紀念。

(二)猶太教

猶太教的祭典，大都根據猶太歷（即太陰曆）而定。「住棚節」是猶太人三大節期（另外兩個為逾越節和七七節）之一，每年在這三大節期，猶太男丁會上示羅（希伯來聖經中的一座古代城市）守節。當年以色列人們在埃及受法老王苦待，逾越節時他們遵照摩西的指示，殺羊羔，抹血在門楣上，吃烤羊肉。當埃及全域發出死亡的哀號時，以色列家庭會抹血為別，在安靜中免去可怕的損失，以羔羊代替長子之死。另外，為感謝上帝幫助他們脫離埃及的統治，訂立了住棚節祭典。住棚節是唯一特別指定要歡樂的節日，節期從提斯利月（Tishrei）15日開始，這是第7月（大約是西曆9、10月間），剛好是收割季節的結束，因慶賀秋天收成，也稱為「收穫節」或「收藏節」。（維基百科，猶太教三大節期）

耶路撒冷城內的街道被劃分成：猶太教區、阿拉伯回教區、亞美尼亞教區、基督教區等四大區域，是六日戰爭前的光景，戰後沒有變動，各占此城市約四分之一的地界，這些地界叫做「夸脫」。宗教都崇拜一神，只是方式各有不同，遺留的傳習俗也不相同，回教禮拜在週五，猶太教安息日在週六，基督教與亞美尼亞教是守主日的。禮拜六是安息日，此時猶太人不做生意穿上黑色或金色教袍，齊集哭牆下面或各會堂中，敬拜耶和華。逢主日是基督教的日子，各教堂鐘聲大鳴。除此，他們穿上乾淨的禮服上回教奧瑪寺禮拜。

以下是猶太教常見的節日慶典：

1.逾越節：為尼散月（正月）14日，意指神的審判越過我們，是猶太教的三大節期之一。猶太人在初十預備羊羔，在正月將羊羔宰殺，

金頂清真寺（或稱圓頂清真寺）位在哭牆的左上方，是八角型的迴廊建築，牆的內側、外側均以黃、白、綠、藍四種顏色的磁磚裝飾，一直是耶路撒冷最著名的標誌之一。

血塗在門楣門框上，意義是說神拯救人民（避免被擊殺）。

2.無酵節：尼散月（正月）15日開始至第七日，將家中的酵除去，又稱「除酵節」。

3.初熟節：尼散月（正月）16日（逾越節後的安息日次日），將初熟之作物搖祭，那時正是大麥初熟的日子。

4.五旬節：初熟節後計起，七個安息日的次日，又稱為七七節，是在收穫季節之末，正好是小麥豐收的時節。

5.吹角節：提斯利月（7月）1日，吹角對以色列人的意義，是歡迎上帝的同在、宣告上帝的同在（見《出埃及記十九》），意思有點類似是神要召集祂的選民；另外，依據《聖經》記載，新年又稱作「吹角節」，這天演變成了猶太人的新年。

6.贖罪日：提斯利月（7月）10日，意在求得罪的赦免，是猶太人最重要的日子，大祭司會獻上贖罪祭，向神明祈求赦免，為全體贖罪。

7.住棚節：提斯利月（7月）15至22日，是一個歡樂的節日，將宗教與農業的意義合二為一，人們會在各處山上取樹枝搭棚居住七天，是神的榮耀值得歡樂慶祝。

第四節　西方節慶活動

西方國家的傳統節慶活動，除與宗教節日活動有關外，大多與藝術表演、歌劇演出或運動賽會等有關；無論是宮廷演出或民間藝術表演活動，在歐洲各國均經常可以看到。茲將各國或者重要城市具代表性的傳統節慶說明如下：

一、英國的傳統節慶

英國本土位於歐洲大陸西北面的不列顛群島，附近環繞北海、英吉利海峽、凱爾特海、愛爾蘭海和大西洋。英國除了英國本土之外，還有十四個海外屬地。聯合王國由四個區聯合而成，分別是英格蘭、蘇格蘭、威爾斯和北愛爾蘭。英國是世界上第一個君主立憲國家，在聯合王國最強盛時期稱其與海外殖民地為「大英帝國」，當時擁有全世界四分之一的領土，是有史以來面積最大的國家。大英帝國解體後，英國繼續在語言、文化、政治及法制上對其前殖民地保留有深遠的影響力。

英國是第一個工業化國家，在19世紀和20世紀早期曾是世界上最強大的國家，但是經過兩次世界大戰後，20世紀下半葉大英帝國崩潰，失去其在國際事務上曾有的絕對領導或影響力；只是，英國仍然是一個在世界上擁有一定影響力的國家，也就是說他仍扮演著舉足輕重的政治、軍事、經濟、文化、學術、科技與體育強國。就文化方面來說，英國同時是一個擁有超過兩千年歷史的國家，其間經歷了不同外來文化的入侵、融合，因而在英國的民俗文化中，尚保留不少來源和背景不同的節日。這些特別的日子，部分保留了基督教會的節慶（如耶誕節、萬聖節和復活節等會在「美國傳統節慶」一文中介紹），另外也有一些是異教的傳統；此外，也有一些是歷史事件發生後所遺留下來的紀念日。茲列舉如下：

(一)情人節

每年的2月14日是所謂的情人節（Valentine's Day）。現在這個節日已經成為了年輕人熱切期待的一天，讓他們有機會可以與心上人共渡良辰。事實是，這個日子原為教會中一個聖人的紀念日，紀念聖瓦倫丁（St. Valentine）。這位聖人據信是一位西元3世紀的人物，後來在羅馬殉道，因傳說聖瓦倫丁生前曾經極力協助一些有情人成眷屬，因而他的紀念日被後人用來作為所謂的「情人節」。

(二)薄煎餅日

薄煎餅日（Pancake Day）的真正名字是懺悔禮拜二（Shrove Tuesday），這一天其實是基督教會在「封齋期」（基督受難日前四十天）開始前一日。封齋期內一些虔誠的教徒會定期「守齋」，紀念耶穌基督的死。為此，古時人們會在懺悔禮拜二把家中的「美味」食物清除或用罄。由於以前雞蛋和糖、黃油都屬於較為難得的「佳味」，因此人們會利用這些原料製成薄煎餅享用，後來成為英國的一個傳統。

(三)聖大衛日

每年3月1日是紀念西元2世紀到威爾斯的傳教士大衛，也就是「聖大衛日」（St. David's Day）。按照基督教的傳統所述，由於聖大衛是威爾斯的「主保聖人」（意指人們認為他特別照顧威爾斯人）；這裏所紀念的是傳教的僧人大衛，並非是《聖經》中的大衛王。由於這一天是威爾斯的重要節日，不少公司都會放假；而在節日的前後幾天，如果在英國街頭上看到有人在衣襟上別有一朵黃色水仙花，那麼，這個人十之八九應該就是威爾斯人了。

(四)聖派翠克日

3月17日是愛爾蘭主保聖人聖派翠克（St. Patrick's Day）的紀念日。這天是愛爾蘭共和國、北愛爾蘭的假日，在英國乃至歐美其他地方的愛爾蘭裔人，都會熱烈慶祝這個紀念他們傳統中的主保聖人的日子。

聖派翠克是西元5世紀在英國西部或者蘇格蘭地區生活的一個人物。他在十六歲的時候遭歹徒俘虜，被賣到愛爾蘭作為奴隸，後來逃脫，並且到歐洲地區接受教育，成為傳教士。在西元5世紀初，聖派翠克回到愛爾蘭開始傳教工作，並在短短十年內在這個島嶼不少地方興建交通，成功鼓勵人們信奉基督教。傳說中，聖派翠克利用白花酢漿草（Shamrock）的三葉片來解釋基督教中的天主是「三位一體」的概念，時至今日，人們仍然以白花酢漿草的葉作為愛爾蘭的標記。

(五)神聖星期四

這是每年耶穌受難日前的最後一個星期四（即復活節前的星期四），就是所謂的「最後晚餐」那天，在英國稱為Maundy Thursday，是基督教（廣義）紀念耶穌基督最後的晚餐，為設立了聖餐禮、濯足服事（或稱洗腳禮）精神的重要日子。

在這一天，羅馬天主教內有教士、高級神職人員為信徒、初級教士濯足的儀式，仿效耶穌在這天為門徒濯足的做法。這一天另外一個最為人所熟知的傳統是英國君主會在這一天向一些經過挑選的窮人，或有需要的人發放金錢。當然，在英國這個實行社會福利制度的國家，這樣做主要是象徵意義；不過，英國君主仍然會向經過挑選的人發放銀幣，而這些銀幣雖然也是可流通貨幣，現多已成為收藏家渴求的珍品。

(六)愚人節

每年的4月1日是愚人節（April Fool's Day or All Fools' Day）。這個節日的確實來源已經不大清楚，其起源有各式各樣的傳說，例如：16世紀法國國王為了將原本4月1日的新年改為1月1日，而遭到保守派的反對和嘲弄，而有了反諷味道十足的「4月1日愚人節」；另有英國歷史學家的考證，記載於《不列顛百科全書》，指出「愚人節」為西元15世紀革命之後始出現的一個說謊節日，那時西班牙國王腓力二世曾經建立一個「異端裁判所」，只要不是天主教徒就會被視為異端，並規定在每年的4月1日處以極刑（死刑），臣民們於是每天以說謊取笑為樂，用來沖淡對統治者的恐懼與憎恨；其後沿用日久，演變為今日之「愚人節」。（維基百科，愚人節）

在這一天，人們可以盡情的愚弄周遭的人，不過都是一些無傷大雅的玩笑，雖然所有的玩笑都會在中午之前結束，不過最好還是在當天都保持警覺。無論如何，英國各地現在都有類似的習俗。

(七)聖喬治日

按照基督教會的傳統，4月23日是聖喬治的紀念日（St. George's Day）。這一天前後到英格蘭地區，你會看到教堂、酒館，甚或汽車外都會掛上有一個紅色十字的白色旗幟——聖喬治旗。每逢英格蘭足球隊出賽，或者凱旋而歸的時候，這面旗幟會大量的出現在球場內外。約從14世紀開始，聖喬治成為了英格蘭的守護（主保）聖人；在此之前，英格蘭的守護聖人是愛德華（St. Edward the Confessor）。據信聖喬治是羅馬帝國時代生活在近東地區的一位基督徒。他因為成功殺死一條遺害當地人的毒龍而深受愛戴。現在，在英國不少地方都可以看到一位身穿盔甲的騎馬武士屠龍的圖案，這就是聖喬治。

(八)仲夏夜

每年夏至是日最長、夜最短的日子（陽曆6月21日），而英國慶祝仲夏夜（Midsummer's Eve）都是在6月22日晚上，6月23日就是仲夏日（Midsummer's Day）。根據英國的傳說，人們會在這個晚上有奇異的經歷，可能進入魔幻世界。人類學家說，遠古時代生活在英國的人會在夏至當日由巫師（Druids）舉行儀式，迎接這個特別的日子。英國一些石器時代遺留下來的巨石建築據信與這種慶祝活動有關。位於倫敦西南面著名的巨石陣（Stonehenge），以及附近較巨石陣更大的埃夫伯利（Avebury Stone Circle）據稱就是例子。

(九)蓋伊・福克斯日

蓋伊・福克斯日（Guy Fawkes' Day）並不是什麼聖人紀念日，紀念的是1605年發生的一次陰謀。在當年，以蓋伊・福克斯為首的一群人密謀在英國議會底下安置炸藥，行刺信奉新教的詹姆斯一世，試圖恢復羅馬天主教徒在英國宗教改革過程中失去的權力。陰謀被揭露，密謀者被判處死刑，後來人們都在11月5日舉行活動慶祝此事。活動包括觀看煙火等。不過，包括英格蘭南部東薩塞克斯郡（East Sussex）的路易斯（Lewes）鎮，人們保持了幾百年來的傳統，在這個晚上手持火把，上街遊行，其中更有焚燒蓋伊・福克斯以及當年的羅馬天主教教皇假人的環節。

二、法國的傳統節慶

我們常說美國是種族的大熔爐，其實法國的種族融合早在紀元前就已經開始，而且對各民族的文化採取積極的態度加以保護；由於地大物博，除了全國性的慶祝節日外，法國各地區尚保有屬於自己的風俗節慶。

法國位於歐洲西部，在路易王朝時期建立起非常多華麗的皇宮與行館，也曾孕育出許多偉大的藝術家，並留下永恆不朽的創作；即使到了今日，法國人浪漫的個性、對藝術與美的追求仍領導世界的潮流，巴黎不僅成為全球時尚之都，也被譽為最浪漫的都市。法國傳統的節慶除了展覽與藝文活動外，最令全球矚目的就是有百年歷史的「環法自行車賽」。

環法自行車賽（Tour of France or Tour de France）是公路自行車運動界中的年度大賽，也可說是目前最受重視的多階段自行車公路賽，累計總長度超過三千公里。從1903年起開始，除被兩次世界大戰中止外，每年夏季7月均會舉辦，每次賽期二十三天。完整賽程每年不一，但大都環繞法國一周，緊接著會在環西班牙賽與環義大利賽之後，成為夏季自行車賽的高潮而結束，這三個是最主要的分段公路自由車賽。

環法自行車賽通常會有二十二個職業車隊參加比賽，每個車隊有九名車手參加比賽。冠軍有賽段冠軍和總冠軍，也有個人冠軍和團體冠軍，並設有總成績排名（按比賽時間計算）、積分排名、年輕車手排名等等。總成績領先的車手穿黃色領騎衫，衝刺積分領先者穿綠色領騎衫，爬坡成績最佳者穿紅白斑點領騎衫，首次參加環法大賽成績最好的車手穿白色領騎衫。獎金共設一億法郎，其中個人總成績冠軍獲得獎金最多，可獲得十五萬法郎。環法賽是世界影響最廣、規模最大，比賽水準最高的自行車比賽。

表4-3是法國旅遊發展署所列舉的2014年度重要節慶活動（各年度的活動多大同小異）如下：

表4-3 2014年度法國重要節慶活動

自2013年9月12日至2014年1月5日	里昂國際雙年舞蹈節（偶數年）與當代藝術雙年展（奇數年）交替舉行，均為里昂雙年展管理團隊所規劃執行。里昂當代藝術展的三大盛事使其成為法國當代藝術界不可或缺的重大活動，包括：國際展覽會（la grande exposition internationale）、Veduta共同存在計畫（即藝術家與當地居民共同居住，感受藝術，聯合創作），另外還有及街一百多個視覺及表演藝術專案的共鳴（Résonance）項目。
2014年1月18日至19日	佩里戈爾地區（Périgord）黑松露為佩里戈爾美食，而莎拉小鎮就在佩里戈爾地區。在莎拉小鎮，人們非常推崇黑松露，因此每年都會在1月中舉辦松露節，慶祝松露季。
2014年1月11日至22日	薩瓦白朗峰長征之旅，為全世界最高難度的國際雪橇犬大賽。
2014年1月21日至24日	夏黛爾國際美食節，星級之雪（Neiges Etoilées）活動是一項以烹飪比賽為主的大型美食活動。
2014年3月21日至24日	每年巴黎書香博覽會不僅聚集了書籍愛好者，也是一年一度編輯們的盛大聚會。
2014年3月15日4月5日	Europajazz歐陸爵士音樂節，目前每季舉辦超過一百十一場音樂會，橫跨六省，二地區，三十個城市與五十座舞臺。
2014年4月6日	巴黎馬拉松比賽，與紐約、倫敦、柏林以及芝加哥的馬拉松賽事並稱世界最重要的五大馬拉松賽事。
2014年5月8日至18日	南特國際花卉展。
2014年3月7日至2015年1月4日	一場名為「克利姆特與維也納，一個世紀的金色與色彩」的多媒體表演於普羅旺斯地區萊博展出，由數千幅數位藝術作品影像構成，它們被投映在這些古老的採石場的各個表面，並伴隨音樂節奏而變化。借由古斯塔夫．克利姆特與其同時代的畫家，以及那些賦予其靈感的畫家們豐富而且色彩明亮的作品中，遊客遊走其中，穿行於一百年的維也納繪畫當中。

資料來源：整理自中國—法國旅遊發展署官方網站。年度活動，http://cn.rendezvousenfrance.com/ zh-hant。

另外，2014年為法國的紀念旅遊年，尚有不容錯過的大型活動如下（中國—法國旅遊發展署官方網站）：

1.2014法國紀念旅遊年：2014年法國置身於兩場大型紀念活動的中心：第一次世界大戰百年紀念（Centenaire de la Première Guerre mondiale），諾曼地登陸及戰役七十周年（70e Anniversaire du Débarquement et de la Bataille de Normandie）。

2.布列塔尼的安娜（Anne de Bretagne）去世五百周年紀念活動：盧瓦爾河城堡群（Châteaux de la Loire）會向這位堪稱法國最具影響力之一的王后致敬。

3.圖盧茲—洛特雷克（Toulouse-Lautrec）一百五十周年誕辰慶祝活動。

4.巴黎動物園重新開放（Réouverture du Parc Zoologique de Paris）：2014年4月12日巴黎動物園（Parc Zoologique de Paris）的新區域將用於展示生物多樣性，展示生活在它們原來生態系統中的動物。

5.蘇拉熱美術館的開放：5月24日蘇拉熱美術館於羅德茲開放（Ouverture du Musée Soulages à Rodez），這座美術館是探訪國際現代及當代創作的未來參考平臺，展覽如蘇拉熱等藝術家的作品及資料。

6.巴黎（Paris）的畢卡索美術館（Musée Picasso）重新開放：2014年6月畢卡索美術館在閉館近五年之後重新開放。建於17世紀並且經過徹底重新裝修的薩萊私人公館（Hôtel Salé）屆時將向參觀者全面開放。

7.小王子遊樂園阿爾薩斯區的開放（Ouverture du Parc du Petit Prince en Alsace）：小王子遊樂園為全世界第一個空中遊樂園，這座用於展示著名的小王子世界的遊樂園將開在法國東部阿爾薩斯（Alsace）南邊的小城溫格斯漢（Ungersheim）。

8.世界馬術運動會的舉行：每四年舉辦一次的世界馬術運動會，於2014年8月23日至9月7日在諾曼第地區舉辦（Jeux Equestres Mondiaux en Normandie），它堪稱是世界最重要的馬術盛會。

9.「瑪雅，三千年的文明」的舉辦：2014年9月30日至2015年2月8日會在巴黎（Paris）舉辦「瑪雅，三千年的文明」（“Mayas, 3000 ans de civilisations"）展覽。這個展覽薈萃來自墨西哥及中美洲各個文化機構的一百多件作品。

10.路易威登基金會的開放：2014年9至10月路易威登基金會（Fondation Louis Vuitton）在巴黎開放。這個基金會堪稱是巴黎西部的全新藝術和文化中心，它展覽一批當代藝術藏品，並不定期組織臨時展覽。

11.「妮基・德・桑法勒」展覽：巴黎的大宮（Grand Palais）國家展覽館於2014年10月8日至2015年1月18日為這位法國雕塑師、畫家和電影導演，舉行了為期三個月的「妮基・德・桑法勒」（"Niki de Saint Phalle"）大型回顧展覽。這位非同一般的女藝術家以名為「娜娜」（Nanas，法語中女人的俗稱）的造型性感及色彩亮麗的女性雕塑而著稱。

12.第十屆朗姆酒之路帆船賽（10ème édition de la Route du Rhum）：2014年10月25日至11月2日所舉辦的這項聞名的穿越大西洋帆船賽，每四年舉辦一次，此次將從傳奇的海盜城市聖馬婁（Saint-Malo）出發，抵達瓜德魯普（Guadeloupe）的彼得爾角城（Pointe-à-Pitre）。

13.「傑夫・昆斯」展覽：2014年11月26日至2015年4月27日於巴黎舉辦的當代藝術家「傑夫・昆斯」（"Jeff Koons"）展覽，為龐畢度中心（Centre Pompidou）為其作品所舉辦的歐洲第一個重要回顧展。

三、德國的傳統節慶

德國位於歐洲西部，東鄰波蘭、捷克，南接奧地利、瑞士，西接荷蘭、比利時、盧森堡、法國，北與丹麥相連並鄰北海和波羅的海與北歐國家隔海相望。德國是世界第四大經濟體，為高度發達的工業國家，經濟實力居歐洲首位。1990年10月3日，冷戰以來分裂了四十一年的德國再次統一，這一天也就被確定為德國的國慶日。德國的法定節日如下：

1. 1月1日：元旦（Neujahr）。
2. 3月最後一個星期五：聖星期五（Kzrfreitag，可變動節日）。
3. 3月最後一個星期日：復活節（Ostern，可變動節日）。
4. 5月1日：五一節（Maifeiertag）。
5. 5月8日：基督升天節（Christi Himmelfahrt，可變動節日）。
6. 10月3日：德國統一日（Maria der Deutschn Elnhelt）。
7. 11月20日：贖罪日（Busstag，可變動節日）。
8. 12月25、26日：耶誕節（Weihnacht-Stag，自24日下午開始休息）。

德國許多民間節日都是重大活動，從世界知名的民間節日慕尼黑（München）啤酒節（Oktoberfest），到全球最大的漢諾威（Hannover）射擊比賽（Schützenfest），再到業內盛讚的葡萄酒節—香腸集市（Dürkheimer Wurstmarkt）。每年在德國大約會慶祝三百萬個活動，以下為德國其他一年中較具特色的節日。（德國國家旅遊局官方網站）

(一)「狂歡節」嘉年華

「狂歡節」嘉年華（“Fasching” Karneval）活動從11月11日開始，是一種古老的風俗習慣，象徵著德國農民驅逐嚴冬、迎來春天的風俗習慣。活動主要盛行於德國萊茵地區和天主教徒聚居的地區。狂歡節在德國是僅次於聖誕節的重要節日，在節日期間會有大型的遊行和慶祝活動，主要舉辦地是美因茲、科隆、杜塞爾多夫和波恩。

德國南部舉辦傳統的阿雷曼人狂歡節（Fasnet），是當地民眾的「第五季」，從11月11日開始，到聖灰星期三（Aschermittwoch）結束；至於狂歡活動的高潮則是從「骯髒的星期四」（Schmutziger Donnerstag）到聖灰星期三，活動持續一週。「玫瑰星期一」（Rosenmontag）是整個活動的高潮，代表狂歡節中最大的遊行正式開始，在這一天人們身著奇裝異服或傳統服飾，頭戴各式面具，走上街頭，加入到遊行隊伍中。

(二)教堂落成典禮紀念日

德國每年自春天至秋天都會舉辦許多的民間節日，持續時間通常為一個週末或是整整一週，地點通常會在慶祝場所或市中心舉行。這些節日的活動內容包括遊藝靶場、射擊棚、旋轉木馬、雲霄飛車、觀光大轉輪及幽靈列車等等；至於露天舞臺或節日帳篷則經常舉行現場音樂會。教堂落成典禮紀念日（Kirchweih）起源於基督教教堂落成典禮之際舉行的宗教節日。在德國鄉村地區，教堂落成典禮紀念日仍是一個重要的鄉村傳統，每當此時人們就會舉行節日遊行，並由當地的年輕人架起教堂落成典禮紀念樹（Kirchweihbaum）。

(三)葡萄酒節

每年的5月至11月是德國的葡萄酒節，舉凡葡萄種植區裏的許多地方都會舉行葡萄酒與葡萄農節。德國有十三個葡萄種植區，其文化和傳統各不相同，產出的葡萄也是品種繁多，特別是在萊茵河畔、摩澤爾河畔、巴登地區、普法爾茨地區和萊因河畔等區。例如博帕德市（Boppard）每年秋天的博帕德葡萄酒節（Bopparder Weinfest）；又如萊茵河畔聯合國教科文組織世界文化遺產中舉世聞名的葡萄園——呂德斯海姆葡萄酒節，每年8月份的第三個週末，最頂級的雷司令（Riesling）和黑皮諾葡萄酒（Spätburgunder）相繼在這裏登場亮相；以及大教堂周邊的弗萊堡（Freiburgs）葡萄酒節、奧芬柏格的奧滕瑙（Ortenau）葡萄酒節、弗里堡葡萄農節（Winzerfest，德國中部最大的葡萄酒節）、戴德斯海姆葡萄酒宴（Deidesheimer Weinkerwe）等等。

德國每年的葡萄酒節活動裏，通常葡萄農合作社和葡萄園主會在一些公共場所架起貨攤，零售自家釀造的葡萄酒，此外也會賣一些地方特產，通常人們還會舉辦現場音樂會，許多地方還會舉辦推選葡萄酒女王（Weinkönigin）之類的活動，為活動點綴色彩。

(四)十月節

十月節（Oktoberfest）是德國最著名的民間節日，又稱「慕尼黑啤酒節」（Münchner Oktoberfest），每年於9月末到10月初在德國的慕尼黑舉行，持續兩週，到10月的第一個星期天為止。這個宛如嘉年華會般的慕尼黑啤酒節一直被趣談為「酒鬼的慶典」，每年在特蕾西亞草坪（Theresienwiese）舉辦，會有六百多萬的遊客湧入。

許多當地人紛紛身著傳統民族服裝參加10月啤酒節，人們一邊喝著大杯的啤酒，一邊啃著豬肉香腸和“8”字形的麵包，引吭高歌，手舞足蹈，呈現著歡樂豪爽的氣氛；此外，在寬廣的慶祝會場則臨時搭起了旋轉木馬和雲霄飛車，各種各樣的表演活動隨處可見。慶祝活動還包括東道主店家和啤酒廠的入場遊行、古裝與樂隊遊行，以及所有小型樂隊的音樂會。

(五)聖誕市場

德國的聖誕市場每年從11月底開始至耶誕節。德國有一百五十多個美麗的聖誕市場，許多城市都會舉行這個預示著耶誕節來臨的聖誕集市（Weihnachtsmarkt），例如埃森（Essen）的聖誕市場、萊比錫（Leipzig）的聖誕市場、柏林的聖誕市場、慕尼克聖嬰市場（Münchner Christkindlmarkt）等等，其中最著名的是紐倫堡的聖嬰集市（Nürnberger Christkindlesmarkt）和德雷斯頓的聖誕果脯蛋糕集市（Dresdner Striezelmarkt）。

德國的聖誕市場就如一場感官的盛宴，充滿了節日彩燈、聖誕音樂，以及芳香美味的聖誕美食。人們可以在集市的貨攤上採購聖誕裝飾品、蠟燭、首飾、玩具等很多東西。商販們還會出售溫熱的葡萄酒、香料麵包、蜂蜜果脯餅（Lebkuchen）、栗子和糖炒杏仁等特產。

四、義大利—威尼斯的傳統節慶

威尼斯是一個嘉年華城市，不論貴為公卿或是社會上任何階級職業，只要戴上面具就一律平等。這個城市除了在文藝復興時期占有相當重要的地位，如今也是全球著名旅遊城市。

「威尼斯嘉年華」（Carnevale di Venezia）是義大利最負盛名的節慶活動，它融合了歷史、生活習俗及宗教文化，其華麗排場令人嘆為觀止，於每年2月在威尼斯盛大登場，各式面具、復古服裝可說是爭奇鬥艷，重現中古世紀的風情，散發出民俗節慶的超凡魅力。其歷史可追溯自1162年，威尼斯共和國為慶祝打敗鄰近城邦烏爾瑞科（Ulrico），人民連續幾天群聚街頭、歌舞狂歡、通宵達旦，為了想依照宗教曆法把民眾狂歡習俗時間固定下來，13世紀時以「嘉年華」名義，訂在每年復活節四旬齋（Quaresima）之前舉行，為期約十二天。（張伯順，2009）

威尼斯嘉年華的最大特色就是面具，其融合了服飾裝扮之美，在精神面象徵自由開放、社會融合，為了打破傳統威尼斯社會階級意識中，封建貴族和農奴地位壁壘分明，人們在短暫幾天的嘉年華期間，無論男女皆戴面具喬裝出門，隱藏真實身分，打破貴族與平民的藩籬，不分貧富貴賤，大家盡情狂歡，自由享樂。（張伯順，2009）義大利官方對於這個最重要的觀光收入來源可說是卯足了勁，不僅每年都訂有不同主題，面具嘉年華從2月開始便安排有一連串的活動，除了有面具、雜耍、舞會、音樂會之外，還有城市尋寶遊戲。

表4-4是威尼斯其它節慶活動：

表4-4　威尼斯節慶活動一覽表

時間	活動內容
2月	威尼斯嘉年華面具節，開始一連串的慶祝活動。
3月	音樂季開始。
4月25日	「聖馬可節」是為紀念威尼斯守護聖徒馬可而舉行，地點在聖馬可大教堂，活動內容有彌撒，還有男士要送浪漫的紅玫瑰給妻子或情人，在這一天也會舉行長途划船比賽。
5月	「海婚節」（於主日節後的第一個星期日舉行）象徵威尼斯與大海共定盟約。儀式結束的七天後緊接著就是貢多拉船賽、長途划船賽，及舉行投擲戒指的儀式。
6月	雙年展（奇數年才舉辦）。
7月上旬	慕拉諾賽船。
7月第三週	救世主節（第三週）節日當天所有船隻會橫跨究玳卡運河，藉以表示感謝威尼斯遠離黑死病的威脅，此外還有煙火施放的活動。
8月	威尼斯賽船。
8月下旬	威尼斯影展。
9月	歷史性賽船節（第一個星期日）是威尼斯最精緻的賽船盛事。比賽開始前有大運河遊行活動，帶隊船上的人員都穿著威尼斯的傳統服裝。遊行結束後隨即舉行貢多拉船賽。
11月	安康節也有舉行遊行活動，路線是從大運河一路到安康教堂。此節日是為了慶祝威尼斯脫離黑死病的威脅。
11月	歌劇季開始。
12月	聖馬可大教堂與聖殤堂會舉行耶誕節音樂會。

五、西班牙的傳統節慶

西班牙民族一年當中總會有各種慶典活動在不同的時間和地點舉行，使遊客們在瞭解西班牙人的日常生活之後，還能找到親眼目睹這些壯觀的狂歡場面的機會。西班牙的慶典場面壯觀，充滿歡樂的氣氛，極具想像力，例如面具（化妝）狂歡節、三王（朝聖遊行）節、聖週，乃至於最為全世界所矚目的西班牙奔牛節等。（如**表4-5**）每逢重大節日到來之

表4-5　西班牙傳統節慶一覽表

時間	活動內容
2月	狂歡節（El Carnaval，又稱「嘉年華會」）西班牙一年當中的第一個重大節日，各式各樣的面具、小丑用紙板製成的巨人、怪物和惡魔都是慶典的主角。
3月	法雅節（火祭、火節），火與火藥是這個慶典的主角。瓦倫西亞舉辦傳統的聖約瑟節──「火祭」，除了紀念木工守護者聖約瑟外，還有在春天除舊布新的意味。這一舉世聞名的盛事集中展現人們的全部靈感、創造力和激情，創造出各式各樣旳紙板模型，最後燒毀那些精心製作的紙板模型，火祭活動達到最高潮。
3月底至4月	聖週（Samana Santa，復活節前一週）是西班牙最重要宗教節日之一，依然沿襲著過去的悠久傳統。塞維亞、巴亞多利德、薩莫拉、穆爾西亞和昆卡等地盛大的教友會遊行和美麗的彩車表演最為出名。
4月	四月節（Feria de Abril）為西班牙最為古老和著名的節日之一。聖週過後的兩個星期，四月節便會正式拉開序幕，為期一週的四月節具有濃厚的地方民間色彩和喜慶的歡樂氣氛。 西班牙全國的朝聖廟會或野外慶典不計其數，其中在托雷多市的節日慶典上，眾多的教友會將伴隨壯觀而又莊嚴的遊行隊伍緩緩前進。
6月	聖胡安節（聖胡安仲夏節）是西班牙仲夏最熱鬧的節日之一，當天各地會紛紛舉辦狂歡晚會。其中，索里亞省（San San Pedro Manrique）城舉辦的“paso del fugo”（跨越篝火或在火堆之間奔跑）和梅諾爾卡島（Menorca，巴利阿里群島中的一個島嶼）Ciutadella市舉辦的“Caragols”馬術表演最具特色。
7月	在7月份舉辦的眾多節日慶典中當屬潘普洛納的聖費爾明節（San Fermin），即著名的「西班牙奔牛節」最為有名，那種萬眾參與的火爆場面可說是最為世人所熟知的節慶。
8月	每年8月西班牙會有一場神秘劇上演，是一宗教節日，也是一項聞名全國的慶典活動，即“Misteri d’ Elx”（《埃爾切神秘劇》，是一種宣傳宗教的戲劇）再現聖母瑪莉亞升天的場景。
12月	聖誕節的來臨代表著全年節日活動已臨近尾聲。西班牙賦予了聖誕節獨特的慶祝方式，以「主題節」（Reyes Magos）紀念耶穌降生時從東方前來朝聖的三位智者的節日，此時各大城鎮會有傳統的基督降生模型，並且舉辦遊行慶典，具有相當濃厚的西班牙特色。

際，不管是積極的參與者，還是旁觀者都會深深的沉浸在每一個節日的喜慶氣氛之中。

六、匈牙利的藝術節慶

匈牙利是一個位於歐洲中部的內陸國家，與奧地利、斯洛伐克、烏克蘭、羅馬尼亞、塞爾維亞、克羅地亞和斯洛維尼亞接壤，因其位在歐洲的正中心，交通網四通八達。多瑙河將國土分為兩部，水資源非常豐富，有很多溫泉聞名全世界，至少有三分之二的領土適合開發溫泉或冷泉。匈牙利的首都布達佩斯有多瑙河上的明珠之稱。

匈牙利的每一季都有特別的節目，春季有春季文化節、布達佩斯文化節；夏季有歌劇節、一級方程式賽車大賽、露天劇場，城堡區則有中古世紀武術競賽；秋季有葡萄美酒節；冬季則有古典音樂會舉辦。談到音樂，匈牙利對民謠音樂的世界有著相當多的貢獻，包含流行音樂及古典音樂。匈牙利民謠音樂同時也是匈牙利人自我認同中相當重要的支柱與象徵，也在鄰近地區扮演著舉足輕重的角色。（匈牙利貿易辦事處，2014）

匈牙利每年、每季都有大大小小的特別的節目，最重要的節慶活動介紹如**表4-6**：

表4-6　匈牙利藝術節慶一覽表

時間	活動內容
春季	1.新年音樂會（New Year's Concert）：為匈牙利每年的傳統。布達佩斯（Budapest）「新年音樂會」會在佩斯（Vigado）音樂廳舉辦，為新的一年揭開序幕。 2.布達佩斯春季藝術節（Budapest Spring Festival）：為一年一度匈牙利最有名和最大的藝術節慶，有音樂、歌劇、舞蹈、古典與現代音樂、電影欣賞等多種的表演藝術。 3.面具嘉年華會（Buso Parade）：在莫哈其（Mohacs，位於外多瑙河南境與南斯拉德布勒森夫交界處）舉辦，為匈牙利最大的嘉年華會，活動源

（續）表4-6　匈牙利藝術節慶一覽表

時間	活動內容
春季	自塞爾維亞，參加遊行的人都戴著柳木刻成的面具，面具上漆著鮮明的色彩，手持響板和搖鈴在匈牙利南部莫哈其鎮的大街上一路遊行到廣場，用聲響趕走冬天，以表示送走嚴冬，迎接春天到來。 4.霍羅克復活節慶（Holloko Easter Festival）：在霍羅克（Holloko）舉辦。距離布達佩斯一百公里處帕羅次（Paloc）的霍羅克坡是民間傳奇的故鄉，那裏有豐富的民俗傳統，被聯合國列為世界遺產，是一民族文化保護區。每年的復活節節日，被列為遺產的小村莊，老老少少都會穿著鮮豔的民族傳統服飾重現古老的民俗傳統。
夏季	1.巴拉頓藝術節（Balaton Festival）：當5月的巴拉頓湖逐漸恢復生氣，這個初夏的巴拉頓音樂節在巴拉頓湖旁的開斯特黑展開，一連串的古典音樂會、街頭戲劇節目等為將到來的巴拉頓盛夏增添熱鬧氣氛。 2.聖坦德夏日戲劇節（Szentendre Summer- Szentendre Theatrum）：在純樸的聖坦德（Szentendre）小鎮舉行戲劇、歌劇、音樂會、展覽、歷史性舞蹈表演等諸多戲劇節目。 3.威斯普林夏日藝術節（Veszprem Summer Festival）：威斯普林夏日藝術節也是以藝術的方式呈現匈牙利的文化傳承，會舉辦民間藝術、音樂會、戲劇演出、音樂公園活動及美食展等節目。 4.艾斯特根城堡夏日戲劇節（Esztergom Castle Theatre-Summer Festival）：在夏季週末的古老的艾斯特根城堡配合著城堡的場景和氣氛，有歷史性的舞臺劇、荒誕劇和音樂喜劇、歌劇等演出。 5.世界音樂節（World Music Festival）：布達佩斯會邀請從世界各地來的一些樂團，將自己國家的民族音樂與當代音樂結合，在這個音樂節裏通常可以看到各國的樂團所帶來的一些奇特的民族樂器。 6.塞格德戶外藝術節（Szeged Open-Air Festival）：每年的6到8月間，在匈牙利南邊的文化重鎮賽格德的大教堂前，會有以天空星斗為幕的露天歌劇院，節目有古典戲劇、現代舞臺劇、芭蕾舞劇等等的演出。 7.維塞格拉得國際皇宮節（Visegrad International Palace Festival）：這個節日有古代的武術比賽及民族藝術市場等活動，重現中世紀偉大的匈牙利國王時代。 8.國際巴爾托克節（International Bartok Festival and Seminar）：創作樂、電子音樂、打擊樂、鍵盤樂、弦樂等各種曲風的音樂在巴爾托克節中都有演出。 9.一級方程式巡迴賽匈牙利站（Formula one World Series-Budapest Grand Prix）：每年夏日世界頂尖賽車好手在匈牙利比賽，在將近二十萬民眾面前表演絕佳賽車技巧。

（續）表4-6　匈牙利藝術節慶一覽表

時間	活動內容
夏季	10.布達佩斯夏日歌劇及芭蕾節（Budapest Summer Opera and Ballet Festival）。 11.島節（Island Festival）：布達佩斯市中心多瑙河上的Hajogyar島每年夏天會成為都市中的都市，這個活動是歐洲最大的青年文化活動之一，在三十個不同的舞臺上呈現超過六百種的表演，演出包括著名的匈牙利及國際明星、演員、樂團演奏現代音樂，令年輕人痴狂。
秋季	1.卡羅洽紅椒豐收節（Kalocsa Paprika Days- Paprika Harvest）：匈牙利南方的卡羅洽有兩個著名的產品——紅椒和刺繡。這個活動重現卡羅洽市與紅椒有關的民族藝術傳統和豐富的展覽、音樂會、武術表演及美食展等活動。 2.恰巴香腸節（Csaba Sausage Festival）：每年有超過一百個隊伍報名香腸大賽，除了製作香腸之外，另外還有一系列的文化活動、恰巴市法官的選舉儀式、食品工業展、烹飪比賽及葡萄酒展等豐富活動。 3.布達佩斯秋季藝術節（Budapest Autumn Festival）。
冬季	除夕舞會（New Year's Eve Ball in the Opera House）：匈牙利每年的除夕舞會在歐洲最美之一的建築物——布達佩斯歌劇院舉辦，是已有十多年歷史的高水準社交文化活動。

資料來源：整理自匈牙利貿易辦事處。http://www.hungary.org.tw/chinese/utazas/utazas_touristinfo-festival.htm。

七、捷克的節慶活動

捷克共和國（簡稱捷克）為中歐地區的內陸國家，前身為捷克斯洛伐克，於1993年與斯洛伐克和平地分離。分別與北方的波蘭、西北方的德國、南方的奧地利，與東南方的斯洛伐克為鄰。今日的捷克主要包含了過去奧匈帝國時代波希米亞與摩拉維亞這兩個傳統省份，與一小部分的西里西亞的土地範圍。首都與最大城市為布拉格，橫跨伏爾塔瓦河兩岸，風景秀麗。

布拉格是一座歐洲歷史名城，城堡始建於公元9世紀，也是一座著名的旅遊城市，市內擁有為數眾多的各個歷史時期、各種風格的建築，是歐洲最美麗的城市之一。1992年，被聯合國教科文組織列入世界文化遺產名單。布拉格同時也是歐洲的文化重鎮之一，歷史上的音樂、文學等諸多領域眾多傑出人物皆出自於此，如作曲家沃爾夫岡・莫扎特等，與作家弗蘭茲・卡夫卡、米蘭・昆德拉等等，均在該城進行創作活動，一直到現今布拉格仍保持了濃郁的文化氣氛，擁有眾多的歌劇院、音樂廳、博物館、美術館、圖書館、電影院等文化機構，以及層出不窮的年度文化活動。

布拉格之春國際音樂節（Pague Spring International Music Festival），由5月12日開始，歷時三週，自1946年創辦至今，節慶期間國際知名的東歐指揮家、聲樂家、管絃樂團、室內樂團以及歌劇表演團體都會前來參與演出，是東歐音樂界最盛大的活動。

此外，5月份在捷克各地均有豐富的藝文節慶活動，包括：國際兒童影展（International Children's Film Festival）、德佛札克音樂節（dvorak music festival）、花神節（Flora Olomouc）等，均有著第一流的文化歷史表演及展覽。

八、美國的傳統節慶

美國在歷史的發展過程中，除受西方宗教影響外，不同的區域也因受到當地移民的影響衍生出各具特色的節慶活動，例如：深受非洲移民影響而創造出的南方爵士風，或者是靠近墨西哥地區呈現的西班牙或拉丁文化，而在美西大都會地區則有亞裔所帶來的亞洲各國傳統節慶等。以下就整體而言，將重要的節日羅列如**表4-7**：

表4-7　美國的節慶活動一覽表

時間	活動內容
過年（除夕）	在紐約時報廣場，除夕夜裏會有許多人在一起辭歲，當新年的鐘聲響起，大家互道："Happy New Year"，全國民眾透過電視一起迎新送舊。因美國幅員涵蓋四個時區，所以由東岸至西岸輪流跨年。
元月的第三個星期一	即馬丁路得紀念日（Martin Luther King, JR's Birthday）。南北戰爭結束後，雖然黑奴解放了，社會上卻仍充滿許多種族上的不平等情形，因而在1950年代中期，黑人開始有了要求與白人有平等的權利。1964年，三十五歲的馬丁博士得到諾貝爾和平獎。他除了關心黑人的隔離與歧視問題外，也關心其他種族的貧窮問題。他在1968年不幸遭到暗殺，死後全美許多街道、建築物、學校都以他的名字命名。馬丁路得的生日（元月的第三個星期一），也成為國定假日。
2月14日	傳說第三世紀時，羅馬有一聖徒Saint Valentine為人慈善，經常救助貧困不幸者，他非常喜愛小孩，到年老體衰不能與小孩們玩時，還常常寫信對他們表示關懷，並且送禮物給他們，這個傳說後來演變成青年男女在Saint Valentine的紀念日2月14日時，寫情書或互送卡片、禮物等傳遞愛的活動。
3月17日	紀念愛爾蘭的守護神聖・派翠克（St. Patrick）的忌日，又稱聖派翠克節（St. Patrick's Festival）。聖・派翠克原是羅馬人，十六歲時被海盜抓去愛爾蘭作奴隸，六年之後逃脫至法國讀宗教，繼而成為修道士。最後他回到愛爾蘭創辦了三百間教會。他以酢漿草解釋三位一體（父、子、聖靈的結合），愛爾蘭裔美國人在這天會以綠色及酢漿草形狀為服飾，參加遊行、舉辦餐會、上教堂，有時甚至連芝加哥河都染成綠色。
3月底	復活節（Easter Sunday）：復活節之名是由盎格魯薩克遜的春天女神伊斯特爾（Eastre）而來，人們每年在春分時節都會為春天女神舉辦慶典，而新教徒移民將在破曉時舉行宗教集會的習俗帶進美國——基督教徒為紀念耶穌辭世的星期五（即耶穌受難日，Good Friday），及耶穌復活的星期天（復活節）——，稱為「日出儀式」。相傳在復活節的這一天兔子會帶彩蛋給乖巧的小孩，故許多美國社區組織會舉辦尋找復活節彩蛋的比賽，找到最多蛋的孩子可以獲得獎品。
5月與6月	母親節（Mother's Day）——5月的第二個星期天，及父親節（Father's Day）——6月的第三個星期天，是感性的節日，也是為人子女者在這天表達對雙親的愛意與謝意的日子。

（續）表4-7　美國的節慶活動一覽表

時間	活動內容
5月最後一個星期一	在5月的最後一個星期一，是美國的國定假日。原為紀念南北戰爭陣亡的將士，現在則是作為紀念所有為國捐軀的軍人，這一天軍人公墓都會以花和國旗裝飾。
6月14日	每年的6月14日全美各地公共建築物都會懸掛國旗，並舉行愛國慶祝活動。美國國旗俗稱「星條旗」，有紅、白、藍三色，紅色代表勇氣、白色代表自由、藍色代表忠誠。美國國旗制訂於1777年6月14日，由Betsy Ross女士縫製第一面國旗，當時只有十三顆星星，現在美國有五十州，所以有五十顆星星。美國學生要對國旗背誦「忠誠誓言」，背誦誓言時要將右手置於心上表示對國旗及國家的熱愛。美國的國歌名為《星條旗》，也是對國旗的頌揚。
7月4日	7月4日為美國的國慶日，作為紀念1776年7月4日大陸會議的「獨立宣言」，美洲殖民地脫離英國而獨立，在這天全美會舉行大規模的慶祝活動，如遊行、紀念典禮、放煙火、音樂會等。
10月第二個星期一	哥倫布發現美洲紀念日（Columbus Day）：事實上，有一名名為Leif Ericson的北歐船員，在比哥倫布早五百年時就抵達北美的海岸，只是他的探險隊並沒有為美洲帶來移民及發展，所以沒有對世界歷史產生影響。1492年義大利人哥倫布卻是藉由西班牙的資助，帶了三艘船向西航行了三十六天，他以為自己發現的是東方的印度群島，所以他叫當地住民為Indians，也就是印地安人名稱的由來。在這一天是10月的第二個星期一，北美、南美各國及西班牙、義大利也有這個紀念日，作為紀念這位無法實現用自己的名字命名新大陸即逝世的哥倫布。
10月31日	萬聖節前夕（All Hallows Eve，簡稱Halloween）：據說在古曆法的除夕，巫婆們會群聚一堂歡宴，萬聖節前夕的習俗可能是沿襲這一傳說而來。在英美，孩童們在10月31日晚上，都會以各式各樣的裝扮和挖空南瓜做成妖怪的鬼燈籠（Jack-O'-Lantern）惡作劇，或者說："Trick or Treat"（不給點心就要搗蛋）來索取糖果、糕餅。

（續）表4-7　美國的節慶活動一覽表

時間	活動內容
11月第四個星期四	感恩節（Thanksgiving Day）：感恩節在美國是11月的第四個星期四，在加拿大則是10月的第二個星期一。1620年英國的清教徒為了追求信仰自由，搭乘五月花號船（the Mayflower）抵達美國的普里茅斯，經過了艱辛的開墾，終於有了豐富的收穫。為了對上帝表示感恩，清教徒們舉行了盛大的宴會，謝謝教導他們打獵、捕魚和種植作物的印地安人。當年為期三天的宴會除了吃以外，還有摔角、賽跑、歌唱、舞蹈等活動。時至今日，感恩節吃的東西通常是火雞和各種南瓜製品，紀念清教徒在美國的第一個感恩日。
12月25日	聖誕節（Christmas）：是舉行紀念基督誕生的彌撒。相傳耶穌誕生的時候有三個智者帶了禮物去送耶穌。在美國，家人及親近的朋友習慣在這天交換禮物。西元4世紀時有一位慷慨的主教叫St. Nicholas，他常在晚上送禮物給窮人，死後揚名歐洲。荷蘭移民將St. Nicholas的做法帶到美國，因為發音上的轉換而變成了Santa Claus。19世紀時，美國的畫家創造了聖誕老公公的造型，而他所搭的雪橇和馴鹿，則是來自挪威的傳說，也就是說，今天我們所認識的聖誕老公公事實上是不同文化下的產物。

5 世界飲食文化特色

- 飲料
- 中國的餐飲文化特色
- 亞洲的餐飲文化特色
- 西方的餐飲文化特色

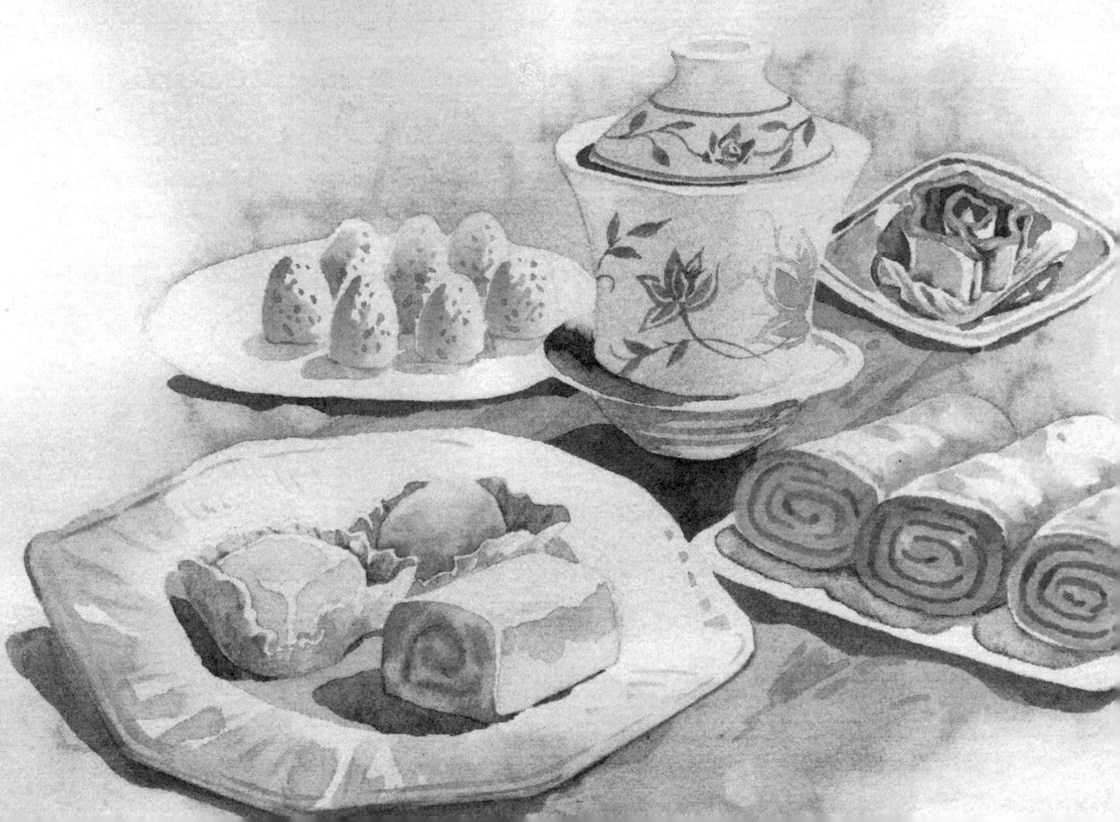

文化是社會傳遞行為、藝術、宗教、習慣和其他人類工作及思想產物的總稱，也是人們實現創造力的歷程與結果。飲食是人們活動最主要的原動力，其因地域、種族、經濟、個人、科技、宗教等因素不同，進而創造出各種不同的飲食文化。飲食文化是歷史相傳，隨著環境變化而有所變動。在人類的文化歷史中，有關飲食模式的發展與變化，是人類足以與動物相區隔的一項重要指標，人類將彼此的人際關聯性，表現在飲食世界上，中外皆然。

林國煌（1992）認為，飲食文化是一部微觀人類進化史，從中可探究人類如何自茹毛飲血時代，到先民為求生活溫飽的篳路襤褸，到後來發展出繁文縟節的餐食禮儀痕跡。于長江（1998）強調影響飲食文化因素複雜，舉凡人文、歷史、地理、社會、政經皆有可能形成不同的飲食文化。王筑生（1998）則將飲食文化定義為：「飲食文化除了包括食品本身、食用方式、食品製作、用餐器皿、食品分類外，更包括食品象徵及飲食風俗等方面。」

廣義而言，飲食文化是特殊又普遍的社會現象。其特殊是因為其使用的材料、加工方式，或因地區、民族的差異，而產生不同的飲食風味及文化風格；說其普遍性，是因為每個人皆必須飲食，尚且不論民族、地位等國別，飲食涉及層面之廣泛，舉凡政治、經濟、哲學、文學、藝術等各個領域，無不留有它的足跡。從飲食文化綜合觀念來論，它含括飲食的觀念、生產方式、生活習慣、地域分野、民情風俗、物產原料、烹調技術、烹飪理論、營養學說、食療原理，以及食品雕刻、菜餚造型、拼擺藝術、配料調味、食物保鮮等諸多方面的知識（王瑤芬，2001）。

本章概述中國、亞洲與西方的餐飲文化特色，與飲食文化生活密不可分的常見材料——香料，則會安插在西方的餐飲文化特色中進行敘述，在進入餐飲文化特色之前，會先探討三大類飲料的發展特色與種類。

第一節　飲料

歐洲飲食文化的歷史進程，始於遠古和上古時期的覓食活動，歷經石器時代、青銅器時代和鐵器時代。當時人類的飲食從不懂儲存，逐漸衍生出一套制度，並開始懂得烹調熟食，至古典時期的希臘人大部分以穀麥粥和蔬菜為主食，以水為主要飲料，並逐漸發展出多種飲料且大多集體同飲、共食，遵守固定飲食規矩。飲料是指經加工過的液體，供人飲用，分為軟飲料和酒精飲料，種類有酒類、茶類、果汁類、碳酸飲料、飲用水、咖啡及其他，並因方式不同而有下列分類：（維基百科，飲料）

1.依包裝方式分類：罐裝飲料、瓶裝飲料、鋁箔包飲料。

2.依酒精成分分類：酒類、無酒精飲料。

3.其他：如溫度之冷飲、熱飲，或糖分之含糖或無糖飲料等等。

古希臘及羅馬的飲食於酒精類飲料方面，以葡萄酒和啤酒為大宗，此時期的酒非採蒸餾法釀造，所以當時的葡萄酒類似酒精濃度極高的香甜酒（Likörwein），至於啤酒方面，在此時期並不屬於日常飲品，反而治病為其主要用途。

羅馬極盛時期，穀物、橄欖油、葡萄酒和各地生產的蔬菜構成羅馬飲食基礎；中世紀晚期開始，地方特色逐漸主導飲食習慣。經由城市間的貿易和國際經濟發展，各地文化行為模式流通於歐洲四方。因此這時期有歐洲飲食文化同源化的濫觴跡象。因為城市生活型態的改變，飲食文化發生了深層變化，其變化影響之深遠，不僅反映在廣大民眾的日常生活，更表現在數百年後工業化所帶來的種種革新。

18世紀初咖啡在歐洲中上階級間迅速流行開來，是種奢侈品，代表了功成名就，能突顯個人在社群中的地位，而與咖啡搭配的調味料

「糖」也開始利用，增加飲品的甜味。這些來自殖民地的新商品，顛覆了舊有的飲品文化，也因為香料在此一歷史發展時期成了大眾商品，隨著演變，香料改變了菜餚的烹調方式，也對飲品文化產生深遠的影響。本節就三大類與歷史文化發展習習相關的咖啡、酒類、茶類進行介紹。

一、咖啡

咖啡是人類社會流行範圍最為廣泛的飲料之一，也是重要經濟作物，其來源已無從稽考，而最早有計劃栽培及食用咖啡的民族是阿拉伯人；此外，宗教也是咖啡在阿拉伯世界廣泛流行的一個很大的因素。15世紀的早期，咖啡飲料在土耳其、埃及和敘利亞都非常盛行。咖啡樹是屬於茜草科的常綠灌木或喬木，主要可分為兩大品種：阿拉比卡種與羅布斯塔種。阿拉比卡種的咖啡樹，適合種植在海拔一千到二千公尺左右排水良好的肥沃山坡上；氣候不可太潮濕但要有充沛的雨量。羅布斯塔種的咖啡樹可在平地生長，對於疾病具有較強的抵抗力，產量也較高，多半供給大型咖啡工業生產即溶咖啡。

(一)咖啡的產地及其特性

咖啡的出產地帶，俗稱為咖啡帶，界於北緯二十五度到南緯三十度，涵蓋了中非、西非、中東、印度、南亞、太平洋、拉丁美洲和加勒比海的許多國家。主要是受到氣溫的限制。因為咖啡樹容易受到霜害，緯度過高皆不適合，以熱帶地區為宜。

咖啡的生產國就其地理位置區分為四大區：第一區為中美洲及加勒比海、第二區為南美、第三區為非洲、第四區為亞洲，其主要生產國如下：

1.巴西：咖啡的生產量占全球的三分之一。

2.哥倫比亞：為世界第二大生產國，所生產的咖啡質美、香味獨特，無論是單飲或混合都非常適宜。

3.哥斯達黎加：其生產地大致可分為太平洋、大西洋沿岸及中間地帶三個地區。

4.夏威夷、印尼：蘇門答臘島及爪哇島為主要產地。

5.牙買加：為藍山咖啡的產地。

6.肯亞：為高品質的阿拉比卡種。

7.衣索匹亞：為咖啡的原產地，通常以摩卡稱之。

(二)咖啡豆烘培的相關知識

咖啡豆的烘培從淺培至深培。咖啡豆的質感、芳香與複雜度，大概都在淺培至Espresso時達到最高峰，且酸味和豆子的特色在淺焙時最明顯。咖啡生豆除了纖維質、水分和蛋白質之外，還含有兩千種以上的複雜成分。在烘培過程中，生豆的水分被蒸發、木質部分膨脹，一些醣類燃燒變成二氧化碳和水蒸氣，使得烘好豆子的體積比生豆大將近一半，重量卻減輕15%到20%。至於決定何時停止烘培則參考三種現象：豆子的溫度、顏色及煙的氣味。一般的作法是用風扇吹涼，配合攪拌與拋灑的動作，利用冷空氣帶走熱量，順便吹走殘餘的豆皮，這被稱為「氣冷」，用火加熱金屬鍋子或桶子，利用傳導與輻射，把裝在裏面的咖啡豆烤熟或炒熟。

■ 義大利咖啡沖煮的原理

咖啡粉裏面有許多芳香成分，但也有許多苦澀雜質。「萃取」其實只是指將咖啡粉裏面的各種成分被水溶解，而我們稱高壓且快速的咖啡沖煮方法為“Espresso”。熱水在強大的壓力下，會努力穿過咖啡塊，而受到這些研磨得很細、填壓得緊而結實的咖啡塊阻擋，它必須使每一粒咖啡粉都平均地被滲透，才能成功穿過咖啡粉，這壓力和阻力均衡的對稱，正是"Espresso"沖煮過程的核心。以下是影響咖啡沖煮的因素：

1.好的咖啡對研磨及填壓非常敏感，不平均的研磨或填壓會造成不平均的萃取。

2.沖煮時間和研磨填壓間的關係。

3.咖啡豆新不新鮮。

4.溫差影響品質，即使些微的溫差也會被察覺。

■濃縮咖啡的沖煮

不管哪一種煮法，新鮮的豆子、適當的水溫、正確的研磨、沖煮時間的掌握，以及咖啡粉的均勻，在在都關係到咖啡的萃取。每一步驟，都是為了萃取最多的甘醇物質。要做出一杯好喝的濃縮咖啡，水溫得控制在攝氏八十八到九十五度之間，這兩個原則，同樣也適用於其他的咖啡沖煮法。淺培的咖啡豆比較酸而複雜，深培的咖啡豆則比較苦而單調，沖煮時水溫過低會使咖啡的味道偏於酸澀，而水溫過高則會灼傷咖啡粉，使味道太苦而味道平板。

二、酒類

酒是人類飲用歷史最久的植物發酵酒精飲料，飲用酒是醇類（有機化合物其中一大類別）的其中一種，其最基本定義是指飲料中所含的主要成分是乙醇（酒精）。

酒精從史前時期就有廣泛紀錄，被作為標準飲食和醫療之用，其中因為弛緩劑和欣快的作用，酒也被作為娛樂消遣之用。酒也有宗教色彩的神秘用途，像是希臘羅馬宗教的酒神祭拜儀式（也稱Bacchus或Dionysus）中認為，喝酒可以和神一起狂歡；在基督徒聖餐中和猶太教特殊逾越節也使用酒。中國河南舞陽縣的新石器時代，賈湖文化遺址出土的陶器內吸收和封存的液體殘跡經化學分析顯示，在九千年前人們就透過混合稻米、蜂蜜和水果的發酵液來製酒。

(一)飲用酒的用途

在許多國家，酒精飲料都被用於搭配午餐和晚餐。在衛生惡劣的地方和區域，如中世紀歐洲，酒精飲料（特別低酒精含量或類似啤酒的）被相信是避免傳染疾病的一個方法（例如霍亂）。航海時因為酵母可以消滅其他微生物，酒精飲料存放數個月或幾年，都不會壞；因此酒在早期亦被作為遠距航行的重要水源，而在寒帶地方，強酒精飲料（例如伏特加酒）普遍地被飲用，可以使身體充血驅寒，可能因為酒精是食物能量中能迅速被吸收的來源，並且會膨脹周邊血管導致身體發熱，但此為危險誤解，因為血管擴張反而會導致熱量加速散失。在許多文化和歷史，酒精飲料由於神經學作用在各種各樣的領域也扮演重要社交功能。

(二)酒的種類

■蒸餾酒

蒸餾酒在中國多屬白酒，其釀造首先要製麴（曲），即用熟糧食和菌種混合培養，製成麴後，再和糧食混合同時進行糖化和發酵製成糧食酒，再蒸餾。由於製酒發酵過程中產生濃度高的乙醇溶液可以將酵母殺死，無法繼續發酵，所以經發酵釀造的酒類含乙醇濃度最高只能達10%至15%，但酒精的沸點是78.2℃，經加熱使溫度超過酒精沸點而不到水的沸點，酒精蒸汽逸出，再經冷凝可得到80%至90%以上濃度的乙醇溶液，即可製造高濃度的烈性酒。所以蒸餾酒也稱為烈酒，由於蒸餾過程中提取的餾分不同，有時分為「頭曲」、「二曲」或「二鍋頭」等。世界著名的蒸餾酒有蘇格蘭的威士忌、法國干邑白蘭地、中國貴州茅台和俄羅斯伏特加等。

■葡萄酒

葡萄酒是用葡萄果實或葡萄汁，經過發酵釀製而成的酒精飲料。在水果中，由於葡萄的葡萄糖含量較高，貯存一段時間就會有酒味，因此常常以葡萄釀酒。葡萄酒是目前產量最大、最普及的單醣釀造酒。早在六千年以前，在盛產葡萄的地中海區域，兩河流域的蘇美人和尼羅河流域的古埃及人就會釀造葡萄酒。在舞蹈文化中，有一種葡萄酒舞是在葡萄豐收時慶祝的團體舞蹈。葡萄酒在基督教被視為耶穌基督寶血的象徵物。

葡萄酒有許多分類方式。以成品顏色來說，可分為紅葡萄酒、白葡萄酒及粉紅葡萄酒三類，以釀造方式來說，可以分為葡萄酒、氣泡葡萄酒、加烈葡萄酒和加味葡萄酒四類，其中一般葡萄酒的酒精含量約為8%到15%，而加烈葡萄酒的酒精含量會更高。

■啤酒

啤酒是世界上最古老也是消費量最大的酒精飲料，同時也是僅次於水和茶的第三大飲料。啤酒是用含有澱粉的穀類（主要是大麥）釀造而成，多數添加啤酒花來調味，有時候還會添加一些香草和水果。啤酒很早便見諸文字記載：《漢摩拉比法典》中就有關於啤酒和啤酒館的法律；蘇美人的《酒神頌》既是經文也是讓文化較低的人們記住釀酒配方的一種方法。不同文化釀造啤酒的基本方法都是一樣的，主要分成兩種類型：一種是全世界流行的窖藏啤酒（即拉格啤酒），另一種是比較地方性的愛爾（Ale）啤酒。目前世界上生產啤酒及飲用啤酒最興盛的有德國、美國、日本、中國等國家。

三、茶類

茶泛指可用於沖泡的常綠灌木茶樹的葉子，以及用這些葉子泡製的飲料，後來引申為所有用植物花、葉、種子、根泡製的草本茶，如菊花茶等，有些國家亦有以水果及香草等其他植物葉泡出的茶。

茶葉的起源始於中國，自古有神農發現茶葉的傳說，到商周時，茶不僅用作藥物，也開始成為飲料，因此後人便有了喝茶的習慣。《詩經》中亦有「誰謂茶苦，其甘如薺」，及陸羽《茶經》中「茶之為飲，發乎神農氏，聞於魯周公」的記載。在古中國和平盛世的時候，茶也開始成為了文人雅士們的其中一個消遣。茶葉的起源還有其他傳說，比如印度佛教創始人發現茶統的傳說。印度和中國是最早飲茶的國家。茶葉從中國向東傳到朝鮮、日本，向北傳到蒙古、俄羅斯，後來透過絲綢之路傳到中亞、西亞和歐洲。1824年英國軍人勃魯士在印度阿薩姆地區發現野生茶樹。馬可波羅（1254-1324）在他的遊記中曾記載一個中國財政大臣因為濫收茶稅而被罷官。

西方最早記述茶葉的書籍是1559年威尼斯人拉莫西奧（Giambattista Ramusio）寫的《航海記》（*Navigatiane et Viaggi*）。在這本書中，拉莫西奧引用阿拉伯人哈茲・穆罕默德（Hajji Mahonmed）有關中國茶葉的記

茶經卷上

一之源

茶者南方之嘉木也一尺二尺迺至數十尺其巴山峽川有兩人合抱者伐
而掇之其樹如瓜蘆葉如梔子花如白薔薇實如栟櫚莖如丁香根如胡桃
其字或從草或從木或草木并其名一曰茶二曰檟三曰蔎四曰茗五曰荈
其地上者生爛石中者生櫟壤下者生黃土凡藝而不實植而罕茂法如種
瓜三歲可採野者上園者次陽崖陰林紫者上綠者次筍者上芽者次葉卷
上葉舒次陰山坡谷者不堪採掇性凝滯結瘕疾茶之爲用味至寒爲飲最

唐陸羽（茶神）的塑像與《茶經》一文。

資料來源：廖慶樑（2010）編著。《台灣茶聖經》。臺北：揚智，頁8。

述。16世紀進入中國的西方傳教士根據自身經歷將中國飲茶習俗做了比較詳細的介紹，但葡萄牙人並沒有大批進口販賣中國茶葉。17世紀初，荷蘭首先將中國茶葉輸入歐洲。1607年，荷蘭從澳門運茶至印尼萬丹，1610年開始經萬丹轉口中國茶到荷蘭。

(一)茶的種類

能製作茶的只有茶樹春季發出的嫩芽，中國的茶品質最好的在每年4月上旬的清明以前採摘，稱為「明前茶」。剛抽出尚未打開的嫩芽尖，叫做「蓮心」，因為很輕，所以產量低，價格也昂貴；在清明以後至4月下旬穀雨以前採摘的茶，為「雨前茶」，已經打開一片嫩葉和抽出的另一個新芽，穀雨以後至5月上旬立夏以前採摘的茶叫「三春茶」，由於有兩面小葉和中間一個嫩芽，所以叫「雀舌」；立夏以後一個月內採摘的茶質量較差，是「四春茶」也叫「梗片」，一般用於製作較低級的加工茶。

茶可依照加工方式略分為：

金萱又名臺茶十二號，其味甘醇滑潤、湯色金黃，有著獨特的桂花、牛奶香氣。

1.綠茶：經殺青、揉捻、乾燥，大部分白毫脫落，浸泡綠湯綠茶，中國大部分名茶為綠茶，如龍井、碧螺春等。

2.紅茶：經過發酵的茶，有功夫紅和紅碎兩種，利於消化。西方人比較喜歡紅茶，知名的有中國的祁紅、印度的大吉嶺和阿薩姆等。

3.白茶：新採摘的茶，經過萎凋和烘乾，不揉捻，白毫顯露，名茶如白牡丹等。

4.黃茶：經殺青、揉捻、悶堆、乾燥，葉已變黃，浸泡黃湯黃葉，名茶如君山銀針等。

5.青茶：又名烏龍茶，是經過萎凋、曬青、搖青、殺青來作部分發酵，綠葉紅邊，既有綠茶的濃郁，又有紅茶的甜醇，名茶如中國鐵觀音、大紅袍、臺灣的凍頂茶、東方美人茶。

6.黑茶：經過後發酵（殺青、揉捻、渥堆）的茶，顏色深，著名的有普洱茶。

7.加工茶：用以上各種種類的茶經過加工製成的茶，有：

(1)花茶：一般選用綠茶與新鮮茉莉花窨製的茶，除茉莉花茶以外，還有珠蘭花茶。

(2)緊壓茶：一般選用紅茶或黑茶，經過蒸汽熏蒸變軟再壓縮成型、乾燥，以便於運輸、貯藏。如用普洱茶製成的沱茶和磚茶深受蒙藏地區青睞。

(二)茶的生產與消費

根據聯合國農糧組織的統計，中國、印度、斯里蘭卡、肯亞、印尼為主要的茶葉生產國；印度、斯里蘭卡、肯亞則是世界三大紅茶生產及出口國，綠茶的總出口量為十九萬噸，占世界茶葉貿易量的14%，中國是世界第一大綠茶出口國，其次為越南、印尼等國。

世界五大茶葉進口國為英國、俄羅斯、巴基斯坦、美國和埃及，進口量占世界總進口量的60%左右。英國為非產茶國家，茶葉進口量位居世界首位；美國是傳統茶葉消費大國，德國、法國消費呈增長趨勢；埃及、巴基斯坦茶葉消費增長快速；俄羅斯歷來是茶葉消費大國，95%的居民有飲茶習慣，消費以紅茶為主；世界綠茶主要進口國有：摩洛哥、烏茲別克、日本、馬里、阿爾及利亞、塞內加爾等。

第二節　中國的餐飲文化特色

世界上每個民族的飲食文化，均體現其民族文化的累積和哲學思想傾向。飲食文化自古以來就受中國人高度重視，和人們生活密不可分；飲食除了在禮儀制度上扮演重要角色外，在文化研究上更具有重大意義。古代哲人對它作了許多思考，以人類基本需求觀點論，《孟子．告子》說：「食、色，性也。」《禮記》指出：「飲食、男女，人之大欲存焉。」顯示人類本能存有兩大需求，前者為維續生命，後者為傳宗接代。就兩者對人類存在的實際面而言，前者遠較後者為迫切（林明德，1994）。就禮制面而言，中國古代制度文化主要是「禮」，「禮者，體也」（《禮記．禮器》篇），作為制度它是思想、生活的外表表徵，其內涵可為群體習俗。在中國，為數眾多的史書、各朝各代學者的著作及詩詞歌賦裏所提到的飲食部分不勝枚舉，這樣的傳統文化除了深刻地反應出該社會在飲食文化的特徵之外，也成就中國菜成為獨特的國粹。**表5-1**為王子輝與聶鳳喬（1999）等人依中國炊具發展，將中國飲食史分為五期：無炊具、石烹期、陶烹期、銅烹期、鐵烹和電氣烹期，具體呈現了中國飲食的發展史。

表5-1　中國飲食依炊具發展的五個時期

<table>
<tr><th>分期</th><th colspan="2">開始時間</th><th>朝代</th><th>炊、餐具</th><th>烹飪技藝</th></tr>
<tr><td>無炊前石期</td><td colspan="2">距今約五十萬年前
（用火熟食，烹飪誕生）</td><td></td><td>石器等天然物體</td><td>火烹
石烹、包烹、竹烹、皮烹</td></tr>
<tr><td>陶烹期</td><td colspan="2">（距今約五千年）</td><td>黃帝、唐、虞</td><td>陶器（灶）</td><td>水煮法、氣蒸法</td></tr>
<tr><td>銅烹期</td><td colspan="2">距今約四千年前</td><td>夏、商、周</td><td>銅器，原始瓷器、玉、漆、象牙食器（箸）</td><td>選料、刀工、配菜、火候、調味、勺芡、食雕</td></tr>
<tr><td rowspan="3">鐵烹期</td><td rowspan="3">距今約二千年前</td><td>初期：221B. C. 至589年</td><td>秦、漢、魏、晉、南北朝</td><td>鐵器，漆、瓷餐具（蒸籠）</td><td>接續銅烹期，並細分菜餚、麵點</td></tr>
<tr><td>中期：589至1279年</td><td>隋、唐、五代、宋</td><td>瓷、漆、金、銀、玉、水、瑪瑙餐具（木炭、暖鍋）、清瓷、明錫食器、景泰藍、琉璃製品</td><td>接續初期，並細分花色</td></tr>
<tr><td>近期：1279至1910年</td><td>宋、元、明、清</td><td>續上而更精緻化</td><td>續上而更精緻化</td></tr>
<tr><td>鐵烹期
電化期</td><td colspan="2">1910年以後</td><td>民國至今</td><td>電化、液燃等產品</td><td>續上而更精緻化</td></tr>
</table>

資料來源：轉引自王子輝、聶鳳喬等。〈食史篇〉。出自任百尊主編（1999），《中國食經》。上海：上海文化。

一、中國菜餚的烹調特色

中國菜餚經過長期的發展和提升，融會了燦爛的文化，集中了各民族菜餚烹飪技術的精華，從而形成了極具中國特色的特點，茲舉下列八種加以介紹：

1.選料認真：中國的烹飪原料總數據傳已達萬種以上，其中常用的約有三千多種。這樣眾多的原料，隨著地區、季節、生產的不同，其質地存在著一定的差異性，因此想要烹調出色、香、味、形俱佳的美味佳餚，選料必須認真。

2.刀工精細：刀工是製作菜餚的一個重要環節。中國廚師的刀工技巧中外聞名，刀法多樣，有切、片、剁、砍、斬、排、削、拍等十多種刀法。除選用各種刀法嚴格要求原料的大小相等、粗細均勻、厚薄一致、整齊劃一，以保證原料在烹調過程中受熱均勻，成熟度一致。另外，廚師還能透過各種刀工技巧將原料美化。

3.配料巧妙：中國廚師歷來對主料重視分檔取料，對輔料與主料之間注重色澤、形狀、數量、質地、滋味等因素恰如其分的拼配，也特別擅長用各種原料拼擺成各式平面和立體的藝術冷盤。

4.擅於調味：擅於調味是中國菜餚品種眾多，風味迥然的重要因素之一。在這方面，中國菜餚相當獨到，特點為用料廣泛、方法細膩、善調複合味。

5.技法多樣：中國菜餚的烹調技法多達數百種，據《中國烹飪》記載，其中熱菜技法應有九十四種或以上、冷菜技法有十五種或以上、甜菜技法也有五種之多。

6.菜品豐富：中國是一個多民族的國家，由於地理、氣候、物產、文化、信仰的差異，菜餚的品種繁多，並形成眾多風味流派。目前為人們所熟知公認的有「四大菜系」，另外還有八大流派、十大風味等；此外，還有少數民族菜及宮廷菜、素菜、官府菜、仿古菜、藥膳菜等著名的風味菜。

7.精於火候：根據原料的性質、形狀和烹調目的，正確地運用火候，是飲食烹飪中難度大，技術要求極為嚴格的一個重要環節。

8.盛器精美：盛器的精美，對於菜餚具有襯托、錦上添花之作用。中國自古以來對菜餚的盛裝器皿便非常重視，菜餚的盛器，具有品種多樣、製作精美、外形美觀、質地優良、色彩鮮豔等特點。

因加熱、調味等運用方式之不同，中國餐飲在處理上尚可歸納出炒、燒、蒸、炸、煎、烤、爆、醃、滷、燻、凍、燴、拌、烹、溜、燙、燉、煮、醬、燜、焗、涮、汆、醉、滾、烘、煨、邊、風、酥、糟、熗、扣、煲、羹、扒、熬、泡、拼、甜等多達四十種的烹調方式；其中較具特色的有下列幾種：

1.烤：以火將食物直接炙熟的烹調法，如北平烤鴨。
2.凍：將烹調好的食物放入冰箱內，使菜與湯汁凍結起來的方法，如餚肉凍。
3.溜：經炒、炸、蒸、煎等食材，加入調味料，勾芡後速炒至熟的烹調法，如滑蛋牛肉。
4.醬：利用中國特有的醬料，使菜餚入味、著色，再經過加熱的作法，如醬肘子。
5.熗：將材料加工切絲、片、條狀等，過油或焯水後，趁熱加入醋、酒或味濃沖鼻的作料，使其味熗入食材的烹調法，如熗白菜。
6.糟：以酒糟浸漬食物，使食物入味並保存持久的手法，如酒糟魚。
7.煲：用瓦煲將水燒滾，把料加入，以慢火將食物弄熟的作法，如蟹肉粉絲煲。
8.燉：分「直接燉」、「間接燉」兩種，用中火或文火，使食物熟爛的燉法，如醃墩鮮。
9.邊：將已熟食物放入鍋內，用鏟翻炒，使食物在小火中慢慢乾燥的烹調法，如邊四季豆。
10.焗：材料置鍋中，不加任何湯水，蓋鍋蓋以小火乾燒至菜餚熟的烹調法，如焗烤白菜。

中國的餐飲因烹調的方式之不同，不論是煲燉邊焗或羹燒醬燴都各具其味，深受喜愛。
資料來源：揚智文化提供。

11.醉：將材料放入有蓋的容器內，加以少量的高粱酒及較多的米酒，把食物浸泡至適當的烹調法，如醉雞。

12.羹：把材料放入高湯內，加入太白粉勾芡而成的菜餚製法，如西湖牛肉羹。

13.燒：用大火將材料炒過，加入調味品、水（或高湯），用中火（或弱火）燜燒，使食物熟透的烹調法。分為以醬油調味的「紅燒」、用鹽調味的「白燒」，及用酒糟加材料一塊燒的「糟燒」、以醬油加蔥調味的「蔥燒」，和將炒過的食物，燒到乾為止的「乾燒」等共五種，如紅燒下巴。

14.汆：小型原料入沸湯中快速煮熟的烹調法，多用於製作湯菜，如蛤蜊汆鯽魚。

15.煨：將材料隔一層灰、泥土或陶鍋，以小火將食物加熱至爛的烹調法，如乞丐雞。

二、中國的特色餐飲介紹

(一)宮廷菜系

■滿漢全席

滿漢全席始於清代中葉，是具有濃郁中國民族色彩的巨型筵宴，包括了宮廷餚饌的特色，又有地方風味之精華，禮儀之講究形成了引人注目的獨特風格。滿漢全席原是官場中，由滿人和漢人合作的一種為科舉考試結束後，地方官吏宴請主考官使用的宴席，濫觴於北京，一般至少有一百零八道菜色，取材廣泛、用料精細，山珍海味無所不包，如天津、廣東、湖北、東北、四川、揚州等地都有滿漢全席。烹飪技藝精湛，突顯滿族菜餚的特殊風味，擅於燒烤、火鍋、涮鍋，又顯示漢族烹調特色，扒炸、炒、溜、燒等皆備，菜品口味也極豐富。以下列出滿漢全席的餐品表供參考：

1.四道奉：什錦頭盒一個、下馬點二式（粉果、煙麥）、上湯片兒。

2.四熱葷：雞皮鱘龍、蟹黃鮮菇、玉簪出雞、夜合蝦仁。

3.四冷葷：酥姜皮蛋、京都腎球、酥炸鯽魚、鳳眼腰。

4.四雙拼：鳳梨拼火鵝、北菇拼豬腰、青瓜拼腰花、露筍拼。

5.四大碗：一品官燕、鳳尾大裙翅、象拔虞琴、金錢豹狸。

6.四中碗：虎扣龍藏、仙鶴燴熊掌、銀針炒翅、鼎湖上素。

7.四小碗：炒梅花北鹿絲、紅爐烘雪衣、乾燒網鮑片、鳳入竹林。
8.四每位：月中丹桂、舌戰群儒、清湯雪耳、鹿羧水鴨。
9.四燒烤：燒乳豬全體、如意雞一對、冶爾巴一札、挂爐片皮鴨一對。
10.四冷素：齋扎蹄、素筍尖、齋面根、素白菌。
11.四座採：清蒸海鮮、廣肚乳鴿、烏龍肘子、燈燒羊腿。
12.八鹹點：母子鮮蝦餃、雞肉拉皮卷、雲腿餡兒府、蟹肉海棠果、鮮蝦扒水餃、百花釀魚肚、芙蓉雞粒餃、酥炸鱸魚條。
13.八甜點：玫瑰煎蛋糕、脆皮鳳梨球、奶油橙香酥、蓮子蓉方脯、得汁鴛鴦筒、芝麻鳳凰卷、七彩凍香糕、水晶鮮奶凍。

■ 宮廷點心

北京為遼、金、元、明、清五朝古都，小吃歷史悠久，可以追溯到14世紀時，從元代宮廷小吃逐漸演變而發展。由元朝忽思慧（時任飲膳太醫，為營養與食療學家）於元文宗時所著的御膳食譜《飲膳正要》中，可看出一些脈絡。北京宮廷小吃之所以風味突出，與精湛的烹飪技術有直接的關係，由於品類繁多，工序複雜又十分講究色、香、味、形，所以在烹飪技術上也必須多樣化：（京兆尹餐廳，2009）

1.驢打滾：北平傳統風味的小吃，俗稱「豆麵糕」；外邊裹著一層棕黃色的豆麵，斷面可看見黃色的米麵環繞著褐色的豆餡，吃起來柔軟有勁。在北方傳統的農村社會裏，豆麵糕所滾之豆麵為驢子磨的，其形狀又似驢子在黃土上打滾，裹上了一層黃色的泥，故名曰「驢打滾」。材料：江米麵、黃豆麵、綠豆麵、小豆、桂花。
2.果仁奶烙：奶烙歷史悠久，古稱醍醐，乳烙、羊烙、牛酥烙，是以純鮮乳加上適量的酒釀和糖，用炭火烤，到了某種程度再用冰來凝結，口感瑩潤如脂，入口甘沁，為化食解膩及醒酒的飲品。

宮廷點心講究色、香、味、形，如驢打滾、豌豆黃等。
資料來源：揚智編輯部攝自京兆尹餐廳。

3.豌豆黃：北平的豌豆黃分粗細兩種，粗豌豆黃是用現切現賣，買多少切多少，至於細豌豆黃，相傳是慈禧太后晚年最愛吃的甜點，口感細膩入口即化。豌豆黃的作工手續繁雜，必須用最好的黃豌豆加上黃梔子（中藥材）水染成金黃色，且須在炒豆沙前十分鐘加入，加得過早黃色會消失，豆皮須洗得乾淨，豆泥要濾得細，水分要恰當，火候要正好，才能做出上好的豌豆黃。

4.八寶窩頭：光緒庚子年八國聯軍侵占北京，慈禧太后逃難時，途中饑餓難忍，京郊貫市有個人做給她窩頭吃，吃時甚覺甜美，後來回到北京，她便命令御膳房做窩頭吃，八寶窩頭的作法是栗子麵、榛子麵、芸豆麵、綠豆麵、黃米麵、江米麵、瓜子仁、核桃仁這八種麵所製成的。

(二)地方菜系

中國歷史悠久，其烹飪藝術淵遠流長，聞名於世。中餐以它的色、香、味、形誘人，長期以來由於各地區的自然環境、文化、風俗、習慣不同，中國菜餚形成不同風味的地方菜系。在菜系的分類上，眾說紛紜，有分為五大菜系、八大菜系，甚至十大菜系。本書以綜合的分類，概分為京、江、粵、川、湘五大菜系。北京菜系以京津地區為主流，擅長烹調海味；四川廚師烹調愛放乾、鮮辣椒，以麻辣辛香調料而聞名；湘菜則以重口味為主；粵菜取料廣泛，講究鮮嫩和酥脆；江浙菜注重原汁原味，特別是油而不膩，清淡鮮美。茲說明如下：

■北京菜系

北平的佳餚雖不下千百種，但是其中稱得上最有特色的，除了聞名遐邇的北平烤鴨之外，就是當地的小吃點心。北平人以麵食為主，光麵食的花樣可就五花八門，層出不窮，不過最重要的還是餃子、拉麵跟烙餅。北平的飲食，通常以節日為分界點，作為季節性食物的轉換季，春天吃春捲，夏天喝粥，只有秋冬為驅寒需要攝取動物性營養時，才吃烤肉。冬天，大眾化的食品是火鍋，以涮羊肉火鍋最受歡迎。食材上，北平以鮮嫩居多，調味清淡，烹調時以清燴和汆煮較多，口味是不甜不鹹、不辛不辣較為中和，大部分的菜都加大蒜為其特色。

■江浙菜系

江浙菜泛指淮河、長江下游靠海的廣大地區，上海、杭州、寧波及蘇州等地均屬此一範圍，為各地方風味的綜合體。原南方重鹹，北人重甜，後演變為「錫蘇重甜」，現今談到江浙菜，已難以任何一個地方為代表，但可將其具代表性者簡介如下：

1.揚州菜：特點是講究選料，多用燉、煨之法，重用原湯原汁，配料

江浙菜為地方風味的綜合體，多用燉、煨、蒸、烤、燉製之法，重原湯原汁而少配料，以突出主料，消費者每多可接觸到煨糖、香、醉、甜等口味。

少，主料突出。口味平和鹹甜適中。點心以發酵麵點、燙麵點心及油酥點心取勝。揚州菜因鹽商巨賈的鑽研而以多變奢華為其特色。

2.蘇錫菜：以蘇州與無錫為代表，其蝦、蟹、魚、糕及船菜之烹調冠於全國。而蘇州菜以仕宦之家的私房菜為主，重質不重量，極具獨特風味。其中又以茶食小吃尤具特色，頗注重造型及色調。

3.寧波菜：多用海鮮，味尚鮮鹹，可謂「鮮鹹合一」，以蒸、烤、燉製海味見長。講究鮮嫩軟骨，注重保持原味。

4.杭州菜：杭州乃絲綢產地，物阜民豐，享受自然高於水準之上，口味以清淡為主，少用辛辣，也不濃油厚醬，味清醇，令人回味無窮。

5.上海菜：上海十里洋場，華洋雜處，吃的是五花八門，中外具備，其特色是油大、味濃、糖重、色鮮，調味主要有鹹、糟、香、醉、甜等，選料以海鮮為主，常見的烹調法有紅燒、清蒸、油燜、炒等。

■廣東菜系

廣東菜大都指廣州菜，以製作精、味道美、花樣多、構思巧而馳名於全世界，因此中國有「吃在廣州」的美譽。其豐富的飲食中，不但以精緻美味的大菜取勝，茶樓的小點、路邊的小吃、各種五花八門的食品等都有其特殊風味，其中的飲茶、粥品、燒烤狗肉、蛇羹、補品等都是廣州最具代表性的飲食。

廣東菜匯集中西各地的飲食精華，烹調方法廣博精到，主要有炒、焗、扒、煲等方法。在分類上，為人所熟知的有：

1.廣州菜：油膩較少，味道較淡，有些菜比較生脆。
2.潮州菜：味清，煮得比較熟，刀工較細，善烹飪海鮮，口味偏香濃鮮甜，講究原味少鹽，以維持菜餚本身的清淡鮮美，以湯菜、素菜及甜菜最具特色。
3.東江菜：又稱客家菜，味稍濃於廣東菜，較重油，煮得較熟，有較多的鄉土風味，菜名多為肉類，少用海鮮，主料突出，重油偏鹹，喜歡以豆豉入菜。

■四川菜系

川菜源於古代的巴蜀兩國，自古地域廣闊、沃野千里，物產豐饒，使川菜擁有得天獨厚的物質基礎，自成一個主要體系。四川因四周不臨海，故烹飪所用的材料，以山味、田園及河魚為主。一般人提到川菜，就聯想到麻辣，但其實川菜系中的辛辣菜色只占少數。在口味上，川菜特別講究色、香、味、形，味道以多、廣、厚著稱，用辣椒、胡椒、花椒、豆瓣醬等調味品調出麻辣、酸辣、椒辣、麻醬、蒜泥、芥茉、紅油、糖醋、魚香等各種味型。川菜取材上蔬菜多於魚鮮，調味特別重，主味突出，使人一見就知道是川菜。川菜由筵席菜、大眾便餐菜、家常菜、三蒸九扣菜、風味小吃等五個大類組成一個完整的風味體系，在國際上，享有

「食在中國、味在四川」的美譽。

川菜可分為成都（上河幫）及重慶（下河幫），以及樂山、自貢（小河幫）等地方菜所組成。代表的菜色最為人所熟知的有宮保雞丁、麻婆豆腐、燈影牛肉、樟茶鴨子、毛肚火鍋、魚香肉絲等。

■湖南菜系

湖南菜簡稱湘菜，其以悠久歷史、菜色豐富及地方特色濃郁享譽海內外。湖南菜的起源相當久遠，例如長沙烹飪技術，最早被發現在距今兩千兩百多年的長沙馬王堆古墓中，除了一批出土的竹簡菜單，上面除記述一百多種精美菜餚的製作過程外，還記載了九大類烹調方法，是現今許多著名湖南菜烹調技術的起源。

湖南位於中國大陸中部，不論水產、山珍、牛羊畜牧等都很豐盛，自然條件非常優越，自古便有「魚米之鄉」之稱。許多人無法分辨川菜與湘菜，然而這兩地的菜色有極大的差異，例如湖南喜歡生吃辣椒，四川人則喜歡麻與辣；又如川菜多將辣椒作為菜的配料，將辣味融合在菜裏，湖南菜中的小菜則常見油炸辣椒等。（李信賢，2000）

綜觀湖南菜各大系的菜色，可推敲出下列特色：

1. 技法獨到：由於湖南菜的歷史悠久，歷經千年來的改進與創新，已經形成多種獨到的烹飪技法。
2. 口感多樣：湖南自古以來就重視原料的相互搭配、滋味互相入味、交融會合，以達到去除雜味、豐富口感、提升美味的目的。
3. 刀工精妙：基本刀法有十幾種，手法純熟，因材料與烹飪手法的不同而使用不同的刀法。
4. 擅長調味：湖南菜成長於物產多樣豐隆的魚米之鄉，最大的特色是清、脆、香、嫩、口味重，其中最具特色的食材以臘肉、豆豉與朝天椒為代表。

(三)少數民族特色餐飲

■清真菜

清真菜或多或少都受到宗教教義的制約，大體可分為三個流派，受當地物產及飲食習俗的影響而成。西北地區的清真菜，擅於調製牛羊肉奶，哈密瓜與葡萄乾等原料製成的菜餚，風格古樸典雅，有濃郁的草原生活氣息；京、津、華北地區的清真菜，取料廣博，牛羊肉外，海味、河鮮、禽蛋、果蔬俱備，講究火候，精於刀工，色、香、味、形並重；西南和東南地區的清真菜，擅於用家禽和菌類植物，菜餚清鮮不寡淡，注重保持原汁原味，家常飲膳的特點突出。

清真菜的特點是：

1.飲食禁忌較嚴格，受伊斯蘭教教規制約。

2.選料嚴謹，工藝精細；用料主要取材於牛羊兩大類；烹調技法早先

清真菜的飲食源自於伊斯蘭教規，口味偏鹹鮮。

以熗涮為主。

3.口味偏重鹹鮮，汁濃味厚，肥而不膩，嫩而不腥。

4.清真菜也可成席，尤以一百多道羊菜組成的全羊大席，極有特色，史稱「屠龍之祭」。

■朝鮮菜

朝鮮族主要聚居在吉林省延邊族自治州和長白朝鮮族自治縣。境內河流縱橫，群山聳立，森林茂盛，自然資源豐富。盛產世界珍貴的松茸、鹿茸、人參、黃芪、哈士蟆，以及猴頭菇、元蘑、榆黃蘑、木耳、花菇等。朝鮮菜餚常見的有「八真菜」和「醬木兒」等。如今，朝鮮族菜在傳統風味的基礎上吸收漢族菜的特長，改變舊食俗，利用長白山珍貴的原料，精製出了別有風味、膾炙人口的新菜品。

朝鮮族菜的特點是：

1.調味選料講究，無辣不成菜。

2.擅長「三生」（生拌、生漬、生烤）和湯煮。

3.餚饌鮮香脆嫩、辛辣爽口、原汁原味、樸實大方。

4.朝鮮族菜餚食用後大都有一定的滋補和醫療作用，如春食「參芪補身湯」、夏食「三伏狗肉湯」、冬食野味肉和野味湯菜。

■維吾爾族菜

維吾爾族主要聚居在新疆維吾爾自治區，以農業經濟為主，主要種植小麥、水稻、高粱、玉米、豆類、薯類等；牧區則飼養馬、牛、羊等，從事畜牧業，兼營農業。維吾爾族主要飲食以肉、乳為主，糧食為輔，烹飪技術較原始，基本上使用炖、熏、炙（火烤肉）等方法，新疆維吾爾族的飲食特點是：

1.以麵食為主，喜食牛羊肉。

2.維吾爾族的涼菜拼盤原料以瓜果蔬菜為主，注重藝術造型，富有瓜果之鄉的濃郁色彩。

3.烹調擅用烤、炸、煎、炒、蒸等技法；菜餚的質地和味型適應氣候高寒、人體熱量需求大的要求，油大、味重、香辣兼備。

第三節　亞洲的餐飲文化特色

亞洲地區主要分為東北亞、東南亞、南亞，以及中東地區的阿拉伯世界。在飲食文化的呈現上，受地理位置、氣候以及物產的影響最大，而東北亞與東南亞的飲食在歷史上受中國文化傳承的影響，南亞地區以香料為主，中東地區則受伊斯蘭教教義的影響最大。本節僅就日式料理、韓式料理、東南亞料理以及印度料理加以介紹。

一、日式料理

(一)日式料理的飲食文化特色

日式料理的源頭是傳統中華文化在日本發展所產生的餐飲方式，發展過程中加入日本當地的料理材料，以及全方位以客為尊的觀念，再加上現代人強調完美的感覺，造就了我們所見的日式料理。

日式料理最大的精神是如何吃得自然、優雅，並在繁複莊重的禮節中，達成心靈的最高享受。日式料理可說是一門學問，雖然在一般的日式料理店中，並不會對顧客要求正式的用餐禮節，卻可在用餐時看到下列這些特色：

1.日本料理有其上菜的合理順序，必須依照順序一道道地上菜，把吃完的空盤拿下去，使桌上經常保持兩道菜，在一道菜出來後，食家細心品嚐便可瞭解這個店的料理長用什麼樣的風格來表現這個月份的主題。

2.會建議食家「立即享用」，也就是料理熱的要趁熱吃、冷的要趁涼吃，目的是希望客人能吃出料理的最佳風味。客人方面，一看到料理上桌後，應馬上動筷子，因為這對他們來說是一種禮貌，是主人的心意。

3.用膳夾菜最好由近而遠，或由上而下照順序吃，若未能依順序食用，則以不把料理擺飾弄亂、不妨礙整體美為原則。

4.如有小器皿裝上料理，務必用手拿著器皿靠近嘴邊端坐，而且餐具一定要用手拿著，靠近嘴邊，食用時記得細嚼慢嚥。

5.用筷之後應馬上置於筷枕上，才能在餐皿上保持整齊。

一般的日式料理店在國內隨處可見，如日式定食料理。

(二)具代表性的日式料理——懷石料理

目前可列舉出的日式料理，以種類來分計有：壽司系列、拉麵系列等；而若以地區則可略分為：關東料理、關西料理；當然各地亦有當地的特色料理，如京都、大阪、名古屋、北海道等。而若就餐飲文化而言，懷石料理是日本料理的文化代表之一。

懷石料理源自京都，該地也是日本茶道的發源地，懷石料理獨立前便是屬於茶道裏的一環，現已不限於茶道，成為日本常見的高檔菜色。「懷石」指的是佛教僧人進行斷食時，為免除腹飢之苦，坐禪時於腹上放上暖石以對抗飢餓的感覺。「懷石料理」的特色是講究食物的原味、季節性、地方特產的運用，加上名家名流所製的器皿，極端講求精緻，無論餐具還是食物的擺放都要求很高，不僅被視為藝術品，高檔的懷石料理耗費也不菲。（維基百科，懷石料理）

懷石料理追求的是禪的意境，故注重飲食禮節也是懷石料理的精神，除了具有「量少樣多」的特性之外，其精緻之處，更表現在細膩的味覺與口感上，目前傳統的全套懷石料理包含：開胃前菜、湯、生魚片、烤物、煮物、炸物、酢物、飯食、湯、漬物、果物、甘味等十幾道佳餚。一套懷石料理有如一首詩篇，有一特定主題貫穿全部的料理，消費者在享用時，除享受美味外，尚可感受到廚師的用心。

懷石料理是日本料理中的終極菜式，其烹調方法與外觀都十分精細講究，每樣菜的分量都不多，在餐桌上通常不放任何調味料。對於傳統日本料理師傅而言，所有從料理臺上端出來的都是「百分之百完成」的料理，他們希望客人不用再加任何調味，盡可能品嚐食物的原味。（李盈葵、陳嫻蓉、林捷瑜，日本的飲食與食器）開胃前菜及生魚片通常表現全套料理的主題，如松、竹、櫻、菖蒲、楓等，讓品嚐者能意會到「現在是某某季節」，尤其重視季節感，注重發揮食材本身的原味，因此其食譜都採用經過充分考究的當令食材。例如，春季的竹筍、秋季的松茸、初夏的鰹魚等。前菜通常分酸、甜、苦、辣、鹹五味，目的是在試探舌頭的味覺。下一道是清湯，多以當季珍貴的海鮮為主，湯的上桌表示料理從此道菜開始了，目的是在清洗剛嚐過刺激的舌，才能仔細品嚐後面料理的味道。在一連串的料理（生魚片、燒物等）用完後，最後才是飯食、湯、漬物，飯是怕只吃料理會吃不飽，最後用來填飽肚子的，通常與當季代表性的一種蔬菜（如筍、豌豆、栗子、菇、白果等）一起拌白飯，再加上少許的鹽，飯與蔬菜講求平衡，以使色澤顯出美感，吃出淡淡的蔬菜香味，而這裏的湯是表示料理到此全部用畢，與第一道湯遙呼相應，最後才是水果、甜點、品菜。（日本政府觀光局，品嚐最高等級的日本料理；上閤屋海鮮日本料理，2009）

(三)日本茶道

日本茶道是一種儀式化的、為客人奉茶之事，源自中國，原稱為「茶湯」（茶湯、茶の湯）。日本茶道是一種以品茶為主而發展出來的特殊文化，茶道歷史約可追溯到13世紀，中國茶葉約在唐代時，隨著佛教的傳播進入朝鮮半島和日本列島，而最先將茶葉引入日本為日本的僧人。1168年，日本國榮西禪師歷盡艱難至中國學習佛教，同時刻苦進行「茶學」研究，也由此對中國茶道產生了濃厚的興趣。榮西回國時，將大量中國茶種與佛經帶回至日本，在佛教中大力推行「供茶」禮儀，並將中國茶籽遍植贈飲。榮西因而被尊為日本國的「茶祖」。隨著唐宋時期中國的茶葉與飲茶藝術，飲茶風尚引入日本的佛教寺院後，又逐漸普及到廣大民間，由最初為僧侶用茶來集中自己的思想，後來演變為分享茶食的儀式。現在的日本茶道分為抹茶道與煎茶道兩種。（日本政府觀光局，何謂茶道？）

茶道是一種涉及廣泛領域的「綜合藝術」，其宗旨由誕生於室町時代（1338-1573）的茶人千利休（1522-1591）集大成而成。15世紀時，日

日本茶道首重清心，而「清心」是禪道的中心。

本著名禪師一休的高徒村田珠光首創了「四鋪半草庵茶」，宣導順應天然，真實質樸的「草庵茶風」。珠光認為，茶道的根本在於清心，而清心是「禪道」的中心。他將茶道從單純的「享受」轉化為「節慾」。體現了修身養性的禪道核心。日本茶道分兩大宗系：一為抹茶道，傳自我國唐宋時期，採用當時的抹茶法，用蒸青茶碾製成粉狀茶葉飲用；另一種為煎茶道，源於中國明清時期，採用以炒為主加工而成的散狀芽條。而最有名的茶道流派是所謂「三千家」，被稱為「千家流派」。千家流派又可分為三個派系，即「表千家」、「里千家」和「武者少路千家」。

■茶室與茶具

日本茶道的「茶室」，又稱「本席」、「茶席」，為舉行茶道的場所。日本的茶室一般用竹木和蘆草編成。茶室面積一般以置放四疊半「榻榻米」，約九至十平方米。茶室分為床間、客、點前、爐踏達等專門區域。室內設置壁龕、地爐和各式木窗，一側布置「水屋」，供備放煮水、沏茶、品茶的器具和清潔用具。日本茶道源於中國，故茶具也源於中國功夫茶具。其基本茶具主要可分四大件：

1.涼爐：煮水用的風爐。
2.茶釜：煮水用的鐵製有蓋大缽。
3.湯瓶：泡茶用的帶柄有嘴罐，稱「急須」。
4.茶碗：盛茶湯用的瓷碗。

另外，還有研磨茶葉的「茶磨」、夾白炭用的「火箸」；盛冷水的「水注」；盛白炭的「炭籃」；清潔茶具用的「水翻」；裝香用的「香盒」；沏茶時用於攪拌的「茶筅」；取茶粉用的竹製「茶勺」；擦拭茶碗的「茶巾」；盛茶葉末的「茶罐」；用三根大鳥羽毛製成，用於拂塵的「羽帚」；盛炭的「炭斗」；盛爐灰的「灰器」；取水用的「水勺」等。

日本茶道的用具名目繁多，不但有大小之分，還有「和物」（日本）與唐物（中國）、高麗物（朝鮮）之區別。

■ 日本茶道的禮儀

日本茶道強調透過品茶陶冶情操，完善人格，強調賓主間有一種高尚精神、典雅儀態和雙方間的融洽關係。每次茶道舉行時，主人必先在茶室的活動格子門外跪迎賓客，頭一位進茶室的必須是來賓中的一位首席賓客（稱為正客），其他客人則隨後入室。來賓入室後，賓主相互鞠躬致禮，主客面對而坐，而正客須坐於主人上手（即左邊）。這時主人即去「水屋」取風爐、茶釜、水注、白炭等器物，而客人可瀏覽欣賞茶室內的陳設布置及鮮花等裝飾。主人取器物回茶室後，跪於榻榻米上生火煮水，並從香盒中取出少許香點燃。在風爐上煮水期間，主人會再次至水屋忙碌，這時眾賓客可自由的在茶室前的花園中閑步。待主人備齊所有茶道器具時，這時水也將要煮沸了，賓客們再重行進入茶室，茶道儀式才正式

日本茶道重視禮儀，禮法繁複，就連茶道的用具亦名目繁多。

開始。日本茶道的禮法分為下列三種：（日本政府觀光局）

1.炭禮法：為燒沏茶水的地爐或者茶爐準備炭的程序。無論是初座還是後座都分別設有初炭禮法和後炭禮法。它包括準備燒炭工具、打掃地爐、調整火候、除炭灰、添炭、占香等。
2.濃茶禮法和淡茶禮法：濃茶禮法和淡茶禮法是主人置茶、客人品茶的一整套程序。通常主人會先將少許呈粉末狀的抹茶放入瓷碗中後加點水，用特製的竹筅把茶末攪成糊狀，再加水至碗的四分之三。奉茶時要將茶碗正面向著客人，客人喝茶時用右手拿起茶碗，放在左手掌上，再將茶碗正面轉回，經細品、慢啜後奉還主人。

客人飲茶可分為「輪飲」和「單飲」。即客人輪流品一碗茶，或單獨飲一碗茶。茶道禮法不僅是飲茶，主要還在於欣賞以茶碗為主的茶道用具、茶室的裝飾、茶室前的茶園環境及主客間的心靈交流。一次茶道儀式的時間，一般在兩小時之內。結束後，主人須再次在茶室格子門外跪送賓客，同時接受賓客的臨別讚頌。

二、東南亞料理的飲食文化特色

東南亞地區包括：香港、澳門、泰國、馬來西亞、印尼、新加坡、菲律賓、緬甸、越南等地，由於國家眾多，飲食方面各具特色。以下僅舉香港、菲律賓及泰國加以說明。

(一)香港的飲食文化特色

香港氣候與臺灣南部相似，又因四周環海，海鮮十分豐富，除了海鮮之外，香港人早上喜歡飲茶，平日則相當注重煲湯養身，飯後喜歡吃甜品，這些已是大多數香港人的飲食習慣：（香港旅遊發展局，2009）

1.飲茶：飲茶是香港飲食文化的精髓，更是香港人日常生活的一部分。每天上午香港各家茶樓可說高朋滿座，相當知名的蝦餃、燒賣、叉燒包更是多數人耳熟能詳的港式小點。

2.街頭小吃：香港的街頭小吃不僅是一種美食，更是一種與現代生活息息相關的地方色彩風味。最常見的街頭小吃除了魚蛋、牛雜外，還有琳瑯滿目的各式餐品。最常見的街頭小吃大都分布在旺角的花園街、女人街及油麻地的廟街等等。

3.甜點：香港人喜食飯後甜點，最普遍的是龜苓膏。龜苓膏有解毒去溼、消除暗瘡、清熱降火、滋陰養顏的功效，龜苓膏的材料有龜板、土茯苓、金銀花、大生地、臘梅花、錦茵陳、夏枯草、紫草、甘草、涼粉草等。

(二)菲律賓的飲食文化特色

菲律賓由於長期受外來統治，外來影響表現在食物上最為明顯，菲律賓菜融合了西班牙、馬來、中國各地的風格，以使用大量水果、當地調味與海鮮著稱。食物對菲律賓人而言，是地方藝術與文化的一部分，結果便是結合各家的長處，融匯東西美食精華。

菲律賓人三餐都吃米飯，常見的招牌菜則有：(1)「旁西莫洛」（Pancit Molo）：一種包了豬肉、雞肉、香菇的餃子置於雞湯或肉湯中烹製而成；(2)「阿多波」（Adobo）：豬肉丁加醋慢燉，再加上雞肉、大蒜與其他調味料之後淋在白飯上食用；(3)「勒瓊」（Lechon）：為典型慶典菜餚，豬內部剖開塞入羅旺子葉，以炭烤烹製，直到表皮酥脆、肉質柔軟即可；(4)「辛南格雷」（Sinan-glay）：亦為一道慶典大餐，以魚肉或蟹肉沾上辣醬，用包心菜包裹，以椰奶蒸煮。菲律賓也因芒果及椰子產量頗豐，故許多甜點及冰品也大多含有芒果及椰子這兩種材料。

(三)泰國的飲食文化特色

泰國有「亞洲三大穀倉之一」的美譽，主食以米飯為重點，此外肥沃的土壤也讓泰國生產許多產物，無論蔬菜、香料、水果等，都是以種類多、高品質的特色，再加上世代相傳的漁牧及海水養殖，讓泰國的飲食文化更加豐富而多元。

泰國因氣候環境溼熱，所以菜的口味也和氣溫成正比，味道偏重，也因為氣候炎熱，當地人認為會有許多瘴氣，加上熱天裏胃口差，酸辣容易開胃，所以他們就用各種方法來添加各式香料。泰國菜不像中國菜或日本料理那麼講究作工，他們是以簡單為原則，但在調味上，又講究繁瑣，因此各種醬料及香料的運用也就成為泰國菜獨有的標幟。而泰國菜的調味方式，有一部分料理手法是中國式的，同時因為數千年來與印度、中東、西班牙、歐洲等國通商，使泰國接受外來文化的包容力極強，反映在飲食上則是發展成為讓許多國家都能接受他的菜系及特色。

傳統的泰國人不吃完整的魚和肉，他們將之切碎再進行料理，也就伴隨著衍生出各式的醬料文化。泰國菜不僅酸、辣、甜各種口味都有，連調味料及醬汁也五花八門，大量的辣椒、咖哩、魚露、蝦醬、椰汁等等，幾乎每餐輪流出現，而香茅、檸檬葉、九層塔、香芹等更是少不得，配上傳統泰式複雜的切、剁、搗、拌料理方式，形成一盤盤酸辣又各具特色的泰國料理。

三、印度的料理文化特色

印度的飲食文化與其種族、區域、宗教信仰、階級地位等，有密切的關係。食物的主要特色就是香料，包括咖哩、乾辣椒、胡椒、含植物果實、種子、葉子、根組成八十多種，食物中具有酸、甜、苦、辣、嗆、鹹、各種香料混和烹調而成。此外，印度的宗教信仰深深影響著當地的食物，例如印度教徒不吃牛肉，認為豬肉是污穢的食物也不食用，因此主要肉類以羊肉和雞肉為主。（王遙琴等，2009；MOOK自由自在旅遊網，2009）

印度的咖哩是其聞名中外的料理角色，主要用於印度西部，一般使用雞肉、羊肉及魚作底，加入番茄、洋蔥、辣椒、薑、咖哩等二十幾種材料烹煮而成，其最具文化特色的食物為撲勞（Pulao）與印度烤餅。撲勞是由米飯、咖哩、肉類、香料、青菜或花生雜燴烹調而成。印度烤餅則包括南（Nan）、羅提（Roti）、普里（Puri）、恰巴提（Chapattis）、哈瓦（Halwa），以及小麥粉和麵粉烤成的填充麵包與油炸麵包，印度烤餅食用時，可以包著咖哩肉、蔬菜或扁豆糊，相當具特色。

印度北部天氣尚稱涼爽，口味比較清淡，多依靠麵粉過活，因此發展出各種有餡沒餡的麵食產品，在印度除米飯是部分主食外，還有各式各樣的烤餅，其中較常見的北印度食物以烘烤、油炸為主，口味比南印度清淡，烹調方式受蒙兀兒宮廷影響，在回教式烹調方法中，以天多（Tandoor）雞肉、羊肉最為有名。「天多」是利用圓錐形的土製爐灶烘烤經過調味的肉串或麵餅，北印度肉類料理以烤雞（Tandoor Chiken）、烤羊肉捲（Seekh Kebad）較受歡迎。印度一樣有各式的素食，北印度素食Banarsi，以乳酪為主，加入波菜、豆子等煮成。南印度口味則較重，地道的脆薄餅和蒸米糕都很出名，素食主要是酥油浸泡過的米飯，搭配蔬菜、豆類和胡椒湯等。

至於甜點與飲料方面，印度街上最常見的點心有：(1)包著肉餡、馬鈴薯、豆子或蔬菜的三角形小麵餅沙摩沙（Samosa）；(2)扁豆糊加發酵米做成的德沙（Dosa）；(3)蔬菜裹埃及豆粉油炸而成的帕可拉（Pakora）等等。一般而言，印度甜點和糕餅都很甜，大部分是用乾乳酪、豆類、椰子、米、粗麥粉、全麥粉、糖漿為材料製做而成。飲料以拉西（Lassi）為主，使用酸奶酪加水、糖或鹽、香料調製而成，飯後可以幫助消化。

印度最大的飲食文化特色是以手為食器，因此來到印度，不妨捨刀叉，效法當地人試試自己手指的靈活度。當入境隨俗以手用餐時，千萬要記得右手才是主角，放食物入嘴，左手只負責拿杯子；不過南北稍有不同，北方人用五指的前端，南方人則是全手可用。

第四節　西方的餐飲文化特色

本節以西方作為概略性的區隔，以代表歐洲飲食文化的法式料理、義式料理、歐洲其他料理為主，另將橫跨歐亞兩洲的土耳其料理及中南美洲料理等簡述如後，並在此之前簡略介紹香料在這些國度的運用。

一、香料與飲食生活的密切關係

香料，又名辛香料，是一些乾的植物種子、果實、根、樹皮作成的調味料的總稱，例如胡椒、丁香、肉桂等。它們主要是用來增加食物香味，而不是提供營養，即以「植物的花、蕾、果實、種籽、葉、莖、樹皮、根，或者利用其成分達到增加香氣及風味、抑臭、著色等等效果，以促進食慾、幫助消化」，作為菜餚提味，誘人食指大動，例如中國菜、法國菜、土耳其菜等世界三大美食，皆擅以香料入味著稱，最常作為食材入菜的香料可以列出辣椒、芥末、番紅花、茴香、肉豆蔻、胡椒等等。隨著時序的發展，香料同時也運用在健康保健方面，「香料療法」的植物療法，目前在英、法、德、澳洲等國家相當盛行，例如運用在預防感冒、緩解頭痛、喉嚨痛、舒筋活血、發汗驅寒等等簡單的防治處理與強健養生功效上，現已發展為日常生活中的健康食品。此外尚運用於宗教、化妝、香氛等用途，除了實用價值外，藥用植物獨特的淡雅清香，涵蓋廣泛的植物類型，也是園藝植物中相當受歡迎的一群。

香料主要被用於為食物增加香味，而不是提供營養，在食品中一般可分為天然香料及合成香料二大類：(1)天然香料是自然界的香料，如香辛料中的胡椒、茴香、薑、肉桂、丁香等；(2)合成香料是以人工合成法製造的香氣成分，如檸檬油醛，薄荷腦，香草醛。香料很少單獨使用，大部分以數種或數十種成分調和而成，以下簡要介紹數種：

1. 花椒粒：一般買得到的是以乾燥型香料為主，在中國西北、四川一帶多以新鮮花椒粒醋漬、作醬或剁碎和麵做饅頭、麵條。花椒的樹葉用來熱炒，滋味亦相當奇特。乾燥花椒粒磨研細末，調入鹽及辣粉，用來沾煎炸的食物味道非常香麻。整粒磨研入菜，則多是快爆取香，不辣麻為調味，花椒顆粒在密封狀態下可儲放兩年之久。最佳搭配主料為肉類，常用的烹調法有煎炒、炸烤。

2.胡椒粒：主產地在印度馬來西亞，中古世紀時它的昂貴價值除了有錢幣的代用性外，亦可當成嫁妝。而在歐洲列國競逐的海權時代裏，它也是刺激發現東方航線的重要誘因之一。依成熟及烘焙度的不同而有綠色、黑色、紅色及白色四種，乾燥的四色胡椒雖風味各異，保存期限皆約兩年。最佳搭配主料為肉類，常用的烹調法有燉滷、炸烤。

3.月桂葉：和迷迭香、麝香草一樣，對食物都具有去腥防腐作用，故而在西式烹調中，常作為製作肉醬、醃漬物的添加物之用。而由於月桂葉的香氣須經過加溫泡煮後，特有的濃厚微苦香氣才會透散出來，所以一般月桂葉屬於輔佐帶味的配角，不常多放。同時，乾燥品的保存時限可長至一年半左右，再加上乾燥的月桂葉仍保有相當原質的風味，故平常家庭烹調用乾燥的月桂葉是比較方便的。最佳搭配主料為肉類、甜品，常用烹調法有燉滷、醬汁。

4.巴里西：是少數西餐香料中最為大家熟悉的，可能因為它的葉型皺縮呈捲葉狀，枝葉的質地韌實，所以多被用於裝飾盤邊。其實把巴西里的葉片拆洗乾淨後切碎加入各種醬汁或湯品中，可以有非常特

天然香料（圖為肉桂）被用來增加食物的香味而非提供營養素。

殊的點香效果。由於質地的關係，巴里西不論做乾燥或新鮮的香料都是居家生活的絕妙品。新鮮的巴里西在冰箱保鮮保存可長達十四天以上，乾燥品則約一年左右。最佳搭配主料為海鮮、肉類，常用烹調法有煎炒、醬汁。

5.九層塔、羅勒：原產於印度，為一年生直立草本，高通常三十至八十公分；上部倒生細毛，綠色或淺紫色。葉對生，卵形至卵狀長圓形，長二・五至五公分，寬一至二・五公分。野生於村落邊、路旁和曠野，也有人工栽培。亞洲、歐洲、非洲和美洲溫暖地區均有分布。臺灣因為消耗量大，多半人工栽培。主要用來當烹飪時的香料植物及藥用。自古流傳至今的印度阿輸吠陀（Ayuveda）療法中也常有使用九層塔作的精油。

6.綠薄荷：綠薄荷，包含二十五個種，其中胡椒薄荷（Peppermint）及綠薄荷（Spearmint）為最常用的種類。最早盛產於歐洲地中海地區及西亞洲一帶。主要產地為美國、西班牙、義大利、法國、英國、巴爾幹半島各國等。用途廣泛，普遍用來作為食品飲料的香料，或藥品、芳香療法的原料。

香料在飲食文化的生活中有重大影響，遠古時期沒有食物儲存技術，醃製食物是使秋天獲得的食物得以維持過冬的唯一方法，而醃製食物便需要用到香料或以香料原料製成的食品添加物，而隨著食品加工科技的精進及消費者要求高品質的量化，現在市場上早已充滿了各式各樣的天然加工食品，無論是種類或用量，愈來愈多樣性。

二、歐洲的飲食文化特色

早期歐洲的飲食文化，深受希臘和羅馬文化影響，而在1914至1945年間的歐洲飲食文化，最主要的影響為物資缺乏和飢餓，除戰爭影響

外，如政治和思想現代化、經濟面的變化、農業上的改變等等也都是影響的因素，導致餐飲業、啤酒釀造業、葡萄農業和烈酒工業陷入嚴重危機。戰後由於軍人習慣罐裝的食物，加上罐頭食品工業迅速發達，罐頭生產進入標準化且變得很便宜，使罐頭食品徹底流行。而1945到2001年間的歐洲飲食文化，由顧恩特．希旭菲爾德（Gunther Hirschfelder）於2001年在德國出版《歐洲飲食文化》一書（張志成，2009）描述為「從飢餓到『暴食潮』再回到飢餓」。「在這急劇變化的時期，物資缺乏和飢餓導致人們陷入空前困境，這不僅因為物資貧乏，還因為認同危機嚴重氾濫。這波暴食潮的特點是卡路里攝取量急劇升高以及需求對象的轉移。由於供過於求，如甘藍這類原產蔬菜、魚類罐頭和馬鈴薯價格開始下跌。這時商業利益最高的是文化價值高又符合品味理想的食物，諸如奶油、鮮奶油、酒

飲食涉及層面之廣泛，就連表演藝術都可成為飲食風情的元素。

品，而肉類是其中之最。」現代飲食文化形成過程中，所謂「旅遊潮」也有舉足輕重的地位，四處遊走讓遊客開了眼界，既看到其他文化，連帶也見識到了其他飲食文化，人們也因此接觸到異國用餐的文化特色，而歐洲每個國家都有其不同的代表菜色，各自包涵了本身的風俗民情、文化習慣及宗教信仰。

(一)法式料理

法國是愛情、時尚、美食的代稱，法國人追求一切美的事物，從精神到物質，從心靈到感官，就是這樣的生活觀下，法國料理的美名不脛而走。法國人對食物是極講究的，除了如宮廷般尊貴的法式料理，也有家常的小餐廳，一般而言，法國當地的餐廳有咖啡館、小酒館、啤酒店，及一般人們印象中的法式高級餐廳，每種餐飲各具特色，從簡易的餐點到傳統的家鄉菜、精緻的料理等無所不包。

食物的烹調與氣候及地理環境有著密切的關係，法國也一樣，北部的料理較常使用動物性奶油及鮮奶油；南部則較講究自然及健康，較常使用橄欖油；西部因臨近海洋，海鮮就成了常用的食材；東部一帶則受到德國的影響，而以捲心菜和豬肉揚名。除了以上概括性的分類外，可仔細瞭解法國各地的經典名菜，例如法國尼斯的鯷魚橄欖沙拉、馬賽的海鮮湯、里昂的焗乳酪洋蔥湯、勃艮地的烤蒜茸田螺、阿爾薩斯的酸菜什錦肉腸、普羅旺斯的田雞腿、諾曼地的烤蘋果雉雞等。

在法式料理中，奶油的應用是十分重要的，幾乎可以說法式料理有一大半的烹調會用到奶油調味。除了在食材上用心外，更為了能讓食物美味凸顯，對香辛料的運用獨到。主要的香辛料有鼠尾草、百里香、月桂葉、迷迭香、茵陳蒿、羅勒、蒔蘿、大茴香、番紅花等。講到法國的葡萄酒更是遠近馳名，不過如果將葡萄酒用於作菜上，所使用的酒都要選用不甜的，只要一般平價酒即可，無須購買上等酒。而一般紅酒搭配口味較重

法式料理中常用的香料食材：羅勒（左）、迷迭香（中）、百里香（右）。

或較粗糙的紅肉，白酒搭配口味較淡或較細緻的白肉。

■法式料理三寶

一般提到法國菜的特色，就不能不提到法國料理三寶：松露、鵝肝醬及魚子醬，這些都是極珍貴的食材。松露可分為兩種：一種是黑色的、顆粒較大、量較多，多生長在森林底下7公分的地方；另一種是白色的、顆粒較小、產量較少、價位也較高，主要產地在義大利；而野生的松露，因品質最佳，價錢自然也最貴。

鵝肝的食用可分為熱食或冷食，熱食可搭配前菜，或製成Sauce與牛排調味。冷食依法國習慣，會將鵝肝製成鵝肝醬。

魚子醬分為三個等級：(1)Beluga的顆粒大且結實，呈金灰黑色；(2)Oscietre的顆粒中等，呈淺黑色；(3)Sevruga的顆粒較小，呈黑色。

■常見的法式料理

法式松露酥皮濃湯　法式香烤羊排　法式醍魚沙朗牛排　法式薄煎餅

(二)義式料理

義大利是全世界著名的美食國家，飲食內容有葡萄酒、礦泉水、義大利乳酪、松露、義大利麵、各式海鮮、義大利麵包等等。義大利自文藝復興開始，便對烹調的技巧和材料的運用很講究，義大利菜在烹調時非常喜歡用橄欖油、大蒜、番茄及香料，炸類較少，紅燴、燒烤較多。烹調的方式通常是將材料與配料一起烹煮，非常的出味，為義大利菜的主要特色。

義大利菜因區域的不同而有不同的特色，如米蘭區域（Milano）盛產米和松露（Truffle），較有名的菜餚有米蘭豬排（Pork Scallop Milanese）、米蘭紅花燴飯（Risotto Milanese）；威尼斯（Venezia）盛產海鮮，較有名的菜餚有番茄海鮮湯（Zuppa di Pesce）和洋蔥小牛肝（Claf's Liver）；羅馬（Rome）較有名的菜餚有犢牛火腿片（Saltim Bocca Alla Romana）等；其他還有些具有國際知名度的名菜，如生醃牛肉（Carpaccio）、燜小牛蹄（Braised Ossobuco）及檸檬雞（Lemon-Chicken）等等。

義大利人對肉類的製做及加工也非常講究，冷肉製品非常適合於開胃菜和下酒佐食，起司亦是義大利人所愛，如帕美森（Ricotta）等都令人回味無窮；同時，義大利人很喜歡麵、飯類製品，單就麵、飯類製品就有約四十至五十種。例如菠菜麵片（Lasagne）、寬雞蛋麵（Tagliatelli）、義大利麵（Spaghetti）、通心麵（Macaroni）、餃子（Ravioli）和流行於世界的披薩餅（Pizza）等，尤其是披薩餅口味多種，一般常用番茄沙拉、香腸及青椒、起司等材料烘烤而成，由於盛產各式葡萄酒及水果酒，風味突出，故義大利飲酒的人士也非常多。

美食是義大利人生活的一大樂趣，義大利式的麵食（通心粉、細麵條之類）是最為流行的代表菜式，也是最經濟的食品，而最令義大利人引以為傲的是他們自認為是法國菜的鼻祖。相傳16世紀時義大利公主凱撒琳下嫁法皇亨利二世，把義大利傳統烹飪的方式帶入了法國，而法國人將兩國烹飪上的優點加以融合，逐步將其發揚光大，創造出現今最負盛名的法國菜餚。

(三)其他歐洲飲食

■比利時的飲食特色

比利時的飲食文化受到法國料理的影響。此外，東南方的華隆區（Walloon）以及法蘭德斯（Flemish）區都各自有當地人深深引以為傲的地方料理。用餐時通常先上蔬菜清湯、牛肉片或雞湯，常見的開胃菜有亞登尼斯（Ardennes）出產的火腿或是香腸、美乃滋拌海鮮、炸蝦捲，或是淋上香料醬的鰻魚。在打獵的旺季，餐桌上還會常常出現許多野生動物的料理，像是野兔、鹿肉、山豬肉等等，各地區有不同的變化。

甜點方面，亞登尼斯高地的水果拼盤、水果塔都讓人垂涎三尺，比利時的溫室葡萄也頗負盛名，林姆堡（Limburg）則是以葡萄汁醃製的梅乾出名；除此之外，比利時最為人所知的甜點當然就是巧克力。

■匈牙利的飲食特色

早期匈牙利飲食的烹調方式可從豐盛的湯中充滿穀物及以甘藍菜為主看出。早年在大遷移的年代中，遊牧成性的「馬扎爾人」曾試驗了許多不同的食物保存方法，其中還包括一項揉製麵糰的技巧，在將麵糰搓成小球之後，投入滾水中煮食，這種麵食叫做「塔合尼亞」，是由麵粉和蛋揉製成的，小圓球還可以加入豬油、洋蔥和辣椒等，使成褐色，然後配上肉類以供使用。

匈牙利食物中最為人所熟知的調味料就是辣椒。魚類、雞禽以及小牛肉等常以辣椒為調味料，並佐以酸酪醬的菜，其他牛、羊、豬肉和含脂肪較多的鵝肉或鴨肉等，則較少使用辣椒作為調味。匈牙利的名菜古爾

亞斯，便是在肉湯中或是在放了洋蔥及小馬鈴薯的燉肉中，加上許多辣椒，為最著名的匈牙利特殊飲食。（黃仲正，1991）

■瑞典的飲食特色

瑞典不像義大利或法國擁有美食聲譽，卻擁有很精緻的食物。瑞典人最喜愛的肉食類是山林中獵取的馴鹿及鳥獸等。由於北歐地區臨海，魚產也是瑞典人日常生活中不可或缺的食材。瑞典在國際間最為著名的宴會為「自助大餐」，這種餐會的形式是將酒菜放在一張張桌上供人食用。若在8月前往瑞典觀光，可能有幸參加他們的螯蟹宴會。這些鮮美海產貝類的煮法，是在水中加入蒔蘿香料、鹽和糖，一起放進去煮，煮好之後冷卻，隔天再拿出來吃，吃的時候配以熱牛奶土司麵包、香菜乾酪，以及杜松子酒和啤酒一起進食。

■波蘭的飲食特色

波蘭的菜色相當豐富，每逢重要的宗教節慶，總要享受一頓典型的餐會。餐宴中先上一道紅甜菜湯，接著鯉魚或梭子魚是第二道菜，第三道則為麵食，加糖烤製或是以家中栽種香草調味，別有一番風味。而波蘭最有名的名菜為酸白菜燴肉與波蘭牛排（灑麵包粉的肉排），酸白菜燴肉是道泡白菜加肉類的飯食，早期均以此法煮食新鮮的獵物，今天則以牛肉或豬肉為主。

(四)土耳其料理

土耳其料理因種類豐富、烹調特別、味道鮮美，而被稱之為「東方的法國料理」（土耳其是一個在地理位置上橫跨歐亞兩洲的國家，故有東方的法國料理之稱）。土耳其料理上最講究的就是魚，將急速冷凍的作業方式稱為「冰鮮」。土耳其的魚基本是野生的，且以海魚為主，吃起來口感很好，如香煎小香魚、油煎比目魚、鮮烤鱸魚，或濃湯慢燉。其特色菜是烤鍋蓋魚，這種魚圓圓扁扁的，富含膠質、口感鮮美。鹽魚也很有滋味，一般會用鱸魚為原料，鹽魚的作法是先用厚厚的一層鹽把魚包起來，放到火裏烤，烤好後端上來，澆上酒精，用打火機點着，此時整個餐館的氣氛會為之一振。由於魚本身不沾火，故魚肉鮮嫩無比。

土耳其的烤肉可謂名傳海外。它是用羊肉或雞肉一塊塊地壓緊壓實，再用鐵籤串住，在火爐邊上轉著慢慢烤，面上的熟肉用一把鋒利的長條刀一片一片地片下來，放在炒米飯上或餅上吃。東南部的伊斯坎代人將其澆上特殊的番茄汁和橄欖油，就成了著名的伊斯坎代烤肉。

烤肉搭配最多的飲料是酸奶。英語裏的酸奶其實是從土語而來，稠的叫Yogurt（酸奶酪）、稀的叫Ayran（酸奶汁）；前者用來拌菜，後者則為飲料。土耳其酸奶之多，在餐飲中應用之廣，可謂舉世無雙。

(五)中南美洲料理

中南美洲由於地理位置、氣候以及物產的因素，世界上主要作物均發源於此，例如玉米、馬鈴薯、甘蔗等等；之後由於地理大發現與殖民文化的影響，現在的餐飲或多或少受到衝擊與影響。以下除簡述中南美洲的料理特色外，尚介紹墨西哥料理的特色。（劉廷祖，1991）

中南美洲這些國家的主食通常以玉米為主。瓜地馬拉人主食是玉米餅、黑豆、芭蕉及肉類；巴拿馬人以稻米為主食，口味普遍偏重，餐飲及點心均較鹹或較甜；巴西的菜餚受葡萄牙人和非洲後裔的影響，主食是米、黑豆和樹薯粉，搭配牛、雞或魚肉，以巴西傳統的地方菜餚"Feijoada"為例，即以牛肉乾、香腸、鹹豬肉和黑豆加上一些香料調味，入鍋烹煮熟了之後，撒上樹薯粉，拌入包心菜食用；而巴西炭烤，也是當地人喜歡的食物之一，通常會配上豆類、米飯及蔬菜一起食用。

墨西哥料理深受美洲印第安人、西班牙人和法國人的影響，玉米薄餅是餐餐不可或缺的主食，即使是國宴也是一盤盤玉米美食。一張玉米麵餅，經過炸、烤等各種烘焙形式就可變化出不同的花樣，如硬塔可餅、軟塔可餅、法士達、墨西哥烤起士三明治、玉米脆片等等，其中法士達是將牛腰肉或雞肉炒洋蔥、辣椒及青、紅椒等佐料，再依個人口味沾莎莎醬或是起士及美乃滋等調味的美食，如果真的要吃法士達，建議吃牛腰肉，因為"Fajitas"（法士達）這個名字就是來自於西班牙字的"Faja"，即「牛腰肉」的意思。

口味獨特的沾醬是墨西哥美食中不可少的重要佐料：莎莎醬、酪梨醬、豆泥醬等。墨西哥調味料裏充滿著番茄、洋蔥、各式香料及多種辣椒，取代我們平常使用的鹽與糖，創造出強烈豐富且自然的口感。莎莎醬是以番茄為主要食材，因為墨西哥的番茄產量多，將番茄、洋蔥、蒜、綠辣椒加入少許的檸檬汁，就成為墨西哥菜餚中的傳統口味；另外，每年的8、9月是酪梨的盛產期，將酪梨攪碎，加入墨西哥辣椒、蒜、糖、鹽等，就成了健康好吃的酪梨醬，味道獨特清香。當然，象徵墨西哥代表的墨西哥沙拉中的豆泥醬也是不可忽略的食材，它是墨西哥才有的食物，含有微微的奶香，其中包含的成分有大紅豆、花豆、起司、黑豆、洋蔥、橄欖油、酪梨醬、切丁黑橄欖、酸奶酪、番茄、鹽與奶油。

最後值得一提的是，墨西哥菜中，豬油扮演了極重要的角色，許多菜若不用豬油製作就會失去原有的風味；橄欖油的使用也很頻繁，橄欖油可以直接刷在軟塔可餅上食用，或是拌入莎莎醬中增加風味。

Chapter 6

世界建築與旅遊文化觀光

- 建築概論
- 東方建築與文化觀光
- 西方建築與文化觀光
- 宗教建築與文化觀光

第一節　建築概論

建築藝術是旅遊過程中，第一個對遊客造成視覺衝擊的文明產物。透過建築三度空間的展現，人們可以瞭解千年來人類文明的演進，而透過建築的結構與型式，也可以去發現或探討不同民族對於建築思考的模式。建築除受地理自然環境影響外，社會經濟條件、宗教傳統思想、殖民文化衝擊等，均決定了建築的發展與獨特性。本章分別探討東方建築、西方建築與宗教建築，概略性的敘述發展沿革、風格、都市、古蹟、庭園、特殊建築等等。

一、世界建築的發展

建築發展始於文明之初，隨著地域、種族、氣候、信仰、生活方式不同，逐漸發展出屬於文明的脈絡，然後透過戰爭、交流、傳播，形成各種建築特色。原始社會是人類社會發展的第一階段，原始人在與自然抗爭的過程中選擇了巢居或住在天然洞穴，而隨著工具發明與農業起源，開始了定居與村落的形成。

埃及文明在公元前近三千年的歷史裏，創造出金字塔、方尖碑、神殿等巨型建築，方石、圓柱、軸線式設計的神殿建築開啟世界建築的先河，緊接著地中海另一端的古希臘文明興起。

愛琴海是歐洲文明的起源，接下來的兩千多年，歐洲建築領導了世界潮流，從古希臘、古羅馬，到基督教興起之後，基督教文明主宰整個歐洲建築、繪畫、音樂藝術的發展，世界各大文明中，唯獨歐洲建築具有清楚的發展脈絡，古典時期、拜占庭時期、仿羅馬式、哥德式、文藝復興式、巴洛克式、洛可可式、古典主義、歷史主義、新藝術、當代建築……每個時期的風格形式都有一套清楚完整的論述。16世紀之後，隨著地理大發現，帝國殖民主義興起，歐洲文明所主導的風格傳遍全球，成為世界建築的主流。

除了基督教文明，以宗教信仰為前提發展出來的建築藝術還包括了印度教、佛教、伊斯蘭教。佛教發展於西元前6世紀，伊斯蘭教則直到西元7世紀才誕生，兩者的建築形式各自融合了印度次大陸以及西亞近東地區的風土文化。既是宗教建築，信徒祭祀及朝拜的寺廟和清真寺，自然也就成為這兩大文明建築的代表。

中國建築在世界建築藝術中自成一格，以木構框架為主要承重體系，屋頂形式複雜多變，不強調突出單體，而以建築的排列組合、實體和空間相互搭配取勝，不求高聳，而是橫向層層向外開展。日本建築承襲自中國，同樣屬於整個東方建築藝術體系。

美洲建築也是獨自發展，和埃及不約而同都產生了金字塔形狀的建築，只是一個是皇室的陵墓，一個則主要作為宗教獻祭之用，金字塔頂端還蓋了神廟。

公元三千年前，埃及以金字塔、神殿、方石、圓柱等巨型神殿建築設計，開啟了世界建築先河。

二、聚落發展的影響因素

聚落是人類生活表現的場所，聚落的位置是形成聚落分布現象的主因，亦即聚落位置所處條件的差異與變化，可以產生分布的各種特性。聚落的地理位置其選擇深受地理條件的影響，尤其是地形、氣候、水利等，例如早期聚落多喜歡挑選容易得到水，且少災害、風勢不強、日照較多等條件的地點，一般觀光旅遊時可以用小地形與微氣候的角度觀察。不過聚落的位置不僅包括自然的意義，也應兼具社會經濟背景的人文條件，茲將影響聚落之自然環境與社會環境分述於後。

(一)自然環境

人類生存於不同的空間，對自然環境的依賴與適應程度會因地制宜，因此各地的不同聚落也會因環境而異，主要包括：(1)氣候：日射與

聚落的發展與氣候、地形有著密切的關係，同時城市文明也因聚落的發展而產生不同的面貌。

日照、氣溫、降雨量、風等因素；(2)地形：會因交通是否便捷、取水是否方便及安全問題等，發展出不同形式的聚落。例如防禦性城寨聚落、丘陵地區聚落、平原聚落、谷口與山口聚落、宗教聚落、礦業聚落、河口聚落、沿岸聚落、綠洲聚落等。

(二)社會經濟環境

社會經濟環境受到經濟條件、交通路線、軍政需要、宗教活動等因素所影響，其中以宗教活動的影響最為明顯。

三、影響建築構建的環境因子

建築之始，產生於人類為求遮蔽風雨、寒冷、燠熱的棲息之所，因此古代各原始建築，不論埃及、巴比倫、美洲及中國各地，均依各自的環境條件築構房舍，以適應當時生活需要。一地之房屋構築與當地之氣候、物產材料之供給、該地之風俗、思想制度、政治經濟等有關，更隨其當代之藝文、技巧、知識發明而改變。

(一)建築材料

走入一個地區觀光，常可發現同一地區的房屋格式和內部構造皆相似，這可顯示出當地之特有風格，除緣於風土民情外，還受建築材料係就地取材，致建築樣式常隨各地域自然環境之不同而產生差異。如極地氣候區多冰屋、熱帶氣候區多草屋、溫帶氣候區多磚屋、高緯森林區多木屋、環地中海區多石屋、山地丘陵區多石屋、乾燥地區多獸皮屋。早期建物受上述原因影響較為顯著，近期因科技進步、交通發達，且近代建材以鋼筋、混凝土為材料，區域特徵較不明顯。

(二)房屋型態

房屋的形狀各地都不太一樣，針對土地的自然條件，設計出最適合居住的房子，因此房屋的形狀千變萬化，茲以雨量、溫度、建材之差異分別加以說明：

1.雨量：房屋外表係由屋頂、牆壁、門窗所構成。一般而言，濕潤氣候區屋頂多採傾斜式，乾燥地區多用平頂。

2.溫度：在氣溫高、濕度大，又有野獸侵襲的危險地帶，人們會把地板架高，蓋在樹上或水上；在寒冷地方的房子，通常窗戶會用兩層或三層以防風寒，也可見到大暖爐和壁爐。

3.建材：房屋之建材亦影響房屋型式，如地中海東南部之圓屋頂，大多使用石材；尤其是義大利和希臘有許多大理石，所以自古即用石頭來建造房屋及神殿等；中國使用木材，大多為棟樑屋頂；方錐狀

環地中海區每多石屋，如希臘多大理石，其房屋、神殿自古即用石頭建造。

屋頂見於帳篷，至於磚土屋盛行於埃及與撒哈拉地方，因為高地無森林，僅能燒土成磚，且磚土房不怕雨又不怕熱，比木屋還堅固。

第二節　東方建築與文化觀光

一、中國建築

中國（傳統）建築一般指漢式建築，以斗拱和屋簷為最大特點，再配以歷史人文風情濃厚的園林、庭院，展現文人雅仕的品味。中國由於幅員遼闊，氣候、人文、地質等條件各不相同，形成了各具特色的建築風格，例如南方的干闌式建築、西北的窯洞建築、遊牧民族的氈包建築、北方的四合院建築等等。也由於具有悠久的歷史發展，再加上古代建築大多為土木結構建築，難以長時間保存，相當的可惜。

(一)中國的木構建築

中國的傳統建築以木結構為主，以特殊的框架，以及斗拱卡榫的接合方式構築出建築的特色，以早期作為祭典儀式之處的壇與廟最具代表性。壇與廟在建築的形式上不同，壇是露祭之所，儀式是在露天舉行，平地上建平面圓形或方形的平臺，稱為壇；廟祭的場所在室內，有房屋建築，稱之為廟。

■北京天壇

天壇為明清時期皇帝祭天之處，是現存中國古代規模最大、倫理等級最高的祭祀建築群。平面北牆呈圓形，南為方形，象徵天圓地方。天壇布局嚴謹，建築結構獨特，裝飾瑰麗，巧妙地運用了力學、聲學和幾何學等原理，具有較高的歷史、科學和文化價值，在中國建築史上占有重要的

天壇位於北京市東城區，是明清兩朝帝王祭天、祈穀和祈雨的場所，是現存中國古代規模最大、倫理等級最高的祭祀建築群。

地位。

天壇有兩重垣，形成內外壇，主要建築有祈年殿、皇穹宇、圜丘。垣內滿植柏樹，分兩組祭壇：祈谷的祈年殿和郊天的圜丘，兩組各有自己的配殿。祈年殿立於三層漢白玉須彌座臺基上，底層徑約九十公尺，殿身高三十八公尺；平面正圓形，上為三重檐圓形攢尖頂；外檐柱十二根，是古代最隆重的祭祀建築——明堂的建制：上為三重青色琉璃瓦檐，頂尖以鎏金寶頂結束，檐下彩繪金碧輝煌；圜丘是祭天之所，是祭祀中最高層級。天壇現存為乾隆用艾葉青（漢白玉最高級品種）鋪面砌石；重建的結果是壇三層，上層徑二十六公尺餘，底層徑五十五公尺。天為陽性，故一切尺寸、石料件數，均須陽（奇）數，而明代舊壇尺寸僅及現狀一半。

■ 太廟

太廟占地約十六萬五千平方公尺，本身由高達九公尺的厚重牆垣圍繞，封閉性很強，南牆正中闢券門三道，用琉璃鑲貼，下為白石須彌座；入口處有小河，建五座小橋；再北為太廟戟門，五間單檐廡殿，屋頂平緩，翼角舒展，留有明代規制。入戟門為廣庭，北上為太廟正殿，原有九間，清代改為十一間重檐廡殿（傳統建築的屋頂形式，為屋頂建築式樣中的最高等級，僅宮殿及寺廟得以使用），與太和殿同屬第一級。殿內列皇帝祖先牌位（神主），置龍椅上，代表生人；寢宮以北，用牆垣隔出一區為「祧廟」，用以放置與在位皇帝關係較遠的祖先神主；正殿前東西廡列功臣牌位，祭祀時用為陪祀。整個太廟建築群，基本為明嘉靖年間重建規模，為研究明代建築群整體組合造型處理的良好典型。

■孔廟

山東曲阜的孔廟為歷代皇帝祭孔之處，禮制為全國之冠。孔廟範圍屬長方形，南北六百公尺，東西一百四十五公尺，全廟由南而北，以垣牆廊廡分為八進。前三進為引導部分，布置牌坊和欞星門，由欞星門至

欞星門是中國傳統建築中「門」的一種形式，孔廟建築中軸線上的第一座門便是欞星門，傳說欞星是天上的文星，又稱文曲星，把孔子比作文曲星，因此得名。也有說欞星門指的就是天門，所以宮室、祭祀建築（如天壇，社稷壇）壇廟和陵寢建築也都設有欞星門。

大中門，為孔廟前奏；大中門起始為孔廟本身，有長方平面的院牆，四角置角樓，近似宮禁制度。再往內走為宏偉的奎文閣，建於明弘治十七年（1504年），奎文閣後即為孔廟主體建築：大成門和大成殿一組。大成殿於明代重建，清雍正三年（1725年）再建，遂成今狀。殿為重檐歇山九間，黃色琉璃色，僅次於最高級，相當於故宮保和殿的規制。實測尺寸為殿內地面至正脊上皮二十四・八公尺、面闊四十五・七八公尺、進深二十四・八九公尺。殿的外檐柱均用石料琢成，為明代遺物。正面一列十柱雕盤龍，其他檐柱八稜線刻雲龍。殿內為楠木柱，天花錯金裝龍；中央藻井蟠龍含珠，如太和殿形式。

(二)中國的歷史古都

在中國歷史上，很多城市都曾經成為過中國的首都，明末顧炎武在《歷代帝王宅京記》中將南京、西安、洛陽和開封並稱為「四大古都」，是公眾認知度最高的說法。隨後也有「五大古都（西安、南京、洛陽、北京、開封）或六大古都的說法（將杭州納入），一直到2010年，由中國古都學會認定了九大古都之說：西安、洛陽、南京、北京、開封、杭州、安陽、鄭州、大同。對於中國的古都，目前以「四大古都」和「九大古都」的說法最為流行。以下介紹最為人所熟知的六大古都。

■北京

北京位於華北平原北端，東南和天津市相接，是一座有三千多年歷史、八百五十多年建都史的文化名城，歷史上共有五個王朝曾在此定都。除了是中國的政治、文化中心及中國北方的經濟中心，同時也是中國最大的陸空交通中樞。北京薈萃了近代的中華文化，擁有保存得最完整的帝王宮殿建築群，以及許多歷史古蹟、古寺古殿、園林建築等等。北京還有不少古官宦府第、四合院，以及古街、胡同等，可說是中國傳統建築的總匯。元、明、清三代曾建都北京。

位於北京市中心的天安門廣場，是全世界最大的城市廣場，因位於明清故宮皇城的南門——天安門外而得名。

■西安

古都西安位於黃河流域的關中平原的中部，南依秦嶺，北臨渭河，是中華民族的重要發祥地，也是整個亞洲最重要的人類起源地和史前文化中心之一。歷史上先後有西周、秦、西漢、新莽、東漢、西晉、前趙、前秦、後秦、西魏、北周、隋、唐等十三個王朝在西安建都。西安是世界著名古都，也是絲綢之路的起點，而絲綢之路如今已成為溝通中外交往的交通大道，是一條文明之路、友誼之路、商貿之路和文化旅遊之路。

■南京

南京位於江蘇省西部，東依寧鎮山脈，簡稱「寧」，別名「金陵」，現為江蘇省省會，是長江下游西部的中心城市。南京曾歷六朝興替，三國東吳定都於此，名為建業；之後的東晉、南朝（宋、齊、梁、陳）和南唐、明初與太平天國、中華民國皆建都南京，歷盡許多王朝的輪替；明初，南京以巍巍城垣顯示了泱泱大國之風；晚清，則成為近代中國第一個不平等條約的名字；抗日戰爭，日軍在這裏留下人類歷史上最野

巒、最血腥的一頁……。

南京是一座充滿著故事的古都，熟悉過往史實的遊客來此一遊或許會有一幕幕劇碼在腦海中閃過。其中較具代表性的古蹟是靈谷寺無量殿，為南京市紫金山南麓靈谷公園內的一座明代建築，建於洪武十四年（1381年），原為靈谷寺內供奉無量壽佛的無量殿，因為整座建築採用磚砌拱券結構、不設木樑，殿內全用大磚砌成，因此又稱「無梁殿」，殿高二十二公尺、寬五十三・八公尺、縱深三十七・八五公尺，分作五楹，是中國現存最大的一座無梁殿。

■ 洛陽

洛陽位於河南省西部、黃河中游南岸，因處洛水之北，故稱洛陽。洛陽自夏朝開始即開始製造青銅器，盛於西周，洛陽夏文化遺址中，不僅出土有製作精美的青銅器，還發現有青銅作坊。從東周平王遷都洛陽之後，東漢、曹魏、西晉、北魏、隋、唐、後梁、後唐等都曾建都洛陽，共計九百三十四年，所以洛陽又有「九朝名都」之稱。曾有墨客騷人雲集，有「詩都」之稱，因牡丹香氣四溢，又有「花都」的美譽。建築古蹟代表有白馬寺、風穴寺。風穴寺景點星羅棋布，主要有八大景、七十二小景，寺內現存唐朝至清朝的歷代古建築一百四十餘間；有譽為「中原第一鐘」的宋代大鐵鐘，重九千九百九十九斤，造型古樸，其聲渾厚；另有罕見的元代羅漢殿、金代中佛殿，歷代墓塔一百五十座，僅次於少林寺。

■ 開封

開封古稱汴梁、汴京，位於河南省東部黃河南岸，鄭州東約八十公里，是沿歐亞大陸橋內陸雙向對外開放中心城市之一。戰國的魏，五代的後梁、後晉、後漢、後周及北宋、金，都相繼以此為國都，使開封有「七朝古都」之稱。建築古蹟代表有相國寺、清明上河園等。相國寺殿內置一尊高約七公尺的木雕四面千手千眼觀音巨像。相傳為一棵銀杏所

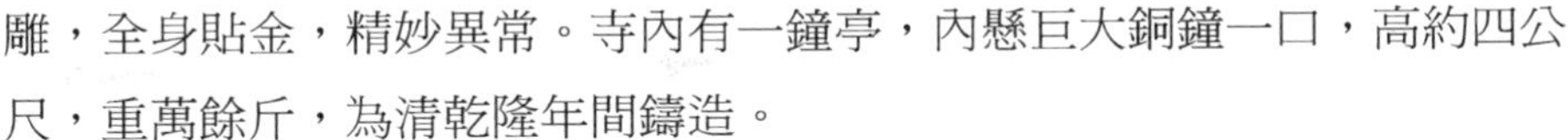

雕，全身貼金，精妙異常。寺內有一鐘亭，內懸巨大銅鐘一口，高約四公尺，重萬餘斤，為清乾隆年間鑄造。

■杭州

杭州位於浙江省北部，錢塘江下遊北岸，京杭大運河的南端，為浙江省省會，是全省政治、經濟、文化中心和交通樞紐。五代吳越和南宋兩代建都，歷時二百多年，是杭州發展史上的鼎盛時期。建築古蹟代表有六和塔、靈隱寺。現在的六和塔磚構的塔身重建於南宋紹興二十六年（1156年），外部木檐於光緒二十六年（1900年）改建；今塔高五十九・八九公尺，每層中心都有小室；磚構塔身的柱子和斗拱等均仿木構建築形式。四周廊子鋪有踏磴，可通頂層。每層廊子兩側都有門，內通小室，外通檐廊。塔內所有須彌座上，有磚雕神人、飛天、花卉、鳥獸等圖案，精緻生動，塔的飛檐翹角上還掛有一百零四個大鐵鈴。

(三)中國的佛教建築——石窟

石窟寺是佛教建築的一種，在河畔山崖開鑿而成，許多石窟寺洞密集，而有千佛洞之稱。中國石窟的開鑿約始於西元3世紀，盛於第5至第8世紀，最晚則為16世紀。石窟所呈現的摩崖造像（以石刻為主要內容的佛教造像）、雕塑、壁畫等等，不僅可瞭解佛教東傳的歷史軌跡，更是建築藝術史上無價的瑰寶。

佛教建築中的摩崖造像、雕塑、壁畫等等，是建築史上極具價值的產物。（圖片取自各大旅遊型錄）

■大同雲崗石窟

雲崗石窟始建於北魏文成帝興安二年（453年）至孝文帝太和十八年（494年），歷四十年完成，由當時的佛教高僧曇曜奉旨開鑿。整個石窟分為東、中、西三部分，東部的石窟多以造塔為主，故又稱塔洞；中部石窟皆分前後兩室，主佛居中，洞壁及洞頂布滿浮雕；西部石窟以中小窟和補刻的小龕為最多，修建的時代略晚，大多是北魏遷都洛陽後的作品。

石窟雕塑的各種宗教人物形象神態各異，在雕造技法上，繼承和發展了秦漢時期藝術的優良傳統，又吸收了犍陀羅（Gandhara）藝術，創建出雲岡獨特的藝術風格。佛像的型態，神采動人，有的居中正坐，栩栩如生，或擊鼓或敲鐘，或手捧短笛或載歌載舞，或懷抱琵琶，面向遊人。這些佛像，飛天（即石窟中的飛天女神），供養人（即出資或雕刻佛像者）面目、身上、衣紋上，留有古代人們的智慧成果。許多佛像與樂伎刻像，明顯地流露出波斯色彩，融合了印度犍陀羅藝術及波斯藝術的精華。

■洛陽龍門石窟

龍門石窟始開鑿於北魏孝文帝遷都洛陽（西元494年）前後，後來，歷經東西魏、齊、北周，到隋唐至宋等朝代又大規模營造達四百餘年之久。龍門石窟密布於伊水兩岸峭壁上，南北長達一公里，共有九萬七千餘尊佛像，一千三百多個石窟。現存窟龕二千三百四十五個，題記和碑刻三千六百多個，佛塔五十幾座，造像十萬餘尊。其中最大的佛像高達十七・一四公尺，最小僅只二公分。賓陽洞是龍門石窟中著名的洞窟，前後花了二十四年才完成，是開鑿時間最長的一個洞窟。洞內有十一尊大佛像。主像釋迦牟尼佛像，高鼻大眼、體態端祥，左右二邊有弟子、菩薩侍立，佛和菩薩面相清瘦，目大頸平，衣錦紋理周密刻劃，有明顯西域藝術痕跡。

奉先寺是龍門石窟中最大的一個石窟，長寬各三十餘公尺。據碑文記載，洞中佛像明顯體現了唐代佛像的藝術特點，面形豐肥、兩耳下垂，體態圓滿、安詳、溫存、親切，極為動人。

■甘肅麥積山石窟

建於後秦（西元384至417年），大興於北魏明元帝、太武帝時期。西魏文帝時，再修崖閣，重興寺宇。洞窟增至二百零九個，其中有從4世紀到19世紀以來的歷代精美石雕，泥塑七千多身，壁畫一千三百多平方公尺。麥積山的洞窟很多為別具風格的崖閣，東崖泥塑大佛頭上十五公尺高處的七佛閣，是中國典型的漢式崖閣建築，建在離地面五十公尺以上的峭壁上，開鑿於公元6世紀中葉。麥積山石窟雖以泥塑為主，但也有一定數量的石雕和壁畫。麥積山高一百五十餘公尺，龕窟大都開鑿於二十至三十公尺，乃至七十到八十公尺高的懸崖峭壁之間，其驚險陡峭居現存石窟之首。石窟由於歷代的增修，因此風格各有不同，北魏清逸、隋唐豐滿，呈現出造型藝術發展的鮮明軌跡，被譽為東方雕塑之宮。

麥積山石窟，大的高達十五公尺多，小的僅二十多公分，體現了千年來各個時代塑像的特點，也反映了我國泥塑藝術發展和演變過程。塑像有兩大明顯特點：強烈的民族意識和世俗化的趨向。除早期作品外，從北魏塑像開始，差不多所有的佛像都是俯首下視的體態，都有和藹可親的面容，雖是天堂的神卻像世俗的人。從塑像的體形和服飾觀察，已逐漸擺脫外來藝術的影響。

■敦煌莫高窟石窟

莫高窟位於敦煌市東南鳴沙山東麓的斷崖上。始建於東晉太和元年，建造了第一個石窟。消息傳開後，商旅紛紛差使在此修建石窟以求旅途平安。此種情況延續到元代，千年間不斷有人在敦煌開鑿石窟，據一些古書記載，石窟數量達千餘個。現存莫高窟就有七百多個，隨著日後考古工作的發掘，數字不斷增加，現存的四百九十二個洞窟中，塑像二千尊以上，其中最大者三十三公尺，最小者僅十公分，保存著十六國等時期的壁畫四萬五千多平方公尺，若把這些壁畫以一平方公尺橫向排列，長度可達五公里，是一座博大精美、無可比擬的歷史畫廊，所以人們喜歡把莫高窟比作牆壁上的圖書館。另外，莫高窟曾於1900年發現藏經洞，保存了4至11世紀的佛教經典、經濟文書、文學、科技、史地資料，以及帛畫、紙畫、織染刺繡等文物五萬餘件。只可惜由於民國初年政局不穩與戰亂，敦煌莫高窟的文物被掠奪，四處散佚，目前許多重要的文物均被保存在世界各國的博物館。

(四)中國的園林建築

中國園林大約可追溯到三千年以前，開始於封建社會經濟已相當發達的殷商時期，由於園林藝術是高度發展的藝術，所以只有當社會發展到一定階段時，才會產生供人遊憩享受的園林。

基本上中國的園林大致可分北方園林（皇家園林）與江南園林（私家園林）兩種。皇家園林面積較江南園林大，是以真山真水，崇樓偉閣創造開闊和宏麗的景觀，且集中於北京，最具代表性的有避暑山莊、頤和園等；江南私家園林則是在有限的土地上，用人工營造出山水的真意，造園者每每挖盡心思，含蓄地去創造園林藝術的意境。

■頤和園

頤和園為世界上最壯闊的皇家園林，位於北京西郊的西山腳下海淀一帶，從11世紀起，這裏就開始營建皇家園林，到八百年後清朝結束時，園林總面積達一千多公頃，如此大面積的皇家園林可說是世間罕見。頤和園中的主體建築是萬壽山上的佛香閣。佛香閣建築在高二十一公尺的方形臺基上；閣高四十公尺，有八個面、三層樓、四重屋檐；閣內有八根巨大木柱，結構相當複雜，為古典建築精品。另外，迴廊和角亭建築也是園林

江南私家園林善於用人工營造出山水的意境。

的常用形式。頤和園的長廊長約七百二十八公尺，為世界長廊之最。廊上繪有圖畫一萬四千餘幅，均為傳統故事或花鳥魚蟲。此外，萬壽山頂的無梁殿，全用磚石砌成拱頂，沒有一根支撐物，技術水平極高，體現出的鑄造雕刻技術也是一流水平。中國園林藝術風格，無論從保存歷史文物，或發展優秀的傳統園林藝術來說，都是一份極寶貴的文化遺產。

■拙政園

拙政園位於蘇州，唐朝時是陸家舊宅，元時改為太宏寺，明時御史王獻臣利用此址闢地改建拙政園，是蘇州面積最大，也是明代最富江南特色的典型園林。面積六十二畝，園內有三十一景，風格富麗堂皇，而又洋溢著詩情畫意，是一座大觀園式的秀麗園林。總體布局以水池為中心，分東、中、西三部分，主要建築臨水而建，將建築以山石花木與水配合，突出「水」這一主題，充分表現「水鄉園林」的特色。東園「歸田園」可說是整個園景的一個序幕，是明侍郎王心一所築；中園「拙政園」為全園精華所在，主建築為遠香堂，是蘇州園林中最典型的四面廳，室內沒有阻礙視線的柱子，長窗透空，環視四面景物，如同觀賞長幅畫卷。次要景點如見山樓、荷風四面亭、梧竹幽居、北寺塔等。由中部過「別有洞天門」即為西部，稱「補園」，也是以水池為中心，以三十六鴛鴦館和十八曼陀羅花館為主體建築，是當年園主宴賓和聽曲的地方，前者供夏日觀賞荷花和鴛鴦之用，後者供冬末春初欣賞山茶花（即曼陀羅花）之用。沿西園與東園的界牆，設有波形廊，以柱列為基礎，貼水而築，稱波形長廊。其他景點尚有如與誰同坐軒、宜兩亭、影亭等。

■網師園

網師園，建於南宋時期（1127至1279年），原本為名叫「漁隱」的小型私人花園，經多次修建，清朝乾隆時期改名為網師園，1997年被列為世界文化遺產。網師園是座私人宅園，東南部為宅院，西北部則為園林，東北部為閱覽書畫之所。園中央為一泓方形水池，池面有亭，名「月到風來」，取韓愈詩：「晚色將秋至，長風送月來」，造型嬌小玲瓏，建於水崖高處，園中之景四處皆可望到，且四周的天光、山色、屋廊、樹影倒映池中，是極好的賞景所在。其他重要景點如「小山叢桂軒」，叢叢花木與疊石，其間多桂樹，寧靜安適，曲折有致，尤其金秋時節，山幽桂馥，香藏不散，更是別有一番情趣。「殿春簃」為網師園的一景，是月到風來亭和看松讀畫軒之間廊牆以西的園中別院，四周種有松、梅、榆、楓，隱於窗後，微陽淡抹，淺畫成圖。逗留院北屋中，不但無拘束之感，還可從東牆漏窗中，借得院東園林之景，幽雅自得。美國紐約大都會博物館曾據此為範本，建造中國式庭園，稱為「明軒」，更使「殿春簃」聞名於世。

(五)中國的特色建築

中國幅園廣大，建築的樣式除受自然環境因素以及材料限制外；許多地方的建築也因風土民情、傳統思想或宗教影響而呈現不同的風貌，也由於部分城市在近代史上曾經淪為其他國家的殖民地，也使建築風格上融有歐洲的風貌。

■黃土高原西北建築——窯洞

窯洞，也作窰洞，主要特點是頂上覆土，內部下面方型上面拱型（應「天圓地方」之說）。多數後面比前面稍窄，呈喇叭形，是中國西北黃土高原上居民的古老居住形式，歷史可追溯到四千多年前。窯洞廣泛分布於黃土高原的山西、陝西、河南、河北、內蒙古、甘肅等等。由於黃土高原氣候乾燥，雨量少，地形上黃土層堆積甚厚，有的高達二、三公尺；在重力作用壓迫下，土層之間的壓密度非常緊密，不易崩塌，所以當地居民以此為房屋建材。窯洞建築形式分成三種：

1.靠山式（靠崖式）：在陡峭的石壁下鑿成的稱為「石窯」，也就是在崖壁上挖孔形成居室；在壁立的黃土層下鑿成的則稱為「土窯」。窯洞一般作狹長狀，寬二至三公尺左右，深可達四至八公尺，高二至三公尺之間，一般只一室，但亦有挖一排窯洞，內可互通。

2.下沉式（天井窯）：在平地挖一個長方形深坑，多作南北向以收陽光，是在深厚的山崗上開掘方形或長方形的天井院，從地面有隧道或臺階可通往天井內。沿院子四面開鑿若干窯洞。

3.獨立式（當地人稱之為「鼓窯」）：在院子的平地上用磚砌成窯，為普通的房屋與窯洞的混合體，是一種掩土的拱形房屋，有土墼、土坯拱成，也有的是磚拱、石拱的，這種無需靠山、靠崖能自身獨立，又兼具了窯洞的優點。

因應自然環境興建的窯洞建築，室內維持溫度在攝氏十度到二十度之間，溼度在30%到75%的範圍內；冬天，窯洞的氣溫比室外高十三度左右，夏天則比室外低十度左右，非常適合人居住。同時，屋頂採取單面向院內流水的形式，幅度較大。一般家庭沒有床，置睡炕，利用黃土摻和麥筧在窯洞砌成平臺，平臺下有空洞，與灶相連取暖的，叫「寄生炕」（由炕眼直接燒柴草取暖稱為「火炕」），做飯時燒火，餘火流入炕中，一火兩用十分節約、方便。窯洞可防火、防風、防空、防噪音、防泥流，住起來冬暖夏涼，是因地制宜的完美建築形式。

■徽派建築

徽派民居是指古徽州地區的民宅，主要位於皖南贛東北的山區、丘陵之中，由於地形高低不一，因此民居建築常沿著地面等高線排列在山腰、山腳、山麓，村鎮隨著地形和道路發展，形狀並不規則。徽派建築特色為民居四周均有高牆圍起，並加築防火牆。白色外牆上除了大門之外，只開少數的小窗，窗子通常用水磨磚或黑色青石雕砌成各式各樣的漏窗。階梯式山牆高出屋面，有些牆頭有捲草、如意圖等。大門一般很講究，代表主人的地位等級，有的大門由正門與兩個邊門組成，並砌有門樓、門罩，極有氣魄。徽派民居一般均為大宅，以三合院或四合院最為普遍。房屋多為兩層或三層磚木結構，多為方形，布局緊湊，二樓裝潢多採「跑馬樓」形式，在柱子外側周圍裝有華美雕刻的木欄杆，欄杆上還設置帶有精美扶手的飛來椅，稱美人靠。徽派民居注重裝飾，門樓上的磚、石雕刻、窗扇、欄杆、欄板等處的木雕，漏窗、天井、石欄等處的石雕，還有彩畫等，都是出色的裝飾。近年中國將幾棟具代表性的民居遷建於潛口，定名「潛口明宅」，作為重點文物保護，被譽為「明、清民居博物館」。

■土樓

福建土樓包括閩南土樓和一部分客家土樓，主要分布地區以中國福建西南山區，客家人和閩南人聚居的福建、江西、廣東三省交界地帶，通常是指閩西南獨有，以土、木、石、竹為主要建築材料，利用不加工的生土，夯築承重生土牆壁所構成的群居和防衛合一的大型樓房。福建土樓是世界大型民居形式，產生於宋、元，成熟於明末、清代和民國時期，被稱為中國傳統民居的瑰寶。閩南許多圓形山頭，至今還遺留有古代兵寨的遺跡，這些圓形山寨便是圓土樓的原型。最初的圓形兵寨只有一層，後來逐漸演變為民居，為了節省耕地，便向高發展，成為多層圓土樓。客家係由中原遷移到閩南，帶來中原的四合院形式，又因防衛需要，建立厚土牆，為五鳳樓和方土樓的來源。

由於圓形的土樓，可以用同樣長度的外牆，包圍著最大的公共庭院，在高層瞭望點的視野，比方樓寬闊，因此也被客家人紛紛採用。通常圓樓的底層為餐室、廚房，第二層為倉庫，三層樓以上的所在才為住家臥房。其中每一個小家庭或個人的房間都是獨立的，而以一圈圈的公用走廊聯繫各個房間。這些設計通常著重防禦功能。福建土樓不僅為中國訂為重點文物保護單位，2008年7月更被正式列入世界文化遺產名錄，包括初溪土樓群、田螺坑土樓群、河坑土樓群、衍香樓、振福樓、懷遠樓和貴樓等等。

■哈爾濱建築

哈爾濱的地方文化以漢文化為基礎，融合了滿文化及俄羅斯文化、猶太文化，是較早國際化和多元化的城市，其城市建築尤其別具風韻，被譽為「東方小巴黎」，是中國最美麗的城市之一，以深受俄羅斯和歐洲風格影響的建築及街市景觀聞名遐邇。不僅有林林總總的歐式建築，也有十分傳統的中國古典建築，1980年代以來，哈爾濱興建了若干現代建築，市內高樓林立，夜晚流光溢彩，使這個城市呈現出中西合璧，美侖美奐的建

哈爾濱聖索菲亞大教堂。

築風格。

哈爾濱曾有大大小小共約五十餘座的教堂，包括基督教、東正教、猶太教、伊斯蘭教等各種主流宗教，以及寺廟、道觀等本土宗教建築，是中國東北教堂最多的城市。後來受到文化大革命和大規模城市建設的破壞，現在保存下來的僅剩十幾座而已。其中世界上最大的木結構東正教堂，南崗喇嘛臺廣場中央的哈爾濱聖．尼古拉教堂於1966年8月23日被紅衛兵拆毀。聖．索菲亞教堂是哈爾濱宗教建築的經典代表，1997年修復後成為哈爾濱建築藝術館，用以展示哈爾濱受多種文化影響下的建築藝術，並被列為中國重點文物保護單位。

■上海

上海在現代化的進程中，隨著人口的激增和各階層的逐步分化，住宅建築起了極大的變化，傳統的住宅建築漸漸為新類型的住宅建築所取代，至20世紀30、40年代，新類型住宅建築已遍布市區，而早期上海由於開放為通商口岸，與世界各國接觸較早，因此有許多國家設立租界地，也形成多樣化的建築樣式，其中最著名的便是外灘。

上海外灘原指舊上海縣城至蘇州河南岸的黃浦江西岸的灘地，又名中山東一路，長約一・五公里，1945年該地段被設為英租界，外國洋行、銀行相繼在此建立，由於外國銀行大量進駐上海，上海遂成為中國金融中心，各銀行或財團為顯示自己的實力，便在外灘興建豪華大廈。外灘，東面西臨黃浦江，矗立哥德式、羅馬式、巴洛克式、中西合壁式等五十二幢風格各異的大樓。上海可說處處散發著濃郁的異國情調，無論是哥德式的尖頂、希臘式的穹窿、巴洛克式的廊柱、西班牙式的陽臺，都別具一格。（吳光庭，1994）

上海東方明珠廣播電視塔是上海旅遊新地標，塔高四百六十八公尺，集廣播電視、娛樂、遊覽於一體，主要分下、中、上和太空艙總計四個部分，為中國國家5A級旅遊景區。下球球體直徑達到五十公尺，位於一百公尺的高空，主要為觀光平臺。中球體總計五個，內部主要為空中客房，分布於一百一十八至二百一十公尺的高空。上球體，位於二百五十多公尺的高空，球體內為廣播電視發射機房。另外，二百六十三公尺高的上體設置一觀光層，為著名的東方明珠旋轉餐廳，轉速為每小時一圈，可容納一千六百人。2009年更在二百五十九公尺高的上體觀光層高空的球體內，增設一個環形玻璃觀光通道，稱為「懸空觀光廊」，設置有高級觀光層、會議廳和咖啡館。整個通道採用鋼結構，玻璃敷設地面與牆體，遊客行走其中，可以透過地面和外牆俯視黃浦江和陸家嘴地區的風貌，太空艙是遊客三百六十度鳥瞰全市景色的最佳處所，相當具觀光價值。底層則是上海城市歷史發展陳列館，再現老上海的生活場景，濃縮了上海從開埠以來的歷史。

上海新天地是一個展現上海歷史文化風貌的都市旅遊景點。它坐落在市中心，淮海中路南側、黃陵南路和重慶路之間，總面積三萬平方公

尺。以上海獨特的石庫門建築為基礎，將上海傳統的石庫門里弄與充滿現代感的新建築結合起來，集歷史、文化、旅遊、餐飲、商業、娛樂、住宅等於一體。它是領略上海歷史文化和現代生活形態的最佳場所。

金茂大廈是目前中國第一高樓，也是上海新的標誌性建築。它位於浦東新區陸家嘴金融貿易區，集商務、酒店、娛樂、觀光、購物於一體。大廈總建築面積二十九萬平方公尺，總高度四百二十・五公尺，建築物地上八十八層、地下三層，第八十八層是迄今為止中國最高、最大的觀光廳，可以容納一千多名賓客，環顧四周，極目眺望，可將上海新貌盡收眼底。

(六)中國少數民族建築

中國有五十六個民族，除漢族外，分布以西南地區最多，尤其雲南省即擁有將近一半的少數民族。少數民族的聚落或建築，主要係受到地形、氣候、水文、材料、生活方式等因素影響，以下為西南地區、蒙古、新疆、西藏等特色民族建築的介紹。

■西南地區建築

1. 白族——大理古城：大理古城是中國二十四個歷史文化名城之一，始建於明洪武十五年（1382年），面臨洱海，背靠蒼山。城牆的外牆為磚，上列矩碟，下環城溝，至今仍保持著縱橫交錯、棋盤格局式的街道和雄偉壯觀的南北城樓，一條主街貫通南北古城門。典型的白族民居一般為「三房一照壁」、「四合五天井」。所謂「三房一照壁」，是指每戶院內均有一正房、兩廂房，正房對面是一面牆壁。白族民居十分注重門樓，飛檐翹角，斗拱彩畫，頗具特色。門窗、照壁多用劍川木雕以及大理石、彩繪和水墨畫裝飾，工藝精緻、清新典雅，在西南民居建築中堪稱一流。

大理白族傳統建築——飛檐翹角，斗拱彩畫。

2.傣族——傣家竹樓：雲南西雙版納地區的傣族，由於盛產竹子，日常生活皆與竹產生密切關係。西雙版納最吸引遊客注意的就是成片的竹林，以及掩影在竹林中一座座美麗別緻的竹樓。傣家竹樓的造型屬干欄式建築，因地處熱帶雨林氣候，降雨量大，常見的「人」字型房頂易於排水，不會造成積水的情況出現。傣家竹樓都為上下兩層的高腳樓房，高腳是為了防止地面的潮氣，竹樓底層一般不住人，是飼養家禽家畜的地方。上層為人們居住的地方，是整個竹樓的中心，室內的布局很簡單，分為堂屋和臥室兩部分，堂屋設在木梯進門的地方，比較開闊，正中央鋪著大的竹蓆，作為招待來客、商談事宜的地方，在堂屋的外部設有陽臺和走廊，在陽臺的走廊上放著傣家人最喜愛的打水工具竹筒、水罐等，這裏也是傣家婦女做針線活的地方。整個竹樓非常寬敞，空間很大，也少遮擋物，通風條件極好，非常適合版納潮溼多雨的氣候條件。

3.納西族——麗江古城：納西民居多為土木結構，常見的形式有三坊一照壁、四合五天井、前後院、一進兩院等幾種形式。其中，三坊一照壁是麗江納西民居中最基本、最常見的民居形式。在結構上，正房一坊較高，方向朝南，面對照壁，主要供老人居住；東西廂略低，由下輩居住；天井供生活之用，多用磚石鋪成，種植花草美化。如有臨街的房屋，居民將它作為鋪面。最為特別的是，家家房前都有寬大的廈子（即外廊）。在建築設計、建築風格及藝術等方面，以大研古城的納西民居最具特色。古城地處麗江壩，選址北靠象山、景虹山，西靠獅子山，東西兩面開朗遼闊。城內，從象山山麓流出的玉泉水從古城的西北湍流至玉龍橋下，並由此分成西河、中河、東河三條支流，再分成無數股支流穿流於古城內各街巷。利用這種有利的自然條件，古城街道工整而不拘地自由布局，主街傍河，小巷臨渠，道路隨著水渠的曲直而延伸，房屋就著地勢的高低

玉泉水自古城西北湍流而下，流經大研古城各街巷。

而組合。

4.貴州少數民族：

(1)苗族吊腳樓依山而建，前半邊以木柱支撐，後半邊靠岩著地，樓屋用當地盛產的木材建成。木樓一般分為三層，上層儲穀，中層住人，下層圍棚立圈，堆放雜物和關牲畜。一層除臥室、廚房外，還有接待客人的中堂，中堂的前檐下裝有靠背欄干，形成一個陽臺，既可憑高遠眺，又可休息聚會。

(2)水族的吊腳樓也是一種傳統的民居建築，多採用木質的干欄式建築形式，材料為松、杉。分上下兩層，上層住人，下層餵養牲畜和堆放農具。

(3)布依族的民居建築，亦為干欄式磚木結構，但居住在鎮寧扁擔山區的布依族則建造「石頭房」住居。其主要特點是，除了橫檁是用木頭外，其餘全都是用方塊石或者條石壘砌而成，房頂上面蓋的全是石板，連房屋的窗欞也是用石頭雕花裝飾起來的。

(4)侗家房族特有的建築物：侗寨的鼓樓、花橋都是公共建築。鼓樓是侗家房族的標誌，為杉木建造的塔形建築物，底為四方形，上面為多角形，樓層均為單數，其中最高的是從江縣的高千寨鼓樓，有十五層，整個建築不用一釘一鉚，全部用滑槽銜接。一般一個村寨有多少個房族就有多少座鼓樓，它是全族議事、集會、娛樂、休息的場所。建於溪河之上的花橋也是侗寨特有建築物，與鼓樓有異曲同工之妙，除了石砌墩以外，都是用杉或其他木材做建築材料。橋面的樓、廊、柱、枋，都不用釘鉚銜接。花橋為便利行走的橋樑，也可作為供人避風躲雨的地方，故又稱「風雨橋」。（東方網、新華網、央視國際—國家地理等，2009）

■蒙古包

蒙古人營造洞室，經常會沿洞壁用木頭、石頭砌到洞沿，上面搭一些橫木封頂就成了洞室，洞頂留口，供人出入及走煙、出氣、採光、通風之用，後來發展成了蒙古包的門和天窗。蒙古包適合蒙古高原的自然環境，頂上圓中有尖，沒有菱角，光滑溜圓，呈流線型形狀，中間寬大渾圓，下面可以算作「准圓」這種形式特點，使草原上的沙暴和風雪，受到蒙古包的緩衝後，會在後面適當的距離，形成一個新月形的緩坡堆積下來。蒙古包的包頂是拱形的，承受力最強（如橋樑之拱形）形成一個強固的整體，一旦大風來了，可以承受巨大的反作用力，搭蓋堅固的蒙古包，可以經受冬春的十級大風。

蒙古包內陳設的根據，主要是繼承了老祖宗敬奉香火、神佛的傳說，同時也跟男女勞動的不同分工有關係。蒙古包的空間分三個圓圈，東西的擺布分八個座次，不僅都有安放東西的地方，正中還有安排香火（灶火）的地方，因此也可以說有九個座次，但是南面有門，不能放東

蒙古包。

西，如果不算座次的話，還是八個座次。有學者認為，香火（灶火）布局在座位正中，與古代的火崇拜有關。架木覆被（如以羊毛覆蓋的毛氈帳）以後，最先安放灶火（支火撐），決定了蒙古包的核心香火位置在哪一點時，按墜繩垂下來正對的地方，就是支放火撐的中心點。蒙古包的墊子有「氈包八墊」的說法，有四大主墊、四個三角墊子，至於靠牆擺放物品的八個位置：從正北開始，西北、西、西南方都放男人用的東西，相反的東北、東、東南半邊都放女人用的東西，這種安排與蒙古人男右女左的座次有直接關係。

■西藏建築

藏族居住在雪域高原，氣候寒冷、乾燥、風沙大，為了保暖避風沙，住宅地一般選擇在背風向陽處，門窗大都開向東南，樓房的西北面和底層不開窗，以避西北風。藏族屋子一般選擇在離耕地較近且靠近水源、溫暖向陽、不易遭受洪水災害之地。建材利用雪域高原的土、木、石料，建造經濟堅固、實用美觀的住宅。有些地方採取砌石牆，有些採取濕泥築牆，有些則採用石、泥、木三者兼用，即下石、中泥、上木搭配。西藏房屋的屋頂大部分皆為平頂，講究的使用「阿嘎土」（即膠泥土），阿嘎土打製過的地面或屋頂與現代的水泥一樣結實光滑，絕大部分房屋都是根據經驗選擇熟土覆蓋，房子蓋好後屋頂就可用來作為曬東西或打場的地方。在緯度較低一些地方，由於土質滲水嚴重，房屋都是採用人字型屋頂，材料多用石板，也有使用瓦片的。藏族的住宅，根據各地的自然條件、地形氣候、建築用料、經濟財力、社會地位等種種因素，決定著各地住宅的不同種類。

在西藏廣闊的區域，散布著形式多樣的民間居住建築，藏北的帳房、藏南部谷地的「碉樓」、雅魯藏布江流域林區的木構建築，以及阿里高原的窯洞均具有濃厚的民族特點和地區色彩。拉薩、日喀則、昌都等城鎮和其周圍村莊的土、石木結構的民居，俗稱「碉樓」。拉薩民居，一般為內院迴廊形式，二層或三層，院內有水井，廁所設於院落的一角。城鎮周圍，多為手工業者、工匠、農民自建的獨院平房住宅。寺院建築則集合了藏族人民長期實踐和積累所創造的工程技術和文化藝術的精華，在選址、建築結構、材料裝飾等方面都獨具特色。寺院既是宗教活動中心，也是文化的傳播場所。

布達拉宮是西藏最具代表的宗教建築，充分展現力求適應政教合一的制度、宗教和宮廷生活的需要，同時又烘托出神權、政權至高無上的形象與氣氛，1690年建設的布達拉宮紅宮，動用一千餘名工匠、五千五百名差役參加施工，工場、營地布置和人力高度有條不紊，充分表現出科學的施工組織計畫和強有力的施工組織能力。除此之外尚有托林寺迦薩殿和桑耶寺，以建築形象描繪佛教世界形成模式——須彌山，表現出強烈的宗教宇宙觀，以及大昭寺的磚墻（7世紀）、桑耶寺（8世紀）、夏魯寺（11世紀）、羅布林卡（18世紀）精美的琉璃瓦；薩迦寺（11世紀）的大夯土墻、扎什倫布寺（15世紀）大片石墻面砌築的曬佛臺；各大寺廟金頂的製作，均展現出不同時期的建築技術。

二、臺灣的建築與文化

臺灣自明鄭開臺以來，歷經西、荷等歐洲國家短時間占據，以及馬關條約後的日據時代。整體而言，臺灣的傳統建築仍是以中國閩南式的建築為主，而現存的許多官廳或公共建築，則為特殊的日式官廳歐式風格。

(一)聚落的分布

以濁水溪為界檢視平原面的臺灣農村聚落型態，可以看出南北兩地有極為顯著的差異。北部方面雖免不了有少數例外，但大致上是屬於散居型，南部則以集居型（Compact Villages Type）為多。

臺北盆地的農村聚落，雖因臺北市具商業性機能而明顯的傾向都會化，但盆地的東部仍留存著散居型聚落型態；桃園臺地就地形的類別而言，屬於最普通的平原，有無數的灌溉用埤散布及散居的聚落型態；臺中盆地則有明顯的農村聚落散居型；而由大肚溪以南到濁水溪之間，也就是分散在彰化、鹿港、員林、北斗各街之間的農村聚落，密度稍高，以散居型的型態分布在集居型之間，尤其以員林街為中心的聚落更呈現出線狀排列（Linear Arrangement），與臺北盆地西部的蘆洲庄及新莊街東部的排列類似。上述這些聚落型應該將其視為是後面所述及的南部集合型與北部散居型的混合型，或是遷移型才對。

越過濁水溪南行，這些散居型的聚落逐漸在混合型中消失，各聚落十分集中，由斗六、嘉義、臺南到高雄的一大片平原，呈現著集居型聚落，這種集居型聚落的農家，村街的特徵並不多見，而由於只是數十間農家聚集一處，彼此之間沒有固定的通路，因而稱之為「團村」。不管是住家的周圍，還是每一個部落的周圍，除了那些為了防止瘧疾而撤除的牆垣外，一定都有竹籬笆，不過其中也有不具牆垣的功用，只不過是散布在各處的竹叢。（陳惠卿譯，1933）

(二)臺灣古宅

臺灣的開發始於南部，所以清初的古宅都出現於臺南一帶。中期之後以彰化、鹿港、新竹為盛，精美的廟宇及大宅都出現於中北部一帶。到了清末，臺北府躍為省之重鎮，商人文士亦群集北部，帶動北部的建築活動。鴉片戰爭以後的臺灣漸受外人注意，清廷乃加強鞏固防務，這時南北各出現了數座砲臺。歷史的發展、社會的變遷都與建築息息相關，不論是當時的文化面貌、藝術風格、科技水準，以及社會內部的組織等等，都可藉由建築物顯現出來。以古宅來分一般可以歸納成以下幾類：

■宅第

現存的臺灣古宅已經不多了，尤其日據時期以後，合院的水準已大不如前，其中比較具代表性的有霧峰林家宮保第園區及景薰樓（林家頂厝建築中重要樓群之名）、潭子林宅摘星山莊、豐原呂宅。當然，在其他縣市也有一些代表作，如新北市板橋林宅三落舊大厝、桃園大溪月眉李宅、彰化永靖陳宅「餘三館」、彰化秀水陳宅益源大厝、彰化鹿港元昌行、南投竹山的林宅敦本堂、新竹關西客家古宅等；其中，潭子的摘星山莊和竹山的敦本堂是一般公認清代臺灣宅地建築的雙絕。

■庭園

臺灣的庭園建造依文獻記載，早在荷蘭人據臺時期就有庭園。清代中期各地詩社興起與園林之盛有很大的關聯，最出名的就屬霧峰的萊園（霧峰林家宅園由頂厝、下厝及萊園等三大部分組成）。其他如臺南的吳園、新竹的北郭園及潛園、板橋的林本源庭園也都是代表作。通常，大的庭園稱為「園林」，文人雅士尤尚園林生活之趣，可以在其中吟風弄月，不但提供了休憩、養性、讀書、會友的功能，也是宴客及聽戲等活動的場所。

臺灣的庭園還有一個很有趣的特色，就是在建造假山時經常會模仿故鄉漳泉的景色，藉以表明不忘本的情懷。潭子的摘星山莊建材都是由福建運來，並聘請泉州師父建造，是一棟江南式的複合建築。摘星山莊，坐北朝南，為一四合院式大宅，東南邊有門樓，前院則有竹林和照鏡（水池），曾被譽為全省最具古樸之美的古蹟。無處不雕、無處不書、無處不畫是山莊的最大特色，精雕細琢，圖案繁複美麗。北部板橋的林家花園昔稱「林本源邸園」，創建於清咸豐年間，工匠建材多來自大陸，稱全臺之冠，雖然是古式庭園，但與大陸的名園有許多的不同，反而受到南洋建築的影響，園內的建築為臺灣數一數二的建築。（林本源園邸，2009）

(三)日式官廳

日式官廳式的建築大都分布在臺北市，像總統府、臺灣大學校舍（1929）、臺北火車站（1941）等建築，1919年落成的臺灣總督府（今總統府）是巔峰時期的代表作品。日制時期將現代化的情形反映在建築風格上，長長五十年間，建築風格也隨著世界建築潮流有所轉變，大致可分為三個時期：式樣建築、過渡期建築和現代建築。目前現存於臺北的建築則以式樣建築的數量最多。

日據時代建築在接受各種外來文化方面，採取一種完全開放的態度，因此常可看見在同一棟建築物中，交錯出現各種不同建築風格的特色，也因為這樣，可以依據各建築部分的特色作為基礎進行分類：

1.屋頂特色：屋頂的特色其實是多樣的，而且殖民地政府常常有意無意將他們的威權心態反映其上，或是為凸顯建築正立面的位置，拉高成尖塔或圓頂。

2.牆面特色：在牆面的外觀上常利用各種不同建材交錯使用，利用他們的特色及色彩，製造出各式各樣的花紋與裝飾。

3.窗戶特色：窗戶的最初功用在於增加室內採光及空氣流通作用，但在日據建築中，這些窗戶卻大大發揮了另外的作用，使單調牆面變化出炫麗的光彩。

4.建材特色：使用建材的考量除了科技進步等考量因素外，不少設計師也會借助建材的不同性質來表達他們所想要的感覺。

5.雕飾特色：雕飾主要應用在建築的正面，用來裝飾以及表達華麗風格等等作用。日據建築除了引用歐洲的實例外，有時也出現了臺灣本土以及南洋等等地區風味的雕飾。

(四)臺灣寺廟

臺灣目前的廟宇多屬於大陸南方系統，在這系統之中裝飾藝術所展現的重點即在於精雕細琢的功夫。它是廟宇建築之中最精華的部分，能充分反映出廟宇本身所獨有的特色，寺廟的格局與主祀神的神格有很大的關聯，從最小的路邊土地公祠到鹿港龍山寺或北港朝天宮，都可以看到受風水、地形與經費多寡的影響而成為格局大小的主要因素。寺廟的空間是依照信徒祭拜的過程，以主祀神的位置為主軸，左右對稱配置，以實體的殿宇與虛體的廟埕相間。廟埕為各殿前鋪設石板的空地，在此處可看到完整廟貌，是香客要入廟參拜前集合的場所，也是民眾活動的場所。一般寺廟主體空間安排有前殿、正殿、後殿；另外附屬的空間則包括拜亭、金爐、鐘鼓樓等。（李乾朗，1989）

建築藝術上的展現主要包括脊飾（剪粘），顧名思義就是經過適當的剪裁再黏貼的作品，是中國南方特有的鑲嵌藝術工藝，同時也是非常重

臺灣的寺廟建築在空間安排上，有前殿、正殿（如圖）與後殿，並以主祀神為主軸進行設計。

要的廟宇屋脊裝飾。剪粘的樣式有山巒樹林、花鳥蟲魚等；或是取材自中國神話或傳說，像是八仙過海、封神榜等人物，又或是民間傳說或歷史演義故事中的人物；而龍、鳳是廟宇內最常見的剪粘裝飾，又可以表現中國人趨吉避凶、祈望教化的價值觀。傳說中青龍有壓制火神祝融的功能，因此一般廟宇都會放置青龍的剪粘作品。（李乾朗，1986）

另外，門神繪於前殿的門板上，作為寺廟的守護者，具有趨吉避凶及威嚇的作用，而不同的主祀神祇搭配有不同的門神。臺灣寺廟的木雕常令人眼花撩亂，其實所有的木雕（吊筒、豎材、托木、斗拱、門簪、藻井、獅座、員光等）在結構上都是有功能的，也是匠師展現高度技巧的地方。斗拱位於屋頂與支柱之間，作用於建材的聯繫與樑身負荷力的分擔，廟宇的斗拱藝匠們將雕刻精美的人物、花鳥、走獸、巧妙的安插上去後，它就同時有了斗拱的機能與裝飾作用。廟宇正殿裏多有藻井，共有四角井、八角井、圓井及橢圓井四種。其構造原理是由許多小斗拱向中心逐層挑出，然後匯聚於最高點的複雜裝飾。龍柱亦為重要的藝術展現，早期的龍柱柱徑較小，雕工較樸拙，近期則比較繁麗，龍柱的圖案則會因時代而有所不同。（李乾朗、俞怡萍，2000）

三、日本建築

日本人非常專精於處理建築空間的不對稱性，以及建築物與自然之間的適當關係，這樣的建築特色，可在工整與自由的對照中發現。最古老的皇城因受中國的影響，形成工整的格子狀，但城堡內部或其周邊的小鎮，在外來的影響消退之後，卻呈現出有機的發展方式，在神社或住宅，當受到重視的主體部分完成後，日本人天性中不拘謹和刻意簡潔的偏好，會在其他部分展現出它的多種面貌。（廣雅堂編輯部，1992）

(一)日式建築的發展特色

日本建築有著十分久遠的歷史，最早大量受中國建築影響，隨後漸漸發展出日本的獨特風格。日本並沒有任何史前建築的實體遺跡存在，《古事記》、《日本書紀》等古老文獻也沒有與建築有關的明確記載。考古的挖掘和研究工作結果顯示，當時的房子有著樹葉或泥土製成的屋頂，由中國傳來的稻米耕作讓居住社群的規模增加，而統治者家族住宅、稻米倉庫等大型的建築也在青森縣三內丸山遺跡（2世紀前）或佐賀縣吉野里遺跡（3世紀前）被發現。

日本古代建築的發展，若以佛教建築傳入日本的飛鳥時代算起，已歷經一千多年的歷程，其間的發展和演變充滿生氣和特色，被劃分為三個階段（553至1183年）：

日本廟宇中的唐風建築。

1.飛鳥時代：是日本建築真正成體系發展的開始，這一時期的建築現今雖已不存在，但所謂的飛鳥樣式建築卻有留存，是世界上現存最古老的木構建築——法隆寺。
2.平安時代：是日本建築史上最具特色的時期之一，在8世紀後期至12世紀的四個世紀中，日本建築發展經歷了一個重要的演變時期，由唐風轉向和風，或說是唐代建築的日本化。
3.奈良時代：是日本古典建築的黃金時期，這一時期佛教寺院建築尤其興盛，其建築奠定了日本所謂和式建築體系的基礎。這一時期的寺院木構建築擁有相當數量，留存至今，著名的代表有東大寺、西大寺、藥師寺、元興寺、興福寺、大安寺及唐招提寺。

位於奈良縣的法隆寺是日本目前現存最早期的建築，被認為是飛鳥時代建築的核心代表，同時也是世界上最古老的木造建築。法隆寺建造於7世紀，被作為聖德太子的私人用寺廟，一共包含四十一棟獨立建築，其中最重要的「金堂」及「五重塔」，坐落於被迴廊包圍的開放空間正中央。具有漢傳佛教色彩的金堂是一座兩層樓高的樑柱結構建築，屋頂為入母屋造（歇山頂為中國古代建築屋頂形式之一，日本稱為「入母屋造」）形式。

奈良的東大寺是8世紀的寺廟代表建築，作為各令制國（日本古代的行政區劃）所有六十八所國分寺的總寺院，東大寺是日本漢傳佛教早期歷史中最具大規模的宗教建築，位於金堂中的盧舍那大佛約高達十六・二公尺，這尊佛像代表的佛教精神，就如同東大寺代表日本所有佛教寺院的中心，以及對於佛教傳播的貢獻，但僅少部分原始佛像被保存下來，目前的金堂和大佛像為平安時代所重建。

日本在鐮倉時代和室町時代（1184-1572年）時，中國文化的傳入不但豐富了日本的宗教文化，更使日本的建築文化邁入一個新紀元，也使日本的各種藝術表現，不論是建築、庭園、傳統茶道，甚至是「能劇」的表現都充斥著高度禪意，創造了一個寂靜且充滿冥想的空間，使人心更加的清澈、單純。

桃山時代和江戶時代（1573-1867年）則強調整體的生態設計，他們以敏銳的感官去探究空間的深層本質，進而轉換成建築空間的元素，以塌塌米、竹、石、紙、木等，簡單的構成要素，形塑「空、間、寂」的獨特日本美學，展現日本純粹與和諧的風格構成。

(二)日本庭園

日本庭園（にほんていえん）是指日本傳統的庭園，又稱「和風庭園」。早期的日本人極為崇拜環境的現象（陽光、雨、海、土地、石頭、山），後期則注重自然的過程和形態。基本上，日本庭園深受宗教思想（佛教、道教）、象徵主義及中國庭園的影響，隨後也發展出屬於日本民族個性的庭園特色。

日本園林在平安朝（1192年）文化萌芽時代，開始仿中國唐代建造宮殿，並依周代靈囿興建禁苑，即所謂神泉苑，歷代賞花、觀魚、放鷹、閱射均在此。苑中宮殿樓閣尤為宏麗，苑內有池，池畔樹木蔭幽，景色富麗，後毀於兵亂。到了室町時代（1336年），名苑頗多，如百花御所及金閣寺等一時稱盛。在金閣寺中的鏡湖，池中有三島，怪石嶙峋，珍奇可愛，池南蒼松紅葉，遍植櫻花，為現今京都名園之一。桃山時代（1603年）抄襲中國之舊風，興茶道、茶庭，寫山居閑趣。當時庭園有禁苑小御所，園中均有林泉，占地不大，前鑿池，池中有島，後築山，山間植樹，蒼翠而增色，蒔花池畔，春遊更爽，浮舟水上，秋月益明。

日本庭園的特色包括：融合中國庭園理念加以改造，具象徵意義與清新寧靜之特質，以寫意的手法造景或以迴遊式手法（利用遊湖的路線進行設計）造景等等，一般有三種形式：（賈子慶，2009）

1.平庭：一般在平坦的園地上表現出一個山谷地帶或原野的風景，用各種岩石、植物、石燈和溪流配置在一起，組成各種自然景色。

2.築山庭：需有較大的規模，以表現開闊的河山，常利用自然地形加以人工美化，達到幽深豐富的景致。

3.茶庭：茶庭是15世紀出現的一種小庭，面積很小，可設在築山亭和平庭之中，四周由竹籬圍起，有庭門通入其中，最主要的是茶議室，庭中植以常綠樹，忌用花木。步石是茶庭的特色，其布局變化無窮。茶庭有如我國園中之園，但空間的變化不如中國園林那樣層次豐富。

日本的庭園，自古以來歷奈良、平安至鎌倉朝代，皆以池泉庭園為主流，室町末期出現劃時代的改革——枯山水庭園。枯山水的發源，早在平安朝時代，臻於圓熟之境則在室町末期的東山時代。當時足利氏深受禪宗文化的影響，每好蒐集趣味枯淡的北宗畫，以足利氏在政壇的地位及影響力之大，上行下效，當時的日本畫家如周文、雲舟、如拙等，莫不以北

日式枯山水庭園。

宗水墨為主，而風會所趨，這種枯淡雄勁的藝術嗜好，遂成為社會一般的風尚。以池泉構成為原則的庭園設計，自然也受到時代潮流的影響，而有枯山水庭園的產生。

枯山水庭園以北宋山水墨畫之山水圖為基本精神，表現力求雄渾蒼勁，如大仙院方丈東庭的枯山水便是一個典型例子，所用庭石素材為青石，意圖表現出北宗山水幽玄枯淡之趣味由此可見。形狀大小各異的青石，或直立、或倒置，縱橫羅列，構成蓬萊山水之畫面，間植樹木，更以白砂設泉流，構架石橋，於是方丈之庭中，儼然一幅高山流水圖呈現眼前，其創作之魄力，更甚於水墨畫。所謂「枯山水庭園」，又稱石庭，取材以石為主，凡山巖水流，皆以石砂表現，故設山則重選石與布置，設水則用白砂，繪以水紋。京都白川附近盛產白砂，其質堅實而潔白，得天獨厚，故京都多枯山水庭園。

四、東南亞建築

東南亞地區由於早期受到中國傳統文化的影響，後來又受到歐洲國家殖民的影響；其建築風格除受自然環境因子影響，宗教與殖民文化的影響也很大。早期傳統部落中，無論是中南半島或印尼等地，因處熱帶，氣候濕熱，故傳統建築與中國西南民族有相似之處，均採干欄式高角樓建築；在現代的都市中，越南建築受法國影響、印尼建築受荷蘭影響，新加坡則因各式人種匯集，建築呈現多樣風貌，最特殊者為泰國的佛寺建築，故本節僅針對泰國佛寺進行說明。

泰國佛寺建築

泰國的佛寺建築講究造型、色彩和裝飾，三萬多座大小佛寺多姿多彩，一般是屋頂尖陡的橫向多重檐式，而且幾乎無一例外地覆蓋著金黃、桔紅或翠綠色的琉璃瓦。被譽為泰國「三大國寶」的玉佛寺、金佛寺和臥佛寺（越菩寺）是眾多佛寺建築中的佼佼者。

玉佛寺是一處博採佛寺建築優點的建築，大城王朝式樣的高大佛塔、大理石小佛塔、無價的「珍珠之母」雕漆廟門、威嚴的銅猴和中國石雕人像，精緻的瓷片裝飾以及金色的雕漆飛檐和銅風鈴，無一不反映出泰國人民「寓敬意於沉靜之中」的高超宗教內涵。玉佛寺坐落在曼谷大皇宮內，與大皇宮渾然一體，庭院內護法諸神塑像威嚴肅穆，香煙繚繞，瀰漫著濃厚的宗教氣息。大殿位於庭院中央，呈長方形，高踞浮壇之上。魚脊形屋頂為三層重檐，三頭風角，用黑、黃色琉璃瓦作裝飾。屋檐四周下懸掛著串串花瓣形銅鈴，隨風擺，叮噹作響。玉佛寺原主體建築四周環繞四十根四角形巨柱，上面用五顏六色的八角形玻璃碎片，鑲嵌成瑰麗的連環棱形圖案，四周還鑲有一百一十二個金色大自在天神大鵬鳥的雕像。在玉佛寺浮壇的牆上及其四周的小矮花牆上，各嵌一列繪有牡丹、蓮花和小鳥圖案的彩瓷。寺內殿央高達十一公尺的鍍金祭壇的頂端是一個小神龕，供奉著高六十六公分、寬四十八公分的著名青色翡翠玉佛。

能與玉佛寺的聲名相媲美的泰國另一佛教藝術建築則是「巴帕通塔」。巴帕通塔周身呈黃褐色，在陽光照射下金光閃閃，塔高一百一十六公尺，僅螺旋狀的塔尖部分就有四十公尺高，圓形的塔座，直徑為五十七公尺，塔的底是兩層巨大的平臺。遠遠望去高聳的巴帕通塔像一座倒置的巨鐘，在藍天白雲映襯下，頗為壯觀。這座大塔由三個大小不同的佛塔組成，一個套著一個，成為佛塔建築藝術史上的奇觀。在大塔坐落的第二層平臺上，有東西南北四座佛殿背靠大塔。東面的佛殿金碧輝煌，殿內有佛陀釋迦牟尼的金身，以菩提樹壁畫作為背景，四周有名家花數年時間繪成的龍王、隱士、鳥獸圖案，藝術價值非凡，西、南、北三座佛殿建築也各具特色。（戴月芳主編，1991）

第三節　西方建築與文化觀光

西方文明除了源於希臘、羅馬文明外，由於地緣關係，埃及及波斯文化的發展通常也被歸納在一起。同時，西方文明的發展更受到宗教的影響；基督教文化呈現在生活各層面，尤其是建築藝術尤是，以公共建築而言，教堂、聚會所、博物館、廣場、劇院等，無論從外觀、雕飾、藝術創作等，皆與宗教密不可分。本節除探討西方建築的風格與內容外，並針對宗教建築一併介紹。

一、西方的歷史瑰寶——古代經典建築

在人類文明化歷史中，建築本身對於文明的發展和社會形態的形成有著相當直接的反映與影響，不管是不是尋根探源，這些中古世紀的歷史瑰寶（如古埃及、古希臘、古羅馬等時期的建築）一直是觀光活動中，引人注目之所在。

(一)古埃及建築

古埃及建築是指古埃及時期尼羅河一帶具有文明影響力，組織結構多元化的建築風格。古埃及的建築藝術在埃及文明中，稱得上是最具代表性，不管是巍峨壯麗的金字塔或神廟，抑或是象徵帝王冥世的帝王之谷，三千餘年來，沒有任何一個文明可以相比，埃及的建築，凝結了美與雄壯、氣魄兩種精神，其中有部分建築遺址被完整的保存了下來，較知名的有吉薩金字塔群、獅身人面像、阿布辛拜勒神廟和卡奈克神廟等。古埃及建築中莊嚴、凝重與簡潔的獨特藝術造型，對以後的希臘乃至全世界的建築，都產生了深遠的影響。（吳玉成譯，1996）

古埃及建築藝術巍峨壯麗，惜多數建築遺址未被完整保存下來。

■金字塔

埃及建築的代表莫過於金字塔，最有名的是吉薩（Giza）的金字塔群，矗立著古夫（即胡夫金字塔）、卡夫拉、孟卡拉三座世界上最雄偉、外觀上較完整的金字塔。古夫是最大的一座，占地超過五百公畝，塔高一百四十六公尺，塔底的一邊二百三十公尺，三角面斜度為五十度，它的四面端端正正地朝向東、南、西、北，水平差距不超過二・五公分，這三座金字塔，在結構上都是精確的正方錐體。形式極其單純，塔體相當高聳；另一項革新是所有廳堂和圍牆等附屬建築物，已不再模仿木柱的建築方式，而是採用了適合石製材料特點的簡潔幾何形，方平正直，交接簡潔，和金字塔本身的風格完全統一，形成了紀念性建築物的典型風格。其工法細膩，即使運用現今的科技也無法複製出一座類似的金字塔。在埃及的自然環境裏，這些特徵宏大、單純，其藝術思維是直覺的、原始的，這強烈的原始性，彷彿是經人工堆積的山岩，因此他們和尼羅河三角洲的風光十分協調，形成了壯闊的景觀。

■帝王之谷

距尼羅河不遠處是廣大的岩石山谷地帶，世人稱之為帝王之谷（Valley of King）或死亡之城（City of Dead），埃及新王朝自第十四王朝到二十王朝的帝王逝世後，都集中埋葬在這裏。「帝王之谷」坐落在尼羅河西岸的金字塔形山峰庫爾恩之巔，與底比斯相對，分為東谷和西谷，大多數重要的陵墓位於東谷，這些帝王陵墓均散布在岩石山腳處，挖成洞穴建成，其中兩個最具代表性的陵墓是最大的塞堤一世陵墓，和保存得最完整的圖坦卡門之墓。

■神殿

如果說金字塔和陵墓是為帝王而造的紀念性建築物，神殿就象徵對神明的崇拜。卡奈克（Karnak）阿蒙神殿位於尼羅河東岸的盧克索鎮北四千公尺處，此神殿是底比斯最為古老的廟宇，也是世界最大的神殿；另外，盧克索神殿規模也相當宏大。

(二)古希臘建築

最早的希臘神殿是木造或磚造，原因是當時社會貧窮，而當大理石成為神殿的正統建築材料後，其建築形式仍和使用木材的時期無異，殿宇的長方形本體、圓形柱體、主桁（屋樑上的橫木，音ㄏㄥˊ）之樑眉，桁端紋飾、人字屋頂，都遵守木造建築時之原始形式。隨著希臘財富的成長和旅行的增加，石料的使用也跟著增加，西元6世紀前，石灰岩是最受歡迎的建築材料，接著開始使用大理石，原先僅用於裝飾部分，然後用於建築物的正面，最後整個神殿從基礎以迄頂瓦，全部使用大理石。希臘建築發展三種柱飾：多利克式、愛奧尼式，以及第4世紀的科林斯式，神殿的內部是保留給神及其輔佐者使用，所有的崇拜都在殿外實施，這三種柱式使得整體建築外觀更加美觀動人。

希臘城邦的建築以神殿為主，是獨創的建築形式，都是建築在三層的臺基上，高低比例整齊美觀，屹立四周的石柱充滿無限生命力，是力與美的綜合表現，而希臘神殿的柱式（Order）是西洋古典建築的精髓之一，所謂的柱式（或稱柱型）並不僅指特定柱子的特殊造型，更是一種兼具美學與構造的整體系統，它也代表著建築中的一種秩序。其主要的式樣有三種（如**圖6-1**）：

1.多利克式：所謂多利克式，其名稱的起源，從希臘三大部族之一的多利亞式族而來。他們的建築呈現「柱粗頭扁，凝重厚穩」，與其英勇慓悍的民族性有關。多利克式的柱形分兩種：第一種形式的柱子細而高，輪廓線是直的，能給人輕快優雅之感；第二種形式的柱

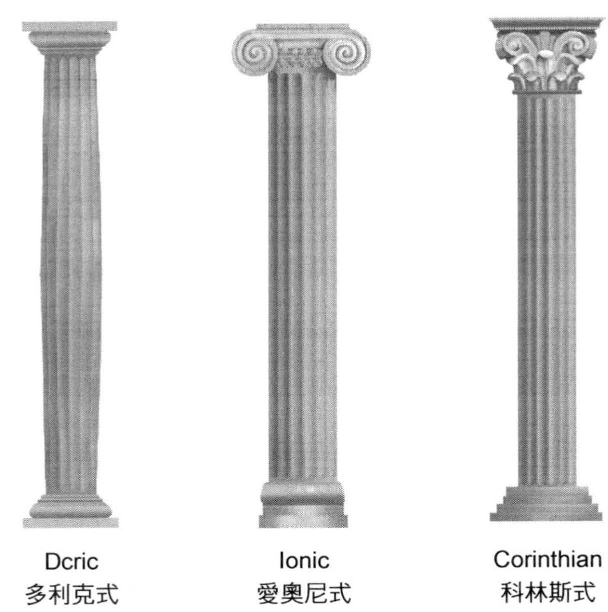

圖6-1　希臘神殿建築樣式

資料來源：揚智文化整理繪製。

子，是短而下粗上細，能給人雄渾壯麗之感。建造較小型的建築物，多採用第一種形式的柱子，最初這種柱子大半是木造的，即便使用石材也會模仿木柱的形式；建造較大型的建築物，多採用第二種形式的柱子，用材大部分都是石材。多利克式建築圓柱的柱頂分為兩部分：一部分叫「卵形花邊」；另一部分叫「頂板」。卵形花邊顧名思義當然是圓形，而上邊的方形板就是頂板，頂板貼近屋樑，二者都雕刻得極為精巧。尤其是卵形花邊，由下而上形成蜿蜒曲線，十足顯示希臘人的智慧和愛美心。至於在柱壁各稜線之間的平面，更裝飾有精巧玲瓏的浮雕，為希臘建築增添無限風情。例如帕特農神殿就有九十二根柱子上刻有浮雕，題材全是古希臘神話的英勇戰鬥事蹟，使粗笨凝重的多利克式建築增加不少詩意。

2.愛奧尼式：所謂愛奧尼式，其名稱的起源，是從愛奧尼亞族而來。愛奧尼亞族性情高尚文雅，富於藝術天才，以「雕琢繁縟，華美輕盈」為其特色。愛奧尼式建築的演變經過相當複雜，最初是模仿埃及等亞非古國的樣式，後逐漸改造成愛奧尼式。愛奧尼的神殿建築，臺基比多利克式的略高，最能代表愛奧尼式建築特徵的是巍峨壯麗的石柱。這些石柱並非直接樹立在臺基上，而是建在形式新穎的特定基石上。這些式樣新穎的基石，是由幾個圓形巨石堆砌而成，圓形的邊緣有的呈凹凸狀，基石的高度相當於柱長的十四分之一，所以看上去柱子較狹細修長，通常柱身周圍刻有二十條稜線，稜線的凹凸深度比多利克式大，柱子上端的稜線幾乎被磨成平板狀。柱頭上端的形狀宛如一個枕頭，兩側恰似浮雲狀的渦捲，枕形柱頭下面有很多雕刻精細的花紋，這和多利克式質樸單純的風格相較，讓人有一種裝飾過盛之感。愛奧尼式柱子的柱頂線盤，較多利克式的線盤低，額線的飾帶和飛簷也都比較小，有時甚至換上較自然的裝飾。愛奧尼式柱頂線盤分為三排，頂上一排最大，頂下一排最小，跟多利克式的渾然不分大不相同。

3.科林斯式：「幾何渦捲、纖巧華麗」。據一般西洋建築史家推測，可能是青銅雕刻家卡利馬可斯所發明，才被定名為「科林斯式」。科林斯式的建築跟愛奧尼式一樣，石柱也是建在特定基石上；所不同的是科林斯式石柱比愛奧尼式更華麗，柱高和柱身直徑的比例是十比一。科林斯式柱子的最大特徵，是柱子上面的柱頭上有一個鐘狀的四方形，下面有四個飛出的渦捲，每個渦捲各占一個角。這個形狀似鐘的東西，最初是用青銅雕製，後來才逐漸改成大理石，在鐘上施以「蕨葉形」的雕紋。所謂「蕨葉」是地中海沿岸一種野生植物，花紋美麗多姿，是希臘人很喜愛的一種裝飾式樣。

此外還有一種「人像式」的建築，是由愛奧尼式的柱子演變而成，其特點是柱子的中央雕成一個亭亭玉立的少女，女像的頭上頂著裝飾豔麗的柱頭，再上面還有一個蓮花瓣狀的雕刻。這種建築式樣雖然極其美觀，但是在古希臘卻很少採用。

古希臘神殿的柱式建築之一。

小亞細亞的希臘人吸收了東方人崇尚精緻裝飾的習慣，並將其表現於複雜精細的愛奧尼式柱頂線盤，並創立新穎而華麗的科林斯柱式。其中有位雕刻家由於發現蕨葉的形狀相當賞心悅目，於是以蕨葉的形狀夾雜螺旋形來裝飾所建造廟宇的愛奧尼式柱頭。這一時期內，整個希臘世界都在建造廟宇，為了在雕像之精美及廟宇之恢宏上爭勝，各城邦幾乎為之破產。

古希臘建築有一極大特色，就是結構和裝飾精華，幾乎全部發揮在神殿上，因此所謂希臘建築，主要都是指神殿，所以一部古希臘建築史，就等於是一部希臘神殿建築史。因為古希臘人非常崇拜奧林帕斯諸神，於是就替祂們建築廣大的殿宇居住。希臘神殿的結構，最主要的部分是內殿，是供奉神像的殿堂，兩旁牆壁突出，前面有廣闊的廊廡，廊廡之前並列一排巨柱，莊嚴肅穆。也有一些建築規模龐大的神殿，往往在殿外的兩旁再加兩排巨柱，如此一來，內殿四周都被廊柱環抱，置身其間又令人有清幽出塵之感。

希臘城邦的建築形式後來的發展逐漸趨向繁縟，到了後期更在四周各建兩排巨柱，氣氛更加肅穆森嚴，使朝拜者頓起虔誠之心。以下列舉希臘著名的神殿建築三座：

1. 雅典娜勝利女神神殿（Athena Nike）：位於雅典衛城西邊入口山坡上，又名「飛簷勝利女神殿」，大約落成於西元前445年左右，長八・二七公尺，寬五・四四公尺，規模小巧玲瓏，是大理石的愛奧尼式建築，大理石柱比帕特農神殿細，但是柱頭雕刻細膩，裝飾也極盡富麗堂皇之美，在神殿的西端，安排一間房子給雅典娜的處女祭司，稱「童貞女之室」。
2. 帕特農神殿（Parthenon）：位於雅典衛城頂端中央偏北，呈東西平行走向，東西長六十公尺，南北二十九公尺，總面積一千七百四十平方公尺，是供奉雅典守護神雅典娜的廟宇，建築材料使用彭泰利卡斯山的純白大理石，外部四周是多利克式的白色大理石柱，總共四十六根，四周的環境都布滿了藝術家巧奪天工的浮雕。

3.西修斯神殿（Theseum）：位於雅典衛城西北的小高崗上，是專為供奉「西修斯神」而建，據近代考古學家考證，這座神殿是專為供奉眾神而建，也有學者認為是供奉火神黑非斯塔斯而建。西修斯神殿是雅典衛城神殿中現存最完好的一座。

(三)古羅馬建築

羅馬對遺址進行的發掘和保護可說是不遺餘力，其建築表現出羅馬人堅實精神與帝國雄偉氣魄。羅馬相傳遠在西元前1500年便有人定居，古城建在七個著名的山丘上，台伯河流經其間，西元前753年由羅慕洛建立古城，312年建築了埋在地底下的第一座水道，並闢建第一條連結義大利中部和南部的阿比亞古道，逐漸形成都市的雛形。羅馬建築普遍使用大理石，凸顯龐大和炫耀的建築結構，同時將對拱原理發揮得淋漓盡致，許許多多有名的教堂，利用一系列拱門承載耐震，並加大跨距和拉高樓高，宏偉流暢，令人歎為觀止，而曲線穹狀圓頂及瘦骨嶙峋、高聳入雲的飛扶壁，讓許多教堂內部莊嚴肅穆、外形崇高偉大，自然流露，突顯土木之美。羅馬式建築物都是拱門圓頂，宏偉堅固又很美觀，顯示帝國的力量與莊嚴。

古羅馬人對都市規劃的用心，早現端倪，西元前144年便引進外地水源，供應羅馬城內的用水，由水道橋的遺跡尚留人間，可見一斑；一系列的建設，實已完成都市的藍圖。而許多著名的建築，如西斯汀禮拜堂、梵蒂岡博物館、聖彼得大教堂及大廣場、千泉宮（紅衣主教別墅）、萬神殿、許願池及西班牙臺階、競技場、忠烈祠、君士坦丁堡、凱旋門、古羅馬市集等，可謂各具特色，風華別具。

競技場（Colosseum）是公元72年建造，公元80年完成，計動用四萬俘虜興建，足可容納六萬觀眾。該建物建於巨大橢圓形地基上，地基厚為十二公尺，寬五十一・五公尺，最長直徑一百八十八公尺，整個地基由岩石與混凝土砌成，龐大的地下構造，築設於尼祿湖泥土上，屬於浮筏式基礎，既可緩衝巨大石柱所傳遞之重量和震顫，並使重量均勻分配於地盤上，故歷時兩千餘年至今仍巍然立。文藝復興時期，該建物曾被拆除，許多大理石被偷走作為建造宮殿和教堂的材料。一連持續了幾個世紀的破壞，直至19世紀時，教皇才開始下令整修，已毀損部分大多以砌磚回補。

羅馬式的建築與前幾個世紀最顯著的不同是數量眾多且體積龐大，教堂中殿以圓型拱頂取代以前的木樑，而外型也裝飾著建築性的設計，其中最多而又具創新設計的教堂大多在法國一帶，包括11世紀興建於法國波堤亞的格蘭第聖母院（巴黎聖母院），其格局為厚重的拱門和第二層一排排裝飾雕刻的小拱門，這些都是羅馬式建築的特徵，而其複雜的外牆設計更成為後世模仿的對象。門的兩邊與上面拱型深凹進去的門楣，都有人物的浮雕。另外位於佛羅倫斯天主教堂對面的洗禮堂（Baptistery），是

羅馬競技場位於今天的義大利羅馬市中心，又稱「鬥獸場」，是古羅馬時期最大的圓形角鬥場，現僅存遺跡，圖為鬥獸場的內部。

義大利最傑出的羅馬式建築，其簡單而雅緻的古典設計為佛羅倫斯建立了一種風格，指引著佛羅倫斯的建築理念。洗禮堂外型是八角的屋頂，每一面有三個拱型，東、南、北各有一個入口，而西面則是一個橢圓形的聖堂，建築的特色是以大理石切割成幾何形狀來裝飾外牆，這些簡單的橢圓形不僅勾畫出門、窗和牆面，同時也強調了建築的結構線條。

二、西方的建築風格

西方的建築風格，年代較久遠的有古埃及、古希臘、古羅馬式，文藝復興時期則有哥德式及巴洛克式建築，其後則有新古典主義、現代主義及後現代主義建築。眾所皆知，希臘建築代表著西方建築古典主義的源頭，但西方人對建築古典主義的認識，反而多半來自於承襲希臘建築的羅馬建築；其中主要原因之一是希臘從15世紀就被土耳其人所占領，在文化上失去了跟歐洲的聯繫，一直到1832年希臘正式獨立後，才重新成為歐洲文化世界的一員。在18世紀歐洲掀起的考古熱潮，揭開了西方建築古典主義源頭的奧秘，許多考古探險隊深入當時仍在陌生文化統治下的希臘，進行古蹟測繪，並將資料編印出版，提供西方世界重新認識希臘建築，也帶動當時歐洲的希臘建築樣式的復古風潮，甚至遠在大西洋彼岸的美國在獨立後，大力興建華盛頓特區政府機關時，包括國會與白宮也都是運用希臘建築復古的樣式，象徵美國邁向民主時代的發展。（吳謹嫣譯，2000）關於希臘建築的特色請詳前述，以下僅就最具歷史意義的建築進行介紹。

(一)哥德式建築

哥德式建築是11世紀下半葉起源於法國，13至15世紀流行於歐洲的一種建築風格，融合了希臘、羅馬、拜占庭、基督教等藝術，配合各民族的特性為基礎，演變而來的一種建築特色，是歐洲封建城市經濟為主導地位時期的建築。這時期的建築仍以教堂為主，但也反映城市經濟特點的城市廣場、市政廳、行會、公會與關稅局等，同時市民住宅也有很大的發展，風格脫離了古羅馬的影響，以其高超的技術和藝術成就，在建築史上占有重要地位。

哥德式建築主要的典型特色有尖拱門、稜筋的穹隆、飛扶壁及彩色玻璃窗。其結構體系由石頭的骨架券和飛扶壁組成，在外觀上呈現瘦高的骨架，通常可見高高的尖塔、頂部成尖形的拱門，以及布滿繁複雕刻的牆面；為了保持高挑的身材，牆壁不能太厚，於是出現大片大片的玻璃窗，由於主體建築支撐的力量有限，於是在牆壁外側發展出扶壁（Buttress）和飛扶壁（Flying Buttress），以加強橫向支撐的力量。至於建築的內部空間高曠、單純、統一。以各種方式營造崇高的視覺效果、挑高的設計，從地板到中央頂棚往往高達三十、四十公尺，如法國巴黎西北方的波維（Beauvais）大教堂高四十八公尺，幾乎到了高度的極限，再高一點可能就垮了，它利用如人體肋骨般的肋稜以及與建築結構本身無關的裝飾性附柱，藏起厚重的樑柱，創造流暢的空間效果；教堂四周有容許陽光穿透的玻璃窗，增加室內的明亮度。

哥德式建築以教堂、修道院最為普遍，後來西歐境內許多城堡、市政廳，甚至有錢人的宅邸，也紛紛採取哥德樣式，以展現巍峨、華麗與威嚴的氣勢。建於1137年的聖丹尼（St. Denis）教堂，被認為是最早的一座哥德式建築物。13世紀期間，從整個西歐延伸到義大利中部以北地區，哥德式建築蔚為風尚，直到15世紀義大利文藝復興勢力興起，才完全否定繁複的哥德式建築，哥德式建築也就逐漸式微。哥德式建築發展至後期，在不同國家呈現了不同的風格：西班牙專注於蕾絲花邊般精緻的石雕，極力展現靈動的生氣，例如巴塞隆納的聖家堂（Sagrada Família）等；義大利則採用屏幕式的山墻構圖，在雕刻和裝飾上有明顯的羅馬古典風格，如米蘭大教堂，而西恩納的市政廳更被公認是中世紀建築中最美麗的作品之一；德國著重在尖塔的高度向天空爬升，例如科隆大教堂（Cologne Cathedral）；英國強調整體端正垂直的線條，例如索爾斯堡大教堂、倫敦塔。由於哥德式建築整體外觀因為高聳的架勢、精緻的石雕、線條流暢的飛扶壁和色彩繽紛的玻璃窗，而顯得富麗堂皇，往往成為吸引現代人注目的觀光焦點。

(二)巴洛克式建築

西方都市計畫發展由巴洛克時期開始，當時最醒目的建築物是教堂與宮殿。建築師認為建築物是根據許多要求塑造成型的一個獨立的總體，所以巴洛克建築通常看來就像一尊大型雕塑。文藝復興時期的建築，共同特點是正方形、圓形和十字形；而巴洛克建築的典型特徵是橢圓形、橄欖形，以及從複雜的幾何圖形中變化而來的更為複雜的圖形。用規則的波浪狀曲線和反曲線的形式賦予建築元素以動感的理念，是所有巴洛克藝術中最重要的特徵。

文藝復興時期建築是以簡單的、基本的比例和相互關係為基礎，巴洛克建築則不再崇尚那種含蓄的邏輯性，而是追求令人感到意外的、如戲劇般的效果。如米開朗基羅助手維紐拉和戴拉．伯達在1568至1584年間完成的羅馬耶穌教堂，它被公認為是從樣式主義轉向巴洛克的代表作。這座教堂內部突出了主廳和中央圓頂，加強了中央大門的作用，以嚴密的結構和強烈的中心效果顯示新的特色。因此，耶穌教堂的內部和門面，後來都成為巴洛克建築的模式，又可稱為「前巴洛克風格」。

17世紀早期巴洛克建築代表是馬德諾，在1607至1615年完成米開朗基羅未完成的羅馬梵諦岡「聖彼得教堂」（Basilica San Pietro），其用戲劇性的方式強調正門，由扁平的方柱變為半圓柱，再變為四分之三圓柱，使建築的立體塑型複雜多變，所設計凸出或深凹的門面，都使得教堂和前面廣場的空間能更進一步的連接。17世紀盛期最偉大的巴洛克建築大師是

聖彼得教堂位於義大利拉齊奧大區羅馬省西北部的梵諦岡、聖彼得廣場旁，米開朗基羅所設計的圓形屋頂更成為梵諦岡的重要地標。

貝尼尼，是巴洛克時期最重要的義大利藝術家，雖然他最著名的作品都是雕刻，但他主要的成就卻在雕塑和建築設計。聖彼得大教堂內的「三寶」指的是「聖殤像、青銅華蓋、彼得寶座」，其中的青銅華蓋便是貝尼尼在1624至1633年間完成，是一座高達二十九公尺的巨型幕棚，以四根螺旋形雕花大柱支撐蓋頂，雄偉而又華麗，貝尼尼並為聖彼得大教堂設計了門前雙臂環拱形的廣場和柱廊，使它成為西方最美的廣場建築之一。

巴洛克另一位建築大師是波羅米尼（Francesco Borromini），喜用多變的曲線和幾何形體的複雜交錯，從整體布局到細部安排，都能別出新裁；代表作如羅馬的四泉聖卡羅（S. Carlo）教堂（1665至1667年），被譽為巴洛克建築的典範。除羅馬地區外，義大利北部的杜林也有相當發展，瓜里尼（G. Guarini）建的「聖布小教堂」（1668至1694年）圓頂，表現天堂的穹窿，給人一種飄渺無盡永恆的幽思。西歐諸國的巴洛克建築，又結合各地的特點而各有所長，如英、法等國帶有較嚴謹的色彩，代表有巴黎凡爾賽宮（1669至1685年），德國南部則華麗輝煌達於極致，西班牙及其統治下的拉丁美洲也是巴洛克發展的重要地區。

巴洛克後期的大師則以加利萊為代表，其代表作為1732年的「拉特朗大殿」，表現出18世紀建築師和藝術家對教堂建築的不同風格。具代表的建築為在奧匈帝國時期的桑索希公園，公園內有以桑索希皇宮為首的六座宮殿、劇院、美術館等分散其中。桑索希宮內的腓特烈大帝的辦公室，以及他所敬愛的伏爾泰住過的房間等均值得參觀。

巴洛克式建築以華麗、動感打造戲劇般的效果，表見出絕對的高貴與權力；因此文藝復興時期過後，許多建築為表示其華麗與權力性，都採用巴洛克式建築方式，造成許多富豪望族、地方士紳，及市府建築都爭相模仿巴洛克式建築。（蔡毓芬譯，2000）

(三)洛可可式建築

法國巴洛克建築的最後階段，通常稱為洛可可式建築，發端於路易十四（1643至1715年）時代晚期，流行於路易十五（1715至1774年）時代，風格纖巧，又稱路易十五式，而相較於前期的巴洛克與後期的新古典，洛可可反映出當時的社會享樂、奢華以及愛慾交織的風氣。這種風格第一次出現在古典主義者孟沙為路易十四所進行的設計中，隨後1699年勒波特將阿拉伯圖飾，應用到國王在馬爾利住宅的鏡框和門框上，這種風格便正式形成。1701年它出現在凡爾賽宮上，而極盛行為法王路易十五時期，其為迎合巴黎人新興資產階級，以纖細、輕挑、華麗、繁瑣為特點的沙龍藝術，也見於繪畫和文學之中，但主要見於建築中。洛可可在形成過程中還受到中國藝術的影響，特別是在庭園設計、室內設計、絲織品、瓷器、漆器等方面，由於當時法國藝術取得歐洲的中心地位，所以洛可可藝術的影響也遍及歐洲各國。

洛可可原意是「貝殼形」源於法語Rocaille；其建築風格是在精緻府

邸代替了古典的宮殿和教堂，洛可可的建築一般不求排場，但仍講究使用者的舒適感。房間通常為圓形、橢圓形或圓角形，多用自然題材做曲線，如捲渦、貝殼、藤蔓、卷草，以及其它不對稱的曲線；講求閃爍光澤的色調，例如多用青、黃及粉嫩色、漆金等，還用大量鏡子、帳幔、水晶燈等貴重家具做裝飾，處處顯得靈活、親切，表現出對古典主義尊嚴氣派和冷漠秩序的否定。洛可可建築滿足於有節奏的布局，自然的建材或加上一層簡單的色調，而內部裝潢則五彩繽紛形式多樣。最大特點是明顯帶有人生的享樂主義思想，不但富有蜿蜒而優雅的曲線美，還富有生命力，體現著人文自然和自由活動的追求。

洛可可建築的經典代表為凡爾賽宮內皇后的房間，可以看到看起來對稱卻又不對稱的自然花草的曲線，整個房間的色調和光澤，加上帳幔和水晶燈等貴重家具，乍看下還以為到了回教國家的皇宮。另外，在德國，斯都格的孤獨城堡（Schloss Solitude）和奧拉寧堡的中國宮、維斯的巴伐利亞教堂和波茨坦的無憂宮、西班牙古城加的斯（Cadiz）的主教座堂，立面上的是洛可可風格的裝潢，以及慕尼黑阿梅林堡別墅的多鏡廳與符茲堡宮的樓梯也是洛可可經典之作（林秀姿，2002），這些都是歐洲洛可可風格建築的例子。

三、西方的特色建築

(一)城堡建築

自石器時代開始，人們便使用防禦工事和土木工程。在西元第9世紀以前，歐洲從未出現過真正的城堡。但由於要反抗維京人的入侵，加上分散封建政治勢力的形成，從公元第9世紀到15世紀之間，數以千計的城堡就遍布歐洲。

第9世紀開始，勢力強大的部族就開始以城堡占據歐洲各個地區。早期的城堡設計和建造大多簡單，但卻慢慢發展為堅固的石材建築，其多屬於國王或國王的臣屬，但大部分是地方上的貴族為了維護自己的利益而建造，建造城堡的目的是為了防護，並提供一個由軍事武力所控制的安全基地。事實上，城堡的功能最初是作為軍事用途，作為專業士兵，尤其是騎士的基地，並控制四周的鄉間地區，而非以防禦為目的。當國王的中央權力衰落後，由城堡所構成的網絡以及他們所支援的軍事武力，反而在政治上提供了相對的穩定。法國的普瓦都地區是最佳例子。在第9世紀維京人入侵前，那裏只有三個城堡；但到了11世紀時，增加到三十九個。這種發展模式在歐洲其他地區都可見到。在火炮出現之前，城堡的防衛者比攻城者占有更大的優勢，遍布的城堡為了防衛而維持著大批士兵，不僅沒有帶來和平與團結，互相防衛以對抗入侵者，反而助長了不斷發生的戰爭。

早期城堡的類型被稱作「土堆與板築」。土堆是以泥土築成的土堤，具有一定寬度和高度，一般約五十英呎高。土堆上面可建築大型的木製箭塔，土堆下面以木板圍起，稱為板築，用來防護穀倉、家畜圍欄和用來居住的小屋。土堆與板築就像一個小島，被挖掘出來並被注滿水的壕溝所圍繞，由一道橋樑和狹小陡峭的小徑來互相連接。在危險的時候，如果守不著板築的話，防衛的武力會撤退到箭塔裏面。11世紀開始，以石頭代替泥土和木材來建築城堡。建設在土堤上面的木製箭塔，改由大塊的石頭建造，後來發展為箭塔或要塞。一堵石牆會包圍舊的板築和要塞，並改由壕溝或護城河環繞，另外再設置吊橋和閘門來防護城堡唯一的城門。最著名的要塞型城堡，是由征服者威廉所建造的倫敦塔。它最初是一幢方形的建築，並被塗成白色以吸引注意，後來的國王們就以今天所看到的城牆和改良後的建築來加強它的規模。十字軍東征後，帶回新的防禦技術和攻城工程師，使城堡的設計得到改進。同心的城堡從中心點擴展，由兩堵或更多的環形城牆所包圍。到了13世紀，城堡的建造或強化必須得到國王的同意，為的是廢除城堡，讓他們不能作為叛亂的依據。城堡被廢置後，有四分之一仍然為貴族所保存，其他則淪為廢墟。到了15世紀中期，由於王權的擴張，城堡開始出現衰落，財富的生產從農地轉到城市，防禦設施強化的城鎮反而變得更為重要。

早期的古堡幾乎都蕩然無存了，今天所見到的主要是中世紀中晚期來的建築，大多是哥德式的，其次是文藝復興式的，再次是巴洛克式的。雖屢建屢修，但許多已淪為廢墟，他們帶著歷史的塵埃，訴說著悠悠歲月。而各種建築風格的古堡中，以哥德式最典型，造型高聳、峭拔、窗戶狹長，均有塔柱和塔尖，樣式不要求統一，如果同時有數個塔柱，則其中必有一個突出於眾塔之上；周圍有堅固的城牆，堡內較為陰暗，往往有一種陰森、恐怖、神秘的感覺；城堡成了歷代文藝作品常用的題材或背景。目前歐洲現存城堡中以法國及德國較多，且較為著名，茲列舉如下：

早期的古堡神秘而陰森，幾乎都蕩然無存了，現存城堡以法、德居多。

■羅亞爾河城堡

位在巴黎西南邊二百三十公里處，為16世紀法國文藝復興的起源地，羅亞爾河流域最重要的遺跡就是法國王權時代遺留下的豪華古堡，距離杜爾六十公里的範圍內，散置數十座兼具歷史與建築價值的古堡，最有名的當推雪儂梭和香波堡，其他如翁布瓦茲、薇雍德、亞勒依多堡，以及大、小城堡等均各有特色：

1.雪儂梭堡：為跨越羅亞爾支流雪河與察爾河建造的文藝復興的城堡，富含文藝復興氣息。16世紀以來經過數位女性貴族的修建，使雪儂梭堡充滿浪漫優雅的氣氛，特別是水上城堡建築，以及分屬亨利二世皇后與情婦的兩個美麗花園，更為雪儂梭堡主人的愛情故事增添更多想像。被喻為漂浮在空氣及水面的雪儂梭堡，在凱薩琳、黛安娜及之後歷任女主人的巧思之下，外觀建築以及內部擺設都維持了法國王室的奢華古典。由連續圓拱支撐的義大利式長廊、豪華精緻擺設的臥房、路易十四沙龍、禮拜堂、凱薩琳之房、版畫陳列室、守衛廳，甚至地下廚房等，都反應羅亞爾河王室的尊貴享受。

2.香波城堡：位於羅亞爾河以東約六十公里，具有王者風範的香波堡是羅亞爾河流域最大的城堡（房間有四百四十間），後來被法蘭斯瓦一世剷平重建。18世紀時流亡的波蘭國王曾經居住於此，1840年香波堡被列為古蹟。太陽王路易十四的臥房是香波堡尊貴奢華的代表，而隨處可見的蠑螈，是法蘭斯瓦一世的紋章圖案，分設在城堡中七百多處。交替旋轉式的大梯，據說是由達文西所設計，特色是上樓和下樓的人不會面對面相遇。此地也曾經是王侯貴族為在廣大森林中歡樂打獵建造。香波堡有名的是螺旋式樓梯（上下之間有難得的設計）及無收的煙窗、柱頭，小塔裏有陽臺可以遠眺，一到傍晚，暉映香波堡城堡十分美觀。

3.楓庭城堡：離巴黎市六十五公里，於12世紀落成，為路易七世的行宮，堡內的花園值得一遊。數百年來地位超然的楓庭堡，為路易十四構思的楓庭堡皇城，連貫毗鄰的皇宮和附近的森林，是昔日多位法國帝王的行宮。自中世紀開始，楓庭堡見證了三十四位君王的統治，在法國歷史上扮演著重要的角色。今日的楓庭堡及附近的森林區已被聯合國科教文組織列為「世界文化遺產」。

■隆傑城堡

文藝復興後，隨著騎士制度的衰落，古堡的功能發生變化，除一部分繼續作為軍事要塞外，其餘當作博物館或供貴族們當府邸。例如18世紀末，德國黑森州地區的統治者威廉九世侯爵就在州府卡塞爾的山坡公園建造了一座典型的古堡。從外表看，它幾乎集中世紀哥德式古堡樣式之大成，但內部卻完全是居室的設施。古堡不僅是建築遺產，也是壯麗的文化景觀。19世紀德國浪漫派領袖施萊格爾曾驚嘆與讚賞：「一系列德意志古堡廢墟，將萊茵河沿岸裝飾得如此富麗堂皇，除了直接的自然感情外，還給了我們新的觀察良機……」施萊格爾所描述的主要是萊茵河中流從平根到考普倫茨這一河段，那是一段峽谷，兩岸崇山峻嶺，河流蜿蜒多姿，堪稱萊茵河的「華彩河段」。兩旁險峻的山崖上一座座巍峨聳立的古堡，特別是古堡廢墟，個個爭奇鬥妍，成為大自然的絕妙點綴。

(二)園林建築

西方園林建築，一般是指不包括主體建築的小型建築物，以及人造噴泉、花臺、裝飾雕塑、園燈、公共設施等。以西洋景觀設計來說源起於庭園設計，如埃及、巴比倫、羅馬等規劃的古庭園。中古世紀西班牙、羅馬、荷蘭、法國之庭園設計均表現出精緻的人工藝術，16世紀文藝復興時代為義大利庭園之黃金時代，其建築特色包含藝術品、雕刻及水景植栽。17世紀後期受巴洛克及洛可可風潮影響，許多庭園引入濃厚裝飾及人工雕刻風格，並花費大量人力與金錢堆砌出皇家豪氣，其中以法國凡爾賽花園最具代表性。

凡爾賽宮花園位於巴黎西南二十二公里，原為法王的獵莊，1661年路易十四進行擴建，到路易十五時期才完成，王宮包括宮殿、花園，宮殿南北總長約四百公尺，中央部分供國王與王后起居與工作，南翼為王子、親王與王妃使用，北翼為王權辦公處，有教堂、劇院等等。宮前大花園自1667年起由勒諾特設計建造，面積六・七平方公里，縱軸長三公里。園內道路、樹木、水池、亭臺、花圃、噴泉等均呈幾何圖形，有主軸、次軸、對景等等，並點綴有各色雕像，成為法國古典園林的傑出代表。

凡爾賽宮花園，在法國大革命前有八千公頃，現在只剩下八百一十五公頃。園中有幾座特大的季節性花圃，圖案多彩多姿，一年四季繁花似錦，宛如世外桃源。整座花園，以水盆、水床、噴泉、瀑布、運河為主軸，當時計有一千五百多座奔放的噴泉，現在只剩三百多座，堪稱是世界

上最大的戶外古典雕塑園。每當噴泉水舞演出時，所有噴泉都隨著古典交響樂曲，飛舞躍動、水花四濺、氣勢磅礴、魅力無窮，就像一座詩情畫意的水花大劇場，這些賞心悅目的視覺美感，足以讓人流連忘返。（陳奇相著，1999）

(三)公共建築

■歐洲廣場

廣場，一般指都市中無特定機能，且供市民使用的寬敞空間。歐洲各國的廣場，一直是各種活動的重要場所。古羅馬城市的中央廣場是討論國事的空間，是公民從事商務與政治的場所；古希臘的政治集會廣場阿戈拉和義大利古羅馬集會廣場，構成古代都市政治、經濟、宗教活動的中心，也是國民行使權力的舞臺。「阿戈拉廣場」由許多與建築物相連的柱廊環抱形成四邊形，是世界聞名的古建築之一；「古羅馬集會廣場」雖一度廢棄，但從11世紀起，隨著商業的振興，城市的價值又逐漸恢復，廣場也得以復活。到了中世紀，羅馬市開始向外擴展，即是將古羅馬集會廣場舊址和當時的廣場巧妙地結合起來，使其獲得了新生。

歐洲一些自治市將具有宗教與軍事性質的廣場建在市中心，而將商業廣場、市集廣場設在城門外或城市與城堡之間的空地上。歐洲大的商業都市中，國民廣場上常常矗立著市政廳、公共大廈、主要商場和商業協會，同時也加入了大主教教堂和一般教堂，組成城市自治管理和重大公共文化活動中心。歐洲中世紀的廣場多位於交通閉塞的地方，以德國的慕尼黑和漢堡廣場為例，半圓形或"V"形帶有頂蓋的通道，連接著建築物底層的柱廊，加上象徵著國民獨立性的高聳商行鐘樓和市政廳塔樓，成了城市公共生活的中樞。

文藝復興之前建立的荷蘭阿爾克馬爾市的瓦隆普蘭廣場、義大利威尼斯市的聖馬可廣場和皮亞茨達廣場，目前仍然保持著中世紀的風格和特點——既是商場，又是集市，還是教堂廣場和碼頭的一部分。文藝復興時期，廣場設計講究三度空間規律，即三一律。不僅廣場的大小、景色要配合，周圍建築物的形式、格調也要做到內外結合，虛實相濟，還要按照王室和政治的需要，使廣場成為富有新政權隱喻的城市建築。這個時期的廣場設計，多為對稱型，這種建築在羅馬教皇的城市規劃中曾出現過，位於義大利佛羅倫斯的南各阿廣場即屬此例。

在法國啟蒙運動時期，廣場布置要求體現君權的建築思想，表達對君主專利政權的敬意。巴黎的孚日廣場，在亨利四世至路易十三時期被稱為皇家廣場，為1605至1612年建成，展現亨利四世美化首都、便利交通的願望。而巴黎的勝利廣場和旺多姆廣場，則特別突出廣場中心的路易十四雕像。

19世紀時將中世紀城市和文藝復興時期城市融合在同一結構中，並將皇家廣場和國民廣場合為一體的，包括位於巴黎塞納河畔杜伊勒利公園西北端的協和廣場、葡萄牙里斯本的商業廣場和丹麥哥本哈根的阿馬林堡廣場等，都是啟蒙運動時期城市規劃中完美結構的代表。當工業革命席捲歐洲時，廣場的傳統作用逐漸改變。像巴黎的星式廣場，是東西軸線上的重要地點，改變巴黎地區網狀交通的作用，與帝國時代建造的凱旋門有同樣的紀念意義。20世紀初，側重交通便利的考慮，廣場作為社會活動的場所，從建築群中分離了出來。歐洲人設計的廣場為「人性廣場」，讓廣場與百姓的生活緊密結合在一起，成為日常生活的一部分。現在歐洲各國對城市廣場的重要作用又有了新的寓意，力求匠心獨具地設計一個有著特殊意義的廣場，增加城市的光彩。（王維潔，1999）

■ 歐洲劇院

歐洲在表演藝術方面，以歌劇起源最早，且隨著文化的傳播而遍布歐洲各地，不僅是王公貴族娛樂的活動，也發展成一般平民皆能欣賞接觸的活動。歐洲的劇院發展可源自希臘時期，以大規模的戶外公共空間作為表演場所，演進至今日，世界上最著名的劇院仍然以歐洲最多，包括巴黎歌劇院與米蘭歌劇院等，以下介紹幾個歐洲重要的劇院：

1. 古希臘雅典露天劇場：雅典（Athens）衛城（Acropolis）入口南側的阿迪庫斯音樂廳（Odéon d'Hérodes Atticus）建於羅馬時代，為可容納六千多人的戶外劇場，目前夏季仍有表演在此舉行。三層式的建築結構，直徑三十八公尺，為半圓型的劇場，在任何一點都能聽清楚舞臺上演員的臺詞及音樂席的表演。
2. 羅馬圓形劇場（Amphitheatre Romain）：為普羅旺斯地區保存得最完整的羅馬式遺蹟之一。二樓的拱門是多利克（Doric）式。劇場內最多可容納二萬多人觀看，攀上最高樓層可以俯瞰整個亞爾勒的市容。
3. 巴黎歌劇院（Opera de Paris）：被認為是世界上最重要的劇院之一，許多著名聲樂家和指揮家都在此演出，歌劇院在1989年遷往巴士底（Bastille）。
4. 馬西摩劇院（Teatro Massimo）：位於西西里島（Sicilia），原本是座希臘神殿，建於1875至1897年之間，外觀正面是古典式的建築，為歐洲第二大的室內劇場（僅次於巴黎歌劇院）。內部裝潢幾乎全部採用木材，音響效果非常好；另外，西西里地方美術館與馬西摩劇院隔著馬克達街相對。
5. 聖卡羅歌劇院：拿波里（Napoli）聖卡羅歌劇院（Teatro di San Carlo）建於1737年，由法國波旁王朝查理王所蓋，不僅是義大利最大的一座歌劇院，也是舉世聞名的重量級歌劇院。劇院的正面及大廳內部尚保留完整原貌，尤其是內部全以繡了金線圖案的紅色天鵝絨作裝飾，極盡華麗精緻。聖卡羅歌劇院向以絕佳的音響效果及

世界上最重要的歌劇院——巴黎歌劇院。

豪華設備聞名於世，有表演時不對外開放，沒有表演時遊客可參加歌劇院的導覽行程入內參觀。

6.斯卡拉歌劇院（Teatro alla Scala）：位於義大利米蘭，是世界三大歌劇院之一，建於1778年，二次大戰時遭到嚴重破壞，後於1946年重建，現在是世界上第二大的歌劇院。劇院旁邊有一所博物館，觀光客可以在此見到從前在劇院演出的服裝、道具等。

7.宮廷劇院（Burgtheater）：維也納（Vienna）號稱音樂與戲劇的聖殿，其劇院分布在維也納各地，其中最著名的就是城堡劇院。據說，城堡劇院的德語是最標準的，有許多世界級的演員在此擔任演出，而能夠晉身於城堡劇院演出就是對其藝術表現最高的評價了。城堡劇院原是特瑞莎女皇於1741年所建，原址在聖米歇爾廣場，1888年後改建為現在的義大利文藝復興式建築。城堡劇院位於市政廳的正對面，入口的上方雕塑是「太陽神阿波羅與悲劇中的繆斯」，進入大廳後，向左邊走是休息區，兩旁掛著著名的演員畫像，接著可以看到一道舖上大紅地毯的華麗階梯，右轉往上走就是劇院大廳，劇院大廳的前方有克林姆的壁畫。

8.國立歌劇院（Opera House or Staasoper）：全世界公認第一流的歌劇院，知名的作曲家、指揮家、演奏家、歌唱家、舞蹈家，無不以在國家歌劇院表演為畢生的榮幸。每年有將近三百場演出，包括古典歌劇中的所有劇目，最了不起的是節目沒有一天是重複的。新文藝復興風格的國立歌劇院，是改建後環城大道上第一個完成的建築，1869年5月25日首場演出是莫札特的《唐喬凡尼》（*Don Giovanni*）從此揭開炫麗的音樂聖殿時代。（MOOK自遊自在旅遊網，2009）

9.國家木偶劇院：木偶劇是布拉格（Prague）最有名的藝文表演之一，其中歷史悠久、最受歡迎的劇碼，就是莫札特歌劇《唐喬凡尼》，此歌劇的全球首映地點在布拉格，從1787年一直延續到現在的木偶劇，二百年來的熱度可見一斑。木偶劇無論是戲服、舞臺、布景設計，都不比真正的歌劇遜色。1991年，《唐喬凡尼》木偶劇首度在國家木偶劇院（National Marionette Theater）演出，至今已經演出將近二千場，可以說是莫札特與布拉格的最佳代表作。

■歐洲大學城

歐洲自第7、第8世紀間，就有醫學和法律學校，而從第9、10世紀間，教會學校興起，這些學校只教授單一學科（醫學、法律或神學）。歐洲的大學不但有悠久的傳統，而且除了極少數之外，一個城市只有一所綜合大學，且大學沒有校園而與城市融為一體。歐洲的大學無法與其城市分開，大學裏人才輩出，城市中文化鼎盛，兩者互為因果，大學的生活就是大學城的生活。歐洲第一所大學於1088年成立於義大利波隆那，由於其學生大多為成熟的神職人員或來自世俗的統治階層，因此大學成立之初，係由學生選舉校長和決定教授之聘任（學生治校）。而巴黎大學成立於12世紀，與波隆那大學相反，巴黎大學一開始就是由教授治校，其歷史源遠流長，人才輩出，如今在巴黎有好幾個校區，但以「佐爾本」（Sorbonne）最為知名。歐洲著名的大學城略舉四個：

1.海德堡（Heidelberg）：德國最著名的城市之一，也是德國最古老的大學城，是一古樸寧靜的小城，依山傍水，長久以來一直是最能激發詩人和畫家靈感的地方，也是一個充滿活力的傳統和現代混合體，過去它曾是科學和藝術的中心，如今的海德堡延續傳統，在城市內和城市附近建有許多研究中心，不僅有引以為榮的中世紀城堡，歐洲最古老的教育機構之一海德堡大學亦坐落其中，大學深受新人文主義及浪漫主義的影響，著名學者黑格爾、化學家Robert Bunsen、韋伯、雅思培等均曾於此研究，所遺留下來歷史建築、韋伯故居、哲學家之路均為重要的觀光景點，而海德堡大學的廣場更是觀光客旅遊海德堡的重要地標。目前學校建築主要分為老大學和新大學，由於歷史悠久，校風活潑，文化氣息濃厚，為各國青年嚮往的理想學府。

2.符爾茲堡（主教的宮殿與教堂）：符爾茲堡主教宮是德國保留最完整的巴洛克式宮殿。原先符爾茲堡的統治者是符爾茲堡主教，一直到1814年，符爾茲堡歸入巴伐利亞王國後，大學才完全開放，從此符爾茲堡獲得了新的活力，研究和教學大為進步，19世紀其醫科尤為著名。1895年，該校物理學教授倫琴（Roentgen）發現了X光，當時稱其為「一種新的光線」，標識了新精神所帶來的最高研究成果。

3.英國劍橋：

(1)國王學院（King's College）由亨利十六世於1441年建立，是劍

橋（Cambridge）最著名的學院，主要入口是雄偉的19世紀哥德式門樓，但僅部分區域在特定期間對外開放，學院內的國王禮拜堂（King's College Chapel）被公認為是劍橋的榮耀與全歐最出色的哥德式建築，前後耗費將近七十年才完成，禮拜堂的儀式對外公開，其唱詩班據說是全國最優秀的，每年的聖誕節，此地的歌聲都會傳播至世界各地。

(2)皇后學院（Queen College）是另一個著名的學院，學院後面有一座跨在康河之上，連接皇后學院兩部分的「數學橋」（Mathematical Bridge）非常著名，這座建於1749年的木橋，係以數學原理建造，完全不用一根螺絲跟鐵釘卻堅固無比，故以此命名。

(3)聖約翰學院（St. John's College）為劍橋的第二大學院，建於1511年，1831年興建新校舍時，為連結新舊兩校舍而修築了一座仿自威尼斯的嘆息橋（Bridge of Sighs），如今吸引了無數遊客前來參觀，沿著學院的參觀路線，經過正門、前庭禮拜堂，最後可來到康河河畔。

4.牛津：基督教堂學院創立於1525年，是牛津（Oxford）大學最大的學院，近代二百年內就有十多位首相曾就讀於此，這裏的參觀重點包括古色古香的迴廊、禮拜堂，以及被暱稱為「大湯姆」（Great Tom）的大鐘，每晚持續鳴響一〇一下，其典故源於創校之初，大鐘每晚自九點零五分起為這一百零一位學生報時，並持續鳴鐘一百零一響；麥頓學院（Merton College）於1264年創立，是牛津大學的第一個學院，中世紀就在科學研究領域享有盛名；創建於1370年代的圖書館，是英格蘭首棟文藝復興時期的圖書館，其藏書及內部裝潢都值得一看。

■歐洲博物館

歐洲地區的博物館非常有名，在早期許多博物館並非作為藝術典藏或珍藏使用，而有其他用途，如原來為王宮、貴族的宅第，甚至是巴黎的奧塞美術館原為車站，後來才改建為美術館，之後隨著文藝復興對人文藝術的重視，歐洲成為全球博物館的重鎮，許多重要的東方文物由於歷史事件，也都收藏在歐洲的博物館。以下列舉歐洲知名的博物館作介紹：

1.大英博物館：

(1)位於英國倫敦的大英博物館，是世界第一所「政府」博物館，同時也是收藏貴重文化珍寶最為豐富的博物館之一。館藏包括歐洲的中世紀美術，希臘、羅馬、埃及、西亞、東方等的古代美術，以及由人類學觀點為依據所收集的古代雕像、工藝品、古代貨幣與紀念章、古代版畫及素描、抄本與版本等，而館藏中保存了數量可觀的11世紀中國的敦煌文物，是研究敦煌學的重鎮。

(2)大英博物館為世界上最早開放的國家博物館，館中總共有九大部門，超過一百個展示廳，以收藏古羅馬遺蹟、古希臘雕像和埃及木乃伊而聞名，可說是人類文化遺產的寶庫，是世界最大、最著名的博物館。

(3)博物館的正中央是個圓型大閱覽室，高達四十五公尺，可容納各類書籍共達一百三十萬本。博物館北側是愛德華七世藝廊，在進口處有兩隻獅子造型。大英博物館在三樓展示著東方的繪畫和素描，二樓的天花板是用玻璃鑲製而成，室內洋溢著溫和的自然光線，而最受歡迎的就是二樓的木乃伊室，除此之外在展示室還有由東方、埃及、希臘、羅馬運來的工藝品，在這裏收集了中世紀以來，文藝復興時期與近代工藝無數的寶飾、工藝品、陶瓷器、鐘錶等各式各樣傑作，經過特別設計的照明，使那些精品像從黑

暗中浮現，令人讚歎不已。（呂清夫編譯，1996）

2.法國巴黎的羅浮宮博物館：羅浮宮位於塞納河畔，館藏品可追溯至16世紀的法蘭斯瓦一世，大都以義大利畫為主，有達文西「蒙娜麗莎」、卡拉瓦喬、米開朗基羅、霍爾班等，至今典藏品仍不斷增加，是世界規模最大的皇宮建築暨國家博物館之一。除了建造於13世紀初的博物館建築群本身就是偉大的藝術傑作外，博物館自18世紀成立以來，更以質精量的館藏，展出作品分為希臘、羅馬古物、東方古物、埃及古物、中古世紀與文藝復興的雕塑、素描及裝飾器物等六大類，著名的收藏品也有「勝利女神雕像」、「米羅的維納

圖為羅浮宮博物館著名的收藏——三寶之一的「勝利女神雕像」。

斯」、達文西的「蒙娜．麗莎的微笑」等，吸引無數的民眾前來參觀。而由華裔建築師貝聿銘設計的玻璃金字塔入口設計，原先引發許多爭論，但事後證實了其與原主體結構並不衝突，甚而襯托出空間的明亮度與美感，早已成為羅浮宮的代表。

3.法國奧賽美術館：位於法國巴黎市中心，其前身是1900年的奧塞火車站，隔著塞納河可直接眺望羅浮宮、皇宮，與收藏莫內的蓮花系列作品而聞名於世的橘園美術館，是19世紀晚期法國藝術品的寶庫與象徵，融合了文藝復興和古典傳統風格的學院式石拱門。奧塞美術館有「西洋繪畫藝術殿堂」之美名，館內整體的空間規劃，正如莫內在「聖拉札火車站」中描繪的一樣，各地的遊客來自四面八方，在此享受視覺的饗宴。

4.法國龐畢度藝術中心：是法國巴黎的三大美術館之一，僅次於羅浮宮、奧塞美術館，充滿後現代的建築風格。鋼管、結構都暴露在外

龐畢度藝術中心將鋼管、結構都暴露在外，充滿了後現代藝術風貌，是法國巴黎的三大美術館之一。

的建物，本身就是一件藝術結晶，展現出20世紀現代藝術風貌。整個建築物不是從地基一層層建起，而是以鋼鐵將整棟中心建築吊起，未用到水泥，利用空間面積為考量，天花板與牆壁都可移動，使展覽活動空間動態化，館藏以布萊克、畢卡索、超現實主義畫家達利、野獸派畫家馬諦斯等人作品為重點。建築是古今中外最大、最具有時間與歷史記憶的藝術表現形式，龐畢度藝術中心是以龐畢度總統而命名的。

5.倫敦國家畫廊：英國的倫敦國家畫廊，雖是以民間收藏和捐贈為基礎的美術館，卻以典藏世界各國傑出的藝術品，而獲得「世界畫廊」之美譽。重要館藏包括米開朗基羅的版畫「埋葬基督」、達文西的「聖母子、聖安娜和聖約翰」，以及林布蘭、魯本斯、凡・萊登、哥雅、安格爾等等頗負盛名的畫家之傑作。除此之外，引發藝術新風潮的印象派畫家馬奈、雷諾瓦、塞尚等人的作品也在館藏之列。

6.梵諦岡博物館：由部分梵諦岡宮殿建築群構成，包含數個館藏部門，著名的西斯汀禮拜堂、保林禮拜堂等。古老的建築、細緻的雕塑和風格特殊的壁畫，不斷地向世人宣告這裏曾有過的藝術成就。梵諦岡博物館中典藏著名的雕塑作品「勞孔群像」、米開朗基羅的拱頂壁畫「創世紀」等等，以及拉斐爾、達文西、波提切利等文藝復興時期大師的鉅作，值得細細品味。

7.烏菲茲美術館：位於義大利佛羅倫斯的烏菲茲美術館，以典藏大量義大利文藝復興時期繪畫而聞名於世。文藝復興為沉寂一段時期的歐洲文化注入新生命力，烏菲茲美術館原為科西摩一世公爵的政府辦公室，後被梅迪奇家族用來展示家族收藏品。有文藝復興「花城」美稱的佛羅倫斯，在當時不論經濟和藝術都有極高的成就。烏菲茲美術館重要館藏包括波提切利的「維納斯的誕生」、「春」，

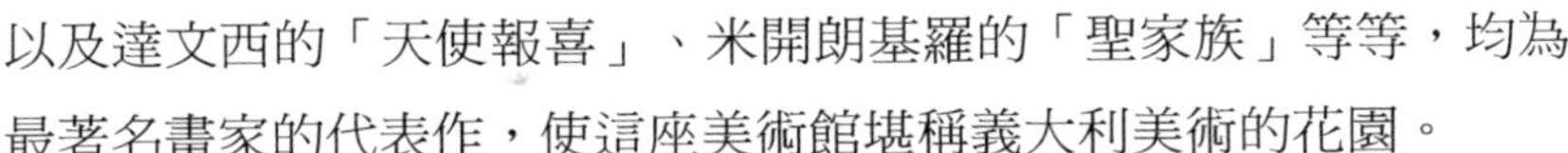

以及達文西的「天使報喜」、米開朗基羅的「聖家族」等等，均為最著名畫家的代表作，使這座美術館堪稱義大利美術的花園。

8.慕尼黑古代美術館：德國的慕尼黑古代美術館，以珍藏歐洲北方畫派的藝術作品聞名於世。慕尼黑是德國的藝術中心，古代美術館將歐洲各國精選大師名作齊集一堂，讓參觀者目不暇給。著名的典藏作品有杜勒的「四使徒」、魯本斯的「劫奪路西帕斯的女兒」等名作，以及提香、拉斐爾、林布蘭、范．戴克等不同時代重要藝術家的創作。

9.阿姆斯特丹國家博物館：荷蘭的阿姆斯特丹國家博物館，以收藏荷蘭著名畫家極盛時期的畫作為主。荷蘭畫作在歐洲美術領域中，曾獨樹一格，畫家們不但在藝術的境界裏精益求精，還為後世開創新路，包括風景畫、靜物畫等。阿姆斯特丹國家博物館裏著名的館藏包括林布蘭的「夜巡」、維梅爾的「燒飯女傭」等等。除了荷蘭美術之外，還有一些來自世界的藝術精品。

10.維也納藝術史美術館：奧地利的維也納藝術史美術館，以哈布斯堡家族歷代所收藏的藝術精品為基礎，尤以魯道夫二世的收藏最為世人所稱道，質與量都有極高的聲譽。美術館中著名的收藏包括拉斐爾的「草原的聖母」、提香的「吉普賽的聖母」等等。另外，維也納藝術史美術館在布勒哲爾、杜勒、林布蘭等歐洲北方畫派的收藏上，更為其他美術館所稱羨。

11.普拉多美術館：西班牙馬德里的普拉多美術館，除了擁有豐富的西班牙畫派作品之外，更以網羅中世紀以來歐洲各時代傑出的作品而著稱，將西方各國精選的大師名作齊集一堂，美術館中典藏有魯本斯的「三美神」、維拉斯奎茲（葡裔的西班牙畫家，生於塞維爾）的「瑪格麗特公主」等繪畫精品，是世界首屈一指的藝術寶庫。

埃及博物館中的壁畫等館藏，是世界藝術史中的瑰寶。

12.埃及博物館：位於開羅的埃及博物館，為研究古埃及美術不容錯過的寶庫，有世界藝術起源的美稱，同時還被譽為人類傑出造型美的評選依據。古埃及美術以其特徵鮮明的體制，和充滿神秘、知性的美感，在世界藝術史上占有重要的地位，並對後世美術有一定的影響力。埃及博物館中收藏了非常豐富的古代埃及諸神、諸王的圖像，以及大量的壁畫、棺木和圖坦卡門王的遺物等，館藏充滿地域性的藝術色彩。

(四)其他著名建築

歐洲建築，脫離不了政治、脫離不了宗教，也脫離不了社會文化。藉由建築設計，建築家們表達了對生命的看法，脫離宗教的角度立場，建築仍表現出一種信仰與期盼的精神。除了古典傳統的各式風格建築物與公共空間外，歐洲亦有幾個遊客必訪的近代建築景點，茲列舉如下：

■倫敦塔

倫敦塔是由十三座大小堡壘共同構築成的超級要塞，在九百年歷史中曾為城堡、王宮、監獄、博物館、軍械庫、文件保管處、獸欄及寶庫，也因此自然產生了許多懸疑的歷史典故。16世紀前，英王曾將此地當成宮殿，後來又變成囚禁政敵的監牢，但不管是宮殿、監牢，都是從「安全」的角度考量。其中最悠久，也最龐大的白塔，工程從1078到1098年花了二十年的時間，是當時不列顛的最大建築物。該塔在威廉時代成為皇室財富與權勢的象徵，並隱含著皇室主宰全國的意義；一直到16世紀宮廷遷往較舒適的威斯敏斯特，才變成了皇冠寶石的儲藏庫和倫敦最可怕的監獄與行刑處。哥德式外觀的倫敦塔橋於1894年完工，是倫敦泰晤士河上的著名地標，採用先進的鋼骨架構建築，遇有大船通過或特殊場合時塔橋橋面會升起，可達四十公尺高、六十公尺寬。1976年前塔橋的起降還是以蒸汽為動力，現今已改為電動。

■凡爾賽宮

法國絕對君權最重要的紀念物是凡爾賽宮，不僅是君主的宮殿，也是國家的中心。當時，凡爾賽宮是歐洲最大的王宮，位於巴黎西南的凡爾賽城，原為法王的狩獵場所，1661年路易十四進行擴建，到路易十五時期才完成，王宮包括宮殿、花園與放射型大道三部分。宮殿南北總長約四百公尺，中央部分供國王與王后起居與工作，南翼為王子、親王與王妃之用，北翼為王權辦公處，並有教堂、劇院等等。建築風格屬古典主義。立面為縱、橫三段處理，上面點綴有許多裝飾與雕像，內部裝修極盡奢侈豪華。居中的國王接待廳，即著名的鏡廊，長七十三公尺、寬十公尺，上面的角形拱頂高十三公尺，是富有創造性的大廳。廳內側牆上鑲有十七面大鏡子，與對面的法國式落地窗和從窗戶引入的花園景色相映成輝，此處亦是一次大戰凡爾賽合約簽訂處。宮前大花園自1667年起由勒諾特設計建造，面積六・七平方公里，縱軸長三公里。園內道路、樹木、水池、亭臺、花圃、噴泉等均呈幾何形，有它的主軸、次軸、對景等等，並點綴有各色雕像，成為法國古典園林的傑出代表。凡爾賽城中三條放射狀大道，事實上只有一條通往巴黎，但在觀感上使凡爾賽宮有如整個巴黎，甚至是整個法國的集中點，反映了當時法王意欲以此來象徵法國的中央集權與絕對君權的意圖，設計規模與風格宏大氣派。

■凱旋門

凱旋門位於巴黎著名的香榭里舍大道上，為巴黎重要的交通匯集點，並串聯街道旁重要的公共建築。興建目的原為紀念拿破崙帝國的勝利事跡，規模遠超過羅馬的君士坦丁凱旋門。該建築於1806年奠下基石後，1815年拿破崙失勢，工程停滯，直到1836年才完成了這座高五十公尺的雄偉拱門，拿破崙遺體及軍隊也終於在1840年通過凱旋門。此建築的每一面牆上都有巨幅浮雕，該門四大柱腳上有分別象徵出征、凱旋、抵抗、和平的四組雕塑，更上層還刻有拿破崙時代重要戰績的六大塊浮雕，以面向香榭里舍的《志願軍出征曲》（*Departure of the Volunteers*）的浮雕最為生動細膩（現名《馬賽曲》），描繪了1792年義勇軍出征的狀況。除此之外，每年10月12日拿破崙生日當天，太陽會不偏不倚的從凱旋門正中下墜，讓人嘆為觀止。凱旋門地處寬闊的戴高樂廣場，十二條大道由此向四面八方延伸，交通之繁重可想而知；目前在凱旋門中尚有世界大戰中殉職戰士的紀念碑。

■艾菲爾鐵塔

艾菲爾鐵塔當初為紀念1889年萬國博覽會而興建，鐵塔高三百二十公尺，建築材料包括鋼鐵七百噸、二百五十萬枚絞釘，階梯數有一千六百五十二階，設計師是古斯塔夫・艾菲爾，建築設計最著名的是防範強風吹襲的對稱鋼筋設計，兼具實用與美感考量。當時的知識分子排

艾菲爾鐵塔於1889年由古斯塔夫．艾菲爾興建，
塔高三百二十公尺，一千六百二十五級階梯。

斥、鄙視這座鐵塔，然而鐵塔在開工之後的兩年內逐漸成形，一般民眾也逐漸喜愛它，自1887到1931年紐約帝國大廈落成前，它保持了四十五年的世界最高建築之地位，目前也是法國最具代表性的建築物。

四、世界其他地區的建築與文化

(一)俄式建築

莫斯科之美，可以傳統的建築藝術為主，影響這些建築最為重要的莫過於兩件大事：一是希臘正教的傳入、一是共產黨的治國。融合希臘正教和傳統民間習俗的東正教，左右了俄羅斯人民的一切，東正教教堂成為俄羅斯最重要的文化財產，最有名的便是各地的「聖母升天大教堂」。其中以位在札格爾斯克的教堂為最大，莫斯科克里姆林宮裏的教堂為次。

■克里姆林宮

克里姆林宮建於1147年，至今已有近九百年的歷史，建在莫斯科河與亞烏楚河及其支流的交匯處，宮牆沿河而起。克里姆林宮城牆的上端有鋸齒形的雉堞（雉堞意指城牆上的凹凸矮牆），宮城四周共有十七個大小不同、形狀各異的角樓，全用紫紅顏色彩繪而成，此外紅牆的東門外是紅場，北面入口處有革命歷史博物館也是紫紅色，因此克里姆林宮也稱為紫宮。克里姆林宮位於莫斯科的中心，包含博物館、宮殿、教堂及政府機關，總面積二十六公頃，圍繞四周的城牆長達二公里。內有二十座塔樓，其中較重要的五座塔頂分別鑲嵌以紅寶石的星星。宮中最高的建築物是伊凡大帝鐘樓，於1505至1508年間興建完成，1600年時沙皇波里斯、戈爾諾夫曾下令將原有的六十公尺加高到八十一公尺，自此以後鐘樓一直是俄國境內最高的建築物。鐘樓下放置號稱世界第一的「鐘王」及「砲王」。

進入克里姆林宮後可以看見國會大廈，外觀完全採用鋼和玻璃帷幕結構，大廣場中央聳立的白色大教堂，就是著名的馬賓斯基大教堂，它的歷史和克里姆林宮的圍牆一樣久遠，是舉行沙皇和大主教封爵、加冕儀式和結婚的場所。教堂內部有著名的14世紀的三聖一體聖像，以及11至12世紀完成的弗拉基米爾聖母像，自15世紀以來，這座教堂更是莫斯科主教和俄羅斯東正教的大主教安息之地。克里姆林宮這座綠頂白牆的建築物是昔日沙皇的宮殿，也是目前政府舉行公眾儀式及接待外賓的場所，殿內有七百多個廳堂，有各自不同的風格。1720年彼得大帝將武器庫改為博物館，收藏歷代諸皇的寶物、工藝品及戰利品。

■聖巴索大教堂

聖巴索大教堂是俄羅斯最具代表性的經典建築，坐落於紅場西南，教堂是1555到1561年所建，底座與部分裝飾以白色大石來完成，整座教堂是由九座禮拜堂組合而成，上方洋蔥式圓頂造型各異，色彩艷麗的聖巴索教堂，是俄羅斯教堂的代表象徵，教堂八座柱狀的小禮拜堂造型都不相同，各以聖徒來命名，環繞著中央最高的聖母升天塔。直到偉大的伊凡鐘樓蓋起之前，這座教堂是俄羅斯最美的建築之一，目前教堂已改為博物館。

(二)愛斯基摩冰屋

愛斯基摩人的冰屋是利用暖空氣不下溢的原理來保持室溫，度過寒冬。常年住在雪屋的極地愛斯基摩人，由於沒有木材、泥土、草及板子，他們只能就地取材，用雪塊建造房屋。建造圓頂雪屋需要一定的技術，必須求力學上的穩定，外形要求也頗為嚴格。建造雪屋所用的雪塊質地要均勻、軟硬度要合適，先用工具探試雪層中有無冰層和空氣，最合適的是選用風吹積而成的雪塊。雪塊的大小視雪屋大小而定，屋子愈大雪塊切得愈大。

建構者先估算起始圈的大小，用三塊相連的雪塊砌出一個坡度，作為螺旋形雪牆的起頭。每一塊雪磚呈立方體，但作為裏層的一面有一定的弧度，形成圓弧狀，每塊雪磚要做到精確吻合，以使雪屋堅固而不至於倒塌。建造的過程中，建造者是在裏頭砌牆，當砌到二層或三層磚時，在一邊要開一個供建築期間臨時用的出入口。一般是砌到四、五圈，突然向裏面增加傾斜度，之後開始封頂，並按照頂孔的大小仔細切出最後一塊磚。然後建造者需用雙手按照頂孔的形狀切至吻合。這時人已完全被封在雪屋裏面。裏面的人再將臨時出入孔砌上，填補雪塊間的縫隙，然後在底部挖出一個門。挖門要選擇在不影響基礎雪磚的地方。屋頂上要開一個通氣孔，以免屋內過熱使雪磚融化。

建好雪屋後，把睡覺的地方墊高，方法是把一邊的雪堆到睡覺的地方，再鋪上獸皮等物。愛斯基摩人通常要在入口外挖一個雪下通道。這個通道從兩方面保持室溫：第一，通道在雪下，讓冷風、冷空氣無法直接進入屋內；第二，採用地道入口，讓暖空氣能向上聚集在屋內，睡覺的地方自然就暖和多了。愛斯基摩人常常半赤裸地睡在圓頂雪屋內，室內溫度由他們的體溫或點燃煮食用的小油燈來維持在約16℃以上。屋子頂部必須保持開著一個孔，以供通風而不使內壁融化。傳統愛斯基摩人要花上幾年的時間觀察練習，才能掌握蓋雪屋的技術，一個能幹的建造者可在一小時內建好供三、四人居住的雪屋。（中國科普博覽，2009）

(三)美國著名建築

■自由女神

紐約市是美國的商業金融中心，也是美國最大的城市，更是每個來美國的觀光客心目中的主要地點。自由女神是法國於1886年贈送給美國，不僅是紐約的象徵，同時也是美國及自由世界的象徵。自由神像重四十五萬磅、高四十六公尺、底座高四十五公尺，是當時世界上最高的紀念性建築，全名為「自由女神銅像國家紀念碑」，正式名稱是「照耀世界的自由女神」，整座銅像以一百二十萬噸鋼鐵為骨架、八十噸銅片為外皮、三十萬尺鐵釘裝配固定在支架上，整體設計由建築師約維雷勃杜克，和以建造巴黎艾菲爾鐵塔聞名世界的法國工程師艾菲爾設計製作的。

■白宮

白宮是在1792年由美國第一任總統華盛頓決定地點，公開招募設計，由出生愛爾蘭的詹姆士．霍班的設計圖獲得採納，名稱則來自1814年美國對英國戰爭時，將英軍燒焚的宮邸未燒毀的部分，在外壁上塗以白漆而得名。一般對參觀者公開的部分，唯有一樓的東側，觀光客由東側的East Ex-ecutive Ave.進入，西側的總統辦公室，及二、三樓的總統家族住所均不能參觀。可供參觀的部分有：

1.東房：白宮最大的房間，以白色及金色為基色調，為氣氛莊嚴的沙龍，是總統接見一般人及舞會的場所。
2.綠房：依據壁紙的顏色而命名，是間氣氛高雅的房間，供招待賓客之用。
3.藍房：白宮建築中最為珍奇的部分，是間呈橢圓形的優雅房間，供招待賓客之用，壁上則懸掛著建國初期八位總統的肖像畫。
4.紅房：布置成19世紀的客廳，受歷代第一夫人所喜愛。
5.餐室：白宮的第二大房間，供作正式的午餐及晚餐會之用，一次可坐一百四十人一起用餐，暖爐上有林肯總統的畫像。

■金門大橋

金門大橋坐落於舊金山的北邊，連接舊金山與馬林郡（Marin County）。在大霧、強風、岩石和巨浪包圍下，建造大橋曾被認為是不可能的任務，現在這座紅色大橋橫跨青山碧水間，不僅是舊金山的代表建築，也成為全球觀光客的觀光景點之一。舊金山是世界第二長單孔橋，是由Strauss Josephs B.所設計，於1870年建造，1937年完工，造價約三千三百萬美元，不僅能承受二十一英尺（水平）及十英尺（垂直）幅度的搖晃，亦能在一口氣承載滿滿六線道車道的各式大小車輛，以及站滿行人步道的人群之後屹立於狂風而不搖。金門大橋主要為大眾交通運輸、渡口及公車等服務，以減少交通堵塞，除了是舊金山主要觀光景點外，亦是舊金山的主要幹道。

(四)中南美洲文明遺址

三千年前，秘魯中部安地斯山區出現了查文文化（Chavin Culture），為前哥倫布時期秘魯高度發展的早期文化，是秘魯日後其他文化的基礎，所衍生的文化均使用大石建築，製造精美的金器，亦不約而同崇拜美洲虎。在秘魯和玻利維亞邊境、的的喀喀湖（Lago Titicaca）的附近，約在公元5至10世紀出現了蒂瓦納庫帝國（Tiwanaku，舊寫Tiahuanaco），對以後的印加文明（Inca）有很大影響。同一時間，秘魯北部和南部分別出現了莫奇卡文明（Mochica）和納斯卡文明（Nazca）。莫奇卡人建有金字塔，陶器製造技術發達；納斯卡人則有擅長保存物品的技術，他們的印染紡織品很優秀，染料能保持千年不退，但更有名的是他們的祖先在地上遺下的巨型線條圖案（Nazca Lines）。

南美洲古印第安文明中的奇穆文化約存在於11至15世紀間，分布在秘魯北部廣大地區，擁有大規模的灌溉網，農業生產發達，奇穆帝國的都城昌昌古城，遺址位於今秘魯的特魯希略城附近，在哥倫布之前時期堪稱美洲建築傑作，可惜是一座完完全全的土建築，大自然的侵蝕，再加上後世盜寶者的破壞，這座歷史名城的存在岌岌可危。昌昌古城遺址於1986年被列入世界遺產名錄。

昌昌古城是西班牙人到來前美洲最大的城市，城堡內劃分為九個宮殿，顯示出政治和社會方面嚴格的等級制度。昌昌，奇穆語為「太陽」，城址分為十座自成一體的「城堡」，布局反映一種嚴謹的政治、社會觀念。昌昌城址占地廣闊，占地約三十六平方公里，中心地帶六・五平方公里，包括十個長方形的城堡。每個城堡平均長約四百公尺、寬約二百公尺，四周有高九至十二公尺的圍牆，牆基厚約三公尺。城堡北面有一狹小入口，堡內以高牆分為北、中、南三部分：北入口處為一略呈方形的大院，兩側是廚房和一些小院落，南側有許多土坯房屋，有的牆上有淺浮雕的鳥、魚、漩渦紋、格子紋等圖案；中部近入口處為一小院，周圍有些小院落和小房間，及一個巨大的陵墓；南部主要是蓄水池。這些城堡應為統治者及其隨從的生活區，一般居民住在城堡之外。（中國網，世界自然和文化遺產）

墨西哥和中美洲古文明（大約三千年至四千五百年前），則有奧爾梅克（Olmec）文明（為目前已知的最古老的美洲文明之一），以及後來出現的，最為人所熟悉的馬雅文明（Maya）。馬雅文明約在公元前500年開始出現，公元100至900年間為馬雅文明的黃金期，文明版圖含括今日的墨西哥東部和中美洲地區。馬雅人在天文、曆法、數學、藝術等多方面都有著高度的文明，後來被歐洲人譽為「美洲的希臘」。墨西哥中部則在與馬雅文明同期出現了薩波特克文明（Zapotec），之後則在公元前100年左右於墨西哥城北面出現了迪奧狄華肯文明（Teotihuacan），惜在公元7世紀前後他們卻不知何故突然消失了，留下今日宏偉的城市建築遺跡。在521年西班牙人征服墨西哥前的約三百年間，阿茲特克帝國（Aztec）統治著墨西哥中部和北部地區，他們自稱為Mexica，亦即今日墨西哥的前身。

(五)非洲的傳統部落建築

■祖魯族

祖魯族人的居住地通常蓋在水邊，有燃料、有牧草的東方斜坡地上。蜂巢狀的茅草住屋圍成一圈，中心是畜欄。茅屋以小樹幹搭成框架，上覆茅草。門口低矮，進門後只能用手和膝爬行。他們用土罐置於火上燒飯，晚上睡草蓆，白天則將草席捲收起來。

■柏柏人

現今居住在突尼西亞的柏柏人多半已阿拉伯化，但是在東南地區瑪特瑪它（Matmata）的柏柏人，卻始終採取穴居的生活方式。從高處俯看柏柏人的住屋，發現這種窯洞式住宅都是從內院向山壁挖鑿而成的，其中有些洞穴的圓筒形屋頂甚至高達四公尺以上。窯洞的洞口一律粉刷成雪白色，裏面雖然沒有設置通風井，卻也顯得明亮開朗。雖然這種住屋會因豪雨造成土質鬆軟，使得屋內變得潮濕而且寒冷，窯洞內卻不會淹水，因為每家內院都挖掘有隱藏式水坑來容納雨水。

■多貢族

多貢族位於西非尼日河西岸，其神話中的安瑪神是萬物之源。安瑪投擲土塊，首先創造了太陽、月亮和星星，接下來向北投擲土塊，土塊平攤開來，正好形成人形，這便是大地之母，於是長有八個器官的精靈誕生了，成為萬物的始祖。多貢族村落很奇特，他們首先修建男人集會用的集會所，村子整體呈人形，居於頭部的都是男人集會所，南端的兩座廟宇代表腳，東西兩端各有一間代表手的圓屋，長老居住的村落中心代表胸部，它的南面是密集的房屋，居住著村民。

多貢族人的住宅都是尖頂泥屋，構造也呈人形，廚房是頭部，有兩個採光，排氣孔代表眼睛，臥室在腹部，右邊的倉庫是男人，左邊的倉庫是女人，床代表大地，平屋頂代表天空，大門在腳部，門上裝飾著代表神和祖先的雕刻。

■阿散蒂傳統建築

阿散蒂傳統建築（Asante Traditional Buildings），位於迦納（Ghana）阿散蒂地區（Ashanti Region），首府庫馬西（Kumasi）是迦納第二大城市。阿散蒂文明在18世紀時達到全盛，傳統建築遍布阿比利姆、阿貝蒂菲、阿德維納斯……等地。現存的土、木、草結構的房屋是19世紀初當地人就地取材，用傳統方式建造的。這些房屋曾是神廟、居民、地方長官的住宅，建築極有特色，中央是一座長方形的露天院落，四周是四塊略高於露天院落的平地，這四塊平地都帶著遮頂，兩塊是祭祀時歌手和鼓樂手的臺子，房屋都有陶土坏建成，表面還經過防水處理，屋頂用茅草覆蓋。這些奇異的建築物與土著的宗教信仰有緊密聯繫。阿散蒂傳統建築用於裝飾牆面的傳統繪畫非常著名，大多數作品用象徵性的圖案表現民間格言、諺語的內容。1980年，聯合國教科文組織將阿散蒂的傳統建築列為文化遺產。

■阿伊特本哈杜村

阿伊特本哈杜村（Ksar of Ait-Ben-Haddou）是一組由高牆圍起來的土製建築，為一處典型的前撒哈拉居民集居區，位於摩洛哥（Morocco）的瓦爾札特，建於8世紀，由六座被稱為「卡斯巴斯」的建築群組成（最古老的「卡斯巴斯」建於7世紀）。「卡斯巴斯」是10世紀之前摩洛哥瓦爾札特里非常盛行的建築樣式，建築風格獨特，住宅建成城壘式，糧倉建成城堡式。這種建築不僅經久實用，而且在磚的使用和裝飾技巧上，都達到相當高的水準，先把混和的泥土灌進木模，再放在陽光下曬乾成磚，木模有兩個槽，一次可製兩塊磚胚。建土牆時，先挖基溝，再鋪上石料，然後填土實，露頭高牆非常的厚實，牆體用一種特殊的方式築壘。1987年，聯合國教科文組織將阿伊特本哈杜村列為世界文化遺產。

(六)大洋洲的傳統部落文化

大洋洲包括印尼的巴布亞地區、巴布亞新幾內亞、澳大利亞、紐西蘭及南太平洋的島國。巴布亞新幾內亞是唯一與別國有陸地疆界的大洋洲國家，與亞洲國家的印尼接壤。大洋洲共有三十四個政治體，除了澳洲、紐西蘭、巴布亞新幾內亞、印尼大洋洲部分，幾乎全為分布在太平洋中的島嶼。許多地區為獨立的國家，但仍有許多國家為美國、法國、紐西蘭、澳洲與智利的屬地。在建築上，島國的屬性相近，因此僅以最具代表的夏威夷加以介紹。

夏威夷地理位置屬大洋洲地區，為熱帶氣候國家。島上住著不同的多種族人，如當地的原住民、日本人、薩摩亞人、中國人、韓國人等，是個多民族聚集的國家。在經過長達十幾年的改變，原本單純的民族演變成了多種族的族群，也使現有的夏威夷族人都是多民族的後裔。最早發現夏威夷的種族，是在夏威夷島生活好幾世紀的馬圭斯人（西元500至800間），直到大溪地的玻里尼西亞人，來到這處他們稱為夏威夷納（火山之意）的地方，把原有的馬奎斯人趕走，故現在所謂的夏威夷人，指的是大溪地玻里尼西亞人的後代。夏威夷島上到處充滿著熱情的人文及風情，雖然現在的夏威夷已漸漸西化，但仍不難發現原有的古文化及習俗，亦即還是能在夏威夷島上發現他們的祖先所生活的方式及禁忌。

古玻里尼西亞人的生活是簡單不複雜的，他們有一套嚴謹的制度，如有人民違法卡普（當地的法律）的規定，常見的處罰為用石頭丟擊、用木棒毆打，嚴重者也以活埋、活活燒死或以活人當祭品供奉給諸神，方式都極為殘忍。較常見的規範是女人不能吃豬肉、不能與男人共桌共食，由此可見古玻里尼西亞人的生活方式，這也是他們維持族群的精神及方法。夏威夷對於宗教非常敬仰，不論是家中或戶外都會祭拜大大小小的神明，但大部分以露天神廟所供奉為多。當地神廟的建築也很特別，完全是以天然的大樹皮去搭成他們會使用的神塔，而所有的石像及木像也是當地人民以雕刻方式雕刻而成。其它建築如房屋、神廟、避難所等，都是以石頭或木石去搭建蓋成的建築。

夏威夷的建築方式大多是以木頭去支撐，用樹皮作為遮蔽的外觀，在每根樹幹、石塊上，也會刻有他們民族的相關圖騰，代表著保護及各自的宗教寓意。夏威夷著重於用石塊來堆砌成房屋，也很會善用天然的物品，尤其是樹皮更為廣泛，當地所供奉的神明有一半也以稻草及羽毛編織而成，也會把石塊做成一個大廢坑，作為容納祭祀的屍體或動物。因為長期靠海為生，他們會在獨木舟上刻上相關圖騰，在船頭也會供奉蜥蜴女神

（基哈娃亞內）用以保護及威嚇敵人。夏威夷文化包含了優美的詩歌，他們的詩歌都是有重大意義的，所有生活上、歷史上，包括每天所發生的事物，他們都會利用詩歌的方式記載下來，作為表達及歌頌。（Discovery頻道集團，2009）

第四節　宗教建築與文化觀光

一、佛教廟宇建築

佛教建築起源於佛世時，應眾生之需要而有竹林精舍、祇園精舍、鹿母講堂等寺院之興建。到了中國，伴隨佛教的傳入，因為迦葉摩騰、竺法蘭至中原譯經弘法，啟發東漢明帝的信心，創設洛陽白馬寺，開啟了中國佛教寺院的建築。寺院也是集建築、雕塑、繪畫、書法於一身的綜合藝術。中國現存的早期宮室、住宅極為稀少，宮殿式佛殿卻反映出當時結構、裝修、構造等方面的發展狀況。唐朝是中國藝術的黃金時期，以五台山佛光寺為例，佛光寺是現今僅存的唐朝木構建築，唐朝主要的藝術表現，全集粹於殿內，使該寺成為中國獨特的寶藏。

在佛教建築中，塔是有著特定形式和風格的東方傳統建築，是供奉或收藏佛舍利（佛骨）、佛像、佛經、僧人遺體等的高聳型點式建築，又稱「佛塔」、「寶塔」。現存的塔可分二類：一是印度式的，但也帶有中國特色；二是採取中國原有樓閣形式，以平面正方形和八角形居多，一般為七至九層。結構有木塔、磚塔、磚木塔、石塔、銅塔、鐵塔和琉璃磚塔等。中國佛塔建築，起源甚早，現存的上海龍華寺塔和蘇州報恩寺塔，相傳都是三國時代創建，經後人重修。原來印度的佛塔是覆缽狀的圓墳形，上飾竿和傘，後發展成相輪（在塔頂豎一根金屬剎，用七重或九重鐵環套在剎身）。古印度有名的寺塔不少，如著名的菩提伽耶（全球共四個佛陀生前傳教的聖地，菩提伽耶的大菩提寺是其中之一）、那爛陀佛寺遺址，規模極為宏大。東南亞諸國均有同類建築，如柬埔寨的吳哥窟、緬甸的仰光大金塔、印度尼西亞的婆羅浮屠、阿富汗的巴米揚崖壁大佛像，都是聞名於世界的佛教建築。

最古老的佛教建築為石窟寺，係根據古印度佛教造型藝術，結合中國傳統的形式建築。中國的佛教石窟為數甚多，其中敦煌、雲岡、龍門尤為著名。藏傳佛教是中國佛教中一個獨特的宗教系統，因而形成了頗具特色的藏傳佛教建築體系。藏傳佛教建築，利用空間的闔合明暗來烘托宗教的神秘氣氛，利用大尺度的建築形體來體現神的威嚴；同時運用均衡、對比、對稱、象徵，以及壁畫、造像等藝術手法來加強建築藝術效果。西藏的佛寺建築，有龐大的建築群體現藏族古建築藝術的鮮明特色和漢藏文化融合的風格。北京的雍和宮、拉薩的布達拉宮、承德的外八廟等等，都是建築的典型，以及日本的東本願寺、朝鮮的佛國寺也都採用木結構的殿堂形式，雄偉壯麗，是世界知名的古剎。

(一)婆羅浮屠

婆羅浮屠寺廟建築群（Borobudur Temple Compounds）是一座位於印度尼西亞中爪哇省的一座大乘佛教佛塔遺跡，距日惹市西北約四十公里，是9世紀時世界上最大型的佛教建築物，金氏世界紀錄認為，婆羅浮屠是全球最大的佛寺。佛塔，梵文稱為窣堵波（stupa），人在死亡後將其遺體火化（荼毗），世人撿其遺骨，建之而成墳塚，成一簡單的半圓形土堆，稱為方墳或骨灰堆，婆羅浮屠試圖在整體上造就一個立體的曼荼羅，整個建築全用石塊砌成，約用了二百萬塊石頭，塔基邊長一百一十二公尺，臺基上有面積依次遞減的五層方形臺，邊長分別為八十九、八十二、六十九、六十一公尺，各邊都有數層曲折；方形臺上又有依次遞減的三層圓形臺，直徑分別為五十一、三十八、二十六公尺；頂端為一座巨大的鐘形窣堵波；從地面至塔尖，原通高約四十二公尺，現通高三十一・五公尺；方形臺的各層，在主壁和欄杆間共有四個寬約兩公尺的迴廊。迴廊兩壁上為連續的浮雕，共長三千二百公尺，畫面二千五百幅。浮雕內容，第一迴廊主壁為佛傳圖、本生圖、譬喻說法圖；第二迴廊主壁為華嚴經的入法界品中的善財童子歷參圖；第三迴廊是其延續；第四迴廊尚未明瞭，可能為華嚴經的普賢菩薩行願贊等。在臺基掩蓋的方形層基部也有浮雕，約一百六十幅。這些浮雕將佛經的演變和世俗人物與熱帶花草、鳥獸結合起來，玲瓏剔透，有石刻史詩之稱。（漢珍數位圖書，2009）

(二)吳哥窟

吳哥窟（又稱吳哥寺）位於柬埔寨西北部。原始的名字是"Vrah Vishnulok"，意思為毗濕奴的神殿。中國古籍稱為「桑香佛舍」，是吳哥古蹟中，保存得最完好的廟宇，以建築宏偉與浮雕細緻聞名於世，也是世界上最大的廟宇。1992年，聯合國將吳哥古蹟列入世界文化遺產，此後吳哥窟成為柬埔寨旅遊勝地。

吳哥窟源起於西元802年，吳哥王朝國王蘇耶跋摩二世希望在平地興建一座規模宏偉的石窟寺廟，作為吳哥王朝的國都和國寺，舉全國之力，花了大約三十五年建造。吳哥窟的整體布局，從空中可以一目了然，一道明亮如鏡的長方形護城河，圍繞一個長方形的滿是鬱鬱蔥蔥樹木的綠洲，綠洲有一道寺廟圍牆環繞，綠洲正中的建築為吳哥窟的印度教式的須彌山金字壇。

吳哥窟坐東朝西，一道東西向的長堤橫穿護城河，直通寺廟圍牆西大門。經過西大門，一條較長的道路穿過翠綠的草地，直達寺廟的西大門。在金字塔式寺廟的最高層，矗立著五座寶塔，其中四個寶塔較小，排四隅，一個大寶塔巍然矗立正中，與印度金剛寶座式塔布局相似，但五塔的間距寬闊，寶塔與寶塔之間連接迴廊，此外，須彌山金剛壇的每一層都有迴廊環繞，為吳哥窟建築的特色。

吳哥窟基本上是壘石建築，古時祭祀建築用石建造；王宮則是木結構，鑲嵌金窗，宮殿頂部覆以鉛瓦和土瓦；民居則是覆蓋茅草的竹編房屋；但是宮殿和民居現已無遺存。吳哥窟主要是長方石塊層層堆壘，偶有工字形咬合，絕大多數不用粘合劑。大部分建材是砂岩方磚，紅土則用於外牆和隱閉的結構。紅土石是岩石經過熱帶炎熱氣候長時間風化，以致岩石中的可溶性礦物質流失，殘留不溶於水的氧化鐵和石英等礦物質而形成的多孔紅棕色岩石。1992年，聯合國將其列為世界文化遺產，但由於其毀損嚴重，也將它列入瀕危世界文化遺產名單；經過世界各國古跡維修專家們的努力，聯合國在2004年7月4日將吳哥窟古蹟從瀕危世界文化遺產名單除名。

二、印度教建築

19世紀之前，建築寺廟通常是由王室或是富人主持，或經由贊助興建。贊助人捐贈寺廟金錢、珠寶、物品和土地等，所以香火鼎盛的寺廟永遠都擁有充裕的財源，而較差的地區就沒有寺廟。直到現代寺廟的獻金被用於支持慈善機構，所以部分印度境內的寺廟都出錢為南亞以外的印度教徒建築寺廟。

印度教寺廟建築充滿地方色彩，但可分為南、北兩種型式。在兩種建築風格中，印度教寺廟的格局均與宇宙和神的軀體有關。南印度寺廟建築的風格，是主廟設在寬闊的庭院中間，四面有牆壁與外界區隔開，並有四個門，上有塔樓。塔樓通常為階梯狀，每一層均以神像裝飾，這些塔樓有的非常宏偉。較大型的印度寺廟有如一座小城，信徒穿過大門，走進內院即可在中央神壇祭祀主神或女神，四周則可見到數個祭祀諸神的小祠。北印度教寺廟建築的風格，最普遍的特色就是圓錐形屋頂，早期的寺廟僅有一圓頂，突起於中央神像之上。後來，整個寺廟為圓頂所覆蓋，寺廟再擴大讓祭壇前有區域供信徒聚集。

南印度與北印度寺院的共通點，是寺院內壁的裝飾，均以印度教諸神的雕刻代替壁畫。印度中部卡傑拉霍的坎達里雅默赫代奧神廟，是鼎盛時期昌德王朝（9-12世紀）所建造的神廟群中最具代表性的典範。這座神廟是標準的印度教建築，以宇宙、神為構思所建造。古占婆王朝在東南亞文化歷史中，扮演關鍵的角色。根據記載，自公元4世紀末第一座木造廟宇建成開始，經歷代帝王不斷修葺或加建，九百年間廟宇和塔式建築數目

坎達里雅默赫代奧神廟於昌德王朝（9-12世紀）時建造，為印度教建築中最具代表性的典範。

已增至超過七十座。受印度北部的笈多王朝影響，美山廟宇群引入了印度教建築特色，加上其獨有文化色彩，活現了當年的文化融和盛況。（楊玫寧譯，1999）

印度的宗教建築形式特殊且多樣，每座神廟都有精雕細琢的主塔，主塔下方有一座座拱形聖壇供奉著神像。廟體佈滿水平線條的裝飾，往上延伸到塔頂，刻劃著各類人物雕像，十分精采。

三、伊斯蘭教建築

(一)清真寺

公元7世紀初，穆罕默德在阿拉伯創立了伊斯蘭教，伊斯蘭教由阿拉伯的民族宗教發展成為世界三大宗教之一。在國外絕大多數伊斯蘭教的寺廟建築和新疆的某些清真寺建築，均採取阿拉伯或中亞的風格，大殿上均有圓頂建築，有的還單獨建有尖塔，中國內地大部分著名的清真寺則不同，伊斯教和中國封建制度相結合，在宗教建築方面，大量吸收了中國的東西，大多採納以中國傳統的殿宇式四合院為主的建築樣式。

伊斯蘭教建築以穹隆狀屋頂為其主特色，屋頂上通常有一彎新月，以下為中世紀的回教建築特徵：(1)建築物上裝飾抽象圖案、葉狀花紋、可蘭經文字、鐘乳石式柱；(2)回教清真寺：祈禱廳——供信眾集體祈禱的圓蓋頂場所；(3)封閉式且有拱頂圍繞的中庭，是一大特徵；(4)壁龕：在寺內，裝飾華麗，稱為米哈拉布（Mihrab），用途是指示聖城麥加的方向；(5)宣禮塔：蓋在寺旁的塔形建築，是宣禮員告知信徒禱告時刻的地方。

新疆維吾爾等民族的清真寺及中國內地都有很大的不同。那裏的清真寺，無論其大小都非常注意門樓的裝飾，大門周圍或用油彩寫滿阿拉伯經文，或用磚砌成尖拱壁龕狀圖案，極為華麗。門樓高大，兩側各建一座圓形尖塔，與大門相連，顯得雄偉壯觀，是召喚教民來寺禮拜的理想建築。尖塔一般平面為圓形，塔身下部大，逐層縮小，頂建一磚砌圓亭，亭頂作穹窿式，頂尖為一彎新月，阿拉伯風味極濃。（新疆哲學社會科學網，2008）

(二)奧瑪清真寺（聖石廟）

奧瑪清真寺，又稱岩石頂，是西元前687年第二聖殿被毀損後由穆斯林所建。這座金色圓頂的美麗建築，堪稱是耶路撒冷的地標，觀光客不論從任何角度遠眺，皆能看見奧瑪清真寺閃爍的光芒。清真寺呈八角形，每邊二十一公尺長，圓頂是真金箔貼成，頂上有新月形標誌柱子。大理石砌建的牆壁，以馬賽克彩磁貼成阿拉伯圖案裝飾，牆上方還有馬賽克磁磚裝飾之可蘭經文字。寺內圓頂壁柱皆由馬賽克磁磚和彩色玻璃裝飾而成，顯得富麗優美。圓頂下方柵欄內的白色岩丘，據說是亞伯拉罕將其子以撒獻祭予上帝，以及先知穆罕默德由天使加百列引領升天之處。石丘下的比雷－阿爾瓦洞穴為靈魂之井，傳說是世界地球的中心。奧瑪清真寺被視為是繼麥加和麥地那之後另一偉大的伊斯蘭教聖地。（余桂元，1994）

(三)泰姬瑪哈陵

泰姬瑪哈陵（Taj Mahal，簡稱泰姬陵），位於北部的阿格拉邦，是蒙兀兒王朝第五代皇帝沙迦罕（Shah Jahan）為了紀念他已故的皇后姬蔓．芭奴建立的陵墓，姬蔓．芭奴被尊稱為「慕泰姬．瑪哈」（Mumtaz Mahal）意為「被宮廷選中的人」，後人簡稱為「泰姬．瑪哈」，是一座用白色大理石建造的陵墓，為印度知名度最高的古蹟之一。

泰姬陵於1633年開始動工，由當時極負盛名的建築師拉何利設計，以德里的胡馬雍陵為藍圖，動員二萬名來自世界各地的工匠、書法家，融合中亞、波斯和印度本土風格，花了二十二年的時間，完成了這座偉大的純白大理石藝術建築。泰姬陵被認為是印度穆斯林藝術上的珍寶，建物高二百五十英呎，占地約十七萬平方公尺，南北長五百八十公尺、寬三百零五公尺，有前庭、正門、蒙兀兒花園、陵墓主體、清真寺。花園中間是一個大理石水池，水池盡頭是陵墓，內有兩座空的石棺，棺木一大一小，沙迦汗王及皇后葬於空棺處地下的土窖內。陵墓主殿四角都有圓柱形高塔一座，每座塔均向外傾斜十二度。墓室中央有一塊大理石的紀念碑。站在陵墓旁邊迴廊中央的石塊上，可以感受到強烈的迴音，相當令人迷濛。後方草坪為當時宮殿的葡萄園。主體建築外觀以最高級純白大理石打造，內外鑲嵌美麗的寶石（水晶、翡翠、孔雀石），陵墓的每一面都有三十三公尺高的拱門，陵前水池中的倒影，看起來好像有兩座泰姬瑪哈陵。1657年沙迦罕的兒子奧朗則布（Aurangzeb）篡位，沙迦罕被囚禁於阿格拉堡，阿格拉城堡由紅色砂岩建造，又稱「紅堡」，城堡四圍有護城河，長達

泰姬陵早中晚所呈現的面貌各不相同，早上是燦爛的金色，烈日下是耀眼的白色，斜陽夕照下，白色的泰姬陵則從灰黃、金黃，逐漸變成粉紅、暗紅、淡青色，而在月光下又成了銀白色，白色大理石映著淡淡的藍色螢光，相當吸引人。

二・五公里，牆高二十餘公尺。

印度的諾貝爾文學獎詩人泰戈爾曾用一句話形容泰姬陵：「在臉頰上永恆的淚珠。」代表著印度伊斯蘭建築藝術最完美的瑰寶，是世界遺產中令世人讚歎的經典傑作之一。泰姬陵彷彿集世界大理石精雕於一堂，成為印度必遊的景點。1983年泰姬瑪哈陵被列入世界遺產名單，紅堡亦於2007年列入世界文化遺產。

四、教會建築

基督教與天主教是西方主要的宗教，對其他宗教的信徒來說，往往較無法明顯區別這二個宗教，在建築的呈現上亦是如此。整體而言，基督教以尖頂建築為主，屋頂有十字架標誌，羅馬式教堂是基督教成為羅馬帝國的國教以後，一些大教堂普遍採用的建築式樣，它是仿照古羅馬長方形會堂式樣及早期基督教「巴西利卡」（Basilica）教堂形式的建築。巴西利卡原意為大教堂、王者之廳，全名為Basilica Domus（拉丁文），為長方形的大廳，內有兩排柱子分隔的長廊，中廊較寬稱為中廳，兩側窄稱為側廊。大廳東西向，西端有一半圓形拱頂，下有半圓形聖壇，前為祭壇，是傳教士主持儀式的地方。後來，拱頂建在東端，教堂門開在西端。高聳的聖壇代表耶穌被釘十字架的骷髏地的山丘，放在東邊以免每次禱念耶穌受難時要重新改換方向。隨著宗教儀式日趨複雜，在祭壇前擴大南北的橫向空間，其高度與寬度都與正廳對應，因此形成一個十字形平面，橫向短、豎向長，交點靠近東端。這叫做拉丁十字架，以象徵耶穌釘死的十字架，加強宗教的意義。

天主教建築之代表十字架常常在上下左右四端都有花邊，基督教的十字架比較多是正正的十字架；天主教建築常見歌德式建築（屋頂高高尖尖），基督教有些也是；天主教常有彩繪玻璃，基督教比較少；天主教的彩繪玻璃上頭有聖母馬利亞，基督教比較少；天主教常有雕像在園子裏，基督教幾乎沒有，而哥德式樣被公認是天主教建築之代表，鑲嵌的彩繪玻璃及尖拱是最常見到的裝飾。

(一)聖彼得大教堂

聖彼得大教堂（St Peter's Basilica）最初是由布拉曼特（Donato Bramante）設計，後由米開朗基羅根據布拉曼特的設計再加以設計，其後由D．馮塔納修正圓頂的垂直高度，並由馬得納之手作成巴西利卡式，且加上繪畫性的正面。廣場正面的橢圓形柱廊則由伯尼尼（巴洛克時期世界

聖彼得大教堂的內部由著名的雕刻師兼建築師伯尼尼所設計，是相當優秀的作品。

上最著名的雕刻家與建築師）予以完成，形成了我們今天所見的巴洛克式全貌。伯尼尼（Gianlorenzo Bernini）進而在大教堂內部致力於創作主祭壇、禮拜堂、壁面墓碑、裝飾雕刻等等，特別是華蓋部分，為綜合建築與雕刻的優秀作品，它位於中央圓頂下方的交叉部，其發黑的扭轉柱（螺旋柱，Spiral Column）與周圍的白色大理石柱構成戲劇性的對比。這個華蓋位於聖彼得墳墓的上方，作為永恆的紀念，但是它的形式打破了過去教堂的傳統形態，引起了無數的模仿者，不僅在義大利國內，在歐洲各國亦可看到這種例子。

(二)聖母院

聖母院的興建工程始於1163年，卻直到1345年才完工，因此它的風格混合了羅馬式與哥德式的特色。從此以後，聖母院便蒙受了污染之害、政治之影響，也經歷許多美學趨勢與宗教的變遷，如路易十五聲稱彩繪玻璃已過時，故將大部分的圓花窗換成透明玻璃（後來又重新換回彩色玻璃）；法國大革命時反教權主義推翻了無數雕像，而尖塔也於1787年被截斷；19世紀時，建築師維優雷・勒・杜克（Viollet-le-Duc）在整修時獲得充分自由，做了徹底的改造，在石材推砌的幽暗內部包含了許多祈禱室、墓穴、雕像，以及保存了聖母院中最為珍貴的聖器收藏室。遊客只要爬上高塔，就可眺望極遠，並可就近欣賞它那極其誇張的拱柱。

(三)米蘭大教堂

義大利人視教堂為心靈的殿堂，在每一個城市的發展過程中，教堂的中心區即為「歷史中心區」。米蘭大教堂（Duomo di Milano）位於米蘭市中心的中央，所有政治、文化、宗教、金融的重鎮，都以教堂為核心向四面八方伸展開來。教堂始建於14世紀，以純白的大理石砌成，當時米蘭受家族統治，其後的幾個世紀，法國人、日耳曼人一一先後占領過米

米蘭大教堂建於14世紀，以純白的大理石砌成，為米蘭人心目中重要的精神堡壘。

蘭，所以教堂內外的修建擴增，亦揉合了許多不同時期的風格。在教堂內正前方的巨大石雕，多數完成於15世紀，是教堂之外雕像最精采的部分。正面的大堂高六十二．二公尺，大小雕像大約有三千四百尊，包括九十六個怪物像。米蘭大教堂已成為居民從事重要活動的根據地，為米蘭人心目中重要的精神堡壘。

(四)科隆大教堂

科隆大教堂（Cologne Cathedral）位於德國北方科隆市，居萊因河左岸，興建於1248至1880年。在12至13世紀年間，科隆大教堂在同類型的大教堂中，可謂起步相當的晚，當巴黎聖母院及沙特大教堂都完成獻堂時，科隆大教堂才正準備動工，且進度非常緩慢，但他仍是面積最大的一座。這座大教堂的基本結構仿製法國北部的亞眠大教堂（人稱「石頭上的百科全書」），整體結構平面看像十字型，左右兩側突出部分為翼廊，尾

德國科隆大教堂始建於1248年，建築上著重在尖塔的高度向天空爬升，為哥德式建築的經典代表作。

端有一座環型殿，正面左右上方分別聳立了兩座高大的斜塔，狹長的窗戶，除了飛扶壁，拱架下的牆壁也十分特殊。好在歷任建築師們不斷繼承前人的經驗，使得科隆大教堂在所有不同類型的教堂建築中，算是最複雜的之一。

Chapter 7 人文歷史文化之旅——東方篇

- 音樂
- 舞蹈
- 戲劇
- 繪畫

具有國家代表性的文化景點，不論其為建築或文物、或形體、或內涵，都承載著該國家給予人的意象、文化特徵，也都有著深刻或動人的故事，各國為提升文化旅遊視野，豐富自身的文化景點內涵，無不致力於拓展文化之旅的深度和內涵，例如我國的文化部便特別規劃「人文歷史藝術深度旅遊」，介紹國內二百多個文化景點，作為國內外遊客走訪文化景點之參考。「一部電影榮耀了一座城市」，從早期的《戀戀風塵》（記憶了瑞芳九份的昇平戲院）、《悲情城市》等片，帶動起拍攝場景瑞芳九份的繁榮，讓金瓜石地區成為臺灣民眾與國外旅行團的遊覽勝地之一，到《海角七號》的墾丁、《賽德克・巴萊》的林口霧社街、《痞子英雄》的高雄等等，這些內蘊其中的人文的親和力、歷史的穿透力、表演藝術的渲染力，都是不容小覷的吸引力，是吸引觀光客踩點的最佳元素，例如一部韓劇便吸引了國人前往觀光，為該國奉獻了無數的觀光外匯收入。有鑒於此，再加上人文歷史藝術的多元豐富，本章僅分別就東方的音樂、舞蹈、戲劇與繪畫等極具歷史價值意義的部分加以概述。

第一節　音樂

廣義而言，音樂是指任何可以聲音組合起來的藝術。對於音樂的定義目前仍存在著爭議，但通常可以解釋為一系列對於有聲、無聲且具有時間性的組成，這些音樂並含有不同音階的節奏、旋律及和聲。在所有的藝術類型中，音樂是最抽象的藝術，為一種聲音符號，表達人的所思所想，是人們思想的表現。音樂是有目的的、有內涵的，其中隱含了著作者的生活體驗、思想情懷，可以帶給人美的享受和表達人的情感；同時，音樂也是社會行為的一種形式，透過音樂人們可以互相交流情感與生活體驗。

一、中國的音樂及其樂器的種類與發展

中國的音樂一直較偏好和諧的五聲音階，在五聲中發展音樂，同時將中心放在追求旋律、節奏變化，輕視和聲的作用，西方的音樂則是從古希臘的五聲音階開始，發展到七聲音階，最後到十二平均律；中國的音樂重在追求各自的旋律，西方的音樂則是以和聲為主。

(一)中國的樂器

《周禮．春官》中把樂器分為金、石、土、革、絲、木、匏、竹八類，稱「八音」，也是最早的樂器分類法之一。金音包括編鐘、特鐘、鐃；石音包括編磬、特磬；土音包括塤（音ㄒㄩㄣ，用陶土燒製的一種吹奏樂器）；革音包括鼓；絲音包括古琴、古瑟；木音包括柷（音ㄓㄨ丶）、敔（音ㄩˇ）；匏音包括笙、竽；竹音包括簫、笛、管、箎（橫吹，有八孔，音ㄔˊ）等。編鐘、磬這兩種樂器所發出的音響清脆明亮，被稱為「金石之聲」，是官方認可的「最高雅的聲音」。現在所說的絲竹就是絲音和竹音的簡稱。古代樂器主要有塤、缶（音ㄈㄡˇ，一種陶瓷樂器）、筑（一種弦樂器，形狀似琴）、排簫、箜篌、箏、古琴、瑟等，樂曲一般緩慢悠揚，主要是為了適合宮廷生活或宗教的需要。到漢朝和唐朝以後，中國透過與西域和國外的頻繁交流，西方伊斯蘭教世界和印度的音樂、樂器等大量流入，笛子、篳篥（一種管樂器）、琵琶、胡琴等樂器大量為中國音樂採納，並加以改良發展，逐漸取代中國原有的本土樂器。除了古琴一直被文人寵愛，得以流傳，且被列為聯合國口述及無形人類遺產外，中國目前國樂中常使用的樂器均為源自國外而加以改良。近年來，中國的音樂工作者致力於發掘、改良古代樂器，塤、箏、排簫等樂器，重新發揮研究，但較少納入民族樂隊的合奏曲目。樂器依其發音的方式，可分為吹管、彈撥、擦弦和敲擊四種。以下介紹各類常見者：

■吹管樂器

笛子是源自中國的吹管樂器，由笛管的側面吹奏。笛子最大的特徵之一就是它的笛膜，最早期的笛子是沒有笛膜的，後演變為在吹孔與左手食指按孔中間（演奏者將笛子擺右邊），有一笛膜孔，演奏前，只需以阿膠（一種固體的動物膠）或白芨（一種中草藥，可作糊料之用）等將膜貼於笛膜孔上，即可進行演奏，當吹奏時，笛膜便會振動而產生旋律，使聲音更為明亮、清透。笛子可作為獨奏或樂團合奏時的重要樂器，也常常在國樂團中扮演重要角色，例如：

1.曲笛：主要用在崑曲伴奏，技巧多顫、疊、打、贈，曲子也較優揚婉約。

2.梆笛：主要用在梆子戲伴奏，技巧多吐、滑、歷、剁，曲子較高亢激昂。梆笛通常以竹子和象牙製成。

3.笙：古老的簧管樂器，為古代八音樂器之一。匏即是笙，從史料記載，殷代甲骨文中就有關於「和」的記載（小笙稱和），可見笙的歷史距今至少有三千年以上，笙有十七根竹管參差相對排列於笙座，持笙又名捧笙，由於外觀形狀像鳳翼，故有曰鳳笙，也有說其聲似鳳，故也稱鳳鳴，發展上可分南、北兩派。

4.簫：吹奏樂器，也叫洞簫、單管、豎吹；漢代陶俑和北魏的雲崗石窟雕刻中，已有簫的形象，古代簫多為竹製，也有玉製或瓷製的；現代為竹製，管長約長八十公釐，下端利用竹節封口，在封口處開半橢圓形狀，管身開六個按音孔（前五後一），下端背面有出音孔，其音量較小，常用於獨奏、琴簫合奏或傳統絲竹演奏。洞簫較短粗，一尺八吋長，日本人沿用唐代稱呼，稱之為「尺八」。除了原有的七孔外再加上二個半音孔，常用在與古琴的合奏上，稱為琴蕭。

5.嗩吶：嗩吶據考證至少存在一千七百多年的歷史，最早的文獻記載於新疆千佛山的壁畫，相當於兩晉時期。嗩吶桿下端喇叭形狀的叫做銅碗，用以擴音和美化音色。嗩吶在中國流行很廣，民間稱謂不一，有的以形制的大小分別稱為大、中、小嗩吶；有的以嗩吶桿用材不同，將銅桿嗩吶稱為銅笛，錫桿嗩吶稱為錫笛；另外還有梨花、海笛、吉子等名稱。藏、苗、蒙古、朝鮮等族也有各自形制的嗩吶。吹奏嗩吶有多種技法，如滑音、吐音、氣拱音、氣頂音、循環換氣（長時間吹氣不斷）等。

■ 彈撥樂器

1.琵琶：初名批把，到漢代定型為四弦十二品位，為用手指彈撥的樂器。唐、宋以來不斷改進，發展成今天的形制，現代的琵琶由絲弦改為尼龍纏鋼絲弦，品位增加到二十三至二十五個，可奏十二個半音，可轉十二個調，使樂器的音域、音量大大擴展，音色更加清脆明亮，從而提高琵琶的表現力。琵琶在表現技法上逐漸發展和豐富，成為既能獨奏、又能伴奏和合奏的民族樂器。

2.柳琴：流行於江蘇、山東、安徽一帶的民間彈弦樂器，因其形狀似柳葉，故而得名，又名「柳葉琴」、「金剛腿」、「土琵琶」，用拔子彈奏，可演奏和音或和弦。

3.阮咸：一種撥奏弦鳴樂器，由漢代琵琶演變而來，阮咸造型屬唐代，故極具漢族色彩，其聲雅亮，清淳宏厚，可以指彈也可以撥彈，古稱「秦琵琶」，東晉「竹林七賢」中的阮咸善於彈奏此種樂器，於唐時名之為「阮咸」，沿用迄今。阮咸演奏上方便省力，技法上可融入大量的琵琶、古琴、柳琴等技巧，表現力極其豐富，適用於各種形式的民族管弦樂團，用之獨奏、協奏、伴奏、重奏皆能勝任，在戲曲或曲藝的小樂隊中使用更顯其鮮明的民族特色。

4.揚琴：俗名蝴蝶琴。堅木為箱，上覆桐板，板上有四或五長橋，橋上架以金屬弦，每音二弦或三弦不等，以竹片敲之發聲，其音鏗鏘猶如鋼琴，此樂器約於明朝由中東傳入，在現代國樂團裏亦占極重要地位。揚琴的音色變化，主要是透過技術動作的各種層次對比來表現，音色美而悠揚，可以打出和聲，能合奏、齊奏、伴奏及獨奏。

5.琴竹：是揚琴的主要附件，揚琴之能發音，全靠琴竹擊弦振動。揚琴聲音的大小除了本身的共鳴之外，琴竹擊弦之輕重也有關係。揚琴音色的柔美、圓潤，而琴竹的好壞，對演奏揚琴的音色，有決定性的關係。

6.古箏：是一種古老的樂器，現經改良，由十三、十六弦不等，發展到二十一至二十五弦，性能大為提高，深受人們喜歡。被用來作為獨奏、重奏、合奏，以及多種戲曲、曲藝和舞蹈等的伴奏。

■擦弦樂器

擦弦類樂器包括二胡、高胡、中胡、大胡、低胡等，其他還有為配合地方戲曲或一些較獨特風格的曲子，尚有京胡、板胡、梆胡、墜胡、大廣弦、馬頭琴等。南胡即二胡，如西洋樂的小提琴，也是中國音樂推廣中最易接受並歡迎的樂器。

1.二胡：又名南胡，為最普遍的中國擦弦樂器，也是國樂器中最困難、表現力也最強的樂器。大量被用在戲曲伴奏，像京劇、越劇、淮劇、崑曲、湖南花鼓戲、黃梅戲等等。

2.中胡：較二胡低四到五度，琴筒比二胡大些，音色渾厚低沉，多用於樂團的中音部分或伴奏，其構造和二胡幾乎沒什麼差別，中胡的獨奏曲很少。

3.板胡：和其他的胡琴有很大不同，沒有琴筒，音箱是由椰子做成，正面以桐木板蒙面，分為高音板胡、中音板胡和低音板胡。板胡的聲音尖而高，音量奇大，指距很小，拉的時候手指全都擠在一起，尤其到了高音部分，指距更小，故音高便不容易抓準。

4.革胡：革胡曾經是國樂團裏唯一的低音樂器，但現已漸漸淘汰。

5.高胡：又名粵胡，是為了粵劇伴奏由二胡改造而成的高音胡琴，是廣東音樂的主要樂器。高胡聲音高亢清亮，傳統的高胡在琴馬底下沒有墊布，也沒有琴托，現代的高胡經過改良之後，已經有了琴托，演奏的方法也和二胡一樣，它可以做出比二胡更細膩的效果。

6.京胡：乾隆末年，京胡隨著京戲的形成，從胡琴的基礎上改良而成，可以說是京劇伴奏音樂的靈魂，音量非常大，一般京劇伴奏樂團通常會有兩把京胡；京胡的琴筒由竹筒製成，聲音清脆響亮，既尖又高，也因為京胡音色奇特，除了京劇伴奏以外，並沒有什麼獨奏曲。

7.馬頭琴：是深受蒙古族喜愛的古老樂器，馬頭琴是因琴桿上端雕刻馬頭而得名。其深沉悠揚的旋律，寬廣優美的音色，不僅在蒙古族傳統樂器中獨占鰲頭，且能充分釋放情感。馬頭琴經過近代藝術家的改革與創新，表現力得到了豐富和提高。琴聲純美甘潤、低音深沉、中音明亮、泛音清麗、旋律悠揚，無論是旋律強的樂曲，還是輕快活潑的節奏，都可以在馬頭琴上充分展現。2003年11月7日，「馬頭琴」被列入聯合國第一批非物質文化遺產名錄。

■敲擊樂器

鼓類樂器種類繁多，各具特色，演奏方法也不盡相同，有豐富的表現力，除用以合奏或伴奏外，某些樂器中還作為獨奏樂器使用。大致分為：

1.大鼓：也叫大堂鼓，為較大型的鼓，一般鼓面直徑在一尺半以上。由木製的圓桶上下蒙以兩塊面積相等的牛皮而成。一般擺在四腳的

木架上演奏，演變時用兩根木槌敲擊鼓面發音，音色低沉而厚實。

2.小鼓：又名小堂鼓、戰鼓、高音鼓等，形制與大鼓相似，鼓面直徑約六、七寸，發音堅實而有彈性。

3.定音缸鼓：為可定音大鼓，係依據缸鼓（花盆鼓）改良而成。樂隊中經常以兩個或三個為一組，兩個一組多為主音及屬音，三個一組的則增加下屬音、上屬音或下中音等其他音。

4.排鼓：將數個（一般為四個或更多）大小不同的定音鼓組合起來，一起進行演奏。

5.鈸：又名銅鈸或鑔，鈸是體振樂器，鈸身為一塊圓形的響板，以中央突出的半圓形為固定點，向四邊振動發音，其種類有十多種，樂隊中常用的為小鈸、中鈸、水鈸、大鈸等。民間鑼鼓樂隊中使用的大鈸則有五十公分左右，重達三公斤以上；中鈸又叫鐃鈸，發音響亮銳利，外圍直徑普遍為二十四公分；小鈸，直徑約四寸，發音清脆爽朗，與小鑼配合使用，可表現喜悅輕巧的情緒。

6.鑼：是中國使用最廣泛的打擊樂器之一，隨著長期的流傳和改進，使鑼成為具有豐富表現力的樂器。鑼是體振樂器，結構簡單，鑼身呈圓形弧面，通常四周有邊框，用鎚敲擊中央部分的振動發聲。分為京鑼、小京鑼、大鑼、雲鑼。（臺北市成功高中國樂社，2009）

(二)中國音樂的發展

中國音樂的起始時期，約距今六千七百年至七千餘年的新石器時代，古先民可能已經可以燒製陶塤，挖製骨哨。遠古的音樂文化，根據古代文獻記載具有歌、舞、樂互相結合的特點。當時，人們所歌詠的內容，諸如「敬天常」、「奮五穀」、「總禽獸之極」反映了先民們對農業、畜牧業以及天地自然規律的認識。這些歌、舞、樂互為一體的原始樂舞還與原始氏族的圖騰崇拜相聯繫。例如黃帝氏族曾以雲為圖騰，他的樂舞就叫做《雲門》。河南舞陽縣賈湖遺址的骨笛，溯源於公元前6000年左右，是全世界最古老的吹奏樂器。其中的一支七孔骨笛保存得非常完整，發現仍能用該骨笛演奏音樂，發出七聲音階。但中國古代基本上只使用五聲音階。

中國古代「詩歌」是不分的，即文學和音樂是緊密相聯繫的。現存最早的漢語詩歌總集《詩經》中的詩篇當時都配有曲調，為大眾口頭傳唱。這個傳統一直延續下去，比如漢代的官方詩歌集成，就叫《漢樂府》，唐詩、宋詞當時也都能歌唱。中國古代的「士大夫」階層認為，一個有修養的人應該精通「琴棋書畫」，所謂的「琴」就是流傳至今的古琴，不過古琴只限於士大夫獨自欣賞，不能對公眾演出。古琴音量較小，也是唯一地位較高的樂器。

中國古代的音樂理論發展較慢，在「正史」中地位不高，沒能留下更多的書面資料。但音樂和文學一樣，是古代知識分子階層的必具學養，在古代中國人的日常生活中無疑有著重要地位；民間則更是充滿了多彩的旋律。古典文獻記載中，夏、商兩代的樂舞已經漸漸脫離原始氏族樂舞，為氏族共有的特點。從內容上看，它們漸漸離開了原始的圖騰崇拜，轉而為對征服自然的人歌頌。據史料記載，在夏代已經有用鱷魚皮蒙製的鼉鼓。商代已經發現有木腔蟒皮鼓和雙鳥饕餮紋銅鼓，以及製作精良的石磬。青銅時代影響所及，商代還出現了編鐘、編鐃樂器，多為三枚一組。各類打擊樂器的出現，體現了樂器史上打擊樂器發展在前的特點。西周時期建立了完備的禮樂制度，不同地位的官員規定有不同的舞隊編製。總結歷代史詩性質的典章樂舞，可以看到所謂「六代樂舞」，即黃帝時的《雲門》、堯時的《咸池》、舜時的《韶》、禹時的《大夏》、商時的《大韄》、周時的《大武》。周代還有採風制度，收集民歌，以觀風俗、察民情，因此保留下了大量的民歌，經春秋時孔子的刪定，創作了中國第一部詩歌總集——《詩經》，收有自西周初到春秋中葉五百多年的入

樂詩歌，一共三百零五篇。1978年湖北隨縣（今隨州市）的戰國曾侯乙墓葬中出土的古樂器，是周代音樂文化高度發達的重要標誌，這裏出土的八種一百二十四件樂器，按照周代的「八音」樂器分類法（金、石、絲、竹、匏、土、革、木），各類樂器可說是應有盡有。在周代，十二律的理論已經確立，五聲階名（宮、商、角、徵、羽）也已經確立，這時人們已經知道五聲或七聲音階中，以宮音為主，宮音位置改變就叫旋宮，可以達到轉調的效果。

秦漢時開始出現「樂府」。它繼承了周代採風制度，搜集、整理改變民間音樂，也集中了大量樂工在宴饗、郊祀、朝賀等場合演奏。這些用做演唱的歌詞，被稱為樂府詩。樂府，後來又被引申為泛指各種入樂或不入樂的歌詞，甚至一些戲曲也稱之為樂府。漢代主要的歌曲形式是相和歌，同時在西北邊疆興起了鼓吹樂，以不同編製的吹管樂器和打擊樂器構成多種鼓吹形式，如橫吹、騎吹、黃門鼓吹等等，同時，隨著絲綢之路的暢通，西域諸國的歌曲也開始傳入內地。

隋唐兩代，政權統一，特別是唐代，政治穩定，不斷吸收他方文化，加上魏晉已經孕育著各族音樂文化融合基礎，終於萌發了以歌舞音樂為主要標誌的音樂藝術全面發展。唐代宮廷宴饗的音樂，稱作「燕樂」，隋、唐時期的七步樂、九部樂就屬於燕樂，它們分別是各族以及部分外國的民間音樂，其中龜茲樂、西涼樂更為重要。唐代歌舞大曲在燕樂中獨樹一幟，它繼承了相和大曲的傳統，融會了九部樂中各族音樂的精華，收錄於《教坊錄》的唐大曲曲名共有四十六個，其中著名的皇帝音樂家唐玄宗所作的《霓裳羽衣舞》兼有清雅的法曲風格，為世所稱道。唐代音樂文化的繁榮還表現為有一系列音樂教育的機構，如教坊、梨園、大樂署、鼓吹署。

宋、金、元時期音樂文化的發展，以市民音樂的興起為主，隨著都市商品經濟的繁榮，市民階層文化的「瓦舍」、「勾欄」應運而生。在

「瓦舍」、「勾欄」中人們可以聽到叫聲、小唱、唱賺等藝術歌曲的演唱；也可以看到說唱類音樂種類，如鼓子詞、諸宮調、雜劇、院本等的表演。承襲了隋唐曲子詞的發展，宋代詞調音樂獲得了空前發展，這種長短句的歌唱文學體裁可以分為引、慢、近、拍、令等等詞牌形式。在填詞的手法上已經有了「攤破」、「減字」、「偷聲」等。宋代的古琴音樂以郭楚望的代表作《瀟湘水雲》開古琴流派之先河，作品表現了作者愛戀祖國山河的盎然意趣。

到了元代，民族樂器三弦的出現值得注意。在樂學理論上，宋代出現了燕樂音階的記載。同時，早期的工尺譜式也在張炎《詞源》和沈括的《夢溪筆談》中出現。宋代是中國戲曲趨於成熟的時代，最具代表意義的是南宋時南戲的出現。戲曲藝術在元代出現了以元雜劇為代表的高峰。元雜劇的興盛最初在北方，漸次向南方發展與南方戲曲發生交融。代表性的元雜劇作家有關漢卿、馬致遠、鄭光祖、白樸。隨著元代戲曲藝術的發展，出現了最早的總結戲曲演唱理論的專著，即燕南之庵的《唱論》，而周德清的《中原音韻》則是北曲最早的韻書，他把北方語言分為十九個韻，並且把字調分為陰平、陽平、上聲、去聲四種。對後世音韻學研究以及戲曲說唱音樂的發展，均有很大的影響。

由於明清社會市民階層日益壯大，音樂文化的發展更具有世俗化的特點，明代的民間小曲內容豐富，雖良莠不齊，但影響深廣。明清時期說唱音樂異彩紛呈。其中南方的彈詞、北方的鼓詞，以及牌子曲、琴書、道情類的說唱曲種更為重要，南方秀麗的彈詞以蘇州彈詞影響最大；北方的鼓詞以山東大鼓、冀中的京韻大鼓、西河大鼓、木板大鼓較為重要。而牌子曲類的說唱有單弦、河南大調曲子等；琴書類說唱有山東琴書、四川揚琴等；道情類說唱有浙江道情、陝西道情、湖北漁鼓等。少數民族也出現了一些說唱曲，如蒙古說書、白族的大本曲。明末清初，北方以陝西西秦腔為代表的梆子腔發展迅速，晚清由西皮和二黃兩種基本曲調構成的皮黃腔，在北京初步形成，由此產生了影響遍及全國的京劇。19世紀末，中國被迫開放南方沿海，開始接觸西方音樂和樂器，廣東音樂首當其衝，首先吸收西方和聲方法，創造了新樂器揚琴和木琴，發展了樂隊合奏的音樂，至今廣東音樂仍然有其獨特的魅力，是中西結合比較成功的典範。

(三)中國的民族音樂

狹義上的中國民族音樂指的是漢族音樂，簡稱「民樂」，而少數民族音樂有其各自的名稱與更多的樣式和內容，例如：

1.藏族音樂：藏族是個能歌善舞的民族，其歌曲旋律優美遼闊、婉轉動聽。藏族音樂大體上可以分為佛教音樂和民間音樂。佛教音樂中最著名的是喇嘛唱的無詞歌頌曲調。藏族民歌高亢嘹亮，聽起來就有高原藍天遼闊的氣象，曲調悠揚，但也是以五聲為主。歌舞形式有「果諧」、「果卓」（鍋莊）等。藏族音樂的一些元素被漢族和西方音樂所吸收，正規戲劇方面，現已挖掘整理演出了藏族傳統歌劇《格薩爾王》。

2.滿族音樂：滿族最有名的民間樂器源自於清朝的八角鼓，滿族音樂中的搖籃曲《悠悠扎》等作品很著名，現代的漢語都會翻唱。

3.蒙古族音樂：蒙古族民歌分「長調民歌」和「短調民歌」。「長調」有許多無意義的諧音字拉長唱腔，有草原空闊的風格，最有特色的樂器是馬頭琴，是一種拉弦樂器，因琴柱上一般都雕刻一個馬頭裝飾而命名。

4.壯族音樂：廣西是壯族聚居區民歌的故鄉，男女青年經常對歌，有人甚至說壯族一生唱歌的時間比說話的時間長。壯族民歌基本和漢族音樂風格相似，以五聲音階為主，歌詞有明顯的對仗格式，內容則以象徵、比喻等手法表述，以生活中的交流為主，有時歌詞也引用古典故事和典故。

5.傣族音樂：傣族音樂和南亞地區緬甸、泰國的音樂風格類似，曲調婉轉柔美，典型的樂器是葫蘆絲和象腳鼓，葫蘆絲獨特的音色成為傣族的音樂風格。

6.納西古樂：為雲南麗江納西族老人間演奏的音樂，據說是從明朝時中原地區傳入的，由於當地原來交通不便，和外界交往不多，使得傳統古樂得以流傳下來，現在只有一批老人樂隊可以演奏，正在培養接班人，是中國14世紀音樂的活化石，受到音樂界的廣泛關注。

7.侗族音樂：侗族「大歌」是中國唯一採用和聲的民歌系統，基本為女聲無伴奏合唱，由各聲部嗓音的和聲配合，非常和諧，曾在國際引起轟動並多次獲獎。

8.維吾爾族音樂：維吾爾族音樂為中亞音樂風格，非常注重節奏，用手鼓可以打出多達幾十種不同的節奏，樂器主要是都它爾（彈撥樂器，意思是「二弦琴」）和熱瓦甫（維吾爾和烏孜別克等少數民族所喜愛的彈弦樂器），最大的是冬不拉（哈薩克族民間流行的彈撥樂器，在日常生活中很常見）。維吾爾族的傳統音樂《十二木卡姆》包羅萬象，是許多民間音樂的源頭。

9.塔吉克族音樂：塔吉克族音樂和漢族音樂有較大的區別，善於運用半音，旋律婉轉多變，如同山鷹高鳴，最典型的是作曲家雷振邦為電影《冰山上的來客》配的歌曲，完全運用了塔吉克民歌的旋律。

10.朝鮮族音樂：朝鮮族音樂和朝鮮、韓國的音樂基本相同，主要樂器有長鼓和伽倻琴。伽倻琴類似中國古代的箏，比現代的箏小，彈法也不一樣，是放到盤坐的膝蓋上彈，音樂旋律有其獨特的風格。

二、日本的音樂及其樂器的種類與發展

(一)日本音樂的發展

日本的音樂大致可分為日本傳統音樂與日本流行音樂二大類。日本傳統音樂，日語稱作「邦樂」，用以與洋樂作區別，相對於西洋音樂的七音音階，邦樂是五音音階，且節奏多半為兩拍、四拍，幾乎沒有單數的拍子，歌曲繁多。日本流行音樂（又稱J-Pop，即Japanese POP）基本上是從日本傳統音樂演變而成，自明治時代開始，洋樂傳入日本以後，成了日本音樂的主流，也有了日本流行音樂的興起，日本的流行音樂從歌謠曲（著名的日本演歌，如美空雲雀）、新音樂到近代，這些表演藝術都為日本引進不少觀光外匯收入。日本的音樂大約有如下數類：（維基百科，日本流行音樂）

1.日本雅樂：舉行宮廷儀式之時所演奏的儀式音樂。

2.琵琶樂：以琵琶伴奏說講戰爭故事而興起的音樂，是邊彈邊唱的聲樂曲。

3.箏曲：箏曲除了指琴曲之外，尚指琴（箏）、三味線與尺八的合奏曲，至今形制上仍保留了唐制十三弦箏的傳統。

4.能樂：一種日本戲劇形式，為音樂、舞蹈與戲劇的綜合藝術，全盛於西元14至15世紀，即日本最廣為人所熟知的能劇。

5.尺八樂：尺八是中國一種傳統木管樂器，由唐朝時傳入日本，後在日本成為其普遍的傳統樂器之一。尺八是豎吹的樂器，因其長度為一尺八寸（約五十五公分），而被稱之為「尺八」。

6.三味線音樂：是日本的一種弦樂器，為彈撥樂器，一般認為起源於中國的三弦，大約成形於15世紀左右。三弦為中國的彈撥樂器，傳至沖繩成為三線，後來又傳至日本，發展成為三味線。

7.民謠：即日本各地流傳下來的歌謠。

所有日本國民都分成各種階層和階級，每一個階層和階級各自有自己的音樂。例如貴族喜歡古典的宮廷音樂——雅樂（Gagaku）；武士階級喜好能劇；一般市民喜愛三味線樂曲；而農民、漁民、船夫有自己特有的音樂類別。

(二)日本的傳統樂器

日本的主要樂器大多源自於中國，經過日本化後已具有日本的特殊風格。日本在近代，主要是以封建制度貴族與武士階級為社會的主要階層，19世紀時階層制度逐漸瓦解，倚靠商業和手工業生存的資產階級，逐漸成為社會的中堅分子，在音樂生活中也逐漸取得了較強的地位，除了封建貴族社會的音樂文化以外，資產階級的音樂文化業已日益重要起來，特別是三味線，成了德川晚期的代表性樂器。

三味線傳自於中國的三弦，在日本，大多用於民間的通俗音樂，作為獨唱的伴奏樂器，16世紀從琉球島傳入，與中國三弦不同處為其共鳴箱使用貓皮或狗皮而不是蛇皮，演奏的時候使用撥子，由於三味線具有強而有力的表達能力，是戲劇音樂主要的樂器，不論是木偶劇、歌舞伎都有使用，三味線在18和19世紀時成為藝妓的典型樂器，藝妓用三味線伴奏其短小的藝術歌曲，稱之為短歌Kouta。

尺八（Shakuhachi），是竹子所做成豎吹的管樂器，也就是中國的洞蕭，尺八曾經是拖缽和尚使用的樂器，此外無主的武士——浪人，也曾經使用它，在日本西化以後，尺八音樂吸收了一些西方風格，其中道雄宮城所寫的《春之海》，是為箏和尺八所寫的傑作。箏（Koto），同樣是源自於中國的樂器，長一・八公尺十三條琴弦，早期用在雅樂之中，但從17世紀開始，Koto也用在獨奏的音樂中。18世紀時，三味線成為最重要的室內樂形式，也發展出了為箏所寫的音樂——箏曲，成為19世紀各種不同編制的室內音樂最重要的題材，通常可分為許多段（Dan），大致上是一種輪六曲式。Koto是十三弦的日本古箏，它除了是實際的樂器外，也是樂器材料文化的一個指標性器物。

三、韓國的音樂及其樂器的種類與發展

現在的韓國如同亞洲其他國家一樣，在近代的百年歷史期間受到西方文化強烈影響，韓國的傳統音樂有其相當久遠的發展歷史，可說是既複雜又多樣，本節僅針對韓國的傳統音樂進行說明。

(一)韓國的音樂

根據時代的變遷和音樂的實質發展，韓國的傳統音樂有其悠久的發展歷史，自然也就具有其獨特的藝術性和價值，如2001年韓國的「宗廟祭禮和祭禮樂」，被聯合國教科文組織評為「人類口傳與無形文化遺產代表作」（Masterpiece of the Oral and Intangible Heritage of Humanity），以及「板索里」（韓國說唱藝術）和「歌曲」等項目隨後亦連續被選定為代表作。可以將韓國傳統音樂大體上分為三個種類：

1. 宮廷音樂：指以宮廷和貴族為中心創作並流傳至今，作為宮中舉行之宴會或祭司儀式等典禮中所使用的音樂。
2. 文人的風流房音樂：文人的廂房「風流音樂」（即正樂）。朝鮮末期的知識分子們對於自由思考相當熱衷，於讀書之同時，亦透過有個性的文學作品、繪畫、書法、音樂等方面的探究，期盼能夠表露自身內在之「樣貌」，他們將文人在美術領域方面之發展稱為「文人畫」，在音樂領域方面則發展為「正樂」，而所謂的風流房指的就是文人的念書房。

3.民間音樂：指以民間藝人為中心，在庶民社會中流傳的「民間音樂」。例如「散調」、「神我為」（Sinawi）、「板索里」（Pansori）、「民謠」等，都有韓國音樂特別的獨創性。

文人的音樂之所以稱之為「正樂」，指的是「正直的音樂」，此外也有歌樂曲，是一種以玄琴作為伴奏而記譜的「歌曲」。民間的音樂則是扎根於部落時期的鄉村祭司（Kut）與祭天儀式等，與祭司樂息息相關。例如全羅道巫堂的歌曲將「板索里」（韓國的說唱藝術）的舞蹈變成驅煞之舞，而其伴奏音樂「神我為」則昇華為「散調」。「祭司音樂」是韓國傳統音樂中極為深層化之語法，想要瞭解韓國音樂，祭司音樂是相當重要的部分，而祭司樂舞（在巫堂的歌唱與舞蹈）透過演戲的方式向神祈求人類的幸福，是韓國相當獨特的宗教禮儀，是種包含樂、歌、舞、劇的綜合表演藝術。不管是祭司其本身長久以來的歷史，或是流傳之久的祭司樂舞，皆是許多藝術類別的母胎。

(二)韓國的傳統樂器

韓國傳統樂器是指具有朝鮮民族的傳統樂器，包括玄琴、伽倻琴、笛、長鼓、鼓等樂器演奏的韓國古典音樂。同其他民族一樣，這種音樂始於古代祭天神時演奏的儀式音樂。國樂可分為宮廷內的國樂和上階層的祭祀國樂，包括在慶祝宴會上演奏的Aa-ak（Ceremonial Music），以及民謠、農樂等老百姓音樂；由於韓國歷史不斷遭受外來侵略與抗爭，因此在音樂上多少有著民族幽怨的情緒：（亞太傳統藝術節，2013）

1.伽倻琴：是用梧桐樹和十二條弦製作的樂器，由於音色又輕又美，故被稱為女性樂器，多用於歌曲節奏，並作為獨奏樂器，演奏方法是左手按弦、右手彈弦發聲。

2.玄（鶴）琴：是5世紀前在高麗出現的韓國固有的代表樂器，演奏方法主要是時而向上挑弦、時而向下壓弦，由於琴音幽靜，過去為有學問的書生所崇尚。

3.長鼓：是腰部很細的木桶，兩邊扣皮的樂器，左皮厚而音低、右皮薄而音高，主要用於農樂與巫術音樂。

4.竹笛：是用竹製作的樂器，最早出現於三國時代，一種可以發出多種音色，靠蘆葦內外皮震動而演奏的樂器。

5.呱嗟板兒：把六個板子用鹿皮穿在一起做成的樂器，一般只在樂曲開始與結束時彈奏。

6.編鐘：是掛上十六個折成字模樣的浮石製作的樂器，厚度愈厚音愈高，聲愈清音愈高，是高麗時代從中國傳來的樂器。朝鮮（15世紀）世宗年間被發現開始製作編鐘。

7.鑼：用碎布纏上槌把，敲擊發出雄偉、溫和音色的一種樂器。

8.小鑼：是一種鐵片樂器，樣子很像鑼，但比鑼更小，用結木球的槌打擊發聲。在農樂（Farmer's Festival Music）中在前頭敲著小鑼指揮全隊的人（Lead Player）使用音色高、聲音大的，另外一個人則使用音色溫和、聲音小的。

9.奚鑼：是用竹和絲線做的樂器，聲音小而溫和，與小提琴的聲音相似，據說是在高麗時代（918至1392年）從宋朝傳入的。

第二節　舞蹈

舞蹈在中國古代，總是單稱「舞」、或單稱「蹈」、或稱「踴」，至近代才合稱為「舞蹈」，舞和蹈在人體的動作上有著根本的不同，舞是手部的動作，蹈是足部動作，舞蹈與人類可以說是相生的，與人類生活文化密切結合；例如哲學家柏拉圖對舞蹈的定義即為：「以手勢講話的藝術」。舞蹈根據參與的性質可分為「實用舞蹈」與「表演舞蹈」兩大類，每大類下，再根據「時間」可分為「傳統舞蹈」與「流行舞蹈」；然後可再往下細分。

一、中國的舞蹈

中國古籍中記載了不少樂舞的起源傳說，僅在《呂氏春秋·仲夏記·古樂》一篇中，就有這樣幾則：(1)古帝顓頊在登上帝位的時候，聽到四面八方熙熙凄凄鏘鏘的風聲很好聽，就命令部下「飛龍」仿傚風聲創作了「樂」，又令一人率先做樂工，它就躺在地上，用尾巴敲打自己的肚子，發出嘤嘤的聲音。顓頊把這個樂舞叫做「承雲」，用來祭祀天帝。(2)堯立為帝的時候，命「質」創作樂舞，「質」模倣山林溪谷的天籟音響製作了樂歌。又用麋鹿的皮蒙在土罐上做成鼓敲打起來，還重擊輕打石刀石斧，模倣天帝玉磬的聲音，於是百獸都跳起舞來了。這些神話都是古人記錄的當時傳說，並非史實，只是傳說中有一些共同點值得我們注意，譬如原始樂舞是模倣天地自然創造出來的、作樂都和祭祀有關聯。

中國的舞蹈概可分為宮廷舞蹈與地方舞蹈。中國宮廷舞是伴隨著古代宮廷的出現而形成、確立和發展的，在中華璀璨的文化史上留下了絢麗多彩的篇章；而地方舞則與民間生活、宗教傳說等有密切關係。

(一)宮廷舞蹈

■商周時期

殷商尊鬼神，凡祭祀等「禮」舉行時要伴以歌舞。商人用音樂與神鬼對話，將歌唱給神鬼聽。樂舞成為人們進獻、侍奉、娛樂神鬼、人神溝通的重要手段。有時商王還親自舞蹈，比如殷墟甲骨文中就記載了商王為祭神而表演的舞蹈《羽舞》。

西周王室制定了一整套詳細的禮樂制度，標誌著中國宮廷舞的正式確立。「禮」指祭祀、朝饗等儀式，「樂」指伴隨「禮」進行的樂舞。周代的禮樂制度有兩條基本內容：一是規定等級；二是規定伴隨禮的樂舞基本是雅樂。在周雅樂中，器樂、舞蹈、歌唱往往分別進行，並不完全合在一起，舞蹈由與笛相似的管和歌唱配合，歌唱由彈奏樂器瑟或簧管樂器笙伴奏，器樂即所謂「金奏」，是鐘、鼓、磬的合奏。西周時的宮廷舞在殷商樂舞的基礎上，在「以德配天」的觀念下，將宮廷舞向禮儀性發展，弱化娛樂功能，舞蹈主體是雅樂舞，其特徵為肅穆、崇高。

春秋戰國時期，隨著周王室權力的衰落，曾經建立起來的禮樂制度也開始崩潰。一些諸侯開始越禮使用樂舞，從此，民間俗樂舞開始進入宮廷，並逐漸與之融合；此外，此時宮廷舞的娛樂功能加強，舞蹈更加輕盈、飄逸、柔媚，使其更具美感，為後世宮廷舞蹈的發展奠定基礎。

■ 秦漢時期

秦朝設立了管理俗樂舞的機構「樂府」，但正式形成是在西漢武帝時期。樂府中的樂舞，種類繁多，有郊祭樂舞、兵法樂舞、朝賀宴樂等；在風格上，有江南、淮南、西南等不同地區和民族的樂舞；在形式上，有器樂演奏、吟誦歌唱、舞蹈倡優（又稱「俳優」）等表演。

兩漢皇帝十分推崇俗樂舞，比如西漢武帝就用俗樂舞招待來京朝拜的四夷賓客。而隨著四夷賓客的來京，少數民族舞蹈也逐漸匯聚京都。四夷的舞蹈形式是：「東夷之樂執矛舞，西南夷之樂執羽舞，西夷之樂執戟舞，北夷之樂執干舞（兵舞）。」此外，西域的舞蹈也在貴族中開始流行，這些少數民族舞蹈流入並與中國宮廷中的俗樂舞產生交融。漢朝的俗樂舞有文舞和武舞：文舞有長袖折腰舞、掌上舞、盤鼓舞等，主要的特點是輕盈飄逸，有著非常高難度的技巧；武舞大氣，舞姿剛健、氣勢勇猛，具有非常強的感染力和衝擊力，比如劍舞、棍舞、刀舞、干舞、戚舞；二者最終在中國宮廷舞中占據了重要的位置。

■魏晉南北朝時期

魏晉南北朝時期宮廷舞的主流是清商樂舞和胡舞。清商樂舞是漢民族傳統民間樂舞。魏時設置了清商署；西晉時，清商樂在宮廷中廣為發展；東晉在江南建都後，江南的吳歌、荊楚的西聲都濫觴於清商樂。清商樂舞的主要特點是清麗飄逸、典雅高遠、閒適舒緩，而且舞蹈抒情。「胡舞」主要指西北少數民族的舞蹈。漢時，胡舞就已經進入長安；三國時期，胡舞在中原地區得到了更為廣泛的傳播；南北朝時期，西北地區的「天竺樂」、「龜茲樂」、「高麗樂」、「高昌樂」等都陸續傳入中原，並受到北朝宮廷的接納。胡舞的特點是粗獷豪放、剛勁質樸。《天竺樂》是印度傳來的樂舞，帶有濃郁的印度風格和宗教色彩；《龜茲樂》是來自新疆龜茲一帶的樂舞，既具有新疆少數民族的舞蹈特點，又具有佛教色彩。由於魏晉南北朝時期大部分皇帝崇佛信道，部分宮廷舞蹈便具有宗教色彩。

■唐朝時期

唐代宮廷舞除了九部伎、十部伎、坐部伎、立部伎之外，還有「健舞」和「軟舞」之分。健舞即武舞，軟舞則指文舞；據統計，唐代健舞有十一個，軟舞有十三個：

1.健舞：代表性的舞蹈是《劍器舞》、《胡旋舞》、《胡騰舞》、《柘枝舞》。《劍器舞》動作健美，氣勢磅礴，具有武術的特點；《胡旋舞》源自於西域的康居國，據說這種舞蹈節拍鮮明、奔騰歡快，而且多旋轉蹬踏，故名胡旋，胡旋舞的伴奏樂器以鼓為主，傳入中原後，成為當時最受人們喜愛的舞蹈之一；《胡騰舞》完全是男性舞蹈，體現了男子豪放、粗獷的性格；《柘枝舞》特徵是矯捷婀娜、變化豐富、腰柔體輕、熱烈明快，後來還出現了專門的柘枝舞伎。

2.軟舞：代表性的舞蹈有《綠腰舞》和《春鶯囀》。樂曲《綠腰》出來後，流傳很廣，白居易《楊柳枝》云：「《六么》、《水調》家家唱。」後被配以舞蹈，為女子獨舞，以舞袖為主要特徵。《春鶯囀》裏「囀」的意思是美妙的歌聲。

在中華文化史上唐朝樂舞留下了最為絢麗多姿的一頁。

■元朝時期

元朝是蒙古民族建立的政權，其宮廷舞蹈除了具有濃郁的民族特點外，還融入、吸收了宋代宮廷大曲歌舞的形式，形成了自己的特色。

元代宮廷樂舞的特徵首先表現在濃烈的宗教色彩，既有佛家的，也有道家的，反映了元代各種宗教兼容的情況。元代還有一個著名的贊佛樂舞《十六天魔舞》。舞蹈講述的是十六位天魔以菩薩的容貌出現，迷惑世人，後來被佛陀降伏的故事。據說看了此舞的人，內心都會受到非常大的震撼；其次，元代宮廷樂舞的特徵還表現在具有濃郁的民族風格，許多隊舞中的表演都體現了蒙古族奔放、豪邁、昂揚、粗獷的風格。

■明清時期

明代宮廷舞蹈亦分雅樂舞蹈和宴樂舞蹈，惜少有作品傳世。明代雅樂舞蹈採用「文舞」和「武舞」兩類，用於祭祀等。宴樂舞蹈並無特殊之處，著重於禮儀性和典禮性，明代宮廷舞蹈沿襲柔媚典雅的漢民族舞蹈的傳統，在明代的一些刻本插圖中，可以看到許多舞者曼妙的舞姿形象，明代的宮廷舞蹈，沒有唐代舞蹈的大氣、包容和多元化，它的特點是程式化、禮儀性，直到隨著滿清帝國的建立而有了新的特點。

清朝是由少數民族建立的王朝，宮廷舞蹈除因襲前朝之外，還融入了滿族和其他少數民族的特色。《清史稿．樂志》記載，清代宮廷舞有二：用於祀神者曰佾舞，用於宴饗者曰隊舞。清代宴樂共分九類，都是少數民族的舞蹈，有隊舞樂、瓦爾喀部樂、朝鮮樂、蒙古樂、回部樂、番子樂、廓爾喀部樂、緬甸國樂、安南國樂。乾隆時期，是清朝宮廷樂舞的興盛時期。樂舞分「外朝」和「內廷」兩種。外朝樂舞包括祭祀、朝會、宴饗和儀仗；內廷樂舞只要包括娛樂性、祭祀和朝會舞蹈。直到清光緒時期，宮中仍然保留著宴享樂舞的慣例。

(二)中國各民族的舞蹈

中國少數民族有許多關於舞蹈的傳說：(1)景頗族：中國雲南世居民族之一，主要分佈於雲南省德宏傣族景頗族自治州、怒江傈僳族自治州等地，他們有一著名的節日祭祀歌舞「目腦縱」，傳說是古代地面沒有歌舞，只有天上才有。據說有一年太陽邀請百鳥到天上作客，參加天上舉行慶典，百鳥學會了唱歌跳舞，回到地上以後，公推學得最好的孔雀帶頭，聚在一起跳舞，正好被景頗族的祖先臘貢扎夫妻看見了，便偷偷默記下來，傳給了世人，從此人間才有了舞蹈。「目腦縱」既是歌舞的節日，也作為祭祀民族祖先的日子流傳下來。(2)壯族的銅鼓，傳說是老祖宗布洛陀最早依照天上星辰的樣子做的。(3)侗族過去沒有歌唱、沒有舞跳，於是他們到天上討歌舞，卻在回人間的路上，不慎掉進了龍潭，多虧一隻水獺幫忙，下龍潭幫他們取了回來，侗家才有了歌舞，才有了「踩歌堂」這個節日。(4)古老的東巴舞譜《祭什羅法儀跳的規程》中，記下的第一個舞蹈是《舞的起源》，經文上說：「很古的時候，在人類生長的豐饒遼闊的大地上，三百六十個東巴還不會跳舞。這時，米利達吉海（傳說是人類最早見到的海）長出一株葉細如髮的樹苗，叫赫依巴達樹。樹梢上棲息著大鵬、獅子、飛龍三個勝利神。跳舞的方法是由它們三個從住在米利達吉海的金色神蛙那裏學來的。至於金色神蛙呢？據傳它的舞蹈本領是從住在十八層天上的盤珠薩美女神（納西族傳說中智慧美麗的歌舞女神）那裏學來的。三百六十個東巴跳的舞蹈最初就是來源於這裏。」少數民族有關舞蹈的神話傳說相當多而且有趣。

■面具舞（儺舞）

面具舞歷史悠久，遠古時已有戴假面的舞蹈。為驅鬼逐疫舉行的「儺」（或稱「大儺」）禮，跳的舞蹈我們叫「儺舞」，是從周代一直流傳至今的面具舞。面具舞和儺戲，不僅在中原漢族地區流行，也在西藏、內蒙、湖南、貴州等兄弟民族中流傳，如晉人庾亮家伎編的《文康伎》；起源於北齊盛行於唐代的歌舞戲《蘭陵王》；宋代詼諧有趣的《耍大頭》等都是面具舞，但卻不是儺舞。明清之際民間流行的面具舞很多，當然最多的還是儺舞。

■秧歌

秧歌起源於農業勞動生活，是在插秧、收割等勞動的過程中產生而發展起來的，清代一些有關於「秧歌」的記載充分證實了這一點，清代道光五年（1825年）編印的《晃州廳志》說：「歲，農人連秧步於田中，疾徐前卻（進退），頗以為戲。」這說明在插秧時，不但擊鼓歌唱，還配合音樂的節奏，時快、時慢、前進、後退地「舞」起來了。插秧時擊鼓唱秧歌的風俗不但清代湖南流行，就連廣東一帶也相當流行。

■涼傘舞、回回舞、花板舞

明人姚旅在《露書》中提到，在山西洪洞曾見到多種民間舞蹈，如手執小涼傘，隨音樂節奏而舞的「涼傘舞」；舞而不唱的「回回舞」；手執檀板，舞起來如「飛花著身」的「花板舞」等。山西本是個民間舞蹈十分豐富的地方，明人筆記中提到的這些舞蹈形式，至今仍能在當地的民間舞蹈中找到他們的蹤跡。

■ 藤牌舞

藤牌舞又稱盾牌舞，至今流傳在福建、浙江一帶。民間傳說，此舞蹈是由戚繼光傳下來，與周代的「干舞」、原始時代的「干戚舞」不無淵源關係。應該說「盾牌舞」是一種歷史十分悠久的舞蹈。古老的雲南滄源崖畫有執干而舞的人物形象；「杵樂」至今在雲南瓦族，臺灣高山族均有遺存。

■ 孔雀舞

四百多年前，居住在雲南邊疆的民族在各族文化交流中創造了「孔雀舞」這一優美舞蹈形式。這種舞蹈的創造，取自於他們生活的亞熱帶地區，孔雀經常出沒，且當地民族酷愛這種美麗溫良的鳥，不願獵殺孔雀可能與古老的圖騰崇拜有關。廣西貴縣羅泊灣漢墓，和西林縣馱漢墓出土的銅鼓，面上整齊、精緻的刻鑄了一群頭戴羽飾、張臂或插腰而舞的舞者。

■ 蘆笙舞

明人梁佐在《丹鉛總錄》中提到，他在西南苗族地區曾見到蘆笙。由明人楊慎編撰，清人胡蔚訂正的《南昭野史》，記載了居住在雲南的苗族服飾風俗：頭梳髮髻，戴耳環，沒有結婚的人用樹皮覆額或頭插羽毛；女子戴布冠，套頭衣，筒裙上挑五彩花紋。分布在廣東、廣西、湖南等地的瑤族，都有相同的風俗和舞蹈傳統，長期以來一直保存，直到今天，〈長鼓舞〉仍是瑤族人民最喜愛且最具代表性的民間舞。（王克芬著，1991）

二、印度的舞蹈

印度表演藝術和境內的民族與語言分布一樣，種類繁多。印度的舞蹈與印度教關係緊密，哲學、神話、習俗、雕刻等，均成為舞蹈的要素。從遺留下來的雕刻顯示，音樂和舞蹈乃是由神明親自傳給世人，舞蹈一向在印度教儀式中扮演著重要功能，舞者的天賦來自於神的恩惠，在舞蹈中他們表達對神的敬愛，甚至以女子對男人的戀慕比喻人與神的關係。依照傳統慣例，舞者在某位神明的儀式中獻出第一支舞，在精神層次上，舞者從而成為神的新娘。

在傳統古典舞蹈中，「婆羅達納天」（Bharata Natyam）是較廣為人知的一支。這種舞蹈起源於印度南方泰米爾地區（Tamil），原來是一種廟堂祭儀的舞蹈。以往這種舞蹈因地區不同而名稱相異，現在被稱為「婆羅達納天」的舞蹈體系。一般人對於印度的印象多會驚訝於其文化融合矛盾與對立的能力，如尋常百姓可能蓬頭垢面、衣不蔽體，卻無損他們追求精神滿足的虔誠態度，一方面有採取極簡主義生活型態的苦修教徒，另一方面卻會在印度的平面藝術與廟宇中，發現風格濃艷的諸神偶像。印度人從不為信仰中的物質主義擔憂，相反地，他們認為物質是達成精神圓滿的必經手段，而兼具身體力度與精神圓融的舞蹈則是他們對這種哲學態度的最佳實踐。印度各地的特色舞蹈說明如後：

■卡塔克舞

卡塔克舞是印度北部地區的古典舞蹈，可稱為印度古典舞之鼻祖。觀看卡塔克舞時，令人想到西班牙的佛朗明哥舞，據說是當年印度的吉普賽人將卡塔克舞帶往歐洲，雜以歐洲人之優雅和阿拉伯人之感傷。兩種舞蹈皆以雙手揚腕和雙足踢踏見長，只是佛朗明哥舞加進了響板以加強節奏，又以鈴鼓代替腳鈴。卡塔克舞給人的感覺是熱情奔放，且有一股無比自信的力量，舞者始終面帶笑容，讓人一看就是一個喜樂的民族。卡塔克舞同樣也有伴唱，但主舞者偶爾插入道白，詼諧幽默，令人忍俊不禁。

■婆羅達納天

「婆羅達納天」的舞蹈體系可約略分為詮釋或表現性舞蹈，以及純粹或抽象性舞蹈。前者通常基於一段經文或敘事，不論長短，舞蹈的成功關鍵繫於舞者是否能巧妙詮釋出經典的內涵。後者則捨棄傳達意義的意圖，而力求透過舞蹈表現出一種純然的歡愉。在技巧上，「婆羅達納天」有其自成一格的肢體語彙，現存約有十種具名的身體姿勢，從舞者選擇的身體姿勢，舞蹈的風格立即可見，手部的動作則多半配合整個身體姿勢成為對稱的形體。

婆羅達納天的美學基礎可在許多雕刻遺跡中找到線索。舞者通常採用特定的手指動作，以求表意或純為裝飾。此外，足部踩踏的動作與頻繁的旋轉都是「婆羅達納天」常見的舞蹈語彙。就像大部分亞洲的古典舞蹈體系，「婆羅達納天」是一門綜合性的表演藝術，搭配了具有固定形式的音樂與衣飾符碼，而成為一種整體性的表演藝術。舞者通常裝扮得十分繁複且艷麗，形式華麗的鑲金邊紗麗（Saree），閃亮的綠、黃、紫紅是常見的顏色，加上全身上下的珠寶鮮花，穿戴這些繁複服飾的舞者，仍然必須靈巧地舞動，這是一種挑戰，但也證明舞者的技巧。

■班格達舞

班格達舞流行在「普賈」的農業州，在所有的慶典裏，特別是在「春祭」這個豐收節，大家都會跳這支舞，在這一天，農夫們忙著把農作物搬上馬車，運往市場，在賣得好價錢後，大家紛紛歡樂起舞。

■科里舞

科里舞代表漁業社會的精神。科里是印度馬哈拉斯特拉（印度中部，首府為孟買，是印度主要經濟、文化中心之一）靠海省份的典型漁業城市，舞蹈是在描述一群婦女在祈求海神，希望海神保佑丈夫有好的收穫並平安歸來。最後，舞者更表演一段科里的傳統婚禮儀式，及新郎迎接新娘的過程。

■露賽竹竿舞

露賽竹竿舞跟臺灣原住民的服飾和舞蹈極為相似，這支舞流行於北印的納高藍省的原住民部落裏，當地的居民常以捕捉孔雀為生。該舞主要是在描述男人在捕捉孔雀時，婦女們期待慶祝豐收的成果，但其中有個婦女突然被惡靈附身，其他人趕緊請出巫師驅走邪靈。當驅魔成功後，舞者歡欣鼓舞地慶祝著，非常熱鬧。（章云，2002）

三、東南亞地區的舞蹈

舞蹈是人類最古老的文化現象之一，在語言還沒被發明之前，人類都是用肢體來溝通。東南亞的舞蹈，藉著模擬動物的動作、手勢、姿態、表情等方法來傳達所想要表達的意思。隨著人類文明的發展，語言產生了，而後為了讓大家紓解壓力，舞蹈、戲劇、音樂等活動便相繼產生，東南亞又以泰國的舞蹈最具特色。泰國傳統舞蹈分古典舞和民族舞兩種，古典舞是一種十分複雜而微妙的藝術，每個舞步動作都有特殊含義，訴說一個婆羅門教的故事，情節十分曲折。古典舞是泰國舞蹈藝術精華，約三百多年的歷史，源於印度南部「卡達卡利」宗教舞蹈，同時又受中國皮影戲的影響。古典舞又有「宮內」與「宮外」之別。宮內舞比較嚴肅古板，與之相對應的宮外舞則比較活潑自由、詼諧有趣。跳舞少女們所穿的服裝，以著名的泰國絲製成，再配上閃閃生光的金片。她們所戴的帽子，是寺廟風格的寶塔型金冠，充滿宗教氣息。泰國古典舞經常在宗教活動、紀念典禮中出現，表演者在演出時完全赤腳，無論一舉手或一投足，都是緩慢而富有韻律，婀娜多姿，嫵媚動人。舞蹈者擅長以手和手指表達意思，譬如兩手交叉於胸前表示愛意，雙手摩擦頸部代表憤怒，左掌平貼於胸口表示內心的喜悅，食指指向地面表示兇惡。整個舞蹈動中帶靜，靜中有動，尤其是女演員，動作傳情，眼睛傳神，蘊藏無盡的神韻。泰國的戲劇和舞蹈密不可分，民間戲劇藝術起源於民間慶典和宗教儀式，茲列舉較特殊者：

■ 指甲舞

指甲舞流行於泰國北部，多在歡迎外賓和傳統宋干節等民族節日時演出，姑娘們頭戴尖頂金冠，身穿金絲耀眼的服裝，除拇指外，每個手指上都戴上又長又尖的指套（有八公分長的假長指甲），在音樂的伴奏下，輕移蓮步，擺動纖指，顯得異常美妙優雅。該舞蹈節奏較慢，古典而優雅。泰國的舞蹈除靠舞姿和眉目表現劇情以外，演員手指的動作也能表達豐富的涵義和複雜的心理狀態。伴奏的樂器有鼓、笛、鑼、胡琴等，表演者皆為少女。

■ 孔劇（Khon）——面具舞

孔劇（面具舞）源於印度寺廟的典禮和舞蹈，是泰國民族古典舞劇，距今已有四百多年的歷史。由於多數演員戴面具表演，所以也稱為假面舞劇。舞蹈中的每一個舞步都有特定的涵義，並透過特定的音樂、步法、行進和笑容來加強其表現手法。舞臺上的演員們都戴著面具，不能說話，因此將由與木管樂器、銅鑼和鼓樂隊坐在一起的合唱團透過歌唱和誦讀來敘述情節。

孔劇專演古典文學名著《拉瑪堅》。演員多男演員，角色分男主角、女主角、羅剎（魔鬼）和神猴四種。孔劇面具色澤鮮豔，角色不同，顏色也各異，與中國京劇臉譜很相似，大致分為王子面具、猴子面具和羅剎面具三類。演員用手勢和六十八式舞姿來表現劇中人物的行為舉止與思想感情，故又稱啞劇。孔劇體現了泰國舞蹈藝術注重造型美的基本特點，要求演員具有較高的舞蹈和武打技巧，在形式上融合舞蹈、音樂、詩歌、繪畫、武術和皮影藝術於一爐，是泰國最高級的舞劇藝術。

第三節　戲劇

在戲劇的發展上，中國源於各地民俗不同，產生了許多饒富地方特色的風格，而代表中國傳統的國劇（又稱平劇或京劇）經歷了一段時間，融合了各地方戲曲的音樂、歌唱、舞蹈、武術、特技、美術等藝術的精華部分，成為能充分表現中華傳統文化的綜合表演藝術，展演生動活潑，以歷史典故傳說等教人明辨是非善惡，除藝術展現外也有教育的意涵。

一、中國傳統戲劇

(一)京劇

國劇，最早名為京戲，北伐成功後民國統一，臨時政府將北京復稱為北平，因此又將京戲改稱為平劇。京劇是中國的「國粹」，已有二百年歷史，經歷了一段很久的時間，融合了各地地方戲曲的音樂、歌唱、舞蹈、武術、特技、美術等藝術的精華部分，戲劇主題明朗，表現生動活潑，是相當值得欣賞的精緻藝術。

國劇的特色在於「寫意」、「誇張」，及其故事的自由性和片段性，不靠道具、不依賴布景的寫意表演，用顯著的誇張手法，劇情自由發展，有完整的一面也可片段的單獨演出。這種特色的形成，最大的原因就是國劇的編排不僅是在表演故事和歷史，也是表現唱作歌舞的綜合表演藝術。京劇劇目以中國歷代的神話故事、歷史大事件、帝王將相、才子佳人為主。京劇服飾雍容華貴、富麗堂皇、高貴典雅、色彩鮮明，大多為手工刺繡，採用中華民族的傳統圖案，有獨立的審美價值，有很高的實用性和可觀賞性，堪稱一絕。京劇人物臉譜，多姿多采，性格鮮明、形象突

國劇臉譜的色彩有主色、副色、界色、襯色，各種顏色代表了忠奸善惡，還有人物的個性特質。例如紅色代表了忠義之士，而黃色則每多奸詐陰險之徒。

出，為世人所稱道。

演員在舞臺上的表現，不論舉手投足、張口談話，都得依下列四項規矩：「唱」（唱腔）、「念」（念白）、「作」（做工）、「打」（武打）。國劇除了演員的唱腔表現之外，樂器對於調節舞臺節奏、渲染氣氛，也扮演著十分重要的角色。國劇中伴奏部分俗稱「場面」，分為文場和武場：(1)文場使用的樂器有京胡、月琴、三弦、阮弦、笛、嗩吶等，主要是擔任唱腔的伴奏和過場音樂的演奏；(2)武場通常使用不同類型的鼓、板、大鑼、小鑼、鐃鈸等敲擊樂器構成主體，主要在配合身段表演與表現人物的情緒，和烘托戲劇的氣氛。

國劇的角色可分為生（男人）、旦（女人）、淨（男人）、丑（男、女人皆有）四大行當。人物有忠奸之分、美醜之分、善惡之分，各個形象鮮明、栩栩如生：

1.生：分為老生、小生、武生三類。老生分為唱工老生、做工老生、文武老生；小生分為官士、窮士、巾生、雉尾生；武生分為長靠和短打兩門。

2.旦：分為老旦、青衣、花旦、武旦、刀馬旦等。

3.淨：又稱花臉，分為銅錘、架子兩類，銅錘重唱工，架子重做表。

4.丑：又稱小花臉，分為文丑與武丑。

(二)地方戲曲

中國戲曲的起源可以上溯到原始時代的歌舞，原始時代沒有戲曲，但是卻已存在歌舞，除了帶有相當濃厚的儀式性和宗教色彩外，也表現了當時群眾的思想、感情與願望，衍生出來的就是中國民間歌舞和民間表演藝術。表演藝術還有一種發展趨勢，就是表演故事的趨勢，這對於後來戲曲的形成也提供了便利的條件。還有一種值得注意的就是各種藝術走向結合的趨勢，這種發展在促使戲曲發展為綜合性的藝術劇方面起了很大的作用。而後隨著生活水準文明化，戲曲就不再依靠宮廷貴族謀生，開始直接向普通觀眾賣藝，慢慢演變成地方戲曲。

■川劇

川劇歷史悠久，保存了不少傳統劇目和豐富的樂曲與精湛的表演藝術，它是四川、雲南、貴州等西南省分的民間藝術。在戲曲聲腔上，川劇是由高腔、昆腔、胡琴腔、弱腔等四大聲腔加一種民間燈戲組成，這五個種類除了燈戲外，都是從明朝末年到清朝中葉，先後由外省的戲班傳入四川，為了區別在四川流行的京劇、漢劇等其他外來的劇種，這種統一演出的戲曲形式便稱為「川戲」，後改稱「川劇」。川劇的行當總的方面分為生、旦、淨、末、丑、雜等六大類。川劇的劇目十分豐富，早有「唐三千，宋八百，數不完的三列國」之說。川劇表演具有深厚的現實主義傳統，同時又運用大量的藝術誇張手法，表演真實、細膩、優美動人。

■豫劇

豫劇又名河南梆子戲，是河南省最重要的地方戲曲劇種。它流行於河南、河北、山東、山西、湖北、寧夏、青海、新疆等十幾個省區，是中國最有影響力的戲曲之一。梆子戲的聲腔叫梆子腔，開始於明朝16世紀左右，發源地在陝西同州，陝西的古名叫秦，因此這個戲種又名秦腔。秦腔至今還活躍在中國的大西北一帶，為了區別其他各省的梆子戲，而將它叫做陝西梆子戲。秦腔節奏鮮明，音調高亢活潑、低回婉轉，語言純正、感情豐富，鄉土氣息濃郁。在長達二百五十年的發展過程中，流派紛乘，日趨完善。梆子戲的得名是因為它是用兩根硬木製作的短棒，原為古時打更用，在戲曲上互擊發音，以按節拍，可以烘托氣氛。一些有成就的藝術家突破了地域局限，形成了以豫劇五大名旦常香玉、陳素真、崔蘭田、馬金鳳、閻立品為代表的五大藝術流派。

■崑劇

崑劇又稱崑曲，是中國古老的戲曲劇種之一。早在元末明初，在江蘇崑山一帶已有一種稱為「崑山腔」的南方聲腔流行；明嘉靖年間（1522-1567年），有太倉魏良輔（1489-1566年，明代戲曲家、戲曲改革家，為「立崑之宗」，有「曲聖」的美譽）等人，以原崑山腔為基礎，吸收海鹽、弋陽、餘姚等南曲聲腔的長處，並吸收北曲曲牌，豐富唱腔及旋律製成一種新聲腔，是為崑曲，當時也稱之為「水磨腔」。崑曲原以清唱為主，後來梁伯龍（辰魚）選用新聲腔編寫《浣紗記》等劇於舞臺演出，崑曲便迅速風行於全國。明末清初為崑曲全盛時期，獨占戲曲鰲頭近二百年之久。清中葉後，花部（清人李斗《揚州畫舫錄》將崑曲稱為雅部，而將京腔、秦腔、梆子腔、二簧調等稱之為花部，以示崑曲之優雅）興起，徽班晉京，漸漸形成通俗而多姿的京劇，漸漸取代崑劇成為全國最流行的劇種，崑曲走向式微，然而崑曲在近幾年又引起大家重視，目前亦被列為聯合國教科文組織無形文化襲產。（中華網文化，2009）

■ 越劇

越劇是新劇種，可塑性強，能夠吸收話劇的藝術效果；在服裝跟道具上的刻意求工、求實，就是受到了話劇的影響。然而，最能表現話劇精神的莫過於舞臺設計的寫實化。越劇在每一場表演中，布景的變化和配合情形實為其它劇種所難比美，在角色的扮演上也留有其它劇種的影子，例如小生取法崑曲、小旦學習川劇。越劇的小生重瀟灑閒雅，舉手投足間流露出濃厚的書卷氣。雖然取法崑曲，但仍保留了地方戲曲原始的新鮮活潑。

■ 梨園戲

梨園戲是福建省地方劇種，有大梨園和小梨園之分，與弋陽腔（起源於江西省戈陽縣的一種戲劇唱腔）有一定的關係。梨園戲流行於福建省閩南方言地區和臺灣省、東南亞華僑居住地區。

■ 黃梅戲

黃梅戲早期叫黃梅調，已有二百多年歷史。源於湖北黃梅一帶的採茶歌，形成於安徽、湖北、江西相鄰地區的民間歌舞，吸收古老戲曲戈陽腔等特色，以安徽安慶地區為中心發展而成。黃梅戲長於抒情，善於刻畫人物性格，富有濃郁的民間鄉土風味，不僅在國內家喻戶曉，也深受國際友人的歡迎，被譽為「中國的鄉村音樂」，早期由凌波所主演的《梁山伯與祝英台》的劇目更是轟動全臺，使全臺人民為之瘋狂。

■ 高甲戲

高甲戲為福建省地方戲曲劇種，分布於閩南閩中地區、臺灣和東南亞華僑集居地，始於明末清初。初時每逢迎神賽會，因常演宋江故事而被稱為「宋江戲」，後又與和興戲搭班，被統稱為高甲戲。音樂來自南音和民歌，曲調古樸繚繞。在中國眾多戲曲中，高甲戲以丑角稱絕，風格明快奔放、幽默詼諧，被盛讚為「以丑為美」的藝術。

■ 評劇

評劇，流行於華北、東北一帶的劇種，曾是除京劇之外中國第二大戲曲劇種，起源於河北東部灤縣、昌黎一帶的曲藝——「對口蓮花落」（一男一女對唱，一扮旦角，一扮丑角或生角），俗稱「蹦蹦」，清末民初吸收京劇、梆子戲表演藝術發展而成，後又形成「唐山落子」、「奉天落子」等，流傳甚廣。評劇曲調流暢自然，通俗易懂，富有表現力。50、60年代在整理傳統劇目和表現現代生活方面成績顯著。尤以小白玉霜、新鳳霞、韓少云等藝術家的表演影響為大，令觀眾難以忘懷。

二、臺灣傳統戲曲

臺灣傳統戲曲主要分為地方大戲與偶戲兩大類：(1)地方大戲：包括南管戲、北管戲、歌仔戲與客家戲；(2)偶戲：包括皮影戲、傀儡戲與布袋戲。

(一)大戲方面

■ 南管戲

南管戲即梨園戲（或稱七子戲），基本上是演奏南管音樂扮演的戲劇，它是清代中葉之前臺灣最流行的戲，其記錄最早見於康熙三十六年浙江人郁永河在他的〈竹枝詞〉中提到：「肩披鬢髮耳垂璫，粉面紅唇似女郎，馬祖宮前鑼鼓鬧，侏離唱出下南腔」，描寫臺南梨園戲演出的情形。當時七子戲流行於臺南、鹿港，此兩地分別為泉州人所建立的移民，隨著環境的改變，現今臺灣多以演奏南管音樂的子弟團為主，其樂器分為上四管（即琵琶、洞簫、三弦、二弦）及下四管（響盞、四塊、叫鑼、雙鐘），參加的子弟多以「御前清客」自居。

■北管戲

北管戲是臺灣民間最廣為流行的戲曲，其內容十分豐富。主要可分為西皮與福路兩大系統，兩者的差異在於：(1)福路系統（又稱舊路）是以椰胡（或稱殼子弦）為主奏樂器，其社團以「社」為團名，信奉西秦王爺；(2)西皮系統（又稱新路）以京胡（或稱吊鬼子）為主奏樂器，社團以「堂」為團名，信奉田都元帥。在口白方面，除了丑角道白以方言表演外，其餘皆以「官話」做演唱及唸白。而曲調上則是使用板腔體，以七字句或十字句為主，演唱時小旦、小生會用「咿」，老生會用「啊」做襯字或襯音，增加音樂性。此兩大系統壁壘分明，在早期還發生過大規模的分類械鬥。

■歌仔戲

歌仔戲約於1920年流行於臺灣各地，其發展與亂彈、京劇等劇種關係十分密切，如1923年閩班及上海京班的留臺，其班底就曾指導歌仔戲班的武戲；1925年向福州京班學習機關效果、布景，吸收平劇鑼鼓、身段與服裝，及學亂彈戲的鑼鼓點與音樂。爾後的日治時期日本政府進行所謂的「皇民化運動」，亦使歌仔戲為了適應當時情況而發展出新劇或日本武士劇。臺灣光復後，歌仔戲經歷了最燦爛的階段，光全臺登記有案的就有四百餘團，而歌仔戲也在此時為了順應不同觀眾的要求，發展出不同表演型態的表演，如歌仔戲電影、廣播歌仔戲、落地掃的賣藥仔團等。隨著時代的改變，歌仔戲開始結合現代劇場的技術與設備，產生另一種風格的「劇場歌仔戲」。

■客家戲

客家戲源自於傳統的三腳採茶戲，其劇情以「張三郎賣茶」，或稱「賣茶郎故事」為主，即以一個賣茶郎的故事為主線，衍生出其他相關的情節。而三腳採茶戲的特色在於「三腳」，即三個演員，主要是一丑、二旦。在臺灣，客家戲流行的範圍主要在北部桃、竹、苗客族聚集的聚落，現今看到的客家戲已非往常的三角採茶戲，所見的客家大戲，大都為新編的劇目，用客家語言演唱傳統客家曲調，如「老山歌」、「山歌子」、「平板」等所呈現的戲劇。（曾永義著，1996）

(二)偶戲方面

■傀儡戲

傀儡戲是中國歷史上最早出現具有表演娛樂價值的劇種，根據文獻考證和出土文物資料顯示，至遲在春秋戰國時代就已經出現偶戲的表演。古代葬禮中用以殉葬的「俑」與傀儡戲有直接而深遠的關係，至東漢時代，傀儡戲已經是宮廷中重要的娛樂表演項目。經過魏晉、隋、唐的發展，宋代傀儡戲已經發展到了極興盛的階段，在表演內容、型式上都極精湛，不但出現了各種不同類型的傀儡戲，如懸絲傀儡戲、水傀儡、杖頭傀儡、肉傀儡等，也演出了具有故事情節的傀儡戲，更出現許多聞名的傀儡戲藝人和有著專門的音樂。

■皮影戲

皮影戲是中國傳統的古老藝術，與布袋戲和傀儡戲並稱為三大偶戲，也是結合戲劇、音樂（伴奏及演唱）、文學（劇本）、工藝（雕刻）、美術（造型及敷彩）等各種技藝的綜合藝術。皮影戲的淵源，根據記載可追溯至二千多年前漢武帝與李夫人的故事，然而它的興盛卻是在宋朝以後，從北宋至今至少已經存在有一千多年的歷史。皮影戲從中國北方向外傳播，不僅遍布大陸各地，也曾經隨著蒙古西征傳到中亞各國，甚至歐洲的德、法等地，普遍受到大眾歡迎。臺灣的皮影戲主要是從閩南的漳州及粵東的潮州傳來，但兩者形式相同，屬同一個系統，都用潮調音樂及唱腔。若從現存的文物加以推測，大約是在明末清初時，先從廣東潮州傳到福建南部，再經由當時的移民傳入臺灣的南部。

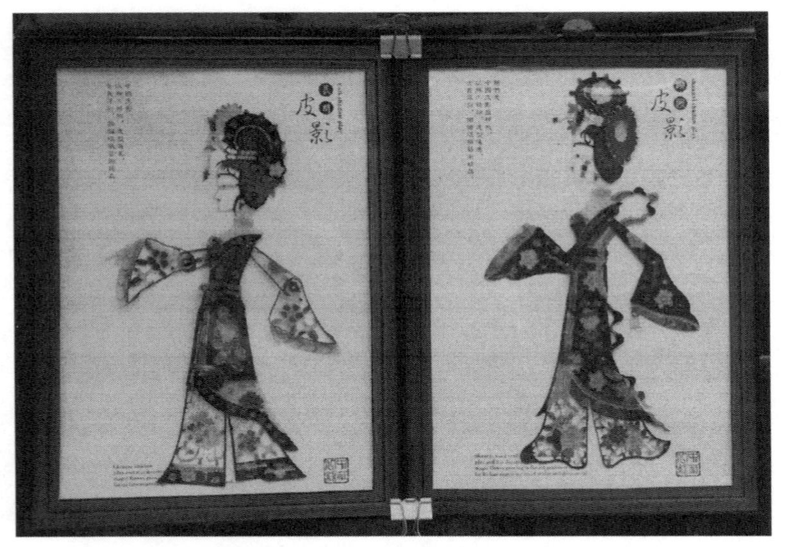

皮影戲，又稱影子戲或燈影戲，是一種民間藝術，也是世界許多國家皆有的一種戲劇形式。

■布袋戲

布袋戲又稱掌中戲，因形狀如同布袋，且以手掌操弄而名之。布袋戲據研判可能源自於傀儡戲，形成於明末清初，是臺灣民間最普遍的偶戲劇種。根據民間傳說，布袋戲創始於明末落第書生梁炳麟或孫巧仁，據傳落第秀才因懷才不遇，遂編演戲劇嘲諷朝政，為避免惹禍上身，而以木偶代言。另一說為落第書生流落街頭以說書為生，因顧及顏面不願拋頭露面，故而隔著布簾講古，又以垂簾說故事過於單調，於是操弄木偶敘事。其中最普遍的傳說則為明末泉州書生梁炳麟，因屢試不中，有一年於應試之前與友人至九鯉湖，祈求仙祖托夢預卜吉凶，夜裏夢見一白髮老翁於其手掌題「功名歸掌上」，梁生自喜今科必中而欣然赴試，不料依舊是名落孫山，梁生落寞返鄉途中夜宿客棧，見隔壁房客以懸絲操控傀儡戲偶，但以線操作不夠生動，梁生靈機一動，乃以手掌撐偶操弄，往後巡迴演出並漸受歡迎而揚名各地，至此梁生才瞭解仙祖題示「功名歸掌上」之意。

臺灣布袋戲傳自福建漳州、泉州與廣東潮州。早期布袋戲依後場音樂，又分南管、北管及潮調布袋戲三種，而後也應用京戲、歌仔戲、日本、西洋音樂。（財團法人施合鄭民俗文化基金會，1987）

三、亞洲偶戲

木偶劇的歷史源遠流長，最早可溯及兩千年前歐亞洲地區擔任祭祀的巫師臉上所繪的彩紋，其後依文化進程逐步轉由人偶替代，並逐漸在鄉野，甚至宗廟間成為敬神祭祖的表演項目，在當時宗教的功能大於娛樂的效果。木偶劇在數百年前由亞洲傳入歐洲，加以改良並很快普及成為民俗娛樂的要項。時至今日，不論在亞洲或歐洲，偶劇已蛻變為精緻文化的一環，其表現方式複雜，並因地域特性而各自展現獨特性格。

日本在近代，主要是以封建制度貴族與武士階級為社會主要階層，到了19世紀，這樣的階層制度逐漸瓦解，倚靠商業和手工業生存的資產階級，逐漸成為社會的中堅階層，同時在音樂生活中也逐漸取得較重要的地位，除了封建貴族社會的音樂文化以外，資產階級的音樂文化業已日益重要起來，到了明治維新時代，終於形成今天日本音樂的面貌。江戶時期，三味線和戲劇聯繫在一起成為木偶劇、歌舞伎及藝妓歌唱代表性的樂器。

對東南亞的人民而言，木偶戲象徵著童年、歡樂與傳統文化。越南獨具特色的水上木偶戲隨著觀光業的興盛，而被視為國寶展現在觀光客面前，一齣齣扣人心弦的劇目以獨特的表演方式展現其與眾不同的魅力，是遊客暢遊越南的首選節目。水上木偶戲，是越南最具特色的傳統民間舞臺戲，也是世界上獨一無二的木偶戲，其特殊之處在於木偶戲於水池面上演出，表演者必須長時間浸泡於水中，利用強勁的臂力及純熟的控繩技巧，讓玩偶生靈活現的演出各項傳說故事，動靜合宜的神態令人拍案叫絕。

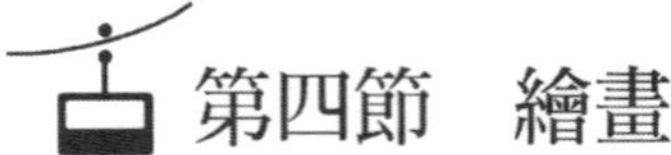

第四節　繪畫

一、中國繪畫

國畫主要是用毛筆、軟筆或手指，用墨在帛或宣紙上作畫的傳統繪畫形式。宋朝以前繪圖在絹帛上，因材料昂貴，題材多以王宮貴族肖像或生活紀錄為主，直至宋元後，紙材改良，推廣及士大夫，文人畫興起，讓國畫題材技法更多元，在畫作上題詩，為書畫同源之始。明朝之後，繪畫推廣到大眾，成為百姓生活的一部分，風俗畫因此產生。清末，西風東漸，繪畫材料多元，加入了西畫元素，朝多元方面發展。國畫重在神似不重形似，強調觀察總結，不強調現場臨摹，重視意境不重視場景。傳統的中國畫，依南朝謝赫的《古畫品錄》評論：

1.講究「氣韻生動」，不拘泥物體外表相似，強調抒發創作者的主觀情趣。
2.講究筆墨神韻，筆法要求平、圓、留、重、變；墨法要求墨分七色，即濃、淡、破、潑、漬、焦、宿。
3.不講究焦點透視，講究「骨法用筆」，不強調環境對於物體光色變化的影響。
4.講究空白的布置和物體的「氣勢」。

(一)中國繪畫的發展

■史前時代——漢朝時期

在新石器時代仰韶文化中，可以找到中國美術的早期形式，這種形式一直延續到西元前6世紀。紅山文化時期（史前時期，距今6500至5000年），就已經有玉雕的龍形及其他配飾作品出土，從半坡遺址中可以發現，仰韶時期已經有陶藝存在。早期陶瓷製品沒有圖案，但是有滾花，很多畫是以對稱形式展開的魚或者人的面部圖案。新石器時代的彩陶，從幾何紋飾進展到動植物圖紋，其中以仰韶文化和馬家窯文化（西元前3300至2050年）的彩陶紋樣最為豐富生動。除彩陶之外，具有獨立審美價值的人像、動物陶塑也同時出現。

商、周和春秋時期以青銅器作為此時期的美術成就。中國目前已經發現最早的繪畫為長沙楚墓出土的帛畫「龍鳳仕女圖」，以及戰國時期的「御龍圖」。漢時畫跡今已幾乎無存，最完整的為馬王堆漢墓出土的帛畫，描繪了墓主人的地上和地下生活。山東肥城孝堂祠、嘉祥武梁祠石刻尚存，可窺見漢時古拙有力的繪畫風格。戰國、秦漢，以秦始皇陵兵馬俑和霍去病墓石刻為代表，雕塑藝術成就卓著。繪畫品類繁多，帛畫、壁畫、畫像石、畫像磚，異彩紛乘。

■魏晉南北朝時期

佛教西元1世紀進入中國，到8世紀，在藝術領域已經展現了卓著的效應，尤其在大型宗教塑像方面。魏晉南北朝，佛教藝術興起，敦煌石窟、雲崗石窟、龍門石窟等相繼開鑿，大量的壁畫和泥塑，在描繪宗教內容的同時，反映著現實的生活；民間畫工大量湧現。東晉顧愷之的「女史箴圖」（現存摹本）是早期人物畫的代表作，該畫用筆緊勁連綿，形神兼備，內容是宣傳女性的德行修養。

■隋唐時期

隋唐「君子之於學，百工之於藝，自三代歷漢，至唐而備矣」，尤以繪畫、雕塑成就輝煌。唐代周昉、張萱的仕女畫標誌著人物畫的進一步成熟，山水畫則擺脫作為人物畫背景的附屬地位，而成為一個獨立的主題；隋代展子虔的設色山水「遊春圖」，是迄今為止世界上第一幅以風景為主題的繪畫；李思訓的金碧山水、王維的水墨山水、王洽的潑墨山水，已經形成了中國畫山水畫的北派和南派的雛形。唐代薛稷的鶴、邊鸞的孔雀、刁光胤的花竹，也說明花鳥畫開始興起。隋唐雕塑最引人注目的當推陵墓雕刻。昭陵石刻中以描繪李世民生前所騎六匹戰馬的浮雕像（習稱「昭陵六駿」）雕工精細，形體準確，造型生動，是中國雕塑史上的傑作。

■五代兩宋時期

「清明上河圖」局部描繪了清明時節，北宋京城汴梁及汴河兩岸繁華熱鬧的景象和自然風光。五代、兩宋是中國繪畫藝術的鼎盛期。隨著畫院的設立，宮廷繪畫呈現興旺活躍的景象，後世文人畫通常將繪畫傳統回溯至此時。新的繪畫內容，如民俗畫也開始出現，如北宋張擇端的「清明上河圖」，以長卷式構圖，生動地描繪汴京（今開封）的繁華景象，如實地展示了當時的社會生活風貌。北宋李成的平遠畫風、范寬的崇山峻嶺、郭熙的巨嶂高壁、米芾、米友仁父子的雲山墨戲，使北宋山水畫呈現高度成熟的狀態。到了南宋，取而代之的是大量留白的繪畫方式，在畫面上注重剪裁、大片留白渲染，呈現空氣感，被稱作是詩意山水，反映了山水畫的不斷變革和發展。

花鳥畫在此時也有長足的進步。五代徐熙的汀花野竹、黃筌的奇花異鳥分別具有野逸和富貴兩種不同的風格。到了北宋，花鳥畫從對稱的裝飾性轉變為寫實生動，強調擬真。到了宋徽宗主政，刻意經營畫院，仿效科舉考試納才，增加畫院的待遇，成為宋代繪畫的高峰，其院體花鳥畫，強調精細寫實，栩栩如生。南宋梁楷、法常的花鳥畫成為水墨寫意之先河，文同的墨竹則可說是最早的沒骨花鳥的傑作。

■遼金西夏

遼、金、西夏是中國北方民族所建立的國家，在藝術表現上傳世的藝術品不多，然而透過近年不斷出土的重要墓葬，如遼慶陵、陳國公主墓、葉茂台遼墓等，幫助我們對遼代美術有更多瞭解。遼代美術在某種程度上，比宋代美術繼承更多唐代美術的風格，兼具契丹北方古樸渾厚的氣質。金代遼而起，接收北宋首都汴京，改為南京，故推測大量北宋內府收藏品進入了金的宮廷，大幅提高金代皇室的文化與藝術素養。最為著名的皇帝為金章宗，不僅其書法刻意模仿宋徽宗的瘦金體，甚至學習宣和年間的內府收藏機制，其收藏印是後代鑑別古畫的一個重要根據。

■元代

元代雖未逾百年，但在中國繪畫發展史上有舉足輕重的地位。山水畫方面，由於蒙古朝廷輕視漢人，多所貶抑，漢人不願出仕異族朝廷者，多避居山林，其中不乏有以書畫交誼者，此時的繪畫脫離宮廷氣氛，文人畫獲得了突出的發展。文人畫多取材山水、花鳥，藉以抒發「性靈」和個人抱負。此類畫家以「元四家」，即黃公望、吳鎮、倪瓚、王蒙為代表，並開啟後來中國山水畫的主流。

■明代

明代初期，宮廷畫家師承南宋院體風格，稱之為「浙派」（代表畫家為戴進和吳偉），雖然被晚明董其昌等人貶抑，但是影響範圍擴及日本、朝鮮等地，並透過民間畫師傳承下來，今日臺灣地區廟宇壁畫仍是浙派的延續。另一方面，文人官僚以元四大家為學習對象，出現後來成為文人畫傳統的「吳派」（代表畫家是沈周、文徵明、唐寅、仇英）與浙派，為明代畫壇的兩大主要派別。由於晚明崇尚吳派而貶低浙派，致吳派在中國傳統繪畫中成為山水畫的主流，影響力一直持續到民國初年。

■清代

清代延續晚明尊崇吳派的傳統，稱其畫風為「正統畫派」，惟民間出現一種嶄新的畫風，構圖大膽，別開生面，以前朝遺民八大山人及石濤最為人所知。清代中葉江南地區富裕，揚州一帶出現以賣畫為生計的文人畫家，書畫不落俗套，奇特新穎，後來學者將其中重要的八位稱之為揚州八怪。清代亦為西方繪畫進入的時期，最著名的就是乾隆時期任職於宮廷的郎世寧，中國當時唯一對外口岸廣州，出現專門替歐洲商人以油畫作畫的畫工，此為西方繪畫進入中國民間之始。晚清時上海開闢為通商口岸，由於地處輻輳，成為重要港口，也帶動油畫的需求與發展，中國畫家逐漸學會透視法等西洋繪畫方式，並使用進口顏料作畫，影響傳統繪畫的風貌。清末上海取代揚州成為商業中心，職業畫家也從揚州轉移到上海，出現了海派風格，可謂中國傳統繪畫的最後一脈。民初高劍父兄弟吸收日本畫的西洋式畫風，開創出嶺南畫派。兩者均代表了中西結合的新畫風，為中國畫的發展做出了有益的嘗試。

■民國以後

民國以後美術大體延續清末發展，但是西化潮流因政治變動而加速，中國開始有畫家留學西方，與歐洲繪畫直接接觸，如徐悲鴻、林風眠等人。新式繪畫學校的建立也帶動中國繪畫西化的發展。相較之下，傳統中國繪畫因為知識分子的抨擊而趨於衰微，如康有為對中國繪畫的強烈批評。不過，相較於歐洲已經開始從印象派之後有新一波的繪畫革命，中國對於西洋繪畫的理解，仍強調古典寫實的訓練。另一方面，透過民初共產黨引入的木刻版畫，民國之後出現新風格，影響了中國建國之後的美術發展。

(二)中國近代著名畫家

■張大千

張大千（1899-1983），本名張正權，後改名張爰、張蝯，小名季，號季爰，別署大千居士，下里巴人，齋名大風堂，中國、臺灣著名畫家，祖籍廣東省番禺縣，生於清朝四川省內江，逝世於臺北。因其詩、書、畫與溥心畬齊名，兩人並稱為「南張北溥」。二十多歲便蓄著一把大鬍子，成為張大千日後的特有標誌。曾與齊白石、徐悲鴻、黃賓虹、溥心畬等國內各名家及外國大師畢卡索交遊切磋。父張懷忠，早年從事教育後從政，再改鹽業。母曾友貞，是當時知名的女畫家。

■溥心畬

溥心畬（1896-1963），愛新覺羅氏，譜序溥，光緒皇帝賜名儒，字心畬，出生於中國北京市恭王府，是清道光六子恭親王奕訢之子載瀅的次子，因其詩、書、畫與張大千齊名，故後人將兩人並稱為「南張北溥」。溥心畬幼年於恭王府學文，在大內培養「琴棋書畫詩酒花」的美學造詣，性格內向而好學。長大後進入政治學堂，再留學德國，前後有八年；於柏林大學，研究天文和生物，取得博士學位。學成歸國，以學者身分治理經學，閒暇則從事藝術創作，為一全能書畫家。1949年，溥心畬先遷居至舟山島，再隨中華民國遷居臺北市臨沂街，於國立臺灣師範大學執教，亦自家開班授徒，同時赴亞洲各國講學。多幅精品典藏於國立臺北故宮博物院與國立歷史博物館。

■齊白石

齊白石於同治三年（1864-1957）出生於湖南省長沙府湘潭縣（今湖南省長沙市湘潭縣），自幼體弱多病。由於家族以務農為生，祖父齊萬秉於齊白石二歲起教授寫字，六歲時於蒙館學習，半年後輟學，輟學後協助家中農務工作，十四歲起做木匠，學習雕花木工，後來兼學習繪畫，並拜蕭薌陔為師，二十五歲起拜名士胡沁園、陳少蕃等為師，由胡沁園替之取名為璜，號瀕生，因家中靠近白石鋪，取別號為白石山人，學習詩、書、畫、篆刻，並開始兼以賣畫為生。三十二歲時因對刻印產生濃厚興趣，開始向名家學習刻印，三十五歲時拜學者王湘綺為師。四十歲時，受朋友影響，開始周遊天下，以後到南北各地遊歷，飽覽名山大川，使他開闊了眼界，師法大自然，充實了作品、「造化」了內容。1917年起決定於北京發展，以賣畫刻印為生，並結識了名家陳師曾，受陳師曾影響，創造出自成一家的畫畫風格，亦即紅花墨葉的大膽風格，以原本不協調的純紅色和深墨黑色運用在一起，形成畫面鮮明的對比，表現畫面上清新、樸實的感覺，實現了「衰年變法」。並學習徐渭潑墨豪放、淋漓盡致，與石濤作品筆法簡略、意境深遠，在學習石濤、朱耷、徐渭的基礎上，吸收吳昌碩的技法，終於自成一家。

■徐悲鴻

徐悲鴻（1895-1953），為中國美術家、美術教育家，也是中國現代美術的奠基者，江蘇宜興屺亭鎮人。徐悲鴻自幼隨父徐達章習詩文書畫，1912年在宜興女子初級師範等學校任圖畫教員，1915年在上海從事插圖和廣告繪畫。1917年留學日本學習美術。回國後任北京大學畫法研究會導師。1919年赴法國留學，1923年入巴黎國立美術學校，學習油畫、素描，並遊歷西歐諸國觀摹研究西方美術，1933年起在世界各地舉辦中國美術展覽和個人畫展，之後重返南京，擔任中央大學藝術系教授兼系主任。徐悲鴻受西畫訓練，最擅長畫馬，栩栩如生。

■劉海粟

劉海粟（1896-1994），名槃，字季芳，號海翁。擅長中國畫和油畫，並且是著名藝術教育家。祖籍安徽省鳳陽，出生於江蘇省常州市。

1912年與烏始光、張聿光在上海創立中國第一所現代美術學校「上海圖畫美術院」（後改名為上海美術專科學校，簡稱上海美專）。在中國首先使用裸體模特教學，引起爭議。1918年在北京大學任教，舉辦個人畫展，並創辦《美術》雜誌。1931年在法國巴黎舉行個人繪畫展。1943年回國復任上海美專校長。1952年任華東藝術專科學校校長、南京藝術學院院長。1979年由中國美術家協會舉辦「劉海粟美術作品展覽」。1994年8月7日逝世於上海。

■郎世寧

郎世寧出生於義大利米蘭的聖馬塞蘭諾（San Marcellino），青年時期隨卡洛科納拉（Carlo Conara）學習繪畫與建築，並在1707年左右加入了熱那亞耶穌會。郎世寧剛開始只為義大利的教堂畫壁畫，1714年居住在葡萄牙里斯本及科英布拉，幾年後對中國產生了相當大的興趣，1715年前往中國，期間曾於澳門學習中文，並以「郎世寧」作為漢名。

郎世寧一生大半待在中國，歷侍康熙、雍正、乾隆三朝，計約有五十餘年。1715年到中國時，被康熙帝以藝術家身分召進宮中，曾協助圓明園的規劃設計，他引進西方文藝復興時期開創的明暗寫實畫法，並改用膠狀顏料在宣紙上作畫，也就是今日的膠彩畫作法，後來與中國學者年希堯一起出版了一本《視學》，是中國第一部透視學專著。1757年，乾隆帝曾為郎世寧舉辦七十歲大壽，證明他在宮中頗受禮遇及恩寵。晚年亦為乾隆帝及其妃留下不少的肖像。最後郎世寧於1766年在中國去世，官至三品再追賜封為侍郎銜，享年七十八歲。

■林風眠

林風眠十八歲時赴上海，後留學法國，畢業於法國國立高等美術學院，1925年冬回國，任北平藝術專門學校校長。1928年創辦杭州國立藝術學院（中國美術學院前身），出任校長兼教授。後因其現代自由繪畫觀點和當時政治形勢相悖，漸漸退出中國近代美術教育主流，影響式微。此後更名「風眠」，據傳取「風中長眠」之意。回歸畫家本位，開始創作屬於自己獨立意識的繪畫。靜物、風景、仕女、戲曲人物成了他的風格中的著名作品。中國成立後，曾任中國美術家協會上海分會副主席。1977年獲准出國探親，兩年後隱居香港，繼續創作。1991年8月12日於香港逝世。當今聞名世界的大師級畫家趙無極、朱德群、吳冠中等都是他的學生。

二、臺灣近代著名畫家

■郭柏川

郭柏川，臺南人，臺北師範大學畢後留日。1982年三度應考進入東京美術學校西洋畫科，跟從岡田三郎助習畫。三十三歲畢業後繼續留日創作與研究。1937年由東京赴北平任教於北平師範大學和北平藝專。郭柏川自我要求嚴謹，繪畫風格著重構圖，色彩渾厚、飽和，筆觸精準，喜歡以靜物、蔬果、人物女體、風景等作為創作題材。

■廖繼春

廖繼春，豐原人，臺北師範大學畢業。早年受野獸派畫家馬諦斯色彩影響，1933至1935年間，與梅原三郎於臺南寫生，深受色彩變化啟示，充分表現臺灣南國色彩。萃取歐美抽象繪畫精華，參融東方傳統色彩，成功開創繪畫風格之另一高峰，堪稱臺灣第一代西洋畫家中最具現代畫繪畫觀念者。作品有「芭蕉之庭」、「自畫像」、「林中夜息」等。

■李梅樹

李梅樹，師範大學畢業。一生創作寫實風格，尤擅群像人物畫，表現寫實清麗之古典風格，晚年並結合西方照相寫實，在日據時期的畫家中風格獨特，作品「麗日」、「黃昏」均可見其實體描繪與空間處理之功力，同時也反映臺灣早期清苦生活至經濟繁榮的不同風情。

■ 藍蔭鼎

藍蔭鼎，宜蘭羅東人，六歲進入私塾習畫，公學畢業，受教於石川欽一郎門下，致力推廣臺灣文化藝術，自修英、法語，勤於吸收新知，作品風格係水墨畫與水彩畫之中西融合表現，描寫臺灣鄉村景物，深具時空動態特色。1971年獲歐洲藝術討論學會與美國藝術討論學會合選為世界十大水彩畫家，作品有「養鴨人家」、「綠蔭」等。

■ 洪瑞麟

洪瑞麟，臺北大稻埕人，關注中下層民眾生活，以礦工勞動者的表現最為感動，將人生苦難昇華為藝術的悲憫情懷，以數千計的形式出現，有助西方素描的簡易和東方中國水墨的流動，同時也嘗試以油畫將這些勞動者留下莊嚴不朽的形象。1980年赴美定居並至歐洲各地旅遊寫生，於美國加州創作一系列高明度大塊面海油畫，主要作品有「日本平民窟」、「曠工宅內」等。

■ 陳進

陳進，新竹香山人，十九歲考進東京女子美術學院，是臺灣第一位赴日學習美術的女性畫家，作品入選臺展、府展、日本第賞，為國內膠彩畫界的指標性人物，時與林玉山、郭雪湖被譽為「臺展三少年」，其膠彩畫一舉震驚畫壇。1974年後畫風優雅細緻、洋溢女性清秀氣質畫面的技術特質，能自然掌握時代性，繪畫題材以人物、風景及花卉為主，作品除表現優雅、寧靜的細膩特質外，更見深蘊的觀察與描寫功夫，作品有「合奏」、「閒」等。

■ 楊三郎

楊三郎，臺北人，十七歲離家赴日，崇尚自然之美，堅持華麗之外的寧靜。在日本習得外光派畫風（自然寫實的描繪），後又結合其留法所學的西洋美術（後印象主義），受柯洛（Corot）、莫內（Monet）的影響，逐漸發展出自我的風格。歸國後致力於戶外寫生，體驗自然，筆觸漸趨豪邁而色彩日益洗鍊，作品充滿律動之氣勢，畫風呈現樂觀進取的明朗特質，作品有「婦人像」、「卡門」等。

■顏水龍

顏水龍，臺南人，除了繪畫本身的造詣之外，對於臺灣的美術教育、工藝美術的推動，都有相當程度的貢獻。顏水龍一生勤奮、執著，早年留學日本、法國。回臺後，於1933年與陳澄波、廖繼春、李梅樹、楊三郎、李石樵等人創立了「臺陽美術協會」。1936年起，顏水龍在藝術方面的興趣開始轉向工藝美術，直到七十四歲時，才見到他再度舉行油畫個展。1950年起，以臺灣原住民為題材的創作是他的一大特色，其後又以一系列臺灣風景為主，反應出他對人文關懷的深層面。關於原住民繪畫他多半用多層次平塗的筆觸、概念性的畫法來畫出皮膚部分，而衣飾則鮮麗多變化，而從他的畫作中，可以見到質樸與堅毅的原住民特質與臺灣文化的純淨。

Chapter 8 人文歷史文化之旅——西方篇

- 音樂
- 舞蹈
- 戲劇
- 繪畫

西方文明的起源始於希臘、羅馬時期，雖然相較於東方中國文化的發展較遲，但對於後來全球文化的影響和衝擊，卻也隨著在十五世紀後的地理大發現以及後來憑藉著船堅砲利的軍事力量占領東方，進行殖民文化，同時也將西方的文化，包括飲食、建築、藝術表演等傳入東方。在西方文化中影響最深遠的主要為希臘羅馬神話以及基督教文化，遊客前往西方國家旅遊，如果要體會人文歷史意涵，不論從建築物的外觀或展現在重要教堂內的裝飾藝術，或典藏在各類博物館內展示的藝術，無論是雕刻、建築、繪畫、音樂、歌劇等，務必要瞭解希羅神話和聖經記載的內涵與背景。時至今日，雖然西方文化除美洲外，歐盟已經整合了原先歐洲許多國家，在疆界互通、貨幣統一上雖已經打破領土的界線，但是每個國家、每個民族仍舊保持各自的傳統文化，也展現在不同的藝術層面上。西方的音樂、舞蹈、戲劇除各有發展的脈絡外，其也藉由歌劇的表演融和在一種表演藝術中，而西方繪畫的豐富創作以及精彩內容更是人類文化的瑰寶。本章概述西方人文歷史的藝術內涵。

第一節　音樂

在原始時代，正式樂器尚未發明前，人們會利用隨手可得的物品，敲擊發出聲音，主要使用於典禮儀式。隨著文明的演進，各種現代樂器的前身漸漸出現。西方的音樂是從古希臘的五聲音階，逐漸發展到七聲音階，直到十二平均律；從單聲部發展到運用和聲，以和聲為主。西方樂器主要包括弦樂器、管樂器、打擊樂器以及鍵盤樂器，茲說明如下：

一、西方的傳統樂器

(一)弦樂器

阿拉伯人在10或11世紀將一種叫做拉巴琴的擦弦樂器傳入歐洲，由於其聲音與人聲一樣綿延，於是弦樂器很快就大為流行。行吟樂人彈著外形似梨的雷貝琴（Rebec），拉著四弦琴或提琴，王公貴族組織提琴手樂隊來伴舞，並為他們的旅途提供背景音樂。文藝復興時，樂器家族開始分成我們今日所知的形式。就擦弦樂器而言，有兩個主要分支：小提琴和古提琴。雖然名稱非常相似，但構造卻迥然不同。小提琴以臉頰夾著音箱，指板向外伸出，古提琴則相反，指板朝上立直，和大提琴一樣。

無論是哪一種琴，都是用弓摩擦弦使其發出聲音，聲音在鳴響中，不斷使弦產生振動，以發出長音或短音，即便在拉同一個音時，也可以使那個音變強或變弱，表現出豐富的感情，因為在發出聲音時弦和弓一直處於接觸狀態，所以會含有雜音，呈現帶有憂鬱的音色。弦樂器因表現幅度寬闊，又能和各種其他聲音融合在一起，是一種適合大合奏的樂器。

弦樂器是管弦樂團的主幹，音域寬廣，從最低的低音大提琴到拔尖的小提琴，幾乎含括了聽力所及的範圍。各種弦樂器的聲響互相交融，形成綿延的音響背景，在一般的管弦樂團中，弦樂部人數遠超過其他部分，在上百人的樂團裏便有三分之二是弦樂手。

弦樂器有其他樂器比不上的地方，它們是最像人聲的樂器，隨著說話和唱歌的抑揚頓挫而形成，它們能表達熱情或歡欣，能歎息也能絮絮私語。小提琴手和大提琴手可以藉著運弓的方式，透露出攻擊或溫馴、炫耀或謙抑。在弦樂器上，一個音可以無限延長，音量可大可小，同時藉著左手手指的振動，弦樂手能使聲音豐富而鮮活。

1.小提琴是最具代表性的擦弦樂器，全長約六十公分，音色優美而纖細，是管弦樂團中非常重要的樂器，常扮演主旋律角色。由四條弦組成，定音分別為GDAE，係由弓磨擦振動琴上的弦發出聲音。琴弓約長七十五公分，是以馬尾製成的弓毛緊繫著木質的弓桿的兩端，一支琴弓所需的毛數，大約在一百三十條至二百五十條之間，演奏家透過不同演奏技巧的運用來表現豐富的音色。

2.中提琴全長約六十六公分，四弦各比小提琴低完全五度調音，音色雅靜。在17世紀，中提琴只是用來陪襯及加重低音部或填補和聲而已，直到18世紀後才慢慢開始被當作獨奏樂器使用。其四弦定音分別為CGDA，演奏技巧與小提琴相同，由於其音域較低，左手在指板上的音距活動要比較大。

3.大提琴長約小提琴的兩倍，全長約一百二十公分，演奏時夾於兩腿之間，下端用腳棒支撐。調律比中提琴低一個八度，四弦定音分別為CGDA，琴弓約長七十三公分。大提琴擁有廣潤的音域，音質雄厚且圓潤，因為它的音域與人聲接近，特別容易被接受。大提琴雖早在16世紀就出現，卻都只是擔任低音伴奏的角色，一直到巴洛克時代的後期，才真正確立了獨奏樂器的地位。

弦樂器是管弦樂團的主幹，豐富的音色在上百人的樂團裏扮演吃重的角色。

4.低音大提琴是提琴家族中最低音也是最大的樂器，全長約二百公分，演奏者必須站立拉奏，四弦定音分別為EADG，音色莊重而低沉，琴弓約長六十八至七十公分。演奏技術由於受到樂器構造的限制比起其它弓弦樂器較顯不靈活。

(二)管樂器

管樂器依材質可概分為木管、銅管。管樂器間差異很大，從短笛的尖聲呼嘯，到低音管的低生咕噥都有，木管樂器可以是抒情、平靜的，也可以是瘋狂的。在音域上，長笛和雙簧管大致相當，而單簧管、低音管分別和中提琴、大提琴相似。構造上，長笛和單簧管是圓柱體，而單簧管和低音管是圓錐體，所以也比較昂貴。

銅管樂器是管弦樂團的榮耀，樂器的外表燦爛輝煌：伸縮號閃閃發光的喇叭口，高聚在舞臺上發出的聲音直逼聽眾；法國號繚繞優雅，其柔和的旋律與圓潤的光芒相呼應；華麗的小號緊湊而幹練，能隱約泛著衝鋒陷陣的迴響；矮胖的低音號雄壯而帶喜感。銅管樂器是一條金屬管，一端是杯狀的吹嘴，另一端是外張的喇叭口。當吹奏者吹氣時，管內的氣柱以

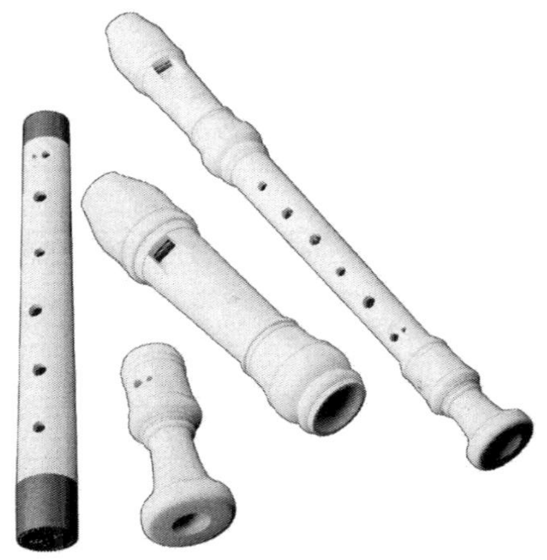

木管樂器在管身上開有音孔，透過堵住和放開特定的音孔，改變管身的有效長度來產生不同的音高。

某一頻率震動。所有銅管樂器的問題是，為了要轉換調性，管長必須變長或縮短。而除了伸縮號之外，所有的銅管樂器都藉由活塞來轉換調性，活塞讓氣流通過長短不一的管子而改變管長。

管樂器的發音方法可分三類：第一種為氣流直接吹入吹孔，使管柱振動而發音，像長笛、短笛；第二種為氣流透過雙簧吹入，使管柱發音，如雙簧管、英國管、低音管等；第三種則是氣流透過單簧使管柱發音，如單簧管、低音單簧管等。木管樂器的音色非常豐富且優美，都有半音鍵，可以演奏音階、半音階與跳進音程。以下介紹幾種最常見的管樂器：

1.長笛：儘管長笛構造複雜，為古希臘傳說中牧童吹奏的樂器。長笛也為現代爵士樂所接受，是藉著吹氣過吹嘴來吹奏，其低音渾厚，高音清越。

2.短笛：短笛是長笛的同類樂器，形制與長笛雷同，發音管比長笛短而細，發音比長笛高八度。在樂隊中，短笛一般由第一或第二長笛演奏家兼奏。短笛是管弦樂團和管樂隊中最高音的吹奏樂器，音色響亮、清脆，很有色彩。適宜於演奏各種抒情的或華彩性的樂曲。在樂隊中，短笛的中、高音區音響穿透力很強，運用得當可使整個樂隊的音響生輝；另外，短笛較少用泛音。

3.雙簧管：雙簧管可用來獨奏，發音個性強而有穿透力，與其他樂器合奏和弦時，容易顯得突出，使用要謹慎。雙簧管因吸氣與呼氣不易平衡，宜避免造成演奏者呼吸紊亂。雙簧管是管弦樂團、管樂隊以及木管重奏組成樂器，音色具人聲美，他的低音區及靠近低音區的中音區發音，於樂隊中與其他樂器的聲音能較好地相融合；雙簧管適於演奏抒情的樂曲。使用得當，演奏活潑的、華彩性的樂曲亦很有特色。

4.單簧管：單簧管低音區共鳴較大，音低沉，給人一種緊張的感覺，很有特色；中音區明亮、優美；高音區展現響亮、尖銳，難弱奏；

極高音時雜音增多，音準難掌握，故少用。在演奏技巧上單簧管的音域較寬，可以自如地演奏音階、半音階、音程的跳動，也可以自如地演奏和弦的分解音型和裝飾音。

5.低音單簧管：低音單簧管是降B調樂器，發音比單簧管低八度。在管弦樂團中，降B調低音單簧管一般由第2或第3單簧管演奏者兼奏，故為方便演奏者用高音譜表記譜。低音區音色最有特色，發音低沉，給人一種緊張的感覺；中音區音色接近B調單簧管的低音區，明亮、個性不強；高音區音乾澀，且雜音增強，發音不易準，故極少用。

6.低音號：低音號是管樂隊的低音樂器，在大型管弦樂團中也有配置低音號。低音號的發音管粗而長，發音較其他樂器稍遲鈍，故較少演奏獨奏曲，在演奏中，低音號應適時提前發音，以便與其他樂器的發音相一致。在吹奏樂器中，大號的耗氣量最大，不宜連續吹奏強型的、長時值的音符。

7.小低音號：低音號主要在管樂隊中使用，其作用與次中音號差不多。在樂隊中，小低音號經常重複吹奏其他低音樂器聲部，以加強樂隊的低音。小低音號的號嘴較小，不宜於反覆吹奏高音區，否則會因嘴唇疲勞而出現跑音現象。小低音號的發音管較粗，音響不夠清晰，不宜演奏華彩樂段。

8.法國號：法國號起源於18世紀的英國，其發展更源於德國，和法國並沒有很深的淵源。Horn這個字在英文中是「獸角」的意思，而在巴洛克時代後期的樂譜中也還稱之為獵號，因起源於打獵時用的信號樂器。今天，由於樂器本身不斷地發展，再加上法國號音色和音質的特殊之處，已在管樂世界中扮演著相當重要的角色。現在較常用的法國號依調性可分為F調、降B調及雙調三種。在合奏方面，法國號雖然在銅管家族中缺乏震人心魄的效果，但由於其音質獨樹

法國號屬於銅管樂器，音色溫暖柔和，但亦可吹出較高的音高。因為它可同時吹出兩種號角的聲音，故又稱為雙號（Double Horn）。

一幟，因此在許多曲子中都能負擔起獨奏的大任。另外值得一提的是，法國號和其他樂器都能結合得很好，再加上合奏時其中音部持續飽滿的和聲，使得法國號成為連接銅管和木管的橋樑。

9.小號：沒有明顯的音區區別，大致可分為：(1)低音區：發音較粗，不純。極低音音色沙啞，音不易吹準；(2)中音區：明亮、雄壯，弱奏時圓潤；(3)高音區：響亮；(4)極高音靠嘴唇控制音高，一般演奏者難以奏出，在合奏中很少使用。另外，在演奏技巧方面，小號可自如地吹奏八度內各種音程的跳動，可以自如地演奏音階、半音階以及分解和弦。小號的音色具有強烈的號角色彩，聽起來可使人產生振奮的感覺。

10.長號：長號又稱伸縮號，是管弦樂團和管樂隊的組成樂器。長號強奏時宏亮、輝煌，弱奏時相當圓潤柔和。在作為獨奏或重奏樂器使用時，可以演奏號角性或抒情的音調，亦可演奏技巧較為複雜的樂段。長號的音色能同其他樂器的音色融合在一起，其滑音很有特色，運用得當時，可以作為特殊效果使用，如模仿飛機聲、警報聲等，可以為樂隊增添色彩。（吳家恆譯，1997）

(三)打擊樂器

打擊樂器，又名敲擊樂器，是一種以打、搖動、摩擦、刮等方式產生效果的樂器族群。打擊樂器可能是最古老的樂器。有些打擊樂器不僅能產生節奏，還能有旋律和合聲的效果。大多數打擊樂器有一個確定的音，甚至連鼓的音也是確定的。但一般來說打擊樂器的分類是看一個樂器是否有一個確定的音高。定音鼓、木琴和鋼片琴等都有一定的音高，而小鼓、大鼓、三角等一般沒有確定的音高。但也有些打擊樂手在錄唱片或演奏特別的作品前會確定他們的鼓的音高。西方的鑼一般沒有確定的音高，吊鈸有但很少見。

在大部分的管弦樂曲完成的時代，打擊樂器並未受到重視，最普遍使用為定音鼓，用途僅為增強樂曲氣勢。再來是小鼓、大鼓、爵士鼓、鈸、木琴等。不過後來樂曲逐漸走向多樣化，打擊樂器豐富的節奏性因此得到善用。在20世紀初期管樂開始發展，各式各樣的打擊樂器慢慢被研發改良，作曲家得以利用多樣的音響效果使樂曲更加有變化。

定音鼓（Timpani）是一種膜鳴樂器，由古代戰爭時的戰鼓所演變出來的變種樂器。

(四)鍵盤樂器

鍵盤樂器是有排列如鋼琴鍵盤的琴鍵之樂器總稱。這些樂器上每個琴鍵都有固定的音高，因此皆可以用以演奏任何符合其音域範圍內的樂曲。琴鍵下常有共鳴管或其他可供共鳴之裝置。演奏家在使用鍵盤樂器時並非直接打擊樂器的弦產生震盪，而是使用琴鍵，透過樂器內的機械構造或電子元件來產生聲音。一般琴鍵是黑色和白色的，排列在鍵盤上。少數例外有手搖風琴、手風琴等，在這些琴上也有按鈕。鍵盤樂器的優點在於大多數鍵盤樂器可以同時多聲部演奏，能演奏多個音的和弦，且音域相對比較寬廣。缺點則是在於音樂家無法直接控制發音器，而且大多數鍵盤樂器的音高是固定的，演奏家無法更改它們，因此對演奏有一定的限制，比如無法產生滑音。

二、西方音樂的發展

(一)希羅時期

西元前3200年至西元400年發掘的考古史料中，殘存下來的樂譜還不到十件，但是從殘存下來的雕塑等諸多文化遺產，可以看出曾經存在過的輝煌成就，古希臘大哲學家都曾對音樂進行過討論與研究，這被後人視為西方音樂之源。西元前12世紀至前8世紀荷馬時期的兩部史詩，反映了古希臘的音樂文化。史詩本身既是文學作品又是音樂作品，它由職業彈唱藝人「阿埃德」用一種叫基薩拉琴（Kithara）的樂器伴奏吟唱。西元前776年，古代奧林匹克運動會開始舉行，在比賽時常伴有音樂，後來產生了音樂比賽。同時，斯巴達把音樂作為國事活動與教育的重要手段，使音樂得到了進一步的發展。西元前146年後，古羅馬征服希臘後，它的文化主要受益於希臘，同時又吸收了敘利亞、巴比倫、埃及等國的文明成果，也因此音樂得以流傳更廣泛。（維基百科，古希臘羅馬時期的音樂）

(二)中世紀時期

中世紀的音樂活動受到基督教影響很大，音樂多以宗教儀式或歌唱頌歌為主，以功能為重，歌詞多採自聖經。特色是旋律高低起伏變化小，缺乏和聲基礎，表現樸實。對中世紀音樂貢獻最大的是米蘭主教安布羅斯和教皇格里高利一世。西元390年左右，安布羅斯推行對聖歌的雙聲合唱，引入和聲，並准許俗人參與演唱，是教會音樂得以發展和普及的主要功臣。590至604年在位的教皇格里高利一世，編出一套用於莊嚴禮拜的曲目，並用法律形式規定在祈禱儀式中必須有音樂，形成一整套格里高利聖詠，成為宗教創作的典範，後來又發展出記譜法，雖然尚沒有小節線和五線譜，但使用高低位置記譜的方法，為五線譜的發明提供了基礎，這種記譜法只有四行線，每行前面有三個菱形譜號，結尾有一個菱形譜號提示下一行音高，基本是五線譜的雛形，但不能表示節奏。

(三)文藝復興時期

文藝復興時期（1450至1600年）在中世紀「新藝術」的基礎上，更加追求人性的解放與對人的內心情感的抒發與表達。這時的音樂家在人文主義思潮的推動下，對複調（音）音樂進行了發展和變革，聲樂與器樂逐漸分離而獨立發展。這一時期五線譜已得到完善，印刷術也運用到曲譜上，這都使音樂的傳播更加便利和廣泛，此時幾個較有影響力的樂派有：

1. 尼德蘭（Netherlandish ）樂派：創作內容多為彌散曲與經文歌等宗教音樂，也有世俗音樂。代表人物有迪費（Dufay）、若斯坎（Josguin）、汴舒阿、奧凱格姆（Ockeghem）等。
2. 威尼斯樂派：特點是音響氣勢寬廣宏大、對比效果鮮明。創作內容有銅管樂與弦樂的重奏曲、管風琴的前奏曲、幻想曲與托卡塔曲（Toccata）等。代表人物有維拉爾特（Adrian Willaert）、A. 加布里埃利（Andrea Gabrieli）等。

3.羅馬樂派：專門創作服務於宗教作品的樂派，以無伴奏合唱的形式為主。代表人物有帕萊斯特里納（Giovanni Pierluigi da Palestrina）、G. M. 納尼諾、F. 索里亞諾等。

巴洛克最初是建築領域的術語，後逐漸用於藝術和音樂領域。巴洛克音樂指歐洲在文藝復興之後，古典主義音樂形成之前所流行的音樂類型，延續期間約從1600到1750年之間的一百五十年。17、18世紀宮廷樂師所寫的音樂作品，絕大部分是為上流社會的社交所需而做，為了炫耀貴族的權勢及財富，音樂的特點是極盡奢華，加入大量裝飾性的音符。節奏強烈、短促而律動，旋律精緻。當時富有的貴族大都擁有專屬的樂團，以便在宮廷中娛樂賓客，變化多樣又音樂寬廣的樂器曲就廣受青睞。樂器曲崛起後，音樂的創意有了發揮空間，音樂家開始發展出不同的樂曲類型，包括組曲（Suite）、奏鳴曲（Sonata）、協奏曲（Concerto）、賦格曲（Fugue）、羅曼尼斯卡（Romanesca）。（楊沛仁著，2001）

(四)古典主義時期

古典主義音樂指的是1730至1820年這一段時間的歐洲主流音樂，又稱維也納古典樂派，三位最著名的作曲家是海頓、莫札特和貝多芬。古典主義音樂承續著洛克音樂的發展，是歐洲音樂史上重要的一種音樂風格年代。這個時代出現了多樂章的交響曲、獨奏協奏曲、弦樂四重奏、多樂章奏鳴曲等體裁。而奏鳴曲式和輪旋曲式成為古典時期和浪漫時期最常見的曲式，影響之深遠直至20世紀。樂團編制比巴洛克時期增大，樂團由指揮帶領逐漸變成一種常規。隨著法國大革命對社會造成的衝擊，作曲家的生計也受到影響，由最初依賴宮廷、教會供養轉變為獨立的經營者，而現代鋼琴也在古典時期出現，逐漸取代了大鍵琴的地位。

(五)浪漫主義音樂時期

浪漫主義主要用於描述1830至1900年間的音樂創作。浪漫主義音樂是古典主義音樂（維也納古典樂派）的延續和發展。浪漫主義音樂比起維也納古典樂派的音樂，更注重感情和形象的表現，相對來說看輕形式和結構方面的考慮。浪漫主義音樂往往富於想像力，因為音樂創作本身，就是想像力的一種表現，而浪漫主義恰恰是想像力的最佳體現。貝多芬是古典主義音樂的集大成者和終結者，也是浪漫主義音樂的先行人，浪漫主義音樂拋棄了古典音樂以旋律為主的統一性，強調多樣性，發展和聲的作用，對人物性格的特殊品質進行刻畫，更多地運用轉調手法和半音。浪漫主義歌劇的代表是韋伯，音樂的代表是舒伯特。浪漫主義音樂體現了影響廣泛和民族分化的傾向，代表者包括義大利的羅西尼、匈牙利的李斯特、波蘭的蕭邦和俄羅斯的柴可夫斯基。浪漫主義音樂在瓦格納和布拉姆斯時代逐漸走入歷史。

(六)現代音樂時期

現代音樂，也稱現代古典主義音樂（20th Century Classical Music），是指自1900年起繼承歐洲古典音樂的一個音樂紀元，音樂門派繁多，風格多樣。在此之前，現代音樂有兩大源流：古斯塔夫・馬勒與理察・史特勞斯的後浪漫樂派，和德布西的印象樂派。當時古典音樂也和爵士樂相互影響，有些音樂家能同時在兩個領域作曲。現代音樂一個極重要的特點是開始有了所謂傳統及前衛的分別，它們的音樂原則在一方占極其重要性者，在另一方往往不是那麼重要或不被接受。隨著時間演進，前衛的概念已逐漸被接受，兩個領域彼此之間的分野不再那麼壁壘分明，並且出人意表，這些開拓性的技巧常常被流行音樂所引用。

20世紀的經濟和社會型態對音樂也有重大的影響力，世界在工業化時代有逐漸進步的科技設備，有著全新的社會活動意義，20世紀流行的各式音樂運動，包括新古典主義、序列主義、實驗主義、概念主義（Conceptualism）都可以追溯至此概念。

(七)流行音樂時期

流行音樂泛指易於被大眾所接受和喜歡的音樂風格。流行音樂常常有著商業化的運作。和流行音樂形成對比的音樂形式是古典音樂和民族音樂。流行音樂大部分都是可組合的，通常都是詩句、合唱或重複。類型略可分為：藍調、鄉村音樂、輕音樂、電子音樂、爵士樂、拉丁音樂、現代民俗音樂、新世紀音樂、Rap音樂（饒舌）、雷鬼樂、節奏藍調、搖滾樂等。

三、西方著名的音樂家

■ 巴哈

約翰·塞巴斯蒂安·巴哈（Johann Sebastian Bach, 1685-1750），為巴洛克時期的德國重要作曲家，傑出的管風琴、小提琴、大鍵琴演奏家。普遍被認為是音樂史上最重要的作曲家之一，並被尊稱為西方音樂之父，也是西方文化史上最重要的人物之一。

巴哈出生於德國中部圖林根州小城艾森納赫的一個音樂世家，是一位著名的宮廷樂長，在德國萊比錫聖湯瑪斯教堂（St. Thomas' Church）擔任唱詩班的指揮長達二十七年。他的作品大都和宗教有關，如唱合詩歌（Antiphon）彌撒曲和清唱劇等。儘管他的音樂並沒有開創新風格，但創作上使用了豐富的德國音樂風格和嫻熟的複調技巧，他的音樂集結了巴洛克音樂風格的精華。巴哈的成就是一直到浪漫主義時代，作曲家舒曼在萊比錫的圖書館中發現了巴哈的《受難曲》，並且由作曲家孟德爾頌在音樂會上演奏，才震驚音樂界。此後孟德爾頌對他的作品進行了發掘、整理和推廣，經過幾代音樂家的共同努力，巴哈逐漸獲得了今天的崇高地位。

■約瑟夫・海頓

約瑟夫・海頓（Joseph Haydn, 1732-1809），為奧地利音樂家，繼巴哈之後的偉大作曲家，古典主義音樂的傑出代表，被譽稱為交響樂之父。海頓出生於奧地利和匈牙利邊境的一個小村莊羅勞，出身於貧窮家庭，二十七歲時受聘擔任匈牙利艾斯台爾哈奇親王的樂長，任職長達三十年之久，一生寫作了一百零四首交響曲，兩部清唱劇《創世紀》和《四季》，同時也寫作了大量的弦樂四重奏、鋼琴奏鳴曲，以及一些歌劇、輕歌劇、十二部彌撒曲和聲樂作品。海頓是器樂主調的創始人，將傳統對位法的獨立聲部完全同化，將主題發展自行展開，其音樂幽默、明快，含有宗教式的超脫，將奏鳴曲式從鋼琴發展到弦樂重奏上。後期他訪問英國，接受牛津大學授予的音樂博士頭銜，受到了韓德爾的影響，也受莫札特的影響，產生旋律優美的抒情色彩，出現類似巴洛克的風格。他用弦樂四重奏代替鋼琴，用管弦樂代替管風琴，創造了兩種新型的和聲演奏形式。他與莫札特、貝多芬同為維也納古典樂派的傑出代表。

■路德維希・范・貝多芬

路德維希・范・貝多芬（Ludwig van Beethoven, 1770-1827），集古典主義之大成、開浪漫主義之先河的德意志古典音樂作曲家，也是一位演奏家和指揮家。他一共創作了九首編號交響曲、三十五首鋼琴奏鳴曲（後三十二首帶有編號）、十部小提琴奏鳴曲、十六首弦樂四重奏、一部歌劇、二部彌撒、一部清唱劇與三部康塔塔，另外還有大量室內樂、抒情曲（Lieder）與舞曲。這些作品對音樂發展有著深遠影響。

貝多芬最著名的作品包括《第三交響曲》（《英雄》）、《第五交響曲》（《命運》）、《第六交響曲》（《田園》）、《第九交響曲》、《悲愴奏鳴曲》和《月光奏鳴曲》等等。早期的音樂，受海頓和莫札特的古典主義風格影響很大，到了中後期，作品越發表現出他強烈的個人風格，貝多芬甚至借音樂表白自己的理想和訴求。貝多芬將古典主義音樂在形式方面做到了極限，創作風格的發展約可分為三階段：

1.早期：1804、1805年前，為對古典主義傳統的依賴期。

2.中期：1805到1814年，為貝多芬創作的鼎盛時期，大部分有名的作品都誕生在這一時期。

3.後期：1819年之後的貝多芬，顯示出了獨特的晚期創作風格——自省而神秘。

■沃爾夫岡・阿瑪迪斯・莫札特

沃爾夫岡・阿瑪迪斯・莫札特（Wolfgang Amadeus Mozart, 175-1791），出生於神聖羅馬帝國時期的薩爾茲堡，是歐洲最偉大的古典主義音樂作曲家之一。三十五歲英年早逝的莫札特，留下的重要作品總括當時所有的音樂類型。根據當代的考證顯示，在鋼琴和小提琴相關的創作，他無疑是一個天分極高的藝術家，譜出的協奏曲、交響曲、奏鳴曲、小夜曲等等成為後來古典音樂的主要形式，他同時也是歌劇方面的專家，他的成就迄今不朽。

莫札特的父親是薩爾斯堡大主教教廷交響樂隊的演奏員和作曲家，他在三歲時便展現出音樂奇特的才能，不僅具備絕對音準，更有超出常人的記憶力，五歲時更請求父親教授大鍵琴，隨後亦涉獵小提琴、管風琴和樂曲創作。六歲已譜出三首小步舞曲和一曲快板。1762至1773年間，莫札特隨父母經常在歐洲做演出旅行。1767年，十一歲的他寫出了第一部歌劇《阿波羅與希亞欽杜斯》，並由薩爾斯堡大學附屬高級中學的學生們演出這齣拉丁喜劇。返回奧地利後，定期往返維也納，並於1768年夏天寫出另外兩部歌劇，名為《牧羊人與牧羊女》與《善意的謊言》，當時莫札特年僅十二歲。隔年便受大主教提名為樂團首席。在其一生中並非一直順利，其間包括工作、家庭與感情方面都受到挫折。1782年，神聖羅馬帝國皇帝約瑟夫二世要求他完成一部歌劇，這便是後來的《後宮誘逃》。1784年，莫札特加入共濟會，並迅速地晉升為會長。在生命最後幾年間，莫札特身體欠佳，儘管有不少酬金豐沛的成就，卻愈加陷入拮据的窘境。1791年莫札特所創作的《魔笛》相當成功，這也是莫札特最後一齣歌劇。同年瓦爾塞根伯爵要求他創作一首《安魂曲》，莫札特在疾病交錯下，於12月辭世，留下未完成的《安魂曲》，後來這首曲子由他的學生完成。

■ 弗朗茨・舒伯特

弗朗茨・舒伯特（Franz Seraphicus Peter Schubert, 1797-1828）為奧地利作曲家，早期浪漫主義音樂的代表人物，被認為是古典主義音樂的最後一位巨匠。舒伯特在短短三十一年的生命中，創作了六百多首歌曲，十八部歌劇、歌唱劇和配劇音樂，十部交響曲，十九首弦樂四重奏，二十二首鋼琴奏鳴曲，四首小提琴奏鳴曲以及許多其他作品。他的歌曲中既有抒情曲、敘事曲、充滿戰鬥性的愛國歌曲，也有源於民間音樂的歌曲，其中重要的有《魔王》、《鱒魚》、《美麗的磨坊少女》、《野玫瑰》、《流浪者》（兩首）等，主要歌曲匯有三部歌曲集：《美麗的磨坊少女》、《冬之旅》和《天鵝之歌》。他的交響曲中較重要的有第四、第五、第八、第九交響曲，其中第八交響曲是一部浪漫主義抒情交響曲，因只寫了兩個樂章而被稱為「未完成交響曲」，第九交響曲氣勢磅礡，充滿英勇豪邁的氣概，被稱為「偉大交響曲」。舒伯特以抒情的旋律聞名，而且總是能夠自然流露、渾然天成。

第二節　舞蹈

舞蹈的分類可分為實用舞蹈與表演舞蹈。實用舞蹈是以健身、怡情、表現為目的，往往參與者即舞者；表演舞蹈則以表演或欣賞為目的，參與者分為演出者及觀眾。但是現在並不做如此嚴謹區分，也可以依地區、目的、場合而作不同的區分。如傳統的舞蹈包括：宗教舞蹈、西洋古代宮廷舞、古典芭蕾舞等；而民族性的舞蹈則包括：西班牙弗朗明哥舞、夏威夷草裙舞、阿拉伯肚皮舞等；至於其他的舞蹈在現在社會上，多以社交聯誼為目的，或者是展現出某一世代或某一群組的特點或特色。以聯誼為目的的主要為社交舞，如土風舞、國際民俗舞蹈、現代芭蕾舞、國際標準交誼舞、華爾滋、維也納華爾滋、探戈、狐步、快步舞、拉丁舞、森巴、倫巴、恰恰、爵士舞等。至於屬於表現個人或族群特質的則如踢踏舞、牛仔舞、街舞、霹靂舞、電流舞等。本節主要探討西方各民族的特色舞蹈。

一、古埃及的舞蹈

古埃及是政教合一的國家，所有的儀式都離不開舞蹈，舞蹈是體現宗教教義的重要手段，在早期的祭祀神的舞蹈，多有模仿性動作，下埃及人崇拜蛇，在祭蛇盛典中，人們常用身體中段的動作，模擬蛇蜿蜒遊動的型態，成為揉胯動作的原型；而在葬禮時所跳舞蹈，則是痛喪親友悲傷的真情流露，又出於再生觀念的需要，亦是給予死者的一種榮耀。埃及的宗教舞蹈有一種固定的風格，這點可以從遺留下來的文獻中證實，且這些舞蹈皆具端莊高雅的特色，例如埃及人有一個動作是圍繞祭壇、廟宇或目的物，環繞走步的舞姿，這可能是模仿天體運行、祭太陽神儀式而有此動作；又例如在宗教舞蹈畫面中常見手腕向上舉的動作，這動作的象徵性即為以物供奉，向上蒼呼喚之意。

古埃及屬於娛樂方面的舞蹈，可以從許多古墓壁畫中瞭解。例如第十八王朝的陵墓內的一幅作品：兩名女舞者裸體繫胯巾、做合掌捏指、身子向前俯，這是前者的動作，而後者則臀部翹起並擊掌，古埃及人會在舞蹈內加上各種特技表演，反映國力強盛、歌舞昇華的宴樂風采，並另有流行的舞蹈，像侏儒舞、技術舞、棍舞等，這些就像時下所流行的國際標準舞和街舞。（中華網文化，2009）

二、其他各民族的特色舞蹈

(一)踢踏舞

用腳擊打地面的節奏性舞蹈，即踢踏舞，一種源於愛爾蘭和蘭開夏的木鞋舞。它的基本技巧是用腳跟、腳掌、半腳掌、腳尖擊打地面發出響聲，以豐富而複雜的節奏變化取悅觀眾。表演時需要在舞鞋的前掌部分加裝金屬片，使擊地的響聲清脆悅耳。踢踏舞在美國始於19世紀，白人穿上特製的踢踏舞鞋，將黑人舞者的踢踏舞動作轉換到表演舞蹈。踢踏舞擴展到最高峰及最受歡迎的時期是在1930年代的好萊塢音樂電影。踢踏舞充分表現了愛爾蘭人的個性，機智、幽默、樂觀、迷人、想像力豐富，這可從他們的音樂和舞蹈中表現出來。舞者身體挺直、高傲，手自然下垂，注重向下及足步動作。大致可分為鄉村舞和表演舞（愛爾蘭節奏）二種舞型。鄉村舞和蘇格蘭舞蹈相似，但較不規則，舞步簡單，充滿活潑、歡愉感，而成為社交舞型；表演舞則是一種簡捷、快速的在地上打出節奏的表演舞。另一種分法分成三種：連索（Reels）、捷格（Jigs）和木笛（Hornpipes）。連索是一種行列舞，用一般拖步或滑步較多；捷格和木笛則特別注重腳跟和鞋底的踏步動作。

美式的踢踏舞是在鬆弛身體，而英式則在強調快樂活潑的形式。無論是何種形式的踢踏舞，最重要的是踢踏舞者們的即興表演，以及舞者本身的技巧與實力。此外，在一些國家的活動中，也有著踢踏舞的表演，像是荷蘭的「夏季藝術季」、維也納的「國際舞蹈節」等。

佛朗明哥舞蹈家大多是吉普賽人，表演藝術形式包括歌曲、音樂和舞蹈。

(二)佛朗明哥舞

佛朗明哥（Flamenco）是一種源於西班牙南部安達盧西亞地區的藝術形式，包括歌曲、音樂和舞蹈。佛朗明哥的形成深受安達魯西亞地區摩爾人和猶太人的影響，還吸收了大量吉普賽人的藝術元素。當代著名的佛朗明哥舞蹈家大多是吉普賽人。佛朗明哥舞現已成為西班牙舞蹈甚至西班牙文化的代表，音樂有五十種，每種有自己的節奏模式，為一種即興舞蹈，沒有固定的動作，全靠舞者和演唱、伴奏的人與觀眾之間的情緒互動。

(三)肚皮舞

肚皮舞是一種帶有阿拉伯風情的舞蹈形式，起源於中東地區，並在巴基斯坦、印度、伊朗等其他受阿拉伯文化影響的地區普遍發展。19世紀末傳入歐美地區，至今已遍布世界各地，成為一種知名的國際性舞蹈。肚皮舞是女性的舞蹈，其特色是舞者隨著變化萬千的快速節奏擺動臀部和腹部，舞姿優美，變化多端，而且多彰顯阿拉伯風情，以神秘著稱。近些年，肚皮舞也成為一種深受女士喜愛的減肥方式，在世界各地廣為流行著。「肚皮舞」一般是美國和東亞一些國家的說法，歐洲一般稱其為「東方舞」。無論是以上何種觀點，肚皮舞確實已經在中東有著悠久的歷史，在中東以外地區，肚皮舞也曾經廣為流傳，18至19世紀歐洲的浪漫主義運動中，肚皮舞被很多東方學者用來描述土耳其帝國一夫多妻制度的閨房生活，為肚皮舞帶來了很大發展。

三、社交舞

國際標準舞，源起於英國倫敦，1924年由英國發起並聯合歐美舞蹈界人士，在廣泛研究傳統宮廷舞、交誼舞及拉丁美洲國家各式土風舞的基礎上，對此進行了規範與分類，並於1925年正式頒布了華爾滋、探戈、狐步、快步四種舞步，總稱摩登舞。同時，將這些舞蹈在西歐推廣並進行了比賽，繼而又推廣到全世界，受到了許多國家的歡迎和喜愛。隨著此種舞蹈在世界各地的不斷推廣，自身也得到了發展，摩登舞中又增加了維也納華爾滋。1960年，非洲和南美一些國家的民間舞蹈經過了規範，又增加了拉丁舞的比賽，而拉丁舞又有五種舞：倫巴、恰恰、森巴、捷舞、鬥牛舞。因此，目前國際社交舞被分為摩登舞和拉丁舞兩類。

摩登舞除了探戈外，大都源於歐洲大陸，其音樂時而激情昂揚，時而纏綿性感，動作細膩嚴謹，穿著十分講究，體現歐洲國家男士的紳士風度和女士們的嬌媚。男士需身著燕尾服、白領結；女士則以飄逸、艷麗長裙，表現出華貴、美麗、高雅之美態。拉丁舞除鬥牛舞外，大都源於美洲各國，音樂熱情洋溢、奔放，具節奏感。以淋漓盡致的腳法律動引導，自由流暢，展現女性優美線條、動人入情、生動活潑、熱情奔放，充分表達了青春歡樂的氣息；男士展現剛強、氣勢軒昂、威武雄壯的個性美。國際標準交誼舞不但可調適現代人忙碌的生活，舒暢身心，並且有良好的社交功能。以下為常見的國際社交舞：

1.探戈：是摩登舞家族中的異類，無論握持、音樂性格、移動、舞步等，都無法與其他摩登舞相融合。根據史料記載，1900年探戈即在巴黎出現，由於其舞姿怪異，受到教會的反對，不久即消聲匿跡。1910至1914年間，因阿根廷的舞蹈教師在美國推廣，逐漸受到注意而開始流行。美國式探戈，較優雅嬌媚，動作輕柔，具有紳士風度，但後來逐漸沒落。英國式探戈，自始至終都保持著它的神秘色彩。音樂抑揚頓挫、剛強有力、令人熱血沸騰，舞步則畸形怪異，例如搖頭頓足、欲進還退，雄糾糾、氣昂昂，舞蹈風格充滿豪邁精神，即為現今之標準式探戈。

2.華爾滋：起源於17世紀德國鄉間，具有優美柔和的特質，也是歷史悠久，最受人喜愛的舞蹈。現今的華爾滋是融合瑞士、奧地利等地的土風舞特性，並將音樂的速度放慢而成。旋轉是華爾滋的精髓所在，甚至可以說是華爾滋的生命。改良過的華爾滋約在第一次世界大戰後由英國傳出，由於舞姿優美，加上三拍子的音樂動人，抒情中帶有些許的浪漫與哀怨氣息，因此極受歡迎。

3.狐步：起源已不可考，一般認為20世紀即在美國大為流行，舞步相當具有美國風，充滿悠閒、輕鬆、流暢及優美的特性。比賽中的狐步舞與上述略有不同，雖然音樂同樣恬靜柔美，行雲流水舞風依舊，然因競技所延伸出的一些高難度動作，已經與美式簡單輕鬆的狐步舞背道而馳。一般選手皆以為狐步最難拿捏，要詮釋出狐步舞的流暢特性，需有深厚的基礎才行。

4.快四步：為摩登舞中相較上較快的一種舞蹈，動作伶俐、輕快。由於快四步的音樂節奏較快，一般人誤以為舞動時必須跟著節奏快步的滿場飛舞，其實能充分掌握好音樂的節奏，快慢有序，這樣反而更能把快四步的魅力展現得恰到好處。因跳快四步時絕不可急著一味向前衝，否則將會有失控的情形發生，反而不能把快四步輕快活潑的舞步充分表現。

5.圓舞曲：即維也納華爾滋，是社交舞中歷史最悠久的舞，又稱為「圓舞曲」或「宮廷舞」，本身具有歡愉及自由氣氛，所以在正式宴會中是最受歡迎的舞。維也納華爾滋的舞步不多，多半以快速的左右旋轉動作交替繞著舞場飛舞，或加入原左右旋轉動作，舞者裙擺飛揚，婀娜多姿。

6.森巴：起源於巴西的里約，1929年傳入美國，森巴是非洲和南美洲的綜合產物，最早的時候是用吉他演奏，節拍也較緩慢，帶有小夜曲式的情調，並兼富熱情活潑的氣氛，後來英國舞蹈家專程赴里約去觀察，並搜集森巴舞的種種，回國後加以整理，並訂定步伐名稱及統一的跳法，而成現今的森巴舞。森巴屬於移動性的舞蹈，必須繞著舞池轉。

7.恰恰：起源於中美洲的墨西哥、古巴等地，原是曼波舞（Mambo）的變形，但今日恰恰要比曼波舞來得更為流行和歡迎；主要是因為舞姿活潑、步法俐落，給人一種清新的感覺。

8.倫巴：源於古巴，所以又稱為「古巴倫巴」。約四、五百年前非洲黑人被送至美洲淪為奴隸，這些黑人在遠離家園受到不平等的待遇下，加上思鄉情切，而有了哀傷的民歌出現，這種悲傷的音樂受當地氣候影響，演變成為懶散的音樂風。身在古巴的非洲人隨著這種音樂起舞，藉以抒發心中鬱悶的情緒，而形成了倫巴舞。今日的倫巴已除去了悲傷的氣氛，但催眠式的演奏氣氛依然很濃，使得倫巴更受觀迎。（臺灣社交網站，2009）

9.鬥牛舞：原本為西班牙之進行曲，音樂雄壯威武，舞蹈風格陽剛十足。鬥牛舞是因活動而演變出來的舞蹈，在鬥牛競技場的軍管樂隊

演奏進行曲，形成所謂的鬥牛舞音樂，也因為這種音樂激發著鬥牛者的腳步，而有了鬥牛舞的靈感。總之，鬥牛舞本身就是鬥牛戰的一種表現，男舞者的角色可比擬為鬥牛士，女舞者則代表用以吸引公牛注意的紅斗蓬。

四、現代舞

現代舞起源於19世紀末、20世紀初，是一種注重自然、自由美、創造性的舞蹈。啟蒙者伊莎多拉．鄧肯（Isadora Duncan, 1878-1927），反對古典芭蕾的僵硬、刻板、形式化與不自然的技巧，認為人體本來就是自然、自由、美的，為什麼要違反人體自然的法則，穿上硬鞋與束縛身體的衣裙，她的舞蹈藝術，啟始於童年充滿了音樂與詩歌的家庭生活，以及對自然界各種運動的觀察，如大海的波浪、風中雲的行動、樹葉搖曳等。鄧肯認為，自然動作是舞蹈的最佳方式，也是身心有效的活動教育，主張經由人體的走、跑、跳躍、旋轉等來做自然運動與表現。鄧肯為20世紀的舞蹈開創了一條嶄新的道路，以獨特的見解來研究舞蹈的動作。她認為舞蹈應該是和諧簡單，能跟一切美的事物相調和且富有韻律。

20世紀的晚期，打開美國現代舞新紀元的是瑪莎．葛蘭姆（Martha Graham），她被譽為是20世紀中對舞蹈貢獻最多的大師。對瑪莎而言，舞蹈是「深具美意的動作」，她要動作飽含內在意義，她的舞作旨在喚起人們對生活的覺醒，深入人性精神層面，而不是模仿日常生硬的動作。她拋去傳統的老套，認為任何依附舊有形式的美學條規必須毫不猶疑的拋棄。她企圖從一切束縛中解脫出來：「削去裝飾性的僵化技巧和風格；追求新觀念、新價值而以新形式來表現。」舞蹈對她而言，是一種「內在情感的經驗」，內在的世界更能使她產生一種不可言喻的喜悅。瑪莎強調呼吸，她的收縮與放鬆技巧就是根據呼吸的自然節奏，經過半世紀的努力，瑪莎編出將近一百八十部作品，留下一套堅實的技巧。

出自瑪莎門下第三代的模斯．康寧漢（Merce Cunningham, 1919-2009）認為，舞者所關心的應該只是純粹的動作、速度、空間、線條。他不喜歡瑪莎那種文學性、心理分析的舞蹈，模斯認為動作就是動作，舞就是舞；舞蹈既來自於動作，就不要有情節或感情的結構，被喻為「20世紀最偉大的編舞家」。60年代後現代以崔莎．布朗（Trisha Brown）為代表，在觀念上，他們認為一切都可嘗試，沒有任何禁忌，這種實驗性的觀念使後現代舞蹈獲得更大的自由，有效拓寬創作資源的利用，為後現代舞的觀念、方法和技術的更新提供了更多的方向。

80年代到90年代的後現代思潮表現更是隨心所欲，他們只在乎一件事就是用自己的方式，去表達對世界、對時代的看法。另外，他們表演的方式早已走出劇場，走向街頭、走向廣場、草地、公園、森林、美術館、博物館等公共場所。

第三節　戲劇

戲劇是人類文明發展的產物，隨著歷史的演變，加入許多時代性的元素之後，戲劇的形式更加多元化，音樂劇即是其中一例，而不論是中國的戲曲，或是西方的歌劇，都可發現戲劇為音樂、舞蹈、文學、繪畫等等整體藝術的展現。

一、歌劇的起源

歌劇是西方舞臺的表演藝術，簡單而言，就是主要或完全以歌唱和音樂來交代與表達劇情的戲劇，也就是用唱出來而不是說出來的戲劇。歌劇首先出現在17世紀的義大利，源自古希臘戲劇的劇場音樂。歌劇的演出和戲劇的所需一樣，都要憑藉劇場的典型元素，如背景、戲服以及表演等。歌劇的根源，可追溯至希臘悲劇，以及10世紀左右起在歐洲演出的「儀式劇」。《聖誕節故事》、舊約聖經的《但以理故事》等「儀式劇」，是由獨唱、合唱與單純的器樂伴奏所構成。這些戲劇從1200年代起到1300年代發展成「奇蹟劇」，廣布歐洲各地，不久後在誕生歌劇的義大利也以「神聖劇」之名演出，此為歌劇與神劇的祖先。這些戲劇都在教會中產生，直到1400年代左右才走出教堂，進入大眾世界演出。一般而言，與其他戲劇不同的是，歌劇演出更看重歌唱和歌手的傳統聲樂技巧等音樂元素。

(一)文藝復興時期

文藝復興時期人們嚮往古希臘文化，因此希臘悲劇自然而然受到注意。佛羅倫斯有一位愛好藝術的貴族叫巴爾第（Bardi），常邀請一些有同樣抱負的文人到家裏聚會，並取名為「同好會」（Camerata）的社群。他們研究著如何復興古希臘悲劇，於是有人創作劇本、有人翻譯希臘悲劇唱詩隊的歌詞，而作曲家便根據歌詞及想像創作音樂。就這樣，他們創作了一些以希臘悲劇為範本的「劇」。

不久，蒙台・威爾第（Claudio Monteverdi, 1567-1643）也加入了同好會，於是他根據古希臘神話創作了音樂史上被認為的第一部歌劇《奧菲歐》（*La Favola d'Orfeo*, 1607），這一年是1607年。這部歌劇具備了今天歌劇所應具備的條件，包括序曲、宣敘調（Recitative）及詠嘆調。之後，這種形式的歌劇在義大利各地風行起來，特別是在威尼斯，因為繁華的威尼斯迅速建立了六十多座歌劇院，也使得欣賞歌劇成為當時威尼斯人主要的休閒活動與方式。接著，歌劇散播到各個地方，在義大利南方的拿波里，出現了幾位才華洋溢的作曲家，他們的作品中，打破了宣敘調與詠嘆調的明顯界限，以一組同時出現，序曲也呈快—慢—快的三段結構，這就是典型的義大利歌劇序曲。至此，義大利歌劇可說步入完成階段。

(二)義大利的發展

在佛羅倫斯誕生的歌劇後來擴及到義大利全國，18世紀歌劇中心移轉至拿波里，並出現史卡拉第（Alesandro Scarlatti, 1660-1725）與裴高雷西（Giovanni Battista Pergolesi, 1710-1736）等作曲家，義大利雖貴為歌劇大本營，且擁有帕西耶洛（Giovanni Paisiello, 1740-1816）、奇瑪羅薩（Domenico Cimarosa, 1749-1801）、凱魯畢尼（Luigi Cherubini, 1760-1842）等名家。但真正擁有音樂史桂冠人選的卻是葛路克（Christoph Willibald Gluck, 1714-1787）與莫札特兩位德、奧國籍的作曲家，一直到羅西尼出現。羅西尼（Gioachino Rossini, 1792-1868）作品之形式、風格與戲劇間的張力，及其悠揚的歌唱魅力，自早期的獨幕輕歌劇（Farsa）到最後的歌劇《威廉泰爾》為止，所有喜劇作品中，皆承襲一脈相通的特點。在義大利歌劇中，創作眾多且有「歌劇貝多芬」之稱的是威爾第（Giuseppe Verdi, 1813-1901），其早期作品《那不果》（*Nabucco*, 1842），因迎合祖國統一的氣運而大獲全勝，讓威爾第成為義大利歌劇的代名詞。每部作品均可窺見其「成長」階段的原貌，其間的變化令人折服，另外有關戲劇與音樂的統一與融合更是功不可沒。

19至20世紀，義大利歌劇開始步入「現實主義」，由馬士康尼（Pietro Mascagni, 1863-1945）的《鄉村騎士》（1890）主領並席捲全國，另有雷昂卡伐洛（Ruggero Leoncavallo, 1857-1919）的《丑角》（1892），及喬大諾（Umberto Giordano, 1867-1948）的《安德烈．謝尼耶》（1896）等，皆為此派的代表作。擁有「後威爾第」頭銜的普契尼（Giacomo Puccini, 1858-1924），遊走在現實與自然主義之間，創作了許多饒富人情味的成品，自《馬儂．雷庫斯》（1893）、《波希米亞人》

（1896）、《托絲卡》（1900）、《蝴蝶夫人》（1904）至《杜蘭朵》（1926，未完作品）等等，大有駕凌威爾第之勢。「現實主義」第二代作曲家，另有贊多尼（Riccardo Zandonai, 1883-1944）、蒙特梅濟（Italo Montemezzi, 1875-1952）等。爾後，義大利歌劇便步向衰退，除了沃夫費拉利（Ermanno Wolf-Ferrari, 1876-1948）與梅諾第（Giancarlo Menotti, b.1911），便顯少有作曲家展現。

(三)法國的發展

17世紀在義大利風行的歌劇，也流傳進入歐洲其他各國，佛羅倫斯出身的盧利（J. B. Lully），結合芭蕾與歌劇的模式帶給法國極大的影響。18世紀，拉摩（J. P. Rameau）作品《佐羅亞斯特》（1749），他提出許多音樂與戲劇的問題，開啟法國樂壇「盧利派」與「拉摩派」的抒情與悲劇之爭，爾後又歷經喜歌劇（Opera Comique）之爭、歌劇改

巴黎歌劇院（Opéra de Paris）即加尼葉歌劇院，是一座新巴洛克風格的建築，可以容納一千九百七十九個座位，是世界十大歌劇院之一。

革等。19世紀，凱魯碧尼（Cherubini）出現於此動盪的局面，並開啟19世紀之門。19世紀即為大歌劇與喜歌劇時代。大歌劇，是使用音樂話劇（Melodrama）風格的題材，動用音樂、舞蹈與美術所有藝術作成的大型豪華歌劇；「喜歌劇」簡單來說就是喜劇情節的歌劇類型，是西方音樂美學史上，影響最深遠、意義最深刻的歌劇美學。

二、音樂劇

音樂劇（Musical Comedy，簡稱Musical），最早發源於歐洲，由多種音樂形式慢慢演變而成，可追溯到19世紀中期至20世紀初期的輕歌劇。輕歌劇和歌劇比較起來較為平易近人，其題材幾乎都是喜劇，內容詼諧幽默，以幾種較為簡單的形式盛行，而且風格變得更為輕快，在當時十分受到大眾歡迎。

40年代的音樂劇風格大多遵循「輕歌劇」的傳統，這類音樂劇具有數種形式，劇本所占的地位，相形之下往往都比音樂還來得重要，而舞蹈

音樂劇最早發源於歐洲，係由多種音樂形式慢慢演變而成。

充其量只是演員表現「特殊才藝」的附加表演。50年代是音樂劇最興盛的時期，許多劇作家開始選取歐洲古典文學名著作為素材，為音樂劇風格注入新血，同時也加入流行音樂，舞蹈不再是附加演出，而成為音樂劇重要的一部分，百老匯具有精良的戲劇製作傳統，這種背景有助於美國歌舞劇在新大陸及世界各地吸引大批觀眾。百老匯歌舞劇走向大眾風格，而且很少應用歌劇的聲樂技巧，為音樂劇舞臺增添一種美國式的表演領域。

三、西方的偶戲

捷克的木偶劇始於17世紀，是歷史悠久的民俗傳統，這種演出通常以絲線拉住木偶表演，甚至製作與真人一樣大的木偶和演員一同演出，兩種演出都相當有趣。因為上演這種「音樂木偶劇」時，音樂演奏和一般音樂會大同小異，氣氛卻比普通音樂會生動活潑得多，也較能跳脫語言的隔閡，即使不買票上劇院看戲，也常有機會在街上看到玩耍木偶的街頭藝人表演。人多時走一趟查理士橋，就會看到街頭藝人手中耍弄著木棍底下的木偶，靈巧活現如同臺灣布袋戲一般；有的藝人會當場配合木偶清唱一曲歌劇，有的藝人則會播放原本錄好的音效。不論以何種型態表演，藝人和木偶的服飾造型，以及配合的布景、音樂都不馬虎，相當有特色。

第四節　繪畫

西方最早的美術作品產生於舊石器時代晚期，即距今三萬到一萬多年之間。最著名的是在法國南部和西班牙北部地區等幾十處洞窟中所發現的壁畫，其中尤以法國的拉斯科洞窟壁畫和西班牙的阿爾塔米拉洞窟壁畫最為人所知。所繪形象皆為動物，手法寫實、形象生動；土著會把動物塗繪在岩石上，或在節慶中扮成動物，模仿動物，跳著莊嚴的舞蹈，祈求能以法力捕獲牠們，具有儀式上和巫術作用。迄今所發現的原始雕刻大多為小型動物雕刻，少數為人像雕刻，人像雕刻以裸體女性的生理特點為主，突出表現女性的乳房、臀部、腹部、大腿等，體現原始人對於母性和生殖的崇拜意識。在奧地利維也納附近的維倫多夫出土的女性雕像被稱為「維倫多夫的維納斯」（Venus of Willendorf），是其中最著名的代表作。

一、西方繪畫發展

(一)古代（西元前4000年至西元476年）的繪畫藝術

西方習慣把新石器末期到中世紀稱為古代，具體來說就是指西元前4000年（文字的出現）到西元476年（西羅馬帝國滅亡）。主要包括美索不達米亞、埃及、希臘和羅馬時期的美術。如美索不達米亞的雕塑，如巴比倫王國的「漢摩拉比法典」浮雕；亞述王國那些表現戰爭和狩獵的緊張場面，手法極為寫實、充滿激烈動態的浮雕；古埃及的金字塔建築，人像雕刻和神秘威嚴的獅身人面像；古希臘的自由民主創造了具有民主思想的建築、雕刻和繪畫作品，其中留存於世的許多優雅的雕刻形象，如「擲鐵餅者」、「米洛斯的維納斯」等，尤其具有無窮的魅力。古羅馬美術承繼古希臘的傳統，但羅馬人的美術更傾向實用主義。規模巨大的科洛西姆競技場和萬神廟是古羅馬建築的傑出代表。而曾被維蘇威火山灰掩埋達一千七百多年的龐貝壁畫，則展示了古羅馬繪畫的獨特面貌。

(二)中世紀的繪畫藝術（西元476至1453年）

中世紀時由於北方民族入侵，歐洲地區分別為不同的部族所統治，因此在這段時期所遺留下來的作品並不多。由於此時被西羅馬帝國的基督教所同化，所以中世紀藝術也就是基督教藝術，呈現的作品均係為宗教所作，雕刻、繪畫等等均是。

(三)文藝復興時期的繪畫藝術（14至16世紀）

14世紀時，新興中產階級視中世紀文化為黑暗倒退，希臘、羅馬古典文化為光明的典範，力圖復興古典文化，遂產生「文藝復興」一詞，作為新文化的美稱。14至16世紀歐洲文藝復興美術以堅持現實主義方法和體現人文主義思想為宗旨，在追溯古希臘羅馬藝術的精神下，創造了最符合現實人性的嶄新藝術。

曾有美術史學家說：「如果把達文西的藝術比作『不可知的海底深處』，米開朗基羅的作品就是『高山崇峻的峰頂』，拉斐爾的畫則是『廣闊開展的平原』。」這句話扼要說出三傑的特點，也道出他們之所以

達文西名作「蒙娜麗莎的微笑」——世界名畫之首。

為畫壇局擘之因。義大利的達文西、米開朗基羅和拉斐爾是文藝復興美術的畫壇三大巨匠。達文西既是藝術家又是科學家，其作品「最後的晚餐」、「蒙娜麗莎」等皆被譽為世界名畫之首。米開朗基羅則在雕刻、繪畫和建築各方面都留下了最能代表鼎盛時期文藝復興藝術水準的典範之作。他塑造的人物形象，雄偉健壯，氣魄渾宏。拉斐爾則以其塑造的秀美典雅的聖母形象最為成功，他的聖母像寓崇高於平凡，被譽為美和善的化身，最充分地體現了人文主義的理想：

1. 達文西（Leonardo Da Vinci, 1452-1519）：畫家、雕塑家、建築師、工程師及佛羅倫斯派的科學家，亦是文藝復興時代中最有原創力的天才。他最重要的成就在於科學和藝術作品之間的結合。
2. 拉斐爾（Santi Raffaello, 1483-1520）：生於義大利高原的烏爾比諾（Urbino），出身藝術世家，父親為烏爾比諾公爵宮廷中專畫徽章的畫工。拉斐爾在幼年時期就對繪畫產生了濃厚的興趣。十六歲時，拉斐爾投入當時的畫家佩魯吉諾（Perugino）門下學畫。拉斐爾一系列最讓人喜愛的聖母圖也在此時期出現，那時他還不滿二十歲。
3. 米開朗基羅（Buonarroti Michelangelo, 1475-1564）：頂尖的大理石像雕塑家，他認為藝術不是科學，而是「人的製作」，唯有將立體的實物從羈絆中「解放」出來，才能得到滿足。米開朗基羅生於1475年，1490年進入羅倫佐．麥迪奇創辦的美術學校，受到最先進的人文主義思想的薰陶，1496至1501年為許多教會工作，並於1504年完成眾所周知的大衛像，1541年米開朗基羅完成西斯汀教堂的祭壇畫「最後的審判」，描繪的是世界末日來臨。其後米開朗基羅雕了三座哀悼基督的雕像，於1564年逝世，享年八十九歲。

奧地利國家美術館又名美景宮（Schloss Belvedere，又譯貝爾維第宮），是首都維也納中一個巴洛克建築風格的宮殿，相當具特色，目前為奧地利國家美術館，收藏的藝術品眾多，是遊客喜歡造訪的景點。

(四)17世紀的繪畫藝術

17世紀在歐洲出現了巴洛克美術，發源於義大利，之後風靡全歐洲。其特點是追求激情和運動感的表現，強調華麗絢爛的裝飾性。這一風格體現在繪畫、雕塑和建築等各個美術門類中。魯本斯（Peter Paul Rubens, 1577-1640）是巴洛克繪畫的代表人物，他熱情奔放、絢麗多彩的繪畫對西方繪畫具有持久的影響。同時代的現實主義大師，如荷蘭的林布蘭（Rembrandt, 1606-1669）、西班牙的迪亞哥·委拉斯蓋茲（Diego Velázquez, 1599-1660）等，也在一定程度上具有巴洛克的特色。

(五)18世紀的繪畫藝術

18世紀洛可可風格在法國興起，隨後傳至歐洲其他國家。洛可可美術的特點是追求華麗纖巧和精緻。代表畫家有法國的華托（Jean-Antoine

Watteau, 1684-1721）、布歇（Franois Boucher, 1703-1770）和弗拉戈納爾（Jean-Honoré Fragonard, 1732-1806）。隨著1789年法國資產階級革命，美術家們又一次重振了古希臘羅馬的英雄主義精神，開展了一場新古典主義藝術運動。其代表畫家是法國的大衛（Jacques-Louis David, 1684-1721）和安格爾（Jean-Auguste-Dominique Ingres, 1780-1867）。浪漫主義（Romanticism）隨著新古典主義的衰落而興起。法國熱里科（Théodore Géricault, 1791-1824）的「梅杜莎之筏」（La Zattera Della Medusa）被視為浪漫主義繪畫的開山之作，而浪漫主義最具代表性的是德拉克洛瓦（Ferdinand Victor Eugene Delacroix, 1798-1863），其繪畫色彩強烈、用筆奔放，充滿強烈激情，代表作有「希阿島的屠殺」和「自由引導人民」等。法國呂德的「馬賽曲」和卡爾波的「舞蹈」都是傑出的浪漫主義雕塑作品。

(六)19世紀的繪畫藝術

19世紀中期是現實主義藝術蓬勃興旺的時期。法國畫家庫爾貝（Gustave Courbet, 1819-1877）是現實主義的倡導者，他的代表作「奧南的葬禮」堪稱繪畫中的「人間喜劇」，而「採石工人」則深刻揭示了社會的矛盾，表現了畫者對勞動人民的同情。勤勞樸實的農民畫家米勒（Jean François Millet, 1814-1875），以淳厚真摯的感情，歌頌了辛勤勞作的農民。政治諷刺畫家杜米埃（Honoré Daumier, 1808-1879）創作了大量形象誇張的石版畫和油畫。德國女版畫家柯勒惠芝（Käthe Kollwitz, 1867-1945），以社會民主主義思想和鮮明的個人風格，創作了反映工人運動和農民革命的系列銅版畫和石版畫。法國雕塑大師羅丹的作品也具有一定的現實主義特性。

19世紀後期在法國產生了印象派。此派繪畫以創新的姿態出現，反對當時古典學院派的藝術觀念和法則，受到現代光學和色彩學的啟示，注重在繪畫中表現光的效果。

(七)20世紀以後的繪畫藝術

20世紀以來，現代美術呈現出流派迭起，1905年誕生的以馬蒂斯（Henri Matisse, 1869-1954）為代表的野獸派繪畫，強調形的單純化和平面化，追求畫面的裝飾性。1908年崛起以布拉克（Georges Braque, 1882-1963）和畢卡索（Pablo Picasso, 1881-1973）為代表的立體派繪畫則繼承了塞尚的造形法則，將自然物象分解成幾何塊面，從而從根本上掙脫傳統繪畫的視覺規律和空間概念。1909年義大利出現未來主義美術運動，此派畫家熱衷於利用立體主義分解物體的方法，表現物體活動和運動的感覺。抽象主義的美術作品約於1910年前後產生，代表畫家有俄羅斯畫家康定斯基（Wassily Kandinsky, 1866-1944）和荷蘭畫家蒙德里安（Piet Comelies Mondrian, 1872-1944），而兩人又分別代表著抒情抽象和幾何抽象兩個方向。

第一次世界大戰期間產生達達主義思潮，此派藝術家不僅反對戰爭、反對權威、反對傳統，而且否定藝術自身，否定一切。隨著達達主義運動消退，在此基礎上出現了超現實主義藝術思潮，此派畫家以柏格森的直覺主義，佛洛依德的精神分析學和夢幻心理學為理論基礎，展現無意識和潛意識世界，其繪畫往往把具體的細節描寫與虛構的意境結合在一起，表現夢境和幻覺的景象，代表畫家有恩斯特、雷內·馬格利特、夏卡爾、達利、胡安·米羅等。20世紀50年代初萌發於英國、50年代中期鼎盛於美國的波普藝術，繼承了達達主義精神，作品中大量利用廢棄物、商品招貼、電影廣告和各種報刊圖片拼貼組合，故又有新達達主義的稱號，代表人物有美國畫家約翰斯、勞生柏、安迪·沃荷等。

70年代興起的超寫實主義運動，其主要特徵是利用攝影成果，進行客觀的複製和逼真的描繪。代表畫家有克洛斯、佩爾斯坦，雕塑家中，以安德列、漢森最為著名。除上述之外，可以歸入現代藝術範疇的還有偶發藝術、大地藝術等，其中許多藝術活動已經超出了美術的範圍。

二、西方畫派介紹

(一)佛羅倫斯畫派

13世紀初，身在拜占庭帝國中的藝術家及學者，由於受到了東方土耳其人的騷擾，紛紛帶著貴重的希臘文獻及藝術品，從君士坦丁堡向西亡命至義大利，並定居在繁榮的義大利半島的各商港中，其中包括西恩那城（Siena）及佛羅倫斯城（Florence）。來到西恩那城的拜占庭藝術家依

米開朗基羅舉世聞名的創作——「最後的審判」。

舊從事著藝術工作，但受到義大利半島的自由氣息影響，他們作品的新興風格與中世紀的傳統精神已大不相同，同時揭開了文藝復興時期繪畫的序幕。那些開風氣之先的西恩那畫家，便稱之為「西恩那派」，但西恩那派沒維持多久就被義大利中部的大都市佛羅倫斯城（Florence）所取代了。

佛羅倫斯派的畫家有：開風氣之先的契馬布耶（Cimabue）、喬托（Giotto di Bondone）；抒情派的安基利科（Fra Angelico）；寫實派的馬薩其奧（Masaccio）、波提切利（Sandro Botticelli）；及文藝復興時期畫壇三大巨匠：「最後的晚餐」達文西、「最後的審判」米開朗基羅、瀟灑俊帥的才子拉斐爾。

(二)巴比松畫派

巴比松派（Barbizon School）是巴比松畫派的簡稱，為1830到1840年代，在法國興起的鄉村風景畫派，因此畫派的主要畫家都住在巴黎南郊楓丹白露森林附近的巴比松村，1840年後這些畫家的作品被合稱為「巴比松畫派」。

巴比松派的主要畫家是強調科學風景畫法的西奧多·盧梭、柯洛、讓—弗朗索瓦·米勒和查理—法蘭斯瓦·杜比尼；其中，盧梭和米勒一生都在巴比松村終老。巴比松派是法國浪漫主義畫派轉向寫實與現代主義的一個起點。過去，法國藝術界對風景畫的評價都很低，認為畫風景畫的畫家是比較不引人注目，也不值得注意，但巴比松畫派的作品使世人被鄉村中的優雅感動，同時也因當時巴黎和歐洲都飽受戰亂，人心趨向於隱居，所以巴比松畫派成功的為風景畫打下很好的基礎，也替後來1860年開展的印象派奠定了相當好的基礎。

(三)印象派

印象派（Impressionism）產生於19世紀60年代的法國。1874年莫內創作的題為「印象・日出」的油畫，遭到學院派的攻擊，評論家們戲稱這些畫家們是「印象派」，印象派由此而得名。

印象派強調人對外界物體光和影的感覺與印象，在創作技法上反對因循守舊，主張藝術革新。印象派在繪畫技巧上對光和色進行探討，研究出用光描寫對象的方法，並認識到色彩的變化是由光色造成的，色彩是隨著觀察位置，受光狀態的不同和環境的影響而發生變化。同時印象派著重於描繪自然的霎那景象，使一瞬成為永恆，並將這種科學原理運用到繪畫中。印象派追求光的描繪，把畫架從室內搬到戶外，在野外作畫，因此稱為「外光派」。一般來說，這樣的畫派屬於早期的印象派。

印象派脫離了以往藝術形式對歷史和宗教的依賴，藝術家們大膽地拋棄了傳統的創作觀念和程式，而將關注的焦點轉移到了純粹的視覺感受形式上，作品的內容和主題變得不再那麼重要，代表畫家有馬奈、莫內、雷諾瓦、德加、畢沙羅、西斯萊等。

(四)新印象派與後印象派

繼印象派之後還出現了新印象派（代表畫家是修拉和西涅克）和後印象派（代表畫家是塞尚、梵谷和高更）。後印象派與印象派在藝術上的主張並不相同，甚至完全相反，其中梵谷（Vincent Willem van Gogh, 1853-1890）的繪畫著力於表現自己強烈的情感，色彩明亮，線條奔放；高更（Paul Gauguin, 1848-1903）的畫多具有象徵性的寓意及裝飾性的線條和色彩；塞尚（Paul Cézanne, 1839-1906）的繪畫則追求幾何的形體結構，也因而被尊稱為「現代藝術之父」。

(五)象徵主義

象徵主義（Symbolism）約於1885至1910年間產生，為歐洲文學和視覺藝術領域一場頗具影響力的運動。象徵主義摒棄客觀性，偏愛主觀性，背棄對現實的直接再現，偏愛現實的多方面的綜合，旨在透過強而有力的象徵來暗示各種思想。象徵主義把宗教神秘主義與反正常和色情的興趣結合起來，把對所謂「原始性」的興趣與複雜微妙的頹廢崇拜結合在一起，與這場運動有關的藝術家有法國的奧迪隆·雷東（Odilon Redon）、居斯塔夫·莫羅（Gustave Moreau）、皮埃爾·皮維斯·德·夏凡納（Pierre Puvis de Chavannes）、費南德·柯諾夫（Fernand Khnopff）、荷蘭的揚·托羅普（Jan Toorop）等。象徵主義者認為，藝術應用間接的方式來表現更絕對的真理，因此他們用極其隱喻化和暗示性的手法創作，賦予一些畫面或物體象徵意義。

(六)野獸派

野獸派（Fauvism）是20世紀最早出現的新藝術象徵主義的畫派，特點是色彩使用狂野和強烈的視覺衝擊力，常給人不合常理的感覺。法國象徵主義畫家摩洛（Gustave Moreau, 1826-1898）鼓勵他的學生們要根據自己的想像力去作畫，馬蒂斯就是他的得意弟子。野獸派的領袖馬蒂斯和安德列·德朗（André Derain, 1880-1954）都是摩洛的學生，吸收非洲、玻里尼西亞和中、南美洲的原始藝術表現手段，以大膽的構圖模式將朱紅、翠綠、天藍等不和諧顏色揉合在一起，使色彩達到一種新的烈度。野獸派將梵谷和高更的畫法更推向極端，用生硬的線條和大膽的色彩表達自己強烈的感受，顏色變成畫面的主題，不再講究透視和明暗關係。

(七)新藝術運動

新藝術運動（Art Nouveau）開始於1880年代，並於1890至1910年達到頂峰。新藝術運動的名字源於薩穆爾·賓（Samuel Bing）在巴黎開設的名為「新藝術之家」（La Maison Art Nouveau）的商店，他在那裏陳列的都是依這種風格所設計的產品。在當時新藝術運動只是被簡單地稱為現代風格；另一方面，由於許多小團體的互相聚集，稍微改良了當時矯飾的流行風格，形成20世紀現代主義的前奏。這種風格最重要的特性就是充滿活力、波浪形和流動的線條。像是使傳統的裝飾充滿活力，表現形式也像是從植物生長出來。新藝術運動在建築風格和室內設計方面，透過設計師的挑選和某些洛可可風格中萃取的元素（例如火焰和貝殼的紋理），代替從歷史衍生和維多利亞風格的根本結構或寫實自然主義的裝飾。

新藝術運動主張運用高度自然元素，使用其作為創作靈感和擴充「自然」元素的資源，例如海藻、草、昆蟲。新藝術運動發展的最高峰是1900年在巴黎舉行的世界博覽會，現代風格在各方面都獲得了成功。在此後十年，新風格因為在量產中迅速普及，導致新藝術運動在大約1907年以後就開始被忽視。

(八)波普藝術

普普藝術（Pop Art）又稱波普藝術，是探討通俗文化與藝術間關連的藝術運動。普普藝術試圖推翻抽象表現藝術並轉向符號、商標等具象的大眾文化主題。普普藝術這個字目前已知是1956年英國的藝術評論家羅倫斯・艾偉（Laurence Alloway）所提出的。簡單來說，普普藝術是當今較底層藝術市場的前身，藝術家們大量複製印刷的藝術品造成相當多的評論，而早期某些普普藝術家力爭博物館典藏或贊助的機會，使用了很多廉價顏料作創作，作品不久之後就無法保存，連帶也引起一些爭議。1960年代，普普藝術的影響力量開始在英國和美國流傳，造就了許多當代的藝術家，後期的普普藝術幾乎都在探討美國的大眾文化，特殊的地方在於它對於流行時尚有相當特別而且長久的影響力，不少服裝設計、平面設計師都直接或間接的從普普藝術中獲得靈感。

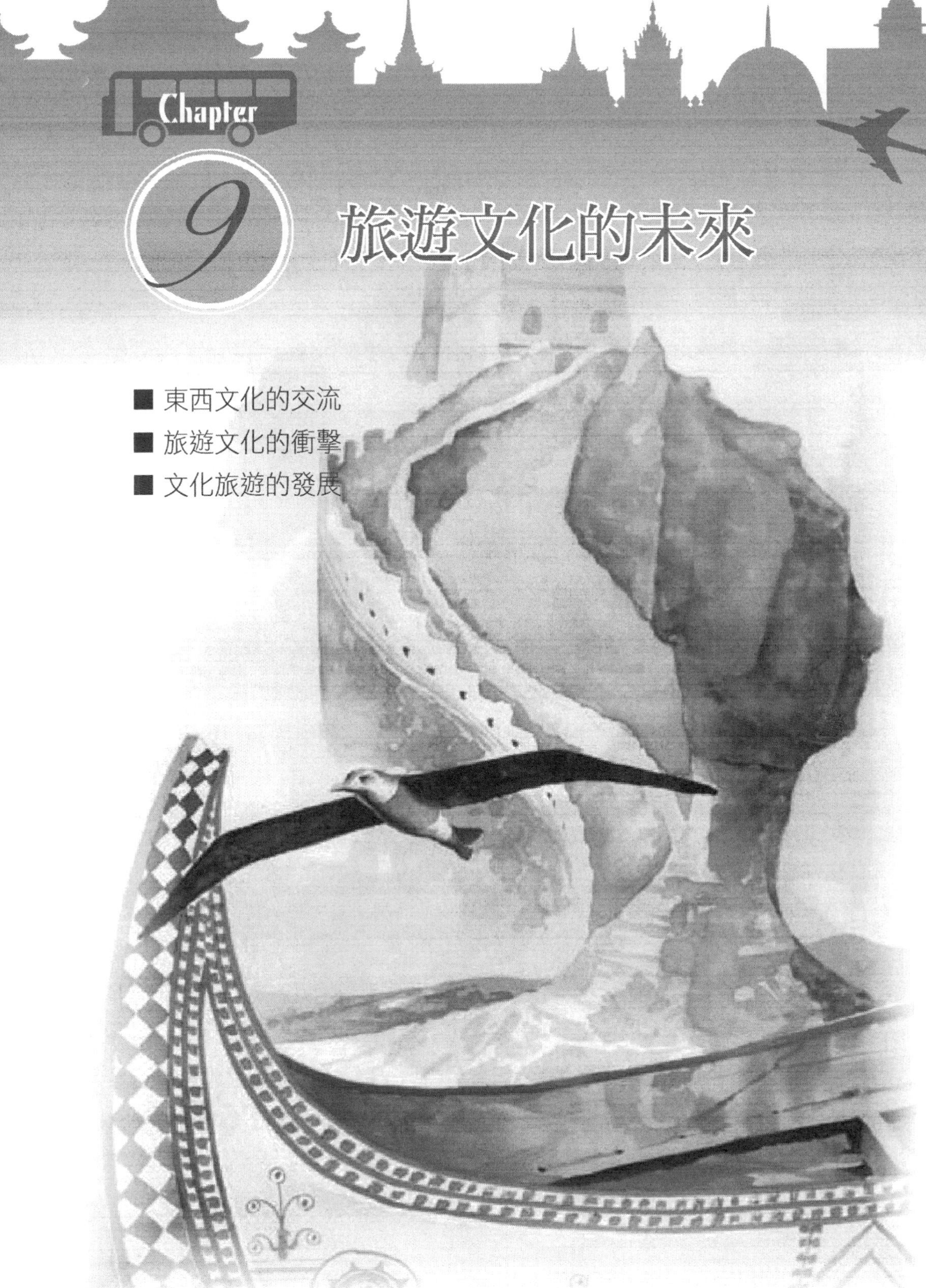

Chapter 9

旅遊文化的未來

- 東西文化的交流
- 旅遊文化的衝擊
- 文化旅遊的發展

本書前面二章中，可以瞭解世界各文明及文化的起源、分布與現況；而對於文化所呈現的飲食、建築、藝術等層面亦可由後面的章節中探知端倪。第四章敘述節慶活動與各項文化因子間的關係，二者息息相關；許多節慶活動都是藉由飲食、音樂、戲劇、繪畫或文化表演呈現，例如德國的啤酒節、奧地利的音樂節、法國亞維儂的藝術節和威尼斯的面具節等等，在東方或中國也有同樣的節慶活動，例如利用各地農產豐收之際辦理美食節、臺北市舉行電影節、日本京都傳統節慶會展現古代生活型態等等。而傳統節慶活動，在活動中也展示出在飲食、建築、傳統藝術展示等等。當然，獨具特色或者受聯合國教科文組織認可具普世價值的遺產，會被列入自然遺產、文化遺產或是無形遺產，無形遺產最具代表性者即是表演藝術。

隨著東西文化的交流發展，以及彼此間不斷的接觸與衝擊，加上資訊傳播迅速與普及，導致文化間的融合創新以及接受，慢慢也成為顯著的差異。在旅遊過程中，無論是輸出國或是接受國，同時也需要考量到文化間的差異性，這也呈現在以伊斯蘭宗教為旅遊市場導向的國家必須在飲食、甚至宗教禮儀上要考量其特殊需求；同樣的，前往其他地區或國家旅遊時，也必須體會以及體驗飲食等生活習俗上的差異性。本章即從東西文化交流以及文化旅遊的發展二方面作為本書的結語。

第一節　東西文化的交流

在歷史演進過程中，可以發現隨著交通的進展，東西方的文化交流其實起源很早。依目前考古學界所考證的結果，最早期人類的起源來自東非，慢慢的延伸擴展到亞洲、歐洲及美洲。而歷史上最著名的東西文化交流，就歷史的記載約可分為幾個階段：

1.中國的漢代與羅馬帝國的交流：包括張騫通西域的過程，開啟了東西交通的通路，不僅物質特產的交流，也藉由彼此的互通，文化間的流傳亦迅速開展，開啟了絲路之旅。

2.中國的宋明之際，由於絲路所經之處路途遙遠，氣候環境嚴峻；加上船舶的發展迅速，航海的技術相對進步，因此開闢了海上絲路之旅；明代鄭和下西洋，所經之處甚至遠達非洲東岸。

3.16世紀歐洲各國在航海技術發展下積極開拓海外殖民地，其中葡萄牙獲得現在巴西部分，其餘中、南美地區則為西班牙勢力範圍。接著荷蘭、英、法亦對外擴展，英、法在北美建立殖民地，荷蘭往東方發展。此一發展亦直接開拓了東西方的文化交流。

4.19世紀初西方經歷了美國與法國兩大革命，同時間中國的清朝則採取閉關政策；外觀上雖似交流停滯，但隨著西方的武力擴張，迫使中國打開門戶，也使得西方文化再度衝擊東方文化。

5.西方工業革命後，無論就科技發展或哲學思潮，皆對東方國家產生模仿學習，無論是中國的百日維新或日本的明治維新，大批的留學生交流，造成政治或學術層面的互動。而美國新大陸的開發，吸引了許多華人遠渡重洋冒險開闢，或自非洲引進勞力，此期亦為文化交流的重要時期。

6.20世紀由於歷經了兩次的世界大戰，陸、海、空交通工具不斷隨著科技發展而進步，旅遊觀念得以提升，時間縮短了、空間縮小了，更使得東西文化間的交流迅速開展。

7.21世紀隨著資訊網路的迅速發達以及近年來網路科技的進度，東西方文化的交流更邁進新的技術。無論利用任何搜尋引擎，只要有網路存在的地方，想要瞭解任何的文化資訊均能夠加以蒐集整理；而當您坐在家中，甚至可以藉由虛擬實境的方式瀏覽世界各地的美景。但是，最真實與深刻的體認則仍需藉由親自前往各地旅遊，品

嚐當地的美食、與當地的居民互動、參與各地的節慶活動才能夠深切的感受到文化的差異性與獨特性。

當然，在文化交流中，宗教亦扮演重要的角色；從早期的西方基督教文化與東方的伊斯蘭教文化間所存在的衝突，包括十字軍東征與羅馬西征；而後來無論是西方的傳教士或東方的僧侶，亦將宗教文化傳至世界各地。在近幾年，宗教所衍生的矛盾衝突甚至於仇恨仍在世界各地發生。許多激進的宗教狂熱分子在世界各地進行恐怖攻擊事件，一方面造成全球的不安，但是否也會影響到不同文化間的融合，值得深思。愈來愈多外來的人口改變各國的人口結構，例如在歐洲各國近幾年伊斯蘭教民的湧入，臺灣新住民的人口比例不斷上升，都影響著固有的生活方式與文化的多樣性。

第二節　旅遊文化的衝擊

1980年世界觀光組織在「馬尼拉宣言」中指出：「觀光的經濟利益，無論如何實質或龐大，均非構成國家決定促進此一活動的單一標準。」此一聲明傳達了觀光旅遊發展不能僅只談及經濟利益，而需同時追求社會文化利益，由世界觀光組織歷年來的大會宣導口號中，同時也能瞭解觀光與社會文化間的關係。如1980年提出：「旅遊為保存文化遺產、為和平及相互瞭解做貢獻」；1984年提出：「旅遊為國際諒解、和平與合作服務」；1985年提出：「開展青年旅遊、文化和歷史遺產，為和平與友誼作服務」等等，均可明白觀光旅遊的發展係在促進人類互相的認識與瞭解。

一、旅遊對文化的正面影響

以下為旅遊在文化層面所帶來的正面影響：

1. 加強人們相互的瞭解與往來：觀光旅遊是各國人民之間友好交往活動的主要形式，不僅有助於增進各國人民之間的相互瞭解，且有助於兩國或雙方關係的建立與加強。其成效往往為正式外交所難以達成。許多觀光客藉由旅遊活動去瞭解另一個地方不同的文化、政治、經濟制度、民族風俗習慣等，且這種關係是相互影響的。人們透過觀光活動與形式，縮短了社會各階層以及種族間的距離，使人們消除了偏見，隨著旅遊次數的增多、理解的加深，從而產生了感情與友誼。
2. 開擴視野、增長自己的見聞：旅遊地區居民的生活習慣、風俗人情、服飾與民間藝術等，都是社會文化的特殊內容，會使觀光客突破本身原先的文化思考模式，提高鑑賞藝術的水準，培養高尚的情操，而在培養個人個性的過程中也有相當的影響。透過觀光旅遊，使觀光客體驗社會、認識現實，培養自己面對問題、解決問題的能力，對於未來面對困難或挑戰時，可以有較強的解決能力。
3. 促進民族文化的保護和發展：現代旅遊的發展依賴於社會文化的支持，文化生活是旅遊活動的重要內容，觀光客需求的旅遊資源、旅遊設施、旅遊服務等，都具有民族文化意義的層面。無論是自然資源或人文資源，都是一個地區民族所傳承下來的遺產。人文資源，如古都、陵墓、古建築、風土人情之所以吸引遊客，都是因為表現了一個民族的古老文化和悠久歷史。觀光活動的發展，使眾多的觀光客加深了對民族文化的瞭解，提高了保護歷史文物的自覺性，也促使政府相關部門採取保護、開發與利用等措施。

4.推動科技交流、加速人類文明進程：旅遊活動與科技文化的交流是密不可分的。古代無論是張騫出使西域，或是義大利傳教士利瑪竇來中國，都帶來東西兩方文化與科技的交流及發展。目前世界各地的旅遊活動中，也有不少是科學家、發明家或學有專精的專家，藉由觀光旅遊的活動，透過參觀科學館、博物館、大學研究機構等，與專家互相研究、共同探討、廣泛蒐集訊息，以達到科技學術交流的目的。

二、旅遊對文化的負面衝擊

文化為吸引觀光客主要的因素之一，人們藉由不同文化之間的交流，達到相互瞭解與互動的目標。當然，對於開發程度較落後的地區，由於文化的演進較慢，所受到的衝擊很大，因而不當的觀光開發活動將造成這些區域文化方面的衝擊。以下分三個方面加以說明：

1.文化價值觀的轉變：外來的價值和意識型態為當地居民所接受時，將對其生活與行為造成影響，甚至改變其文化的價值與傳統。例如，在印尼婆羅洲許多原始的部落，其原住民原先自然的生活型態係以打獵採集為生，居住在茅草屋中，婦女以母乳哺育孩童。漸漸的在文明社會入侵後，經濟的交易方式傳入其中，採集燕窩不再是以自己食用為主，而是為謀求更高經濟價值的利益，且大量的採集；婦女的哺育方式也由奶粉代替，使得傳統的文化價值與生活方式產生非常大的丕變。這種影響與對觀光業的依賴程度成正比，依賴愈大的地區所受的影響也愈深。

2.文化價值的商品化：為了吸引大眾觀光客滿足其消費需求，而使藝術、典禮、儀式、音樂和傳統等，變成可銷售的產品，常造成當地居民的尊嚴與文化未能受到尊重，同時為因應觀光客大量的需求，許多當地的手工藝品不得不假借機械大量生產，降低藝品的價值與水準。而原先傳統的典禮、儀式本來是非常有意義的，但為吸引觀光客而變得毫無意義。以印尼巴里島為例，一向被視為國家介入觀光產業並保存原住民文化的巴里島，目前面臨嚴厲的批判與檢討：「原有多元化的地方文化色彩，在政府的干預及規劃下，已失去各地方特有的風格，而逐漸形成一些區域性的單一色彩，為了服務觀光市場的簡化需求，剩下的僅為文化表層，原有的特質及其深層結構已產生非常大的變動。」

3.不當管理加速文化資產的毀損：文化所涵蓋的層面相當廣，除有形的古蹟、遺址、宗教活動外，也包括美術、音樂、文學等藝術層面。對於文物應視其特色加以整理分類保存，如對於古蹟維修、保存需運用科學的方法，以原材、原貌、原精神作為整建的原則；繪畫、陶瓷等藝術品的珍藏也需有專業的人才加以鑑識、保存，及須設置博物館加以典藏為宜。國外的博物館對於相關的管理均有著非常完善的規劃，無論就展覽空間的規劃、動線的安排、旅客人數及行為的規範，均有妥善的安排與規劃，並做好保全的工作。

第三節　文化旅遊的發展

世界各國為讓文化遺產能有更積極的效用，成為城市觀光資源的一部分，因此文化遺產經營管理便成為不可或缺的必要手段。事實上，已經有愈來愈多的國家把文化遺產的經營管理提升到文化遺產策略的最上位計畫，而不是過去以保存修護為主的策略。如果只是將文化遺產修護而缺乏經營管理，往往形成一處無用且沒有生機的歷史軀殼，這對於某些地處偏遠的遺跡類文化遺產或許可行，但對於位處城鎮或市郊的文化遺產卻不是最佳的結果。這些城鎮或市郊的文化遺產應該能夠與居民互動，甚至成為文化觀光與歷史教育的場所。為了達成此目標，適當的經營管理絕對是必要的。（丘如華，2002；傅朝卿等，2003）

因此文化遺產觀光主要所面臨的課題，主要包括：

1.適當之經營管理組織：要讓文化遺產發揮特質，進而展現其與城市觀光最大的互動關係，適當的經營管理組織是不可或缺的條件。如日本的文化財體系雖無統一的單位負責管理，但是卻井然有序；歐洲許多國家的文化遺產經營管理體系也並不完全依賴政府體制來執行，而是在法令的規範與保障下，允許成立特別的組織來負責，因此其經營管理的彈性及活力與臺灣完全不同，而世界遺產在推動觀光事宜時，經常是由這些專門組織來處理。

2.文化遺產維護管理的技術與觀念：世界上先進國家對於其文化資產維護之層級有許多種，其中比較普遍應用的分別是：衰敗的防治（Prevent Deterioration），或稱間接維護（Indirect Conservation）；原物保存（Preservation）、強固（Consolidation），或稱直接維護（Direction Conservation）、復原（Restoration）、複製（Reproduction）、重建（Reconstruction）或移築（Relocation）；以及可適性再利用（Adaptive Rreuse）。這些層級，各有其特色，而世界文化遺產保存與維護也大致依此層級，不過一項重要的原則是——「介入愈少愈好」。（徐明福，2003；薛琴，2004）

3.企業行銷的經營理念：以歐洲為例，許多文化遺產經營管理組織都設有會員制，會員繳交一定數額的年費便可免費參觀該組織所經營的古蹟，這種方式一方面可以為組織累積資金；另一方面也可以鼓勵民眾多參與古蹟活動。另一個方式是將古蹟的經營管理，納入觀光事業的系統之中，這也是歐洲國家極力推廣的事。

4.創意美觀的識別系統：文化遺產是一個城鎮聚落中彰顯其歷史文化最重要的元素之一，然而存在於城市中的古蹟，如何可以讓人很清楚的找到位置，進而入內參觀瞭解其歷史內涵及建築特色，則必須藉由所謂的識別系統來達成。文化遺產識別系統如果設計得宜，不但會使整個城市的古蹟形成一個整體性的網路，更會成為城市的特色，使文化遺產相得益彰。

5.細心規範的導覽系統：文化資產的重要性，不僅是歷史上的，也是教育上的。世界文化遺產起初是由聯合國教科文組織來負責推動，事實上也闡明了其教育性的內涵。每一個國家的文化遺產其實都是世界公民認識世界歷史與文明的重要素材，因此透過所謂的教育導覽可以把世界遺產的各種面向的知識與資訊，傳達給前來參訪的人。到歐洲參觀文化遺產，另一項令人讚嘆的是導覽系統，其在教育導覽的型式方面，讓世界文化遺產藉由某種形式，將其內涵傳達給所有想要瞭解它的人。

6.妥適的維護與新舊共融的再利用：除了傳統的維護外，開發國家對於文化遺產有比較積極態度，其利用實體可以被視為是對傳統博物館式建築保存方式的一種反省，因為生命本身在成長過程中就會不斷的改變，如果將文化遺產建築視為一生命體，自然不該視新添加物之出現為壞事，而是如何避免加入新的東西後使原來的面貌盡失。（李乾朗、俞怡萍，2000）

因為文化遺產觀光綜合了很多複雜體驗的條件，在觀光旅遊的市場是屬於較晚被觀光客覺知並獲得青睞的區塊。Zappal與Hell（1992）指出，歐洲對於文化資產觀光的經營愈來愈重視，最主要有兩個因素：一是社會的條件、另一是整體社會的經濟因素。成熟的社會條件包括居民對於古蹟（文化遺產）的覺醒意識（Awareness）及文化的民主化

（Democratization），因為經濟條件的成熟代表了個人擁有愈多自由可支配的時間及移動能力（Mobility）。

一般而言，對於文化遺產觀光有興趣的遊客皆屬高收入、高教育者，亦即社經地位較高的群體（Jansen-Verbeke, 1988）。另外，在觀光學術的範疇，亦有人注意到這類觀光的興起與全球化過程有關。特別當世界各觀光景點的周遭基本服務配套（如住宿交通）愈來愈趨向國際標準化的同時，各觀光景點將更加倚賴地方文化的特色，並且刻意去經營，以突顯和其它景點的不同之處，塑造吸引更多的觀光客的條件。

聯合國教科文組織（UNESCO）目前在全球各地指定了眾多的文化遺產標的，最原先的出發點是有鑑於世界各國對自己境內文化遺產的重視程度不一，致有些文化遺產正在快速地流失當中，聯合國透過這個認定的機制，或多或少地讓全球對於人類共同的文化遺產有監督與管理的力量，以達到保護的目的。

永續旅遊（Sustainable Tourism）的概念是近幾十年才慢慢演化出來的，回顧過去的觀光發展史，有些國家一開始只求衝出觀光客的數量，而忽略了這個層面的問題，導致外部性問題惡化，而必須用更多的成本予以解決。國際文化「觀光憲章」對於觀光和文化遺產之互動關係有如下的深入闡述：「……國內與國際觀光持續成為文化交流的媒介之一，對於過去歷史存留之物，現代生活與其它的社會提供了一種個人經驗。……觀光可以獲取遺產經營時之經濟特質，同時利用這些特質，藉由產生資金，教育社區與影響政策以獲得維護。……自然與文化資產、多樣性與生活文化是觀光最主要的吸引力。過度或經營不善的觀光，及與發展相關的（不良）觀光可能會對遺產實質的本質、整體性與重大特色造成威脅……」（傅朝卿等，2002）。

參考書目

一、中文部分

三民編輯部編（1900）。《樂器》。臺北：三民書局。

于長江（1998）。《融合與變遷——北京地方飲食文化的發展》。臺北：中國飲食文化基金會第六屆中國飲食文化學術研討會論文集。

中華民國文化臺灣發展協會編（2003）。《世界遺產Q and A——世界遺產基礎知識》。臺北：行政院文化建設委員會。

戶外生活編輯部大陸旅遊製作群（1993）。《大陸最佳去處全集12——陝西、寧夏》。臺北：戶外生活圖書。

木甬等編（1990）。《攝影文化名人肖像》。浙江：浙江攝影出版社。

王子輝、聶鳳喬等。〈食史篇〉。出自任百尊主編（1999），《中國食經》。上海：上海文化。

王宇清（1994）。《中國服裝史綱》。臺北：國立歷史博物館。

王克芬（1991）。《中國舞蹈發展史》。臺北：南天書局。

王其鈞（1993）。《中國傳統民居建築》。臺北：南天書局。

王筑生（1998）。《昆明民族交流與飲食文化的變遷》。臺北：中國飲食文化基金會第六屆中國飲食文化學術研討會論文集。

王瑤芬（2001）。〈人類學與飲食文化〉。《中國飲食文化基金會會訊》（第7卷，第4期）。

王瑤琴等（2000）。《自遊自在——印度》。臺北：墨刻出版。

王維潔（1999）。《南歐廣場探索》。臺北：田園城市。

王樹英（1995）。《宗教與印度社會》。北京：中國華僑出版社。

丘如華（2002）。《世界遺產沿革：2002 年文建會文化論壇系列實錄——世界遺產》。臺北：行政院文建會。

田芳明編著（1988）。《交際舞基本舞步》。臺北：武陵。

朱亭佳（2004）。《辦桌產業策略發展之研究》。臺北：銘傳大學觀光研究所碩士論文。

江武昌（1990）。《臺灣的傀儡戲》。臺北：台原。

江武昌（1992）。〈臺閩傀儡戲新探之考略與比較〉。《藝術評論》。臺北：藝術評論。

江武昌（1993）。〈臺、閩偶戲藝術的衍變關係〉。《表演藝術》。臺北：表演藝術雜誌。

江碧貞（2000）。〈肚兜〉。《世界地理雜誌》。臺北：世界地理雜誌，第213期。

何心怡譯（1999）。《世界建築名作》（尼爾．史蒂文生著）。臺北：遠流。

余桂元（1994）。《中國的著名寺廟宮觀與教堂》。臺北：臺灣商務。

吳玉成譯（1996）。〈建築之藝術觀〉（Stanley Abercrombie著）。載於《建築情報季刊》，臺北：胡氏圖書。

吳光庭（1994）。《城市風格與建築形式》。臺北：藝術家。

吳家恆譯（1997）。《音樂百匯1：繽紛多彩的樂器世界》（Keith Spence著）。臺北：智庫文化。

吳澤義（1998）。《文藝復興繪畫》。臺北：藝術圖書。

吳謹嫣譯（2000）。《古希臘：古典建築的形成》（克里斯多福．泰德格著）。臺北：貓頭鷹。

吳麗蘭（1978）。《臺灣宜蘭地區懸絲傀儡戲研究》。臺北：中國文化學院藝術研究所碩士論文。

呂清夫編譯（1996）。《大英博物館》。臺北：光復書局。

宋錦秀（1986）。《蘭陽地區傀儡戲祭煞功能——一個宗教人類學的研究》。臺北：臺灣大學人類學研究所碩士論文。

李希聖（1995）。《尼印行腳》。臺北：正中書局。

李明宗（2002）。《當代臺灣慶典活動的形貌——休閒社會學詮釋觀點的提擬》。臺北：國立臺灣師範大學體育研究所博士論文。

李信賢（2000）。《家庭湖南菜套餐》。臺北：台視文化。

李乾朗（1986）。《臺灣建築史》（五版三刷）。臺北：雄獅圖書。

李乾朗（1989）。《艋舺龍山寺》（一版五刷）。臺北：雄獅圖書。

李乾朗、俞怡萍（2000）。《古蹟入門》（四版二刷）。臺北：遠流。

李惠珍、連惠幸譯（1998）。《繪畫的故事》（Sister Wendy Beckett著）。臺北：臺灣麥克。

李毓昭譯（2000）。《世界之民族——世界100個奇風異俗導覽》。臺中：晨星。
李銘輝（2013）。《觀光地理》（第三版）。臺北：揚智。
李銘輝、郭建興（2015）。《觀光遊憩資源規劃》（第二版）。臺北：揚智。
周汎、高春明（1987）。《中華服飾五千年》。臺北：美工圖書社。
周維權（1991）。《中國古典園林史》。臺北：明文書局。
尚會鵬（1998）。《印度文化史》。臺北：亞太圖書。
林秀姿（2002）。《歐洲建築的眼波》。臺北：三民。
林茂賢（2001）。《臺灣傳統戲曲》。臺北：國立臺灣藝術教育館。
林國煌（1992年11月21日）。〈人與食的親密關係〉。《大明報》（A2版）。
林樑（1997）。《圖解流行交際舞》。臺南：信宏發行。
邱坤良（1983）。《現代社會的民俗曲藝》。臺北：遠流。
雨云譯（1997）。《藝術的故事》（E. H. Gombrich著）。臺北：聯經。
施淑青（1985）。〈懸絲傀儡戲〉。《台上台下》。臺北：時報。
孫克勤（2007）。《世界旅遊文化》。北京：北京大學。
徐明福（2003）。〈邁向一個具有地方特質的都市發展——以臺南市孔廟文化園區之規劃為例〉。《建築雜誌——臺南專輯》。臺北：臺灣建築報導雜誌社。
殷登國（1993）。《古典奇譚》。臺北：世界文物。
財團法人施合鄭民俗文化基金會（1987）。《民俗曲藝——臺灣的傀儡戲》（第23、24合期）。臺北：財團法人施合鄭民俗文化基金會。
馬長壽（1962）。《北狄與匈奴》。北京：三聯書店。
高祖寧（2000）。《嗑名牌》。臺北：圓神。
崔征國譯（1989）。《圖解西洋建築故事》。臺北：詹氏書局。
張志成譯（2009）。《歐洲飲食文化》（顧恩特・希旭菲爾德著）。臺北：左岸文化。
張捷夫（1995）。《中國喪葬史》。臺北：文津。
張德慶（2004）。《節慶活動之服務品質、服務價值、顧客滿意度與行為意願之相關研究——以墾丁風鈴節為例》。臺中：靜宜大學觀光事業系暨研究所碩士論文。
張靜慧主編（1999）。《千載帝都——西安》。臺北：大地地理。
張鏡湖（1987）。《世界農業的起源》。中國文化大學農學院研究報告第一號，臺北：中國文化大學農學院。
莊修田（1978）。《現代畫家素描選》。臺北：藝術圖書。
許石丹（1987）。《認識中國園林》。臺北：丹青圖書。
許芳瑜（2007）。《遊客參與原住民節慶之動機、滿意度及遊後行為》。雲林：雲林科技大學休閒運動研究所碩士論文。
郭震唐（1986）。《放眼中國(3)神州中原》。臺北：錦繡。
陳比晴（2004）。《民眾參與節慶活動需求之研究——以2003陽明山花季為例》。臺北：國立臺灣師範大學運動休閒與管理研究所碩士論文。
陳亞南編著（1991）。《天上人間：中國民俗節日故事》。臺北：正中書局。
陳奇相（1999）。《花都探花：巴黎花園之美》。臺北：大地地理雜誌。
陳金田譯（1994）。《台灣風俗誌》（片岡巖著）。臺北：眾文圖書公司。
陳勁甫、何宜澤（2005）。《事件遊客旅遊動機、活動體驗品質、滿意度與行為意向之研究——以「2004 府城七夕國際藝術節」為例》。高雄：國立高雄餐旅大學觀光學院之「餐旅暨家政學刊」，第二卷第二期。
陳柏州、簡如邠（2004）。《臺灣的地方新節慶》。臺北：遠足文化。
陳惠卿譯（1933）。《臺灣地學記事》（富田芳郎原著），第4卷第2期，頁11-14；第4卷第3期，頁18-24。
陳嘉南（1998）。《尼泊爾》。臺北：臺灣英文雜誌。
陶佛（2001）。《中國「世界遺產」的可持續旅遊發展研究》。北京：中國旅遊出版社。
傅朝卿，林思玲，榮芳杰，蔡明志，林蕙玟，文芸（2003）。《世界遺產學習手冊——2003年文建會世界遺產研習營：世界遺產學習手冊》。臺北：行政院文化建設委員會。
曾永義（1996），陳正之攝影。《臺灣傳統戲曲》。臺北：東華。
曾喜城（1999）。《臺灣客家文化研究》。臺北：國立中央圖書館臺灣分館印行。
游瑛妙（1999）。節慶活動的吸引力與參觀者對活動品質的滿意度分析——以第十一屆民藝華會為例。臺灣省政府交通處旅遊局。
華梅（1995）。《人類服飾文化學》。天津：天津人民出版社。
華曉玫（2001年6月22日）。〈臺灣衣飾文化縱談之六〉，《民生報》。
馮作民譯（1993）。《西洋繪畫史》，何恭上主編。臺北：藝術圖書。

黃台香主編（1988）。《博覽中國：中國之旅(7)西北》。臺北：中國百科。
黃仲正（1991）。〈自由自在——匈牙利之旅〉。《知性之旅系列——歐洲文化之旅》。臺北：墨刻出版。
黃金財（1998）。《台灣懷舊之旅——古早台灣人的生活紀實》。臺北：時報出版。
黃能馥、陳娟娟（1999）。《中華歷代服飾藝術》。北京：中國旅遊。
楊沛仁（2001）。《音樂史與欣賞》。臺北：美樂。
楊明賢（2009）。《觀光學概論》（第三版）。臺北：揚智。
楊玫寧譯（1999）。《印度教的世界》（Cybelle Shattuck著）。臺北：貓頭鷹。
楊惠君譯（2001）。《建築的故事》（派屈克·納特金斯著）。臺北：木馬文化。
聖嚴法師（1988）。《學佛群疑》。臺北：東初。
葉立誠（2001）。《臺灣服裝史》。臺北：商鼎文化。
葉仲芸譯（2008）。《世界遺產亞洲篇》（奈良法子著）。臺北：博碩文化。
葉碧華（1999）。《大型觀光節慶活動效益之評估——以臺北燈會為例》。臺北：中國文化大學觀光事業研究所碩士論文。
賈子慶（2009）。資料擷取並引用自賈子慶老師的景觀設計概論授課大綱，崑山科技大學空間設計系。
達西烏拉彎·畢馬（田哲益）（2001）。《臺灣原住民——泰雅族》。臺北：台原。
達西烏拉灣·畢馬（田哲益）（1992）。《臺灣布農族的生命祭儀》。臺北：台原。
熊傳薪（1999）。《漢朝、漢族、漢文化》。臺北：藝術家。
劉廷祖（1990）。《世界商旅指南——美洲篇》。臺北：中華民國對外貿易發展協會。
劉廷祖（1991）。《從東歐、蘇聯變局談我國外貿拓銷策略——兼談越南經貿現況》。臺北：工商雜誌。
劉福謙等編著（1990）。《全新西藏縱橫遊》。臺北：皇宮。
廣雅堂編輯部（1992）。《日本深度旅遊》。臺北：廣雅堂。
潘谷西等編（1979）。《中國建築史》。臺北：六合。
蔡毓芬譯（1999）。《現代建築史：一部批評性的歷史》（Kenneth Frampton

著）。臺北：地景。
蔡毓芬譯（2000）。《義大利文藝復興建築》（彼德．莫瑞著）。臺北：地景。
蔡瑞麟、林世昀（2002）。《Espresso義大利咖啡實驗室》。臺北：商智文化。
盧淑芬（1999）。《新流行世紀》。臺北：晨星。
盧瑞珠譯（1999）。《伊斯蘭教的世界》（Elias J. Jamal著）。臺北：貓頭鷹。
蕭默（1994）。《中國建築史》。臺北：文津。
錦繡文化大地瑰寶系列（2000）。《大地瑰寶叢書》。臺北：錦繡。
駱焜祺（2002）。《觀光節慶活動行銷策略之研究——以屏東縣黑鮪魚文化觀光季活動為例》。高雄：國立中山大學公共事務管理研究所碩士論文。
應立國（1999）。《西方婚禮》。天津：天津人民美術。
戴月芳主編（1991）。《國家與人民》（東南亞I）。臺北：錦繡。
薛琴（2004）。新竹縣北埔一級古蹟金廣福公館再利用規劃。新竹：新竹縣政府。
魏裕梅（1994）。《春夏自助遊日本》。臺北：培根文化。
魏裕梅（1994）。《秋冬自助遊日本》。臺北：培根文化。
羅小未、蔡琬英編著（1996）。《世界建築歷史圖說》。臺北：臺北斯坦。
譚旦冏（1973）。《中華藝術史綱》。臺北：光復書局。
嚴汝嫻著（1996）。《中國少數民族婚喪風俗》（中國文化史知識叢書）。北京：商務印書館。

二、外文部分

Clunas, Craig (1997). *Art in China*. USA: Oxford University Press.
Cunningham, H. (1995). *Event Marketing: State of the Industry and Research Agenda*, pp. 123-127.
Frisby, W. & Getz, D. (1989). Festival management: A case study perspective. *Journal of Travel Research*, *Summer*: 7-11.
Getz, D. (1991). *Festivals, Special Events, and Tourism*. New York: Van Nostrand Reinhold.
Getz, D. (1997). *Event Management & Event Tourism*. New York: Cognizant Communication Corporation.
Jackson, R. (1997). Marking special event fit in the 21st century, Saga more Publishing,

USA: XIV-XV.

Jansen-Verbeke, M. (1986). Inner-City tourism: Resources, tourists and promoters. *Annals of Tourism Research , 13*(1): 79-100.

Jessica Rawson, John Williams, and David Gowers (2002). *Chinese Jade from the Neolithic to the Qing*. Art Media Resources, Ltd.

Jun, J. W. and Lee, H. (2008). Impacts of events on the brand Germany: Perspectives from younger Korean consumers. *Event Management*, 11(3): 145-153.

Kroeber, A. L. & Kluckhohn, C. (1952). *Culture: A Critical Review of Concepts and Definition*. Harvard University Press.

Masciarelli, Gloria and Masciarelli Robert (2003). *The Ceramics of China: 5000 BC to 1900 AD*. Schiffer Publishing.

McDonnell, I., Allen J., & O'Toole, W. (1999). *Festival and Special Event Management*. New York: John Wiley & Sons.

McDonnell, I., Allen, J., O'Toole, W. & Harris, R. (2004). *Festival and Special Event Management* (2nd ed.), New York: John Wiley & Sons.

Peter Charles Sturman (1997). *Mi Fu: Style and the Art of Calligraphy in Northern Song China*. Yale University Press.

Picard, D., & Robinson, M. (2006). *Festivals, Tourism and Social Change*. Clevedon: Channel View.

Prentice, R. and Anderson, V. (2003). Festival as creative destination. *Annals of Tourism Research, 30*(1): 7-30.

Qingzheng,Wang and Lillian Chin (2003). *A Dictionary of Chinese Ceramics*. Sun Tree Publishing.

Richard Barnhart , Yang Xin, Nie Chongzheng, Professor James Cahill, Lang Shaojun, Hung Wu, Richard M. Barnhart, James Cahill, Wu Hung (2001). *Three Thousand Years of Chinese Painting*. Yale University Press.

Schmidt-Glintzer, Helwig (1999). *Geschichte der chinesischen Literatur*. Beck, C. H. Retrieved from http://www.degruyter.com/view/serial/35778

Stephen Little, Kristofer Schipper, Wu Hung, and Nancy Steinhardt (2000). *Taoism and the Arts of China*. University of California Press.

Sullivan, Michael (1999). *The Arts of China*. University of California Press.

Tregear, Mary (1997). *Chinese Art*. Thames & Hudson.

Tylor, Edward B. (1871). *Primitive Culture*. London: John Murray.

UNESCO (2001) LEAP online. Office of the UNESCO regional adviser for culture in Asia and the Pacific. Retrieved from http://www.unescobkk.org/leaponline/index.shtml.

UNESCO World Heritage Center (2003). Revision of the "Operational Guidelines for the Implementation of the World Heritage Convention" with 9 Annex.

UNF/UNESCO/IUCN Project: The Enhancing Our Heritage Toolkit-Book 1(prepared by Marc Hockings, Sue Stalton, Nigel Dudley and Ieff Parrish).

UNF/UNESCO/TUCN (2003). UNESCO/TUCN Enhancing Our Heritage Project: Monitoring and Management for Success in Natural World Heritage Sites. Initial Management Effectiveness Evaluation report: Keoladeo National park, India. July 2003.

Violet, Renée (1986). *Einführung in die Kunst Chinas*. E. A. Seemann Verlag

Watson, William (1995). *The Arts of China to AD 900*. Yale University Press

Watt, David C. (1998). *Event Management in Leisure and Tourism*, London: Longman Group United Kingdom.

Watt, James C. Y. (2004). *China: Dawn of A Golden Age (200-750 AD)*. Metropolitan Museum of Art.

William, F. T. (1997). *Global Tourism: The Next Decade*, London: Butterworth-Heinemann.

Zappel, H. and C. M. Hall (1992). Art and Heritage Tourism. In *Special Interest Tourism*. Betty Weiler and Colin Michael Hall (eds). pp.45-60.

三、網路部分

Discovery頻道集團。http://www.discovery.com。

MOOK自遊自在旅遊網。http://www.travel.mook.com.tw。

三秦神韻。http://big5.huaxia.com/zjsx/c.html。

上閣屋海鮮日本料理（2009）。自信の味，http://www.jogoya.com.tw/。

中國－法國旅遊發展署官方網站。年度活動，http://cn.rendezvousenfrance.com/zh-hant。

中國科普博覽。http://www.kepu.net.cn/gb/index.html。

中國網。世界自然和文化遺產，http://www.china.com.cn/chinese/zhuanti/zwyichan/398743.htm。

中華人民共和國國家旅遊局（2006）。中國世界襲產介紹，http://www.cnta.gov.cn/。

中華網文化。非遺資訊，http://culture.china.com/。

文化部文化資產局（2013）。臺灣世界遺產潛力點，世界遺產，http://twh.boch.gov.tw/world/index.aspx。

日本政府觀光局。何謂茶道？，http://www.welcome2japan.tw/。

日本政府觀光局。品嚐最高等級的日本料理，http://www.welcome2japan.tw/attractions/dining/restaurants/。

日本政府觀光局。茶道、華道（日式插花）的體驗之旅，http://www.welcome2japan.tw/indepth/cultural/experience/sado.html。

北京青年旅行社。一起去旅行吧。西雙版納旅遊攻略，http://www.5fen.com/。

伊斯蘭之光。http://www.norislam.com/e15/。

全國法規資料庫（2006）。文化資產保存法，http://law.moj.gov.tw/LawClass/LawAll.aspx?PCode=H0170001。

全球華文網路教育中心（2014）。臺灣節慶，民俗廟會——東港王船祭。http://media.huayuworld.org/local/web/index.htm。

匈牙利貿易辦事處。http://www.hungary.org.tw/。

西部之旅。四川，http://www.chinawesttour.net/。

呂一中撰。世界諸宗教的靈魂觀以及對死亡問題之探討，http://www.m-ccc.org/m-christn/flwup/Soul.html。

夾金山國家森林公園。中國夾金山，http://www.jiajinshan.com/。

李盈葵、陳嫻蓉、林捷瑜著。轉引自施玫如、林彥儀編輯節錄，日本的飲食與食器，http://www.jp.fju.edu.tw/university/wafuu/old/8.doc。

亞太傳統藝術節（2013）。韓國傳統音樂——韓國樂舞之起源，http://www.ncfta.gov.tw/events/asia_pacific2013/Reports03.asp。

京兆尹餐廳（2009）。臺北美食，臺北餐廳，點心，素食，http://www.kingjoin.com.tw/kingjoin.asp。

林本源園邸。林園之美，http://www.linfamily.ntpc.gov.tw/。

非常作家——李乾朗。http://www.ylib.com/author/lan/lan_m.htm。

香港旅遊發展局（2009）。香港的美食，http://www.discoverhongkong.com/tc/dining/restaurant-guide.html。

泰國旅遊指南。http://www.modernthailand.com/chinese/travel/。

國家地理雜誌中文網。http://www.ngtaiwan.com/。

基隆市立安樂高級中學。http://210.240.3.1/。

張伯順（2009年7月）。散發民俗慶典魅力—威尼斯嘉年華，游於藝電子報（第96期）。http://epaper.hrd.gov.tw/96/EDM96-0703.htm

章云（2002年4月26日）。觀印度舞蹈有感（五洲茶亭）。《人民日報》（第十一版）。http://www.people.com.cn/。

智慧藏百科網。http://www.wordpedia.com。

新疆哲學社會科學網（2008）。新疆維吾爾族地區的清真寺，http://big5.xjass.com/mzwh/content/2008-10/21/content_35560.htm。

漢珍數位圖書。臺灣研究系列，http://www.tbmc.com.tw/。

維基百科（2009）。福建土樓。https://zh.wikipedia.org/wiki/%E7%A6%8F%E5%BB%BA%E5%9C%9F%E6%A5%BC。

維基百科（2013）。猶太教的三大節期，https://zh.wikipedia.org/wiki/。

維基百科（2014）。古希臘羅馬時期的音樂，https://zh.wikipedia.org/wiki/%E5%8F%A4%E5%B8%8C%E8%87%98%E7%BE%85%E9%A6%AC%E6%99%82%E6%9C%9F%E7%9A%84%E9%9F%B3%E6%A8%82。

維基百科（2014）。懷石料理，https://zh.wikipedia.org/wiki/%E6%87%B7%E7%9F%B3%E6%96%99%E7%90%86。

維基百科（2015）。中國首都，https://zh.wikipedia.org/wiki/中國首都。

維基百科（2015）。五月花號，https://zh.wikipedia.org/wiki/%E4%BA%94%E6%9C%88%E8%8A%B1%E5%8F%B7。

維基百科（2015）。天壇，https://zh.wikipedia.org/wiki/%E5%A4%A9%E5%9D%9B。

維基百科（2015）。日本流行音樂，https://zh.wikipedia.org/wiki/日本流行音樂。

維基百科（2015）。日本傳統音樂，https://zh.wikipedia.org/wiki/日本傳統音樂。

維基百科（2015）。耶穌受難日，https://zh.wikipedia.org/wiki/%E8%81%96%E9%80%B1%E4%BA%94。

維基百科（2015）。香辛料，https://zh.wikipedia.org/wiki/%E9%A6%99%E8%BE%9B%E6%96%99。

維基百科（2015）。飲料，https://zh.wikipedia.org/wiki/%E9%A5%AE%E6%96%99。

維基百科（2015）。愚人節，https://zh.wikipedia.org/wiki/%E6%84%9A%E4%BA%BA%E8%8A%82。

臺北市立成功高中。國樂社，http://203.64.138.6/index.html。

臺南市【教育網路中心】。http://www.tn.edu.tw/。

臺灣咁仔店-咁仔店新聞。http://www.taiwan123.com.tw/main.asp。

臺灣社交網站。http://www.taconet.com.tw/kslai/。

德國國家旅遊局官方網站。http://www.germany.travel/cn/index.html。

學習加油站。http://content.edu.tw/。

韓國觀光公社（2014）。http://big5chinese.visitkorea.or.kr/cht/index.kto。

藏人行政中央官方網。關於西藏。http://xizang-zhiye.org/。

羅旭壯（2014）。論地方政府辦理民俗節慶活動效益。載於國政研究報告：財團法人國家政策研究基金會，http://www.npf.org.tw/2/13218。

觀光旅運叢書

世界旅遊文化與觀光

——世界遺產、節慶、飲食與人文歷史

著　　者／楊明賢
出 版 者／揚智文化事業股份有限公司
發 行 人／葉忠賢
總 編 輯／馬琦涵
主　　編／范湘渝
地　　址／新北市深坑區北深路三段 260 號 8 樓
電　　話／(02)2664-7780
傳　　真／(02)2664-7633
網　　址／http://www.ycrc.com.tw
E-mail ／service@ycrc.com.tw
ISBN ／978-986-298-211-2
初版一刷／2015 年 12 月
定　　價／新臺幣 520 元

國家圖書館出版品預行編目（CIP）資料

世界旅遊文化與觀光：世界遺產、節慶、飲食與人文歷史／楊明賢著. -- 初版. -- 新北市：揚智文化, 2015. 12

面；　公分. -- (觀光旅運叢書)

ISBN　978-986-298-211-2 (平裝)

1.文化觀光　2.世界地理

719　　104027366